To dan
denna
with love from
Jill + Mamma
xx

DANISH
ENGLISH

DICTIONARY • ORDBOG

ENGELSK
DANSK

Christmas 1995

Happy head and

Berlitz Dictionaries

Dansk	Engelsk, Fransk, Italiensk, Spansk, Tysk
Deutsch	Dänisch, Englisch, Finnisch, Französisch, Italienisch, Niederländisch, Norwegisch, Portugiesisch, Schwedisch, Spanisch
English	Danish, Dutch, Finnish, French, German, Italian, Norwegian, Portuguese, Spanish, Swedish
Español	Alemán, Danés, Finlandés, Francés, Holandés, Inglés, Noruego, Sueco
Français	Allemand, Anglais, Danois, Espagnol, Finnois, Italien, Néerlandais, Norvégien, Portugais, Suédois
Italiano	Danese, Finlandese, Francese, Inglese, Norvegese, Olandese, Svedese, Tedesco
Nederlands	Duits, Engels, Frans, Italiaans, Portugees, Spaans
Norsk	Engelsk, Fransk, Italiensk, Spansk, Tysk
Português	Alemão, Francês, Holandês, Inglês, Sueco
Suomi	Englanti, Espanja, Italia, Ranska, Ruotsi, Saksa
Svenska	Engelska, Finska, Franska, Italienska, Portugisiska, Spanska, Tyska

DANISH ENGLISH

ENGELSK DANSK

with mini grammar section
met lille grammatikafsnit

2nd revised edition 1994
Library of Congress Catalog Card Number: 78-78085

1st printing 1994
Printed in Switzerland

Inholdsfortegnelse

Contents

Forord

Ved udvælgelsen af de 12.500 begreber, som bogen indeholder, har redaktionen især tænkt på de mange, der i vore dage drager udenlands. For turister, studenter og forretningsfolk, der værdsætter den trykhedsfølelse en lille, praktisk ordbog giver en i et fremmed land, er netop en sådan ordbog det helt ideelle. Den giver Dem et grundlæggende ordforråd af de oftest forekommende ord på det pågældende sprog - de ord De har brug for at kende til bunds. Den giver Dem nøgleord og desuden en række nyttige sætninger, så De sagtens kan klare de forskellige dagligdags situationer.

Ligesom vore parlører og guides passer ordbøgerne - udarbejdet ved hjælp af en databank, der er opbygget på computer - lige til lommen. En Berlitz ordbog er en virkelig god rejsekammerat.

Udover hvad man normalt forlanger af en ordbog, byder Berlitz på en række ekstra fordele:

● nøjagtig udtale efter hvert ord på det fremmede sprog, gengivet i international lydskrift

● detaljerede oversættelser med dertil hørende «fortolkninger» af de mysterier, der skjuler sig bag et spisekort i udlandet

● forskellige praktiske oplysninger såsom tal, tidsangivelse, gængse forkortelser, de uregelmæssige verbers bøjning samt et afsnit med nyttige sætninger fra dagligdagen

En ordbog i dette format kan naturligvis ikke forventes at være fuldkommen, men med denne bog i bagagen er De godt udstyret til en udenlandsrejse. Lad os høre om Deres erfaringer med ordbogen. Send os kritik og forslag, det kan være os til nytte ved udarbejdelsen af fremtidige udgaver.

Preface

In selecting the 12.500 word-concepts in each language for this dictionary, the editors have had the traveller's needs foremost in mind. This book will prove invaluable to all the millions of travellers, tourists and business people who appreciate the reassurance a small and practical dictionary can provide. It offers them—as it does beginners and students—all the basic vocabulary they are going to encounter and to have to use, giving the key words and expressions to allow them to cope in everyday situations.

Like our successful phrase books and travel guides, these dictionaries—created with the help of a computer data bank—are designed to slip into pocket or purse, and thus have a role as handy companions at all times.

Besides just about everything you normally find in dictionaries, there are these Berlitz bonuses:

- imitated pronunciation next to each foreign-word entry, making it easy to read and enunciate words whose spelling may look forbidding

- a unique, practical glossary to simplify reading a foreign restaurant menu and to take the mystery out of complicated dishes and indecipherable names on bills of fare

- useful information on how to tell the time and how to count, on conjugating irregular verbs, commonly seen abbreviations and converting to the metric system, in addition to basic phrases.

While no dictionary of this size can pretend to completeness, we expect the user of this book will feel well armed to tackle foreign travel with confidence. We should, however, be very pleased to receive comments, criticism and suggestions that you think may be of help in preparing future editions.

engelsk-dansk

english-danish

Indledning

Denne ordbog er først og fremmest lagt an på at være praktisk og anvendelig i brug. Alle mindre vigtige sproglige oplysninger er derfor med vilje udeladt. Artiklernes opstilling er strengt alfabetisk, uanset om et opslagsord skrives i ét ord, med bindestreg eller er sammensat af to eller flere ord. Den eneste undtagelse fra denne regel gælder enkelte idiomatiske udtryk, som er opstillet alfabetisk efter det vigtigste ord i vendingen. Hvis et opslagsord følges af flere underopslag, står også disse i alfabetisk orden.

Inden for hver artikel angives udtalen i lydskrift (se afsnittet Udtale). Dernæst følger ordklasse, hvor dette er relevant. Hører et opslagsord til mere end én ordklasse, står de tilsvarende oversættelser grupperet efter den respektive ordklasse.

Hvis et substantiv har uregelmæssig flertalsform, angives dette altid, også i en del tilfælde, hvor der kunne opstå tvivl. Ved uregelmæssigt flertal af sammensatte ord skrives kun den del af sammensætningen helt ud, som forandres, medens den uforandrede del erstattes med en vandret streg (-).

For at undgå gentagelse af et opslagsord i en artikel, f. eks. i sammensætninger eller ved uregelmæssige flertalsformer, bruges i stedet en bølgestreg (~), som så altid står for hele opslagsordet.

En stjerne (*) foran et verbum angiver, at dette er uregelmæssigt, og at dets bøjningsmønster findes i listen over uregelmæssige verber.

Denne ordbog er baseret på britisk retskrivning. Når et ords stavemåde eller betydning overvejende er amerikansk, markeres dette med et *Am* (se listen over de anvendte forkortelser).

Forkortelser

adj	adjektiv/tillægsord	*pl*	pluralis/flertal
adv	adverbium/biord	*plAm*	pluralis/flertal
Am	amerikansk		(amerikansk)
art	artikel/kendeord	*pp*	perfektum participium/
c	fælleskøn		fortids tillægsform
conj	konjunktion/bindeord	*pr*	præsens/nutid
n	substantiv/navneord	*pref*	præfiks/forstavelse
nAm	substantiv/navneord	*prep*	præposition/forholdsord
	(amerikansk)	*pron*	pronomen/stedord
nt	neutrum/intetkøn	*v*	verbum/udsagnsord
num	numerale/talord	*vAm*	verbum/udsagnsord
p	imperfektum/datid		(amerikansk)

Udtale

I denne del af ordbogen har vi efter hvert opslagsord angivet udtalen i international lydskrift (IPA). Hvert tegn i denne transkription betegner en ganske bestemt lyd. Bogstaver, som ikke er forklaret nedenfor, udtales omtrent som de tilsvarende danske.

Konsonanter

b	som regel stemt
d	som i det, aldrig som i med; som regel stemt
ð	som d i pude
g	som i god, aldrig som i kage; som regel stemt
k	som i ko, aldrig som i brik
ŋ	som ng i lang
p	som i på, aldrig som i hop
r	udtalt foran i munden
ʃ	som sj i sjov
t	som i tag, aldrig som i net
θ	som d i pude, men ustemt
w	som tryksvagt u
z	stemt s-lyd
ʒ	stemt sj-lyd

NB: [sj] skal udtales som et s + en j-lyd (som i fløjls-jakke) *ikke* som i sjov.

Vokaler

a	ikke som „fladt" a, tungen skal ligge lavere i munden
ɑ:	som a i far
æ	som et meget fladt dansk a
ʌ	som a i kaffe (ikke fladt)

e   som en mellemting mellem **e** i bel**ø**b og **æ** i d**æ**kke

ɛ   som **æ** i d**æ**kke

ə   som **e** i gad**e**

ɔ   som **o** i l**o**ft

1) Kolon [:] angiver, at den forudgående vokal er lang.

2) I nogle få låneord fra fransk forekommer der nasalvokaler, disse angives med en tilde over den pågældende vokal (f. eks. [ã]). Nasalvokaler udtales gennem mund og næse på samme tid.

Diftonger

Ved en diftong forstår man to vokallyde, en stærk (betonet) og en svag (ubetonet), sammensmeltet til én lyd, som f.eks. **ej** i **eje**. På engelsk er den anden vokal altid den svageste. Efter en diftong følger ofte et [ə], og den anden vokal bliver derved endnu svagere.

Betoning

Hovedtryk betegnes med ['], bitryk med [ˌ] foran stavelsen.

Amerikansk udtale

Transkriptionen angiver den almindelige britiske udtale. Den amerikanske udtale, som er forskellig fra egn til egn, afviger i nogen grad derfra. Nogle af de vigtigste afvigelser er:

1) I modsætning til britisk engelsk udtales **r** også foran en konsonant og i slutningen af et ord.

2) I mange ord (f.eks. *ask, castle, laugh* osv.) bliver [ɑː] til [æː].

3) [ɔ]-lyden udtales [ɑ], ofte også [ɔː].

4) I ord som *duty, tune, new* osv. falder [j]-lyden før [uː] ofte væk.

5) Trykket ligger forskelligt i en del ord.

A

a [ei,ə] *art* (an) en *art*
abbey [ˈæbi] *n* abbedi *nt*
abbreviation [əˌbriːviˈeiʃən] *n* forkortelse *c*
aberration [ˌæbəˈreiʃən] *n* afvigelse *c*
ability [əˈbiləti] *n* dygtighed *c*; evne *c*
able [ˈeibəl] *adj* i stand til; duelig, dygtig; **•be ~ to** **være i stand til; *kunne
abnormal [æbˈnɔːməl] *adj* abnorm
aboard [əˈbɔːd] *adv* om bord
abolish [əˈbɔliʃ] *v* afskaffe
abortion [əˈbɔːʃən] *n* abort *c*
about [əˈbaut] *prep* om; angående, vedrørende; *adv* cirka, omtrent; omkring
above [əˈbʌv] *prep* oven over; *adv* ovenover
abroad [əˈbrɔːd] *adv* udenlands
abscess [ˈæbses] *n* byld *c*
absence [ˈæbsəns] *n* fravær *nt*
absent [ˈæbsənt] *adj* fraværende
absolutely [ˈæbsəluːtli] *adv* absolut
abstain from [əbˈstein] **afholde sig fra
abstract [ˈæbstrækt] *adj* abstrakt
absurd [əbˈsəːd] *adj* urimelig, absurd
abundance [əˈbʌndəns] *n* overflod *c*
abundant [əˈbʌndənt] *adj* rigelig

abuse [əˈbjuːs] *n* misbrug *nt*
abyss [əˈbis] *n* afgrund *c*
academy [əˈkædəmi] *n* akademi *nt*
accelerate [əkˈseləreit] *v* accelerere, *sætte farten op
accelerator [əkˈseləreitə] *n* speeder *c*
accent [ˈæksənt] *n* accent *c*; tryk *nt*
accept [əkˈsept] *v* acceptere, *modtage, *tage imod
access [ˈækses] *n* adgang *c*
accessary [əkˈsesəri] *n* medskyldig *c*
accessible [əkˈsesəbəl] *adj* tilgængelig
accessories [əkˈsesəriz] *pl* tilbehør *nt*
accident [ˈæksidənt] *n* ulykke *c*, uheld *nt*
accidental [ˌæksiˈdentəl] *adj* tilfældig
accommodate [əˈkɔmədeit] *v* skaffe husly
accommodation [əˌkɔməˈdeiʃən] *n* husly *nt*, logi *nt*
accompany [əˈkʌmpəni] *v* ledsage; *følge; akkompagnere
accomplish [əˈkʌmpliʃ] *v* fuldbyrde; fuldføre
in accordance with [in əˈkɔːdəns wið] i overensstemmelse med
according to [əˈkɔːdiŋ tuː] ifølge; i overensstemmelse med
account [əˈkaunt] *n* konto *c*; beretning *c*; **~ for** **gøre rede for; **on ~ of** på grund af
accountable [əˈkauntəbəl] *adj* forklar-

lig

accurate ['ækjurət] adj akkurat

accuse [ə'kju:z] v beskylde; anklage

accused [ə'kju:zd] n anklagede c

accustom [ə'kʌstəm] v vænne; accustomed vant

ache [eik] v *gøre ondt; n smerte c

achieve [ə'tʃi:v] v nå; præstere

achievement [ə'tʃi:vmənt] n præstation c

acid ['æsid] n syre c

acknowledge [ək'nɔlidʒ] v erkende; indrømme; bekræfte

acne ['ækni] n filipenser

acorn ['eikɔ:n] n agern nt

acquaintance [ə'kweintəns] n bekendt c

acquire [ə'kwaiə] v tilegne sig, erhverve

acquisition [,ækwi'ziʃən] n erhvervelse c

acquittal [ə'kwitəl] n frifindelse c

across [ə'krɔs] prep over; på den anden side af; adv på den anden side

act [ækt] n handling c; akt c; nummer nt; v handle, *optræde; opføre sig; spille

action ['ækʃən] n handling c, aktion c

active ['æktiv] adj aktiv; travl

activity [æk'tivəti] n aktivitet c

actor ['æktə] n skuespiller c

actress ['æktris] n skuespillerinde c

actual ['æktʃuəl] adj faktisk, virkelig

actually ['æktʃuəli] adv faktisk

acute [ə'kju:t] adj spids, fin; akut

adapt [ə'dæpt] v tilpasse

adaptor [ə'dæptə] n mellemsokkel c

add [æd] v *lægge sammen; tilføje

addition [ə'diʃən] n addition c; tilføjelse c

additional [ə'diʃənəl] adj ekstra; yderligere; underordnet

address [ə'dres] n adresse c; v adres-

sere; henvende sig til

addressee [,ædre'si:] n adressat c

adequate ['ædikwət] adj tilstrækkelig; passende, adækvat

adjective ['ædʒiktiv] n tillægsord nt

adjourn [ə'dʒə:n] v *udsætte

adjust [ə'dʒʌst] v justere; tilpasse

administer [əd'ministə] v administrere; uddele

administration [əd,mini'streiʃən] n administration c; ledelse c

administrative [əd'ministrətiv] adj administrativ; administrerende; ~ law forvaltningsret c

admiral ['ædmərəl] n admiral c

admiration [,ædmə'reiʃən] n beundring c

admire [əd'maiə] v beundre

admission [əd'miʃən] n adgang c; optagelse c

admit [əd'mit] v *give adgang, *optage; indrømme, erkende

admittance [əd'mitəns] n adgang c; no ~ adgang forbudt

adopt [ə'dɔpt] v adoptere, *vedtage

adorable [ə'dɔ:rəbəl] adj henrivende

adult ['ædʌlt] n voksen c; adj voksen

advance [əd'va:ns] n fremgang c; forskud nt; v *gå fremad; betale i forskud; in ~ på forhånd, i forvejen

advanced [əd'va:nst] adj avanceret

advantage [əd'va:ntidʒ] n fordel c

advantageous [,ædvən'teidʒəs] adj fordelagtig

adventure [əd'ventʃə] n eventyr nt

adverb ['ædvə:b] n adverbium nt

advertisement [əd'və:tismənt] n annonce c

advertising ['ædvətaiziŋ] n reklame c

advice [əd'vais] n råd nt

advise [əd'vaiz] v *rådgive, råde

advocate ['ædvəkət] n fortaler c

aerial ['eəriəl] n antenne c

aeroplane ['eərəplein] n flyvemaskine

c

affair [əˈfɛə] *n* anliggende *nt;* affære *c,* forhold *nt*

affect [əˈfekt] *v* påvirke; *angå

affected [əˈfektid] *adj* affekteret

affection [əˈfekʃən] *n* sygdom *c;* hengivenhed *c*

affectionate [əˈfekʃənit] *adj* hengiven, kærlig

affiliated [əˈfilieitid] *adj* tilsluttet

affirmative [əˈfəːmətiv] *adj* bekræftende

affliction [əˈflikʃən] *n* sorg *c*

afford [əˈfɔːd] *v* *have råd til

afraid [əˈfreid] *adj* bange, ængstelig; *be ~ *være bange

Africa [ˈæfrikə] Afrika

African [ˈæfrikən] *adj* afrikansk; *n* afrikaner *c*

after [ˈɑːftə] *prep* efter; *conj* efter at

afternoon [ˌɑːftəˈnuːn] *n* eftermiddag *c;* this ~ i eftermiddag

afterwards [ˈɑːftəwədz] *adv* senere, bagefter

again [əˈgen] *adv* igen; atter; ~ and again gang på gang

against [əˈgenst] *prep* mod

age [eidʒ] *n* alder *c;* alderdom *c; of ~ myndig; under ~ mindreårig

aged [ˈeidʒid] *adj* ældre; gammel

agency [ˈeidʒənsi] *n* agentvirksomhed *c;* bureau *nt;* agentur *nt*

agenda [əˈdʒendə] *n* dagsorden *c*

agent [ˈeidʒənt] *n* agent *c,* repræsentant *c*

aggressive [əˈgresiv] *adj* aggressiv

ago [əˈgou] *adv* for ... siden

agrarian [əˈgreəriən] *adj* landbrugs-

agree [əˈgriː] *v* *være enig; indvillige; stemme overens

agreeable [əˈgriːəbəl] *adj* behagelig

agreement [əˈgriːmənt] *n* kontrakt *c;* overenskomst *c,* aftale *c;* enighed *c*

agriculture [ˈægrikʌltʃə] *n* landbrug *nt*

ahead [əˈhed] *adv* foran; ~ of foran; *go ~ *gå videre; straight ~ ligeud

aid [eid] *n* hjælp *c; v *hjælpe, understøtte

AIDS [eidz] AIDS

ailment [ˈeilmənt] *n* lidelse *c;* sygdom *c*

aim [eim] *n* mål *nt;* ~ at rette imod, sigte på; sigte mod

air [ɛə] *n* luft *c; v* lufte

air-conditioning [ˈɛəkənˌdiʃəniŋ] *n* klimaanlæg *nt;* air-conditioned *adj* luftkonditioneret

aircraft [ˈɛəkrɑːft] *n* (pl ~) flyvemaskine *c;* fly *nt*

airfield [ˈɛəfiːld] *n* flyveplads *c*

airline [ˈɛəlain] *n* luftfartsselskab *nt*

airmail [ˈɛəmeil] *n* luftpost *c*

airplane [ˈɛəplein] *nAm* flyvemaskine *c*

airport [ˈɛəpɔːt] *n* lufthavn *c*

air-sickness [ˈɛəˌsiknəs] *n* luftsyge *c*

airtight [ˈɛətait] *adj* lufttæt

airy [ˈɛəri] *adj* luftig

aisle [ail] *n* sideskib *nt;* midtergang *c*

alarm [əˈlɑːm] *n* alarm *c; v* forurolige

alarm-clock [əˈlɑːmklɔk] *n* vækkeur *nt*

album [ˈælbəm] *n* album *nt*

alcohol [ˈælkəhɔl] *n* alkohol *c*

alcoholic [ˌælkəˈhɔlik] *adj* alkoholholdig

ale [eil] *n* øl *nt*

algebra [ˈældʒibrə] *n* algebra *c*

Algeria [ælˈdʒiəriə] Algeriet

Algerian [ælˈdʒiəriən] *adj* algerisk; *n* algerier *c*

alien [ˈeiliən] *n* udlænding *c; adj* udenlandsk

alike [əˈlaik] *adj* ens, lig; *adv* på samme måde

alimony [ˈæliməni] *n* underholdsbidrag *nt*

alive [əˈlaiv] *adj* levende, i live

all [ɔ:l] *adj* al, hele; alle; ~ **in** alt iberegnet; ~ **right!** fint!; **at** ~ overhovedet

allergy ['ælədʒi] *n* allergi *c*

alley ['æli] *n* gyde *c*

alliance [ə'laiəns] *n* alliance *c*

allies ['ælaiz] *pl* allierede *pl*

allot [ə'lɔt] *v* tildele

allow [ə'lau] *v* *tillade; ~ **to** *lade; *be allowed *være tilladt; *be allowed **to** *have lov til

allowance [ə'lauəns] *n* bidrag *nt*

all-round [,ɔ:l'raund] *adj* alsidig

almanac ['ɔ:lmənæk] *n* almanak *c*

almond ['a:mənd] *n* mandel *c*

almost ['ɔ:lmoust] *adv* næsten

alone [ə'loun] *adv* alene

along [ə'lɔŋ] *prep* langs

aloud [ə'laud] *adv* højt

alphabet ['ælfəbet] *n* alfabet *nt*

already [ɔ:l'redi] *adv* allerede

also ['ɔ:lsou] *adv* også; desuden, ligeledes

altar ['ɔ:ltə] *n* alter *nt*

alter ['ɔ:ltə] *v* forandre, ændre

alteration [,ɔ:ltə'reiʃən] *n* forandring *c*, ændring *c*

alternate [ɔ:l'tə:nət] *adj* skiftende

alternative [ɔ:l'tə:nətiv] *n* alternativ *nt*

although [ɔ:l'ðou] *conj* selv om, skønt

altitude ['æltitju:d] *n* højde *c*

alto ['æltou] *n* (pl ~s) alt *c*

altogether [,ɔ:ltə'geðə] *adv* fuldstændigt; alt i alt

always ['ɔ:lweiz] *adv* altid

am [æm] *v* (pr be)

amaze [ə'meiz] *v* forbløffe, forbavse, forundre

amazement [ə'meizmənt] *n* forbavselse *c*

ambassador [æm'bæsədə] *n* ambassadør *c*

amber ['æmbə] *n* rav *nt*

ambiguous [æm'bigjuəs] *adj* tvetydig

ambitious [æm'biʃəs] *adj* ambitiøs; ærgerrig

ambulance ['æmbjuləns] *n* ambulance *c*

ambush ['æmbuʃ] *n* baghold *nt*

America [ə'merikə] Amerika

American [ə'merikən] *adj* amerikansk; *n* amerikaner *c*

amethyst ['æmiθist] *n* ametyst *c*

amid [ə'mid] *prep* blandt; midt i, midt iblandt

ammonia [ə'mouniə] *n* salmiakspiritus *c*

amnesty ['æmnisti] *n* amnesti *c*

among [ə'mʌŋ] *prep* blandt; imellem, mellem; ~ **other things** blandt andet

amount [ə'maunt] *n* mængde *c*; beløb *nt*, sum *c*; ~ **to** *beløbe sig til

amuse [ə'mju:z] *v* more, *underholde

amusement [ə'mju:zmənt] *n* fornøjelse *c*, adspredelse *c*

amusing [ə'mju:ziŋ] *adj* morsom

anaemia [ə'ni:miə] *n* blodmangel *c*

anaesthesia [,ænis'θi:ziə] *n* bedøvelse *c*

anaesthetic [,ænis'θetik] *n* bedøvelsesmiddel *nt*

analyse ['ænəlaiz] *v* analysere

analysis [ə'næləsis] *n* (pl -ses) analyse *c*

analyst ['ænəlist] *n* analytiker *c*; psykoanalytiker *c*

anarchy ['ænəki] *n* anarki *nt*

anatomy [ə'nætəmi] *n* anatomi *c*

ancestor ['ænsestə] *n* forfader *c*

anchor ['æŋkə] *n* anker *nt*

anchovy ['æntʃəvi] *n* ansjos *c*

ancient ['einʃənt] *adj* gammel; forældet, gammeldags; oldtids-

and [ænd, ənd] *conj* og

angel ['eindʒəl] *n* engel *c*

anger ['æŋgə] *n* vrede *c*; raseri *nt*

angle ['æŋgəl] v fiske; n vinkel c

angry ['æŋgri] adj vred

animal ['æniməl] n dyr nt

ankle ['æŋkəl] n ankel c

annex[1] ['æneks] n anneks nt; bilag nt

annex[2] [ə'neks] v annektere

anniversary [ˌæni'vəːsəri] n årsdag c

announce [ə'nauns] v *bekendtgøre, *kundgøre

announcement [ə'naunsmənt] n kundgørelse c, bekendtgørelse c

annoy [ə'nɔi] v plage, irritere; ærgre

annoyance [ə'nɔiəns] n ærgrelse c

annoying [ə'nɔiiŋ] adj ærgerlig, irriterende

annual ['ænjuəl] adj årlig; n årbog c

per annum [pər 'ænəm] årligt

anonymous [ə'nɔniməs] adj anonym

another [ə'nʌðə] adj en til; en anden

answer ['ɑːnsə] v svare; besvare; n svar nt

ant [ænt] n myre c

anthology [æn'θɔlədʒi] n antologi c

antibiotic [ˌæntibai'ɔtik] n antibiotikum nt

anticipate [æn'tisipeit] v forvente, *foregribe

antifreeze ['æntifriːz] n frostvæske c

antipathy [æn'tipəθi] n modvilje c

antique [æn'tiːk] adj antik; n antikvitet c; ~ **dealer** antikvitetshandler c

antiquity [æn'tikwəti] n oldtid c; **antiquities** pl antikviteter

antiseptic [ˌænti'septik] n antiseptisk middel

antlers ['æntləz] pl gevir nt

anxiety [æŋ'zaiəti] n ængstelse c

anxious ['æŋkʃəs] adj ivrig; bekymret

any ['eni] adj enhver, hvilken som helst

anybody ['enibɔdi] pron hvem som helst

anyhow ['enihau] adv på hvilken som

helst måde

anyone ['eniwʌn] pron enhver

anything ['eniθiŋ] pron hvad som helst

anyway ['eniwei] adv alligevel

anywhere ['eniweə] adv hvor som helst

apart [ə'pɑːt] adv adskilt, separat; ~ **from** bortset fra

apartment [ə'pɑːtmənt] værelse; nAm lejlighed c; ~ **house** Am beboelsesejendom c

apathy ['æpəθi] n sløvhed c

aperitif [ə'perətiv] n aperitif c

apologize [ə'pɔlədʒaiz] v *bede om undskyldning

apology [ə'pɔlədʒi] n undskyldning c

apparatus [ˌæpə'reitəs] n indretning c, apparat c

apparent [ə'pærənt] adj tilsyneladende; åbenbar

apparently [ə'pærəntli] adv tilsyneladende, åbenbart; øjensynligt

apparition [ˌæpə'riʃən] n åbenbarelse c

appeal [ə'piːl] n appel c

appear [ə'piə] v *se ud til, *synes; *fremgå; vise sig; *fremtræde

appearance [ə'piərəns] n ydre nt; fremtoning c; entré c

appendicitis [ə,pendi'saitis] n blindtarmsbetændelse c

appendix [ə'pendiks] n (pl -dices, -dixes) blindtarm c

appetite ['æpətait] n appetit c; begær nt

appetizer ['æpətaizə] n appetitvækker c

appetizing ['æpətaiziŋ] adj appetitlig

applause [ə'plɔːz] n bifald nt

apple ['æpəl] n æble nt

appliance [ə'plaiəns] n apparat nt, indretning c

application [ˌæpli'keiʃən] n anvendelse

c; ansøgning c

apply [ə'plai] v udnytte, anvende; benytte; ansøge; *gælde

appoint [ə'pɔint] v udnævne; aftale

appointment [ə'pɔintmənt] n aftale c, møde nt; udnævnelse c

appreciate [ə'priːʃieit] v *værdsætte; påskønne

appreciation [ə,priːʃi'eiʃən] n vurdering c; værdsættelse c

approach [ə'proutʃ] v nærme sig; n fremgangsmåde c; adgang c

appropriate [ə'proupriət] adj formålstjenlig, egnet, passende

approval [ə'pruːvəl] n billigelse c; bifald nt, indvilligelse c; on ~ på prøve

approve [ə'pruːv] v godkende

approximate [ə'prɔksimət] adj omtrentlig

approximately [ə'prɔksimətli] adv cirka, omtrent

apricot ['eiprikɔt] n abrikos c

April ['eiprəl] april

apron ['eiprən] n forklæde nt

Arab ['ærəb] adj arabisk; n araber c

arbitrary ['ɑːbitrəri] adj vilkårlig

arcade [ɑː'keid] n arkade c, buegang c

arch [ɑːtʃ] n bue c; hvælving c

archaeologist [,ɑːki'ɔlədʒist] n arkæolog c

archaeology [,ɑːki'ɔlədʒi] n arkæologi c

archbishop [,ɑːtʃ'biʃəp] n ærkebiskop c

arched [ɑːtʃt] adj bueformet

architect ['ɑːkitekt] n arkitekt c

architecture ['ɑːkitektʃə] n bygningskunst c, arkitektur c

archives ['ɑːkaivz] pl arkiv nt

are [ɑː] v (pr be)

area ['ɛəriə] n område nt; areal nt; ~ code områdenummer nt

Argentina [,ɑːdʒən'tiːnə] Argentina

Argentinian [,ɑːdʒən'tiniən] adj argentinsk; n argentiner c

argue ['ɑːgjuː] v diskutere, drøfte, argumentere

argument ['ɑːgjumənt] n argument nt; diskussion c; ordveksling c

arid ['ærid] adj tør

***arise** [ə'raiz] v *opstå

arithmetic [ə'riθmətik] n regning c

arm [ɑːm] n arm c; våben nt; armlæn nt; v bevæbne

armchair ['ɑːmtʃɛə] n lænestol c, armstol c

armed [ɑːmd] adj bevæbnet; ~ forces væbnede styrker

armour ['ɑːmə] n rustning c

army ['ɑːmi] n hær c

aroma [ə'roumə] n aroma c

around [ə'raund] prep omkring, om; adv omkring

arrange [ə'reindʒ] v ordne; arrangere

arrangement [ə'reindʒmənt] n ordning c

arrest [ə'rest] v arrestere, *anholde; n arrestation c, anholdelse c

arrival [ə'raivəl] n ankomst c; komme nt

arrive [ə'raiv] v *ankomme

arrow ['ærou] n pil c

art [ɑːt] n kunst c; færdighed c; ~ collection kunstsamling c; ~ exhibition kunstudstilling c; ~ gallery kunstgalleri nt; ~ history kunsthistorie c; arts and crafts kunsthåndværk nt; ~ school kunstakademi nt

artery ['ɑːtəri] n pulsåre c

artichoke ['ɑːtitʃouk] n artiskok c

article ['ɑːtikəl] n genstand c; artikel c; kendeord nt

artifice ['ɑːtifis] n kneb nt

artificial [,ɑːti'fiʃəl] adj kunstig

artist ['ɑːtist] n kunstner c; kunstnerinde c

artistic [ɑ:'tistik] *adj* kunstnerisk, artistisk

as [æz] *conj* ligesom, som; lige så; eftersom, fordi; da, idet; ~ **from** fra; fra og med; ~ **if** som om

asbestos [æz'bestəs] *n* asbest c

ascend [ə'send] *v* *bestige; *stige op

ascent [ə'sent] *n* stigning c; opstigning c

ascertain [æsə'tein] *v* konstatere; forvisse sig om, *fastslå

ash [æʃ] *n* aske c

ashamed [ə'ʃeimd] *adj* skamfuld; *be ~ skamme sig

ashore [ə'ʃɔ:] *adv* i land

ashtray ['æʃtrei] *n* askebæger *nt*

Asia ['eiʃə] Asien

Asian ['eiʃən] *adj* asiatisk; *n* asiat c

aside [ə'said] *adv* afsides, til side

ask [ɑ:sk] *v* *spørge; *bede; *indbyde

asleep [ə'sli:p] *adj* sovende

asparagus [ə'spærəgəs] *n* asparges c

aspect ['æspekt] *n* aspekt *nt*

asphalt ['æsfælt] *n* asfalt c

aspire [ə'spaiə] *v* stræbe

aspirin ['æspərin] *n* aspirin c

ass [æs] *n* æsel *nt*

assassination [ə,sæsi'neiʃən] *n* mord *nt*

assault [ə'sɔ:lt] *v* *angribe; *voldtage

assemble [ə'sembəl] *v* forsamle; samle, montere

assembly [ə'sembli] *n* sammenkomst c, forsamling c

assignment [ə'sainmənt] *n* opgave c

assign to [ə'sain] tildele; *tilskrive

assist [ə'sist] *v* *bistå, *hjælpe; ~ **at** *være til stede ved

assistance [ə'sistəns] *n* hjælp c; assistance c, understøttelse c

assistant [ə'sistənt] *n* assistent c

associate¹ [ə'souʃiət] *n* kollega c,

kompagnon c; forbundsfælle c; medlem *nt*

associate² [ə'souʃieit] *v* associere; ~ **with** *omgås

association [ə,sousi'eiʃən] *n* forening c

assort [ə'sɔ:t] *v* sortere

assortment [ə'sɔ:tmənt] *n* sortiment *nt*, udvalg *nt*

assume [ə'sju:m] *v* *antage, *gå ud fra, formode

assure [ə'ʃuə] *v* forsikre

asthma ['æsmə] *n* astma c

astonish [ə'stɔniʃ] *v* forbløffe, forbavse

astonishing [ə'stɔniʃiŋ] *adj* forbavsende

astonishment [ə'stɔniʃmənt] *n* forbavselse c

astronomy [ə'strɔnəmi] *n* astronomi c

asylum [ə'sailəm] *n* asyl *nt*; plejehjem *nt*

at [æt] *prep* i, hos; på

ate [et] *v* (p eat)

atheist ['eiθiist] *n* ateist c

athlete ['æθli:t] *n* idrætsmand c

athletics [æθ'letiks] *pl* atletik c

Atlantic [ət'læntik] Atlanterhavet

atmosphere ['ætməsfiə] *n* atmosfære c; stemning c

atom ['ætəm] *n* atom *nt*

atomic [ə'tɔmik] *adj* atom-

atomizer ['ætəmaizə] *n* forstøver c; spray c

attach [ə'tætʃ] *v* fæstne, *fastgøre; vedføje; **attached to** knyttet til

attack [ə'tæk] *v* *overfalde, *angribe; *n* angreb *nt*

attain [ə'tein] *v* nå

attainable [ə'teinəbəl] *adj* opnåelig

attempt [ə'tempt] *v* forsøge, prøve; *n* forsøg *nt*

attend [ə'tend] *v* overvære; ~ **on** opvarte; ~ **to** beskæftige sig med, sørge for; *være opmærksom på attendance [əˈtendəns] n tilslutning c

attendant [əˈtendənt] n kustode c

attention [əˈtenʃən] n opmærksomhed c; *pay ~ *være opmærksom

attentive [əˈtentiv] adj opmærksom

attic [ˈætik] n loft nt

attitude [ˈætitjuːd] n holdning c

attorney [əˈtɔːni] n advokat c

attract [əˈtrækt] v *tiltrække

attraction [əˈtrækʃən] n attraktion c; tiltrækning c, charme c

attractive [əˈtræktiv] adj tiltrækkende

auburn [ˈɔːbən] adj kastanjebrun

auction [ˈɔːkʃən] n auktion c

audible [ˈɔːdibəl] adj hørlig

audience [ˈɔːdiəns] n publikum nt

auditor [ˈɔːditə] n tilhører c

auditorium [ˌɔːdiˈtɔːriəm] n auditorium nt

August [ˈɔːgəst] august

aunt [ɑːnt] n tante c

Australia [ɔˈstreiliə] Australien

Australian [ɔˈstreiliən] adj australsk; n australier c

Austria [ˈɔstriə] Østrig

Austrian [ˈɔstriən] adj østrigsk; n østriger c

authentic [ɔːˈθentik] adj autentisk; ægte

author [ˈɔːθə] n forfatter c

authoritarian [ɔːˌθɔriˈteəriən] adj autoritær

authority [ɔːˈθɔrəti] n autoritet c; myndighed c; authorities pl øvrighed c, myndigheder

authorization [ˌɔːθəraiˈzeiʃən] n autorisation c; godkendelse c

automatic [ˌɔːtəˈmætik] adj automatisk; ~ teller kontanten c

automation [ˌɔːtəˈmeiʃən] n automatisering c

automobile [ˈɔːtəməbiːl] n bil c; ~ club automobilklub c

autonomous [ɔːˈtɔnəməs] adj autonom

autopsy [ˈɔːtɔpsi] n obduktion c

autumn [ˈɔːtəm] n efterår nt

available [əˈveiləbəl] adj disponibel, for hånden

avalanche [ˈævəlɑːnʃ] n lavine c

avaricious [ˌævəˈriʃəs] adj gerrig

avenue [ˈævənjuː] n allé c

average [ˈævəridʒ] adj gennemsnitlig; n gennemsnit nt; on the ~ i gennemsnit

averse [əˈvɔːs] adj uvillig

aversion [əˈvɔːʃən] n aversion c

avert [əˈvɔːt] v vende bort

avoid [əˈvoid] v *undgå

await [əˈweit] v vente på, afvente

awake [əˈweik] adj vågen

*awake [əˈweik] v vække

award [əˈwɔːd] n pris c; v tildele

aware [əˈweə] adj klar over

away [əˈwei] adv væk; *go ~ *tage bort

awful [ˈɔːfəl] adj frygtelig, rædselsfuld

awkward [ˈɔːkwəd] adj pinlig; kejtet

awning [ˈɔːniŋ] n solsejl nt

axe [æks] n økse c

axle [ˈæksəl] n aksel c

B

baby [ˈbeibi] n baby c; ~ carriage Am barnevogn c

babysitter [ˈbeibiˌsitə] n babysitter c

bachelor [ˈbætʃələ] n ungkarl c

back [bæk] n ryg c; adv tilbage; *go ~ vende tilbage

backache [ˈbækeik] n rygsmerter pl

backbone [ˈbækboun] n rygrad c

background [ˈbækgraund] n baggrund c; uddannelse c

backwards [ˈbækwədz] adv baglæns

bacon ['beikən] n bacon c

bacterium [bæk'ti:riəm] n (pl -ria) bakterie c

bad [bæd] adj dårlig; alvorlig, slem

bag [bæg] n pose c; taske c, håndtaske c; kuffert c

baggage ['bægidʒ] n bagage c; ~ deposit office Am bagageopbevaring c; hand ~ Am håndbagage c

bail [beil] n kaution c

bailiff ['beilif] n foged c

bait [beit] n lokkemad c

bake [beik] v bage

baker ['beikə] n bager c

bakery ['beikəri] n bageri nt

balance ['bæləns] n ligevægt c; balance c; saldo c

balcony ['bælkəni] n balkon c

bald [bɔːld] adj skaldet

ball [bɔːl] n bold c; bal nt

ballet ['bælei] n ballet c

balloon [bə'luːn] n ballon c

ballpoint-pen ['bɔːlpɔintpen] n kuglepen c

ballroom ['bɔːlruːm] n balsal c

bamboo [bæm'buː] n (pl ~s) bambus c

banana [bə'nɑːnə] n banan c

band [bænd] n orkester nt; bånd nt

bandage ['bændidʒ] n forbinding c

bandit ['bændit] n bandit c

bangle ['bæŋgəl] n armbånd nt

banisters ['bænistəz] pl trappegelænder nt

bank [bæŋk] n bred c; bank c; v deponere, *sætte i banken; ~ account bankkonto c

banknote ['bæŋknout] n pengeseddel c

bank-rate ['bæŋkreit] n diskonto c

bankrupt ['bæŋkrʌpt] adj konkurs, fallit

banner ['bænə] n banner nt

banquet ['bæŋkwit] n banket c

banqueting-hall ['bæŋkwitiŋhɔːl] n banketsal c

baptism ['bæptizəm] n dåb c

baptize [bæp'taiz] v døbe

bar [bɑː] n bar c; stang c; tremme c

barber ['bɑːbə] n barber c

bare [beə] adj nøgen, bar

barely ['beəli] adv knap, knap nok

bargain ['bɑːgin] n lejlighedskøb nt; v *købslå

baritone ['bæritoun] n baryton c

bark [bɑːk] n bark c; v gø

barley ['bɑːli] n byg c

barmaid ['bɑːmeid] n barpige c

barman ['bɑːmən] n (pl -men) bartender c

barn [bɑːn] n lade c

barometer [bə'rɔmitə] n barometer nt

baroque [bə'rɔk] adj barok

barracks ['bærəks] pl kaserne c

barrel ['bærəl] n tønde c

barrier ['bæriə] n barriere c; bom c

barrister ['bæristə] n advokat c

bartender ['bɑː,tendə] n bartender c

base [beis] n base c; fundament nt; v begrunde

baseball ['beisbɔːl] n baseball

basement ['beismənt] n kælder c

basic ['beisik] adj grundlæggende

basilica [bə'zilikə] n basilika c

basin ['beisən] n skål c, bækken nt

basis ['beisis] n (pl bases) basis c, grundlag nt

basket ['bɑːskit] n kurv c

bass[1] [beis] n bas c

bass[2] [bæs] n (pl ~) aborre c

bastard ['bɑːstəd] n slyngel c; schuft c

batch [bætʃ] n parti nt, bunke c

bath [bɑːθ] n bad nt; ~ salts badesalt nt; ~ towel badehåndklæde nt

bathe [beið] v bade

bathing-cap ['beiðiŋkæp] n badehætte

c

bathing-suit [ˈbeiðiŋsuːt] n badedragt c; badebukser pl

bathrobe [ˈbɑːθroub] n badekåbe c

bathroom [ˈbɑːθruːm] n badeværelse nt; toilet nt

batter [ˈbætə] n dej c

battery [ˈbætəri] n batteri nt; akkumulator c

battle [ˈbætəl] n slag nt; kamp c, strid c; v kæmpe

bay [bei] n bugt c; v glamme

*****be** [biː] v *være

beach [biːtʃ] n strand c; **nudist** ~ fribadestrand c

bead [biːd] n perle c; **beads** pl perlekæde c; rosenkrans c

beak [biːk] n næb nt

beam [biːm] n stråle c; bjælke c

bean [biːn] n bønne c

bear [beə] n bjørn c

*****bear** [beə] v *bære; tåle; *udholde

beard [biəd] n skæg nt

beast [biːst] n dyr nt; ~ **of prey** rovdyr nt

*****beat** [biːt] v *slå

beautiful [ˈbjuːtifəl] adj smuk

beauty [ˈbjuːti] n skønhed c; ~ **parlour** skønhedssalon c; ~ **salon** skønhedssalon c; ~ **treatment** skønhedspleje c

beaver [ˈbiːvə] n bæver c

because [biˈkɔz] conj fordi; eftersom; ~ **of** på grund af

*****become** [biˈkʌm] v *blive; klæde

bed [bed] n seng c; ~ **and board** kost og logi, helpension c; ~ **and breakfast** værelse med morgenmad

bedding [ˈbediŋ] n sengetøj pl

bedroom [ˈbedruːm] n soveværelse nt

bee [biː] n bi c

beech [biːtʃ] n bøg c

beef [biːf] n oksekød nt

beehive [ˈbiːhaiv] n bistade nt

been [biːn] v (pp be)

beer [biə] n øl nt

beet [biːt] n bede c

beetle [ˈbiːtəl] n bille c

beetroot [ˈbiːtruːt] n rødbede c

before [biˈfɔː] prep før; foran; conj før; adv forud; tidligere, inden

beg [beg] v tigge; *bønfalde; *bede

beggar [ˈbegə] n tigger c

*****begin** [biˈgin] v begynde; starte

beginner [biˈginə] n nybegynder c

beginning [biˈginiŋ] n begyndelse c; start c

on behalf of [ɔn biˈhɑːf ɔv] i ... navn, på ... vegne

behave [biˈheiv] v opføre sig

behaviour [biˈheivjə] n opførsel c

behind [biˈhaind] prep bag; adv bagved

beige [beiʒ] adj beige

being [ˈbiːiŋ] n væsen nt

Belgian [ˈbeldʒən] adj belgisk; n belgier c

Belgium [ˈbeldʒəm] Belgien

belief [biˈliːf] n tro c

believe [biˈliːv] v tro

bell [bel] n klokke c

bellboy [ˈbelbɔi] n piccolo c

belly [ˈbeli] n mave c

belong [biˈlɔŋ] v tilhøre

belongings [biˈlɔŋiŋz] pl ejendele pl

beloved [biˈlʌvd] adj elsket

below [biˈlou] prep under; adv nede

belt [belt] n bælte nt; **garter** ~ Am strømpeholder c

bench [bentʃ] n bænk c

bend [bend] n sving nt, kurve c; krumning c

*****bend** [bend] v bøje; ~ **down** bøje sig

beneath [biˈniːθ] prep under; adv nedenfor

benefit [ˈbenifit] n nytte c, udbytte

nt; understøttelse c; v *drage fordel

bent [bent] adj (pp bend) krum

beret ['berei] n alpehue c

berry ['beri] n bær nt

berth [bə:θ] n køje c

beside [bi'said] prep ved siden af

besides [bi'saidz] adv desuden; for resten; prep foruden

best [best] adj bedst

bet [bet] n væddemål nt; indsats c

*bet [bet] v vædde

betray [bi'trei] v forråde

better ['betə] adj bedre

between [bi'twi:n] prep mellem

beverage ['bevəridʒ] n drik c

beware [bi'wɛə] v passe på, vogte sig

bewitch [bi'witʃ] v forhekse, fortrylle

beyond [bi'jɔnd] prep hinsides; på den anden side af; ud over; adv på den anden side

bible ['baibəl] n bibel c

bicycle ['baisikəl] n cykel c

big [big] adj stor; omfangsrig; tyk; betydelig

bile [bail] n galde c

bilingual [bai'lingwəl] adj tosproget

bill [bil] n regning c, nota c; v fakturere

billiards ['biljədz] pl billard nt

*bind [baind] v *binde

binding ['baindiŋ] n indbinding c

binoculars [bi'nɔkjələz] pl kikkert c

biology [bai'ɔlədʒi] n biologi c

birch [bə:tʃ] n birk c

bird [bə:d] n fugl c

birth [bə:θ] n fødsel c

birthday ['bə:θdei] n fødselsdag c

biscuit ['biskit] n småkage c

bishop ['biʃəp] n biskop c

bit [bit] n stump c; smule c

bitch [bitʃ] n tæve c

bite [bait] n mundfuld c; bid nt

*bite [bait] v *bide

bitter ['bitə] adj bitter

black [blæk] adj sort; ~ **market** sortbørshandel c

blackberry ['blækbəri] n brombær nt

blackbird ['blækbə:d] n solsort c

blackboard ['blækbɔ:d] n tavle c

black-currant [,blæk'kʌrənt] n solbær nt

blackmail ['blækmeil] n pengeafpresning c; v øve pengeafpresning

blacksmith ['blæksmiθ] n smed c

bladder ['blædə] n blære c

blade [bleid] n blad nt; ~ **of grass** græsstrå nt

blame [bleim] n skyld c; bebrejdelse c; v dadle, *lægge skylden på

blank [blæŋk] adj blank

blanket ['blæŋkit] n tæppe nt

blast [blɑ:st] n eksplosion c

blazer ['bleizə] n blazer c

bleach [bli:tʃ] v blege

bleak [bli:k] adj barsk

*bleed [bli:d] v bløde; udsuge

bless [bles] v velsigne

blessing ['blesiŋ] n velsignelse c

blind [blaind] n persienne c, rullegardin nt; adj blind; v blænde

blister ['blistə] n vable c, blære c

blizzard ['blizəd] n snestorm c

block [blɔk] v spærre, blokere; n klods c; ~ **of flats** beboelsesejendom c

blonde [blɔnd] n blondine c

blood [blʌd] n blod nt; ~ **pressure** blodtryk c

blood-poisoning ['blʌd,pɔizəniŋ] n blodforgiftning c

blood-vessel ['blʌd,vesəl] n blodkar nt

blot [blɔt] n klat c; plet c; **blotting paper** trækpapir nt

blouse [blauz] n bluse c

blow [blou] n slag nt; vindstød nt

*blow [blou] v blæse

blow-out ['blouaut] n punktering c

blue [blu:] *adj* blå; nedtrykt

blunt [blʌnt] *adj* sløv; stump

blush [blʌʃ] *v* rødme

board [bɔ:d] *n* bræt *nt*; tavle *c*; pension *c*; bestyrelse *c*; ~ **and lodging** kost og logi, full pension

boarder [ˈbɔ:də] *n* pensionær *c*

boarding-house [ˈbɔ:diŋhaus] *n* pensionat *nt*

boarding-school [ˈbɔ:diŋsku:l] *n* kostskole *c*

boast [boust] *v* prale

boat [bout] *n* båd *c*, skib *nt*

body [ˈbɔdi] *n* krop *c*; legeme *nt*

bodyguard [ˈbɔdiga:d] *n* livvagt *c*

body-work [ˈbɔdiwə:k] *n* karosseri *nt*

bog [bɔg] *n* mose *c*

boil [bɔil] *v* koge; *n* byld *c*

bold [bould] *adj* dristig, fræk

Bolivia [bəˈliviə] Bolivia

Bolivian [bəˈliviən] *adj* boliviansk; *n* bolivianer *c*

bolt [boult] *n* slå *c*; bolt *c*

bomb [bɔm] *n* bombe *c*; *v* bombardere

bond [bɔnd] *n* obligation *c*

bone [boun] *n* ben *nt*, knogle *c*; *v* udbene

bonnet [ˈbɔnit] *n* motorhjelm *c*

book [buk] *n* bog *c*; *v* reservere; bogføre, *indskrive

booking [ˈbukiŋ] *n* bestilling *c*, reservation *c*

bookmaker [ˈbukˌmeikə] *n* totalisator *c*

bookseller [ˈbukˌselə] *n* boghandler *c*

bookstand [ˈbukstænd] *n* kiosk *c*, bogstand *c*

bookstore [ˈbukstɔ:] *n* boghandel *c*, boglade *c*

boot [bu:t] *n* støvle *c*; bagagerum *nt*

booth [bu:ð] *n* bod *c*; boks *c*

border [ˈbɔ:də] *n* grænse *c*; rand *c*

bore¹ [bɔ:] *v* kede; bore; *n* dødbider *c*

bore² [bɔ:] *v* (p bear)

boring [ˈbɔ:riŋ] *adj* kedelig

born [bɔ:n] *adj* født

borrow [ˈbɔrou] *v* låne

bosom [ˈbuzəm] *n* barm *c*

boss [bɔs] *n* chef *c*

botany [ˈbɔtəni] *n* botanik *c*

both [bouθ] *adj* begge; **both ... and** både ... og

bother [ˈbɔðə] *v* genere, plage; *gøre sig umage; *n* ærgrelse *c*

bottle [ˈbɔtəl] *n* flaske *c*; ~ **opener** oplukker *c*; **hot-water** ~ varmedunk *c*

bottleneck [ˈbɔtəlnek] *n* flaskehals *c*

bottom [ˈbɔtəm] *n* bund *c*; bagdel *c*, ende *c*; *adj* nederst

bough [bau] *n* gren *c*

bought [bɔ:t] *v* (p, pp buy)

boulder [ˈbouldə] *n* klippeblok *c*

bound [baund] *n* grænse *c*; *be ~ to *skulle; ~ **for** på vej til

boundary [ˈbaundəri] *n* grænse *c*

bouquet [buˈkei] *n* buket *c*

bourgeois [ˈbuəʒwa:] *adj* småborgerlig

boutique [buˈti:k] *n* boutique *c*

bow¹ [bau] *v* bukke

bow² [bou] *n* bue *c*; ~ **tie** butterfly *c*

bowels [bauəlz] *pl* indvolde *pl*

bowl [boul] *n* skål *c*

bowling [ˈbouliŋ] *n* kegler *pl*, bowling; ~ **alley** keglebane *c*

box¹ [bɔks] *v* bokse; **boxing match** boksekamp *c*

box² [bɔks] *n* æske *c*

box-office [ˈbɔksˌɔfis] *n* billetluge *c*, billetkontor *nt*

boy [bɔi] *n* dreng *c*, fyr *c*; ~ **scout** drengespejder *c*

bra [bra:] *n* brystholder *c*, bh *c*

bracelet [ˈbreislit] *n* armbånd *nt*

braces [ˈbreisiz] *pl* seler *pl*

brain [brein] *n* hjerne *c*; forstand *c*

brain-wave ['breinweiv] n lys idé

brake [breik] n bremse c; ~ drum bremsetromle c; ~ lights stoplys pl

branch [brɑ:ntʃ] n gren c; filial c

brand [brænd] n mærke nt; brænde-mærke nt

brand-new [ˌbrænd'nju:] adj splinter-ny

brass [brɑ:s] n messing nt; ~ band hornorkester c

brassiere ['bræziə] n brystholder c, busteholder c

brassware ['brɑ:sweə] n messingtøj pl

brave [breiv] adj modig

Brazil [brə'zil] Brasilien

Brazilian [brə'ziljən] adj brasiliansk; n brasilianer c

breach [bri:tʃ] n brud nt

bread [bred] n brød nt; wholemeal ~ fuldkornsbrød nt

breadth [bredθ] n bredde c

break [breik] n brud nt; frikvarter nt

*break [breik] v *slå i stykker, *bry-de; ~ down *få motorstop; *ned-bryde; *bryde sammen; opdele

breakdown ['breikdaun] n motorska-de c, motorstop nt

breakfast ['brekfəst] n morgenmad c

bream [bri:m] n (pl ~) brasen c

breast [brest] n bryst nt

breaststroke ['breststrouk] n bryst-svømning c

breath [breθ] n åndedrag nt; vejr nt

breathe [bri:ð] v ånde

breathing ['bri:ðiŋ] n åndedræt nt

breed [bri:d] n race c

*breed [bri:d] v opdrætte

breeze [bri:z] n brise c

brew [bru:] v brygge

brewery ['bru:əri] n bryggeri nt

bribe [braib] v *bestikke

bribery ['braibəri] n bestikkelse c

brick [brik] n mursten c

bricklayer ['brikleiə] n murer c

bride [braid] n brud c

bridegroom ['braidgru:m] n brudgom c

bridge [bridʒ] n bro c; bridge

brief [bri:f] adj kort; kortfattet

briefcase ['bri:fkeis] n mappe c

briefs [bri:fs] pl underbenklæder pl, underbukser pl

bright [brait] adj klar; strålende; snu, opvakt

brill [bril] n slethvar c

brilliant ['briljənt] adj brillant; genial

brim [brim] n rand c

*bring [briŋ] v *bringe; *medbringe; ~ back *bringe tilbage; ~ up op-drage; *bringe på bane, fremføre

brisk [brisk] adj rask, livlig, frisk

Britain ['britən] England

British ['britiʃ] adj britisk; engelsk

Briton ['britən] n brite c; englænder c

broad [brɔ:d] adj bred; udstrakt, vid; almen

broadcast ['brɔ:dkɑ:st] n udsendelse c

*broadcast ['brɔ:dkɑ:st] v udsende

brochure ['brouʃuə] n brochure c

broke¹ [brouk] v (p break)

broke² [brouk] adj blank

broken ['broukən] adj (pp break) knust, i stykker; i uorden

broker ['broukə] n mægler c

bronchitis [broŋ'kaitis] n bronkitis c

bronze [bronz] n bronze c; adj bron-ze-

brooch [broutʃ] n broche c

brook [bruk] n å c

broom [bru:m] n kost c

brothel ['broθəl] n bordel nt

brother ['brʌðə] n bror c

brother-in-law ['brʌðərinlɔ:] n (pl brothers-) svoger c

brought [brɔ:t] v (p, pp bring)

brown [braun] adj brun

bruise [bru:z] n kvæstelse c, blåt mærke; v *give blå mærker

brunette [bru:'net] n brunette c

brush [brʌʃ] n børste c; pensel c; v pudse, børste

brutal ['bru:təl] adj brutal

bubble ['bʌbəl] n boble c

bucket ['bʌkit] n spand c

buckle ['bʌkəl] n spænde nt

bud [bʌd] n knop c

budget ['bʌdʒit] n budget nt

buffet ['bufei] n koldt bord

bug [bʌg] n væggetøj pl; bille c; nAm insekt nt

***build** [bild] v bygge

building ['bildiŋ] n bygning c

bulb [bʌlb] n løg nt; blomsterløg nt; light ~ elektrisk pære

Bulgaria [bʌl'geəriə] Bulgarien

Bulgarian [bʌl'geəriən] adj bulgarsk; n bulgarer c

bulk [bʌlk] n omfang nt; masse c; størstedel c

bulky ['bʌlki] adj tyk, omfangsrig

bull [bul] n tyr c

bullet ['bulit] n kugle c

bullfight ['bulfait] n tyrefægtning c

bullring ['bulriŋ] n tyrefægtningsarena c

bump [bʌmp] v støde; støde sammen; dundre; n stød nt

bumper ['bʌmpə] n kofanger c

bumpy ['bʌmpi] adj ujævn

bun [bʌn] n bolle c

bunch [bʌntʃ] n buket c; flok c

bundle ['bʌndəl] n bundt nt; v bundte, *binde sammen

bunk [bʌŋk] n køje c

buoy [bɔi] n bøje c

burden ['bə:dən] v bebyrde; n byrde c

bureau ['bjuərou] n (pl ~x, ~s) skrivebord nt; nAm kommode c

bureaucracy [bjuə'rɔkrəsi] n bureaukrati nt

burglar ['bə:glə] n indbrudstyv c

burgle ['bə:gəl] v *bryde ind

burial ['beriəl] n begravelse c

burn [bə:n] n brandsår nt

***burn** [bə:n] v brænde; brænde på

***burst** [bə:st] v *sprække, briste

bury ['beri] v begrave

bus [bʌs] n bus c

bush [buʃ] n busk c

business ['biznəs] n forretninger, handel c; virksomhed c, forretning c; erhverv nt; affære c; ~ hours åbningstider pl, forretningstid c; ~ trip forretningsrejse c; on ~ i forretninger

business-like ['biznislaik] adj forretningsmæssig

businessman ['biznəsmən] n (pl -men) forretningsmand c

bust [bʌst] n buste c

bustle ['bʌsəl] n ståhej c

busy ['bizi] adj optaget; travl

but [bʌt] conj men; dog; prep undtagen

butcher ['butʃə] n slagter c

butter ['bʌtə] n smør nt

butterfly ['bʌtəflai] n sommerfugl c; ~ stroke butterfly c

buttock ['bʌtək] n balde c; **buttocks** pl bagdel c

button ['bʌtən] n knap c; v knappe

buttonhole ['bʌtənhoul] n knaphul nt

***buy** [bai] v købe; anskaffe

buyer ['baiə] n køber c

by [bai] prep af; med; ved

by-pass ['baipɑ:s] n ringvej c; v *gå uden om

C

cab [kæb] n taxi c

cabaret ['kæbərei] n kabaret c

cabbage ['kæbidʒ] n kål c

cab-driver ['kæb,draivə] n taxichauffør c

cabin ['kæbin] n kabine c; hytte c; kahyt c

cabinet ['kæbinət] n kabinet nt

cable ['keibəl] n kabel nt; telegram nt; v telegrafere

café ['kæfei] n café c

cafeteria [,kæfə'tiəriə] n cafeteria nt

caffeine ['kæfi:n] n koffein nt

cage [keidʒ] n bur nt

cake [keik] n kage c, lagkage c

calamity [kə'læməti] n ulykke c, kalamitet c

calcium ['kælsiəm] n kalcium nt

calculate ['kælkjuleit] v udregne, beregne

calculation [,kælkju'leiʃən] n beregning c

calculator ['kælkju'leitə] n lommeregner c

calendar ['kæləndə] n kalender c

calf [ka:f] n (pl calves) kalv c; læg c; ~ skin kalveskind nt

call [kɔ:l] v råbe; kalde; ringe op; n råb nt; besøg nt, visit c; telefonopringning c; *be called *hedde; ~ names skælde ud; ~ on besøge; ~ up Am ringe op

callus ['kæləs] n hård hud

calm [ka:m] adj rolig, stille; ~ down berolige; *falde til ro

calorie ['kæləri] n kalorie c

came [keim] v (p come)

camel ['kæməl] n kamel c

cameo ['kæmiou] n (pl ~s) kamé c

camera ['kæmərə] n kamera nt; filmkamera nt; ~ shop fotoforretning c

camp [kæmp] n lejr c; v campere

campaign [kæm'pein] n kampagne c

camp-bed [,kæmp'bed] n feltseng c

camper ['kæmpə] n campist c

camping ['kæmpiŋ] n camping c; ~ site campingplads c

camshaft ['kæmʃa:ft] n knastaksel c

can [kæn] n dåse c; ~ opener dåseåbner c

*can [kæn] v *kunne

Canada ['kænədə] Canada

Canadian [kə'neidiən] adj canadisk; n canadier c

canal [kə'næl] n kanal c

canary [kə'neəri] n kanariefugl c

cancel ['kænsəl] v annullere; afbestille

cancellation [,kænsə'leiʃən] n annullering c

cancer ['kænsə] n kræft c

candelabrum [,kændə'la:brəm] n (pl -bra) kandelaber c

candidate ['kændidət] n kandidat c

candle ['kændəl] n stearinlys nt

candy ['kændi] nAm bolsje nt; nAm slik nt, nAm godter pl; ~ store Am chokoladeforretning c

cane [kein] n rør nt; stok c

canister ['kænistə] n dåse c

canoe [kə'nu:] n kano c

canteen [kæn'ti:n] n kantine c; feltflaske c

canvas ['kænvəs] n sejldug c

cap [kæp] n hue c, kasket c

capable ['keipəbəl] adj dygtig, kompetent

capacity [kə'pæsəti] n kapacitet c; kompetence c

cape [keip] n cape c; kap nt

capital ['kæpitəl] n hovedstad c; kapital c; adj tungtvejende, hoved-; ~ letter stort bogstav

capitalism ['kæpitəlizəm] n kapitalisme c

capitulation [kə,pitju'leiʃən] n kapitulation c

capsule ['kæpsju:l] n kapsel c

captain ['kæptin] n kaptajn c; luftkaptajn *c*

capture [ˈkæptʃə] *v* fange, *tage til fange; *indtage; *n* pågribelse *c*; erobring *c*

car [ka:] *n* bil *c*; ~ **hire** biludlejning *c*; ~ **park** parkeringsplads *c*; ~ **rental** *Am* biludlejning *c*

carafe [kəˈræf] *n* karaffel *c*

caramel [ˈkærəməl] *n* karamel *c*

carat [ˈkærət] *n* karat *c*

caravan [ˈkærəvæn] *n* campingvogn *c*; beboelsesvogn *c*

carburettor [ˌka:bjuˈretə] *n* karburator *c*

card [ka:d] *n* kort *nt*; brevkort *nt*; visitkort *nt*

cardboard [ˈka:dbɔ:d] *n* karton *c*; *adj* karton-

cardigan [ˈka:digən] *n* trøje *c*

cardinal [ˈka:dinəl] *n* kardinal *c*; *adj* hoved-, afgørende

care [kɛə] *n* omsorg *c*; bekymring *c*; ~ **about** bekymre sig om; ~ **for** *bryde sig om; *take ~ of *tage sig af, passe

career [kəˈriə] *n* karriere *c*, løbebane *c*

carefree [ˈkɛəfri:] *adj* ubekymret

careful [ˈkɛəfəl] *adj* forsigtig; omhyggelig, påpasselig

careless [ˈkɛələs] *adj* tankeløs, sløset

caretaker [ˈkɛəˌteikə] *n* portner *c*

cargo [ˈka:gou] *n* (pl ~es) last *c*, ladning *c*

carnival [ˈka:nivəl] *n* karneval *nt*

carp [ka:p] *n* (pl ~) karpe *c*

carpenter [ˈka:pintə] *n* tømrer *c*

carpet [ˈka:pit] *n* gulvtæppe *nt*, tæppe *nt*

carriage [ˈkæridʒ] *n* personvogn *c*; karrosse *c*, vogn *c*

carriageway [ˈkæridʒwei] *n* kørebane *c*

carrot [ˈkærət] *n* gulerod *c*

carry [ˈkæri] *v* *bære; føre; ~ **on** *fortsætte; ~ **out** gennemføre

carry-cot [ˈkærikɔt] *n* babylift *c*

cart [ka:t] *n* kærre *c*, trækvogn *c*

cartilage [ˈka:tilidʒ] *n* brusk *c*

carton [ˈka:tən] *n* karton *c*

cartoon [ka:ˈtu:n] *n* tegnefilm *c*

cartridge [ˈka:tridʒ] *n* patron *c*

carve [ka:v] *v* *skære, *skære ud; snitte

carving [ˈka:viŋ] *n* billedskærerarbejde *nt*

case [keis] *n* tilfælde *nt*; sag *c*; kuffert *c*; etui *nt*; **attaché** ~ dokumentmappe *c*; **in** ~ såfremt; **in** ~ **of** i tilfælde af

cash [kæʃ] *n* kontanter *pl*; *v* indløse, indkassere, hæve; ~ **dispenser** kontanten *c*

cashier [kæˈʃiə] *n* kasserer *c*; kassererske *c*

cashmere [ˈkæʃmiə] *n* kashmir *c*

casino [kəˈsi:nou] *n* (pl ~s) kasino *nt*

cask [ka:sk] *n* fad *nt*, tønde *c*

cast [ka:st] *n* kast *nt*

***cast** [ka:st] *v* kaste, *smide; **cast iron** støbejern *nt*

castle [ˈka:səl] *n* slot *nt*, borg *c*

casual [ˈkæʒuəl] *adj* tvangfri; tilfældig, flygtig

casualty [ˈkæʒuəlti] *n* offer *nt*

cat [kæt] *n* kat *c*

catalogue [ˈkætəlɔg] *n* katalog *nt*

catarrh [kəˈta:] *n* katar *c*

catastrophe [kəˈtæstrəfi] *n* katastrofe *c*

***catch** [kætʃ] *v* fange; *gribe; *gribe i; nå

category [ˈkætigəri] *n* kategori *c*

cathedral [kəˈθi:drəl] *n* katedral *c*, domkirke *c*

catholic [ˈkæθəlik] *adj* katolsk

cattle [ˈkætəl] *pl* kvæg *nt*

caught [kɔ:t] *v* (p, pp catch)

cauliflower [ˈkɔliflauə] n blomkål c

cause [kɔːz] v forårsage; forvolde; n årsag c; grund c, anledning c; sag c; ~ **to** *få til at

caution [ˈkɔːʃən] n forsigtighed c; v advare

cautious [ˈkɔːʃəs] adj forsigtig

cave [keiv] n grotte c

cavern [ˈkævən] n hule c

caviar [ˈkæviɑː] n kaviar c

cavity [ˈkævəti] n hulhed c

cease [siːs] v *holde op

ceiling [ˈsiːliŋ] n loft nt

celebrate [ˈselibreit] v fejre

celebration [ˌseliˈbreiʃən] n fest c

celebrity [siˈlebrəti] n berømthed c

celery [ˈseləri] n selleri c

celibacy [ˈselibəsi] n cølibat nt

cell [sel] n celle c

cellar [ˈselə] n kælder c

cellophane [ˈseləfein] n cellofan nt

cement [siˈment] n cement c

cemetery [ˈsemitri] n kirkegård c

censorship [ˈsensəʃip] n censur c

centigrade [ˈsentigreid] adj celsius

centimetre [ˈsentimiːtə] n centimeter c

central [ˈsentrəl] adj central; ~ **heating** centralvarme c; ~ **station** hovedbanegård c

centralize [ˈsentrəlaiz] v centralisere

centre [ˈsentə] n centrum nt; midtpunkt nt

century [ˈsentʃəri] n århundrede nt

ceramics [siˈræmiks] pl keramik c, lervarer pl

ceremony [ˈserəməni] n ceremoni c

certain [ˈsɔːtən] adj sikker; vis

certificate [səˈtifikət] n certifikat nt; bevis nt, attest c, diplom nt, dokument nt

chain [tʃein] n kæde c

chair [tʃeə] n stol c

chairman [ˈtʃeəmən] n (pl -men) formand c

chalet [ˈʃælei] n bjerghytte c

chalk [tʃɔːk] n kridt c

challenge [ˈtʃæləndʒ] v udfordre; n udfordring c

chamber [ˈtʃeimbə] n kammer nt

chambermaid [ˈtʃeimbəmeid] n stuepige c

champagne [ʃæmˈpein] n champagne c

champion [ˈtʃæmpjən] n mester c; forkæmper c

chance [tʃɑːns] n tilfælde nt; chance c, lejlighed c; risiko c; **by** ~ tilfældigvis

change [tʃeindʒ] v forandre, ændre; veksle; klæde sig om; skifte; n forandring c, ændring c; småpenge pl, byttepenge pl

channel [ˈtʃænəl] n kanal c; **English Channel** Den engelske Kanal

chaos [ˈkeiɔs] n kaos nt

chaotic [keiˈɔtik] adj kaotisk

chap [tʃæp] n fyr c

chapel [ˈtʃæpəl] n kapel nt, kirke c

chaplain [ˈtʃæplin] n kapellan c

character [ˈkærəktə] n karakter c

characteristic [ˌkærəktəˈristik] adj betegnende, karakteristisk; n kendetegn nt; karaktertræk nt

characterize [ˈkærəktəraiz] v karakterisere

charcoal [ˈtʃɑːkoul] n trækul nt

charge [tʃɑːdʒ] v forlange; anklage; laste; n gebyr nt; ladning c, byrde c, belastning c; anklage c; ~ **plate** Am kreditkort nt; **free of** ~ omkostningsfri; **in** ~ **of** ansvarlig for; ***take** ~ **of** *påtage sig

charity [ˈtʃærəti] n velgørenhed c

charm [tʃɑːm] n charme c, yndigheder pl; amulet c

charming [ˈtʃɑːmiŋ] adj charmerende

chart [tʃɑːt] n tabel c; diagram nt; søkort *nt;* **conversion** ~ omregningstabel *c*

chase [tʃeis] *v* *forfølge; jage bort, *fordrive; *n* jagt *c*

chasm [ˈkæzəm] *n* kløft *c*

chassis [ˈʃæsi] *n* (pl ~) chassis *nt*

chaste [tʃeist] *adj* kysk

chat [tʃæt] *v* sludre, snakke; *n* sludder *c*, snak *c*

chatterbox [ˈtʃætəbɔks] *n* sludrechatol *nt*

chauffeur [ˈʃoufə] *n* chauffør *c*

cheap [tʃiːp] *adj* billig; fordelagtig

cheat [tʃiːt] *v* bedrage, *snyde

check [tʃek] *v* checke, kontrollere; *n* felt *nt; nAm* regning *c; nAm* check *c;* **check!** skak!; ~ **in** indskrive sig, checke ind; ~ **out** checke ud, *forlade

check-book [ˈtʃekbuk] *nAm* checkhæfte *nt*

checkerboard [ˈtʃekəbɔːd] *nAm* skakbræt *nt*

checkers [ˈtʃekəz] *plAm* damspil *nt*

checkroom [ˈtʃekruːm] *nAm* garderobe *c*

check-up [ˈtʃekʌp] *n* undersøgelse *c*

cheek [tʃiːk] *n* kind *c*

cheek-bone [ˈtʃiːkboun] *n* kindben *c*

cheer [tʃiə] *v* hylde, tiljuble; ~ **up** opmuntre

cheerful [ˈtʃiəfəl] *adj* munter, glad

cheese [tʃiːz] *n* ost *c*

chef [ʃef] *n* køkkenchef *c*

chemical [ˈkemikəl] *adj* kemisk

chemist [ˈkemist] *n* apoteker *c;* **chemist's** apotek *nt;* materialhandel *c*

chemistry [ˈkemistri] *n* kemi *c*

cheque [tʃek] *n* check *c*

cheque-book [ˈtʃekbuk] *n* checkhæfte *nt*

chequered [ˈtʃekəd] *adj* ternet

cherry [ˈtʃeri] *n* kirsebær *nt*

chess [tʃes] *n* skak; ~ **set** skakspil *nt*

chest [tʃest] *n* bryst *nt;* brystkasse *c;* dragkiste *c;* ~ **of drawers** kommode *c*

chestnut [ˈtʃesnʌt] *n* kastanje *c*

chew [tʃuː] *v* tygge

chewing-gum [ˈtʃuːiŋgʌm] *n* tyggegummi *nt*

chicken [ˈtʃikin] *n* kylling *c*

chickenpox [ˈtʃikinpɔks] *n* skoldkopper *pl*

chief [tʃiːf] *n* overhoved *nt; adj* hoved-, over-

chieftain [ˈtʃiːftən] *n* høvding *c*

chilblain [ˈtʃilblein] *n* frostknude *c*

child [tʃaild] *n* (pl children) barn *nt*

childbirth [ˈtʃaildbəːθ] *n* fødsel *c*

childhood [ˈtʃaildhud] *n* barndom *c*

Chile [ˈtʃili] Chile

Chilean [ˈtʃiliən] *adj* chilensk; *n* chilener *c*

chill [tʃil] *n* kuldegysning *c;* kulde *c*

chilly [ˈtʃili] *adj* kølig

chime [tʃaim] *v* ringe

chimes [tʃaimz] *pl* klokkespil *nt*

chimney [ˈtʃimni] *n* skorsten *c*

chin [tʃin] *n* hage *c*

China [ˈtʃainə] Kina

china [ˈtʃainə] *n* porcelæn *nt*

Chinese [tʃaiˈniːz] *adj* kinesisk; *n* kineser *c*

chink [tʃiŋk] *n* revne *c*

chip [tʃip] *n* flis *c;* jeton *c; v* *slå en flis af, snitte; **chips** pommes frites

chiropodist [kiˈrɔpədist] *n* fodplejer *c*

chisel [ˈtʃizəl] *n* mejsel *c*

chives [tʃaivz] *pl* purløg *nt*

chlorine [ˈklɔːriːn] *n* klor *c*

chocolate [ˈtʃɔklət] *n* chokolade *c;* konfekt *c*

choice [tʃɔis] *n* valg *nt;* udvalg *c*

choir [kwaiə] *n* kor *nt*

choke [tʃouk] *v* *kvæles; *kvæle; *n*

choker c

*choose [tʃu:z] v *vælge

chop [tʃɔp] n kotelet c; v hakke

Christ [kraist] Kristus

christen ['krisən] v døbe

christening ['krisəniŋ] n dåb c

Christian ['kristʃən] adj kristen; ~ name fornavn nt

Christmas ['krisməs] jul

chromium ['kroumiəm] n krom nt

chronic ['krɔnik] adj kronisk

chronological [,krɔnə'lɔdʒikəl] adj kronologisk

chuckle ['tʃʌkəl] v klukke; n kluklatter c

chunk [tʃʌŋk] n luns c

church [tʃə:tʃ] n kirke c

churchyard ['tʃə:tʃjɑ:d] n kirkegård c

cigar [si'gɑ:] n cigar c; ~ shop cigarforretning c

cigarette [,sigə'ret] n cigaret c

cigarette-case [,sigə'retkeis] n cigaretetui nt

cigarette-holder [,sigə'ret,houldə] n cigaretrør nt

cigarette-lighter [,sigə'ret,laitə] n cigarettænder c

cinema ['sinəmə] n biograf c

cinnamon ['sinəmən] n kanel c

circle ['sə:kəl] n cirkel c; kreds c; balkon c; v *omgive, omringe

circulation [,sə:kju'leiʃən] n kredsløb nt; blodomløb nt; omløb nt

circumstance ['sə:kəmstæns] n omstændighed c

circus ['sə:kəs] n cirkus c

citizen ['sitizən] n borger c

citizenship ['sitizənʃip] n statsborgerskab nt

city ['siti] n by c

civic ['sivik] adj borger-

civil ['sivəl] adj civil; høflig; ~ law borgerlig ret; ~ servant statstjenestemand c

civilian [si'viljən] adj civil; n civilist c

civilization [,sivəlai'zeiʃən] n civilisation c

civilized ['sivəlaizd] adj civiliseret

claim [kleim] v kræve, fordre; *påstå; n krav nt, fordring c

clamp [klæmp] n klampe c; skruetvinge c

clap [klæp] v klappe, applaudere

clarify ['klærifai] v *klargøre, *tydeliggøre

class [klɑ:s] n klasse c

classical ['klæsikəl] adj klassisk

classify ['klæsifai] v klassificere

class-mate ['klɑ:smeit] n klassekammerat c

classroom ['klɑ:sru:m] n klasseværelse nt

clause [klɔ:z] n klausul c

claw [klɔ:] n klo c

clay [klei] n ler nt

clean [kli:n] adj ren; v rense, *gøre rent, *rengøre

cleaning ['kli:niŋ] n rengøring c; ~ fluid rengøringsmiddel nt

clear [kliə] adj klar; tydelig; v rydde, rense

clearing ['kliəriŋ] n lysning c

cleft [kleft] n spalte c

clergyman ['klə:dʒimən] n (pl -men) præst c

clerk [klɑ:k] n kontorist c; sekretær c

clever ['klevə] adj intelligent; udspekuleret, begavet, klog

client ['klaiənt] n kunde c; klient c

cliff [klif] n klint c, klippeskrænt c

climate ['klaimit] n klima nt

climb [klaim] v klatre; *stige; n klatring c

clinic ['klinik] n klinik c

cloak [klouk] n kappe c

cloakroom ['kloukru:m] n garderobe c

clock [klɔk] n ur nt; at ... o'clock klokken ...

cloister [ˈklɔistə] n kloster nt

close[1] [klouz] v lukke; **closed** adj lukket

close[2] [klous] adj nær

closet [ˈklɔzit] n skab nt; nAm garderobeskab nt

cloth [klɔθ] n klæde nt; klud c

clothes [klouðz] pl klæder pl, tøj pl

clothes-brush [ˈklouðzbrʌʃ] n klædebørste c

clothing [ˈklouðiŋ] n tøj pl

cloud [klaud] n sky c

cloud-burst [ˈklaudbəːst] n skybrud nt

cloudy [ˈklaudi] adj skyet, overskyet

clover [ˈklouvə] n kløver c

clown [klaun] n klovn c

club [klʌb] n klub c, forening c; kølle c, knippel c

clumsy [ˈklʌmzi] adj klodset

clutch [klʌtʃ] n kobling c; greb nt

coach [koutʃ] n bus c; jernbanevogn c; karet c; træner c

coagulate [kouˈægjuleit] v størkne, koagulere

coal [koul] n kul nt

coarse [kɔːs] adj grov

coast [koust] n kyst c

coat [kout] n frakke c

coat-hanger [ˈkoutˌhæŋə] n bøjle c

cobweb [ˈkɔbweb] n spindelvæv nt

cocaine [kouˈkein] n kokain c

cock [kɔk] n hane c

cocktail [ˈkɔkteil] n cocktail c

coconut [ˈkoukənʌt] n kokosnød c

cod [kɔd] n (pl ∼) torsk c

code [koud] n kode c

coffee [ˈkɔfi] n kaffe c

cognac [ˈkɔnjæk] n cognac c

coherence [kouˈhiərəns] n sammenhæng c

coin [kɔin] n mønt c

coincide [ˌkouinˈsaid] v *falde sammen

cold [kould] adj kold; n kulde c; forkølelse c; *catch a ∼ *blive forkølet

collapse [kəˈlæps] v *bryde sammen

collar [ˈkɔlə] n halsbånd nt; krave c; ∼ **stud** kraveknap c

collarbone [ˈkɔləboun] n kraveben nt

colleague [ˈkɔliːg] n kollega c

collect [kəˈlekt] v samle; hente, afhente; indsamle

collection [kəˈlekʃən] n samling c; tømning c

collective [kəˈlektiv] adj kollektiv

collector [kəˈlektə] n samler c; indsamler c

college [ˈkɔlidʒ] n højere læreanstalt; skole c

collide [kəˈlaid] v støde sammen, kollidere

collision [kəˈliʒən] n sammenstød nt, kollision c

Colombia [kəˈlɔmbiə] Colombia

Colombian [kəˈlɔmbiən] adj colombiansk; n colombianer c

colonel [ˈkəːnəl] n oberst c

colony [ˈkɔləni] n koloni c

colour [ˈkʌlə] n farve c; v farve; ∼ **film** farvefilm c

colourant [ˈkʌlərənt] n farvestof nt

colour-blind [ˈkʌləblaind] adj farveblind

coloured [ˈkʌləd] adj farvet

colourful [ˈkʌləfəl] adj farverig, broget

column [ˈkɔləm] n søjle c, pille c; spalte c; rubrik c; kolonne c

coma [ˈkoumə] n coma c

comb [koum] v rede; n kam c

combat [ˈkɔmbæt] n kamp c; v bekæmpe, kæmpe

combination [ˌkɔmbiˈneiʃən] n kombination c

combine [kəmˈbain] v kombinere

*come** [kʌm] v *komme; ∼ **across**

støde på; *finde

comedian [kə'mi:diən] n skuespiller c; komiker c

comedy ['kɔmədi] n komedie c, lystspil nt; **musical** ~ musical c

comfort ['kʌmfət] n komfort c, bekvemmelighed c; trøst c; v trøste

comfortable ['kʌmfətəbəl] adj bekvem, komfortabel

comic ['kɔmik] adj komisk

comics ['kɔmiks] pl tegneserie c

coming ['kʌmiŋ] n komme nt

comma ['kɔmə] n komma c

command [kə'ma:nd] v befale, kommandere; n ordre c

commander [kə'ma:ndə] n befalingsmand c

commemoration [kə,memə'reiʃən] n mindefest c

commence [kə'mens] v begynde

comment ['kɔment] n kommentar c; v kommentere

commerce ['kɔmə:s] n handel c

commercial [kə'mə:ʃəl] adj handels-, kommerciel; n reklame c; ~ **law** erhvervsret c

commission [kə'miʃən] n kommission c

commit [kə'mit] v *overlade, betro; *begå

committee [kə'miti] n komité c, udvalg nt

common ['kɔmən] adj fælles; vanlig, almindelig; tarvelig

commune ['kɔmju:n] n kommune c

communicate [kə'mju:nikeit] v meddele

communication [kə,mju:ni'keiʃən] n kommunikation c; meddelelse c

communiqué [kə'mju:nikei] n communiqué nt

communism ['kɔmjunizəm] n kommunisme c

communist ['kɔmjunist] n kommunist c

community [kə'mju:nəti] n samfund nt

compact ['kɔmpækt] adj kompakt

compact disc ['kɔmpækt disk] n CD c; ~ **player** CD-afspiller

companion [kəm'pænjən] n ledsager c

company ['kʌmpəni] n selskab nt, firma nt

comparative [kəm'pærətiv] adj relativ

compare [kəm'pɛə] v sammenligne

comparison [kəm'pærisən] n sammenligning c

compass ['kʌmpəs] n kompas nt

compel [kəm'pel] v *tvinge

compensate ['kɔmpənseit] v kompensere

compensation [,kɔmpən'seiʃən] n kompensation c; skadeserstatning c

compete [kəm'pi:t] v konkurrere

competition [,kɔmpə'tiʃən] n konkurrence c; kappestrid c

competitor [kəm'petitər] n konkurrent c

compile [kəm'pail] v sammenstykke

complain [kəm'plein] v klage

complaint [kəm'pleint] n klage c; **complaints book** klagebog c

complete [kəm'pli:t] adj fuldstændig, komplet; v fuldende

completely [kəm'pli:tli] adv helt, totalt, fuldstændigt

complex ['kɔmpleks] n kompleks nt; adj indviklet

complexion [kəm'plekʃən] n teint c

complicated ['kɔmplikeitid] adj kompliceret, indviklet

compliment ['kɔmplimənt] n kompliment c; v komplimentere, lykønske

compose [kəm'pouz] v *sammensætte; komponere

composer [kəm'pouzə] n komponist c

composition [,kɔmpə'ziʃən] n komposition c; sammensætning c comprehensive [ˌkɔmpriˈhensiv] adj omfattende

comprise [kəmˈpraiz] v indbefatte, omfatte

compromise [ˈkɔmprəmaiz] n kompromis nt

compulsory [kəmˈpʌlsəri] adj obligatorisk

computer [kəmˈpjuːtə] n computer c

comrade [ˈkɔmreid] n kammerat c

conceal [kənˈsiːl] v skjule

conceited [kənˈsiːtid] adj indbildsk

conceive [kənˈsiːv] v opfatte, udtænke; forestille sig

concentrate [ˈkɔnsəntreit] v koncentrere

concentration [ˌkɔnsənˈtreiʃən] n koncentration c

concept [ˈkɔnsept] n begreb nt

conception [kənˈsepʃən] n forestilling c; undfangelse c

concern [kənˈsəːn] v vedrøre, *angå; n bekymring c; anliggende nt; foretagende nt, koncern c

concerned [kənˈsəːnd] adj bekymret; impliceret

concerning [kənˈsəːniŋ] prep angående, vedrørende

concert [ˈkɔnsət] n koncert c; ~ hall koncertsal c

concession [kənˈseʃən] n koncession c; indrømmelse c

concise [kənˈsais] adj koncis

conclusion [kənˈkluːʒən] n konklusion c, slutning c

concrete [ˈkɔnkriːt] adj konkret; n beton c

concurrence [kənˈkʌrəns] n sammentræf nt

concussion [kənˈkʌʃən] n hjernerystelse c

condition [kənˈdiʃən] n betingelse c; kondition c, tilstand c; omstændighed c

conditional [kənˈdiʃənəl] adj betinget

conditioner [kənˈdiʃənə] n conditioner c

condom [ˈkɔndəm] n kondom nt

conduct¹ [ˈkɔndʌkt] n opførsel c

conduct² [kənˈdʌkt] v føre; ledsage; dirigere

conductor [kənˈdʌktə] n konduktør c; dirigent c

confectioner [kənˈfekʃənə] n konditor c

confess [kənˈfes] v erkende; skrifte; bekende

confession [kənˈfeʃən] n bekendelse c; skriftemål nt

confidence [ˈkɔnfidəns] n tillid c

confident [ˈkɔnfidənt] adj tillidsfuld

confidential [ˌkɔnfiˈdenʃəl] adj fortrolig

confirm [kənˈfəːm] v bekræfte

confirmation [ˌkɔnfəˈmeiʃən] n bekræftelse c

confiscate [ˈkɔnfiskeit] v *beslaglægge, konfiskere

conflict [ˈkɔnflikt] n konflikt c

confuse [kənˈfjuːz] v forvirre

confusion [kənˈfjuːʒən] n forvirring c

congratulate [kənˈgrætʃuleit] v lykønske, gratulere

congratulation [kənˌgrætʃuˈleiʃən] n gratulation c, lykønskning c

congregation [ˌkɔŋgriˈgeiʃən] n menighed c; kongregation c, orden c

congress [ˈkɔŋgres] n kongres c

connect [kəˈnekt] v *forbinde; tilslutte

connection [kəˈnekʃən] n forbindelse c; sammenhæng c

connoisseur [ˌkɔnəˈsəː] n kender c

connotation [ˌkɔnəˈteiʃən] n bibetydning c

conquer [ˈkɔŋkə] v erobre; besejre

conquest [ˈkɔŋkwest] n erobring c

conscience [ˈkɔnʃəns] n samvittighed

c

conscious [ˈkɔnʃəs] *adj* bevidst

consciousness [ˈkɔnʃəsnəs] *n* bevidsthed *c*

conscript [ˈkɔnskript] *n* værnepligtig *c*

conscription [kənˈskripʃən] *n* værnepligt *c*

consent [kənˈsent] *v* samtykke; bifalde; *n* samtykke *nt*, tilslutning *c*

consequence [ˈkɔnsikwəns] *n* konsekvens *c*

consequently [ˈkɔnsikwəntli] *adv* følgelig

conservative [kənˈsəːvətiv] *adj* konservativ

consider [kənˈsidə] *v* betragte; overveje; *anse, mene

considerable [kənˈsidərəbəl] *adj* betydelig, anselig

considerate [kənˈsidərət] *adj* hensynsfuld

consideration [kənˌsidəˈreiʃən] *n* overvejelse *c*; eftertanke *c*, hensyn *nt*

considering [kənˈsidəriŋ] *prep* i betragtning af

consignment [kənˈsainmənt] *n* sending *c*

consist of [kənˈsist] *bestå af

conspire [kənˈspaiə] *v* *sammensværge sig

constant [ˈkɔnstənt] *adj* konstant

constipated [ˈkɔnstipeitid] *adj* forstoppet

constipation [ˌkɔnstiˈpeiʃən] *n* forstoppelse *c*

constituency [kənˈstitʃuənsi] *n* valgkreds *c*

constitution [ˌkɔnstiˈtjuːʃən] *n* forfatning *c*

construct [kənˈstrʌkt] *v* konstruere; bygge

construction [kənˈstrʌkʃən] *n* konstruktion *c*; byggeri *nt*, bygning *c*

consul [ˈkɔnsəl] *n* konsul *c*

consulate [ˈkɔnsjulət] *n* konsulat *nt*

consult [kənˈsʌlt] *v* konsultere

consultation [ˌkɔnsəlˈteiʃən] *n* konsultation *c*; ~ **hours** konsultationstid *c*

consumer [kənˈsjuːmə] *n* forbruger *c*, konsument *c*

contact [ˈkɔntækt] *n* kontakt *c*, berøring *c*; *v* kontakte; ~ **lenses** kontaktlinser *pl*

contagious [kənˈteidʒəs] *adj* smitsom, smittende

contain [kənˈtein] *v* *indeholde; rumme

container [kənˈteinə] *n* beholder *c*; container *c*

contemporary [kənˈtempərəri] *adj* samtids-; daværende; nutidig; *n* samtidig *c*

contempt [kənˈtempt] *n* ringeagtelse *c*, foragt *c*

content [kənˈtent] *adj* tilfreds

contents [ˈkɔntents] *pl* indhold *nt*

contest [ˈkɔntest] *n* strid *c*; konkurrence *c*

continent [ˈkɔntinənt] *n* kontinent *nt*, verdensdel *c*; fastland *nt*

continental [ˌkɔntiˈnentəl] *adj* kontinental

continual [kənˈtinjuəl] *adj* uophørlig, vedvarende; **continually** *adv* uophørligt

continue [kənˈtinjuː] *v* *fortsætte; vedvare

continuous [kənˈtinjuəs] *adj* vedvarende, uafbrudt, kontinuerlig

contour [ˈkɔntuə] *n* omrids *nt*

contraceptive [ˌkɔntrəˈseptiv] *n* præventionsmiddel *nt*

contract¹ [ˈkɔntrækt] *n* kontrakt *c*

contract² [kənˈtrækt] *v* *trække sig sammen; *pådrage sig

contractor [kənˈtræktə] *n* entreprenør *c*

contradict [ˌkɔntrəˈdikt] v *modsige

contradictory [ˌkɔntrəˈdiktəri] adj modstridende

contrary [ˈkɔntrəri] n modsætning c; adj modsat; **on the ~** tværtimod

contrast [ˈkɔntrɑːst] n kontrast c; forskel c

contribution [ˌkɔntriˈbjuːʃən] n bidrag nt

control [kənˈtroul] n kontrol c; v kontrollere

controversial [ˌkɔntrəˈvəːʃəl] adj kontroversiel, omstridt

convenience [kənˈviːnjəns] n bekvemmelighed c

convenient [kənˈviːnjənt] adj bekvem; egnet, belejlig

convent [ˈkɔnvənt] n kloster nt

conversation [ˌkɔnvəˈseiʃən] n samtale c, konversation c

convert [kənˈvəːt] v omvende; omregne

convict[1] [kənˈvikt] v domfælde

convict[2] [ˈkɔnvikt] n domfældt c; straffefange c

conviction [kənˈvikʃən] n overbevisning c; domfældelse c

convince [kənˈvins] v overbevise

convulsion [kənˈvʌlʃən] n krampe c

cook [kuk] n kok c; v lave mad; tilberede

cookbook [ˈkukbuk] nAm kogebog c

cooker [ˈkukə] n komfur nt; **gas ~** gaskomfur nt

cookery-book [ˈkukəribuk] n kogebog c

cookie [ˈkuki] nAm småkage c

cool [kuːl] adj kølig; **cooling system** kølesystem nt

co-operation [kouˌɔpəˈreiʃən] n samarbejde nt; medvirken c

co-operative [kouˈbɔpərətiv] adj andels-; samarbejdsvillig; n andelsforetagende nt

co-ordinate [kouˈbɔːdineit] v koordinere

co-ordination [kouˌɔːdiˈneiʃən] n koordination c

copper [ˈkɔpə] n kobber nt

copy [ˈkɔpi] n kopi c; afskrift c; eksemplar nt; v kopiere; *eftergøre; **carbon ~** gennemslag nt

coral [ˈkɔrəl] n koral c

cord [kɔːd] n tov nt; snor c

cordial [ˈkɔːdiəl] adj hjertelig

corduroy [ˈkɔːdərɔi] n jernbanefløjl nt

core [kɔː] n kerne c; kernehus nt

cork [kɔːk] n prop c

corkscrew [ˈkɔːkskruː] n proptrækker c

corn [kɔːn] n korn nt; sæd c; ligtorn c

corner [ˈkɔːnə] n hjørne nt

cornfield [ˈkɔːnfiːld] n kornmark c

corpse [kɔːps] n lig nt

corpulent [ˈkɔːpjulənt] adj korpulent; svær, fed

correct [kəˈrekt] adj korrekt, sand, rigtig; v rette, korrigere

correction [kəˈrekʃən] n rettelse c

correctness [kəˈrektnəs] n rigtighed c

correspond [ˌkɔriˈspɔnd] v korrespondere; svare til, stemme overens

correspondence [ˌkɔriˈspɔndəns] n brevveksling c, korrespondance c

correspondent [ˌkɔriˈspɔndənt] n korrespondent c

corridor [ˈkɔridɔː] n korridor c

corrupt [kəˈrʌpt] adj korrupt; v *bestikke

corruption [kəˈrʌpʃən] n korruption c

corset [ˈkɔːsit] n korset nt

cosmetics [kozˈmetiks] pl kosmetik c, skønhedsmidler pl

cost [kɔst] n omkostning c; pris c

***cost** [kɔst] v koste

cosy [ˈkouzi] adj hyggelig

cot [kɔt] nAm feltseng c

cottage [ˈkɔtidʒ] n sommerhus nt

cotton ['kɔtən] n bomuld c; bomulds-
cotton-wool ['kɔtənwul] n vat nt
couch [kautʃ] n divan c
cough [kɔf] n hoste c; v hoste
could [kud] v (p can)
council ['kaunsəl] n råd nt
councillor ['kaunsələ] n rådsmedlem nt
counsel ['kaunsəl] n råd nt
counsellor ['kaunsələ] n rådgiver c
count [kaunt] v *tælle; *tælle sammen; medregne; regne for; n greve c
counter ['kauntə] n disk c; skranke c
counterfeit ['kauntəfi:t] v forfalske
counterfoil ['kauntəfɔil] n talon c
counterpane ['kauntəpein] n sengetæppe nt
countess ['kauntis] n grevinde c
country ['kʌntri] n land nt; landet; egn c; ~ house landsted nt
countryman ['kʌntrimən] n (pl -men) landsmand c
countryside ['kʌntrisaid] n landet
county ['kaunti] n grevskab nt
couple ['kʌpəl] n par nt
coupon ['ku:pɔn] n kupon c
courage ['kʌridʒ] n tapperhed c, mod nt
courageous [kə'reidʒəs] adj tapper, modig
course [kɔ:s] n kurs c; ret c; løb nt; kursus nt; intensive ~ lynkursus nt; of ~ naturligvis, selvfølgelig
court [kɔ:t] n domstol c; hof nt
courteous ['kə:tiəs] adj beleven
cousin ['kʌzən] n kusine c, fætter c
cover ['kʌvə] v dække, tildække; n læ nt; låg nt; omslag nt; ~ charge kuvertafgift c
cow [kau] n ko c
coward ['kauəd] n kujon c
cowardly ['kauədli] adj fej
cow-hide ['kauhaid] n oksehud c

crab [kræb] n krabbe c
crack [kræk] n smæld nt; revne c; v smælde; revne, briste, brække
cracker ['krækə] nAm småkage c
cradle ['kreidəl] n vugge c
cramp [kræmp] n krampe c
crane [krein] n kran c
crankcase ['kræŋkkeis] n krumtaphus nt
crankshaft ['kræŋkʃɑ:ft] n krumtapaksel c
crash [kræʃ] n kollision c; v støde sammen; styrte ned; ~ barrier autoværn nt
crate [kreit] n tremmekasse c
crater ['kreitə] n krater nt
crawl [krɔ:l] v kravle; n crawl c
craze [kreiz] n dille c
crazy ['kreizi] adj skør; vanvittig, forrykt
creak [kri:k] v knirke
cream [kri:m] n creme c; fløde c; adj flødefarvet
creamy ['kri:mi] adj flødeagtig
crease [kri:s] v krølle; n fold c; rynke c
create [kri'eit] v skabe; kreere
creature ['kri:tʃə] n skabning c
credible ['kredibəl] adj troværdig
credit ['kredit] n kredit c; v *godskrive, kreditere; ~ card kreditkort nt
creditor ['kreditə] n kreditor c
credulous ['kredjuləs] adj godtroende
creek [kri:k] n vig c, bugt c; nAm bæk c
*creep [kri:p] v *krybe
creepy ['kri:pi] adj rædselsvækkende, uhyggelig
cremate [kri'meit] v ligbrænde
cremation [kri'meiʃən] n ligbrænding c
crew [kru:] n mandskab nt
cricket ['krikit] n kricket; fårekylling c

crime [kraim] n forbrydelse c

criminal ['kriminəl] n forbryder c; adj kriminel, forbryderisk; ~ law strafferet c

criminality [ˌkrimi'næləti] n kriminalitet c

crimson ['krimzən] adj højrød

crippled ['kripəld] adj invalid

crisis ['kraisis] n (pl crises) krise c

crisp [krisp] adj sprød

critic ['kritik] n kritiker c

critical ['kritikəl] adj kritisk; risikabel, betænkelig

criticism ['kritisizəm] n kritik c

criticize ['kritisaiz] v kritisere

crochet ['krouʃei] v hækle

crockery ['krɔkəri] n lertøj pl, service nt

crocodile ['krɔkədail] n krokodille c

crook [kruk] n svindler c

crooked ['krukid] adj kroget, fordrejet; uærlig

crop [krɔp] n afgrøde c

cross [krɔs] v krydse; adj vranten, gnaven; n kors nt

cross-eyed ['krɔsaid] adj skeløjet

crossing ['krɔsiŋ] n overfart c; krydsning c; fodgængerovergang c; jernbaneoverskæring c

crossroads ['krɔsroudz] n gadekryds nt

crosswalk ['krɔswɔːk] nAm fodgængerovergang c

crow [krou] n krage c

crowbar ['kroubɑː] n brækjern nt

crowd [kraud] n menneskemængde c, folkeskare c

crowded ['kraudid] adj stuvende fuld; overfyldt

crown [kraun] n krone c; v krone

crucifix ['kruːsifiks] n krucifiks nt

crucifixion [ˌkruːsi'fikʃən] n korsfæstelse c

crucify ['kruːsifai] v korsfæste

cruel [kruəl] adj grusom

cruise [kruːz] n krydstogt nt

crumb [krʌm] n krumme c

crusade [kruː'seid] n korstog nt

crust [krʌst] n skorpe c

crutch [krʌtʃ] n krykke c

cry [krai] v *græde; *skrige; råbe; n skrig nt, vræl nt; råb nt

crystal ['kristəl] n krystal nt; adj krystal-

Cuba ['kjuːbə] Cuba

Cuban ['kjuːbən] adj cubansk; n cubaner c

cube [kjuːb] n terning c

cuckoo ['kuku] n gøg c

cucumber ['kjuːkəmbə] n agurk c

cuddle ['kʌdəl] v omfavne, knuse

cuff [kʌf] n manchet c

cuff-links ['kʌfliŋks] pl manchetknapper pl

cul-de-sac ['kʌldəsæk] n blind vej

cultivate ['kʌltiveit] v dyrke, opdyrke

culture ['kʌltʃə] n kultur c

cultured ['kʌltʃəd] adj kultiveret

cunning ['kʌniŋ] adj snu

cup [kʌp] n kop c; pokal c

cupboard ['kʌbəd] n skab nt

curb [kəːb] n kantsten c; v tøjle

cure [kjuə] v helbrede, kurere; n kur c; helbredelse c

curio ['kjuəriou] n (pl ~s) kuriositet c

curiosity [ˌkjuəri'ɔsəti] n nysgerrighed c

curious ['kjuəriəs] adj videbegærlig, nysgerrig; mærkelig

curl [kəːl] v krølle; n krølle c

curler ['kəːlə] n papillot c

curling-tongs ['kəːliŋtɔŋz] pl krøllejern nt

curly ['kəːli] adj krøllet

currant ['kʌrənt] n korend c; ribs nt

currency ['kʌrənsi] n valuta c; foreign ~ udenlandsk valuta

current ['kʌrənt] n strøm c; adj indeværende, gængs; **alternating ~** vekselstrøm c; **direct ~** jævnstrøm c

curriculum [kə'rikjuləm] n undervisningsplan c

curry ['kʌri] n karry c

curse [kə:s] v bande; forbande; n forbandelse c, ed c

curtain ['kə:tən] n gardin nt; tæppe nt

curve [kə:v] n kurve c; drejning c

curved [kə:vd] adj bøjet, buet

cushion ['kuʃən] n pude c

custodian [kʌ'stoudiən] n kustode c

custody ['kʌstədi] n forvaring c; formynderskab nt

custom ['kʌstəm] n skik c

customary ['kʌstəməri] adj sædvanemæssig, sædvanlig, vanlig

customer ['kʌstəmə] n kunde c; klient c

Customs ['kʌstəmz] pl toldvæsen nt; **~ duty** told c; **~ officer** tolder c

cut [kʌt] n snit nt; snitsår nt

*cut [kʌt] v *skære; klippe; *nedskære; **~ off** *skære af; klippe af; lukke for, *afbryde

cutlery ['kʌtləri] n spisebestik nt

cutlet ['kʌtlət] n kotelet c

cycle ['saikəl] n cykel c; kredsløb nt, cyklus c

cyclist ['saiklist] n cyklist c

cylinder ['silində] n cylinder c; **~ head** topstykke nt

cymbal ['simbəl] n bækken nt

cystitis [si'staitis] n blærebetændelse c

D

dad [dæd] n far c

daddy ['dædi] n far c

daffodil ['dæfədil] n påskelilje c

daily ['deili] adj daglig; n dagblad nt

dairy ['dɛəri] n mejeri nt

dam [dæm] n dæmning c

damage ['dæmidʒ] n skade c; v beskadige

damp [dæmp] adj fugtig; klam; n fugt c; v fugte

dance [da:ns] v danse; n dans c

dandelion ['dændilaiən] n mælkebøtte c

dandruff ['dændrəf] n skæl nt

Dane [dein] n dansker c

danger ['deindʒə] n fare c

dangerous ['deindʒərəs] adj farlig

Danish ['deiniʃ] adj dansk

dare [dɛə] v *turde, vove; udfordre

daring ['dɛəriŋ] adj dumdristig

dark [da:k] adj mørk; n mørke c

darling ['da:liŋ] n kæreste c, skat c

darn [da:n] v stoppe

dash [dæʃ] v styrte; n tankestreg c

dashboard ['dæʃbɔ:d] n instrumentbræt nt

data ['deitə] pl faktum nt

date[1] [deit] n dato c; aftale c; v datere; **out of ~** forældet

date[2] [deit] n daddel c

daughter ['dɔ:tə] n datter c

dawn [dɔ:n] n morgendæmring c; dæmring c

day [dei] n dag c; **by ~** om dagen; **~ trip** dagtur c; **per ~** per dag; **the ~ before yesterday** i forgårs

daybreak ['deibreik] n daggry nt

daylight ['deilait] n dagslys nt

dead [ded] adj død

deaf [def] adj døv

deal [di:l] n transaktion c, forretning c

*deal [di:l] v dele ud; **~ with** *have med at gøre, *tage sig af; *gøre forretning med

dealer [ˈdiːlə] *n* handlende *c*, forhandler *c*

dear [diə] *adj* kær; dyr; dyrebar

death [deθ] *n* død *c*; ~ **penalty** dødsstraf *c*

debate [diˈbeit] *n* debat *c*

debit [ˈdebit] *n* debet *c*

debt [det] *n* gæld *c*

decaffeinated [diːˈkæfineitid] *adj* koffeinfri

deceit [diˈsiːt] *n* bedrag *nt*

deceive [diˈsiːv] *v* bedrage

December [diˈsembə] december

decency [ˈdiːsənsi] *n* anstændighed *c*

decent [ˈdiːsənt] *adj* anstændig

decide [diˈsaid] *v* *afgøre, bestemme, beslutte

decision [diˈsiʒən] *n* afgørelse *c*, beslutning *c*

deck [dek] *n* dæk *nt*; ~ **cabin** dækskahyt *c*; ~ **chair** liggestol *c*

declaration [ˌdekləˈreiʃən] *n* erklæring *c*; deklaration *c*

declare [diˈkleə] *v* erklære; *selvangive; fortolde

decorate [ˈdekəreit] *v* udsmykke

decoration [ˌdekəˈreiʃən] *n* udsmykning *c*

decrease [diːˈkriːs] *v* formindske, mindske; *aftage; *n* nedgang *c*

dedicate [ˈdedikeit] *v* hellige

deduce [diˈdjuːs] *v* udlede

deduct [diˈdʌkt] *v* *trække fra, *fratrække

deed [diːd] *n* handling *c*, gerning *c*

deep [diːp] *adj* dyb

deep-freeze [ˌdiːpˈfriːz] *n* dybfryser *c*

deer [diə] *n* (pl ~) hjort *c*

defeat [diˈfiːt] *v* *vinde over; *n* nederlag *nt*

defective [diˈfektiv] *adj* mangelfuld

defence [diˈfens] *n* forsvar *nt*; værn *nt*

defend [diˈfend] *v* forsvare

deficiency [diˈfiʃənsi] *n* mangel *c*

deficit [ˈdefisit] *n* underskud *nt*

define [diˈfain] *v* *fastlægge, definere

definite [ˈdefinit] *adj* bestemt

definition [ˌdefiˈniʃən] *n* definition *c*

deformed [diˈfɔːmd] *adj* misdannet, vanskabt

degree [diˈɡriː] *n* grad *c*

delay [diˈlei] *v* forsinke; *udsætte; forsinkelse *c*; udsættelse *c*

delegate [ˈdeliɡət] *n* delegeret *c*

delegation [ˌdeliˈɡeiʃən] *n* delegation *c*, deputation *c*

deliberate¹ [diˈlibəreit] *v* drøfte, overveje, *rådslå

deliberate² [diˈlibərət] *adj* overlagt

deliberation [diˌlibəˈreiʃən] *n* drøftelse *c*, rådslagning *c*

delicacy [ˈdelikəsi] *n* lækkeri *nt*

delicate [ˈdelikət] *adj* delikat; sart

delicatessen [ˌdelikəˈtesən] *n* delikatesse *c*; viktualieforretning *c*

delicious [diˈliʃəs] *adj* dejlig, lækker

delight [diˈlait] *n* fryd *c*, nydelse *c*; *v* henrykke

delightful [diˈlaitfəl] *adj* henrivende, herlig

deliver [diˈlivə] *v* levere, aflevere; frelse

delivery [diˈlivəri] *n* levering *c*, udbringning *c*; nedkomst *c*; frelse *c*; ~ **van** varevogn *c*

demand [diˈmɑːnd] *v* behøve, kræve; *n* forlangende *nt*; efterspørgsel *c*

democracy [diˈmɔkrəsi] *n* demokrati *nt*

democratic [ˌdeməˈkrætik] *adj* demokratisk

demolish [diˈmɔliʃ] *v* *nedrive, *ødelægge

demolition [ˌdeməˈliʃən] *n* nedrivning *c*

demonstrate [ˈdemənstreit] *v* bevise; demonstrere

demonstration [ˌdemənˈstreiʃən] *n* demonstration *c;* tilkendegivelse *c*

den [den] *n* hule *c*

Denmark [ˈdenmɑːk] Danmark

denomination [diˌnɔmiˈneiʃən] *n* benævnelse *c*

dense [dens] *adj* tæt

dent [dent] *n* bule *c*

dentist [ˈdentist] *n* tandlæge *c*

denture [ˈdentʃə] *n* tandprotese *c*

deny [diˈnai] *v* nægte, benægte, fornægte

deodorant [diːˈoudərənt] *n* deodorant *c*

depart [diˈpɑːt] *v* rejse bort, *tage af sted; *afgå ved døden

department [diˈpɑːtmənt] *n* afdeling *c,* departement *nt;* ~ **store** stormagasin *nt*

departure [diˈpɑːtʃə] *n* afrejse *c,* afgang *c*

dependant [diˈpendənt] *adj* afhængig

depend on [diˈpend] *afhænge af

deposit [diˈpɔzit] *n* bankindskud *nt;* pant *nt;* bundfald *nt,* aflejring *c; v* deponere

depot [ˈdepou] *n* depot *nt; nAm* station *c*

depress [diˈpres] *v* deprimere

depressing [diˈpresiŋ] *adj* deprimerende

depression [diˈpreʃən] *n* depression *c;* lavtryk *nt*

deprive of [diˈpraiv] *fratage, berøve

depth [depθ] *n* dybde *c*

deputy [ˈdepjuti] *n* deputeret *c;* stedfortræder *c*

descend [diˈsend] *v* *gå ned

descendant [diˈsendənt] *n* efterkommer *c*

descent [diˈsent] *n* nedstigning *c*

describe [diˈskraib] *v* *beskrive

description [diˈskripʃən] *n* beskrivelse *c;* signalement *nt*

desert[1] [ˈdezət] *n* ørken *c; adj* øde, ubeboet

desert[2] [diˈzəːt] *v* desertere; *forlade

deserve [diˈzəːv] *v* fortjene

design [diˈzain] *v* udkaste; *n* udkast *nt;* hensigt *c*

designate [ˈdezigneit] *v* bestemme

desirable [diˈzaiərəbəl] *adj* attråværdig, ønskelig

desire [diˈzaiə] *n* ønske *nt;* lyst *c,* begær *nt; v* ønske, attrå, begære

desk [desk] *n* skrivebord *nt;* læsepult *c;* skolebænk *c*

despair [diˈspeə] *n* fortvivlelse *c; v* fortvivle

despatch [diˈspætʃ] *v* forsende

desperate [ˈdespərət] *adj* desperat

despise [diˈspaiz] *v* foragte

despite [diˈspait] *prep* trods

dessert [diˈzəːt] *n* dessert *c*

destination [ˌdestiˈneiʃən] *n* bestemmelsessted *nt*

destine [ˈdestin] *v* bestemme

destiny [ˈdestini] *n* skæbne *c,* lod *c*

destroy [diˈstrɔi] *v* *tilintetgøre, *ødelægge

destruction [diˈstrʌkʃən] *n* ødelæggelse *c;* tilintetgørelse *c*

detach [diˈtætʃ] *v* løsne

detail [ˈdiːteil] *n* enkelthed *c,* detalje *c*

detailed [ˈdiːteild] *adj* detaljeret, udførlig

detect [diˈtekt] *v* opdage

detective [diˈtektiv] *n* detektiv *c;* ~ **story** kriminalroman *c*

detergent [diˈtəːdʒənt] *n* rengøringsmiddel *nt*

determine [diˈtəːmin] *v* *fastsætte, bestemme

determined [diˈtəːmind] *adj* målbevidst

detour [ˈdiːtuə] *n* omvej *c;* omkørsel *c*

devaluation [diːˌvæljuˈeiʃən] *n* devaluering c

devalue [ˌdiːˈvæljuː] v devaluere

develop [diˈveləp] v udvikle; fremkalde

development [diˈveləpmənt] n udvikling c

deviate [ˈdiːvieit] v *afvige

devil [ˈdevəl] n djævel c

devise [diˈvaiz] v udtænke

devote [diˈvout] v hellige

dew [djuː] n dug c

diabetes [ˌdaiəˈbiːtiːz] n sukkersyge c, diabetes

diabetic [ˌdaiəˈbetik] n diabetiker c, sukkersygepatient c

diagnose [ˌdaiəgˈnouz] v stille en diagnose; konstatere

diagnosis [ˌdaiəgˈnousis] n (pl -ses) diagnose c

diagonal [daiˈægənəl] n diagonal c; adj diagonal

diagram [ˈdaiəgræm] n skematisk tegning; grafisk fremstilling, figur c

dialect [ˈdaiəlekt] n dialekt c

diamond [ˈdaiəmənd] n diamant c

diaper [ˈdaiəpə] nAm ble c

diaphragm [ˈdaiəfræm] n membran c

diarrhoea [ˌdaiəˈriə] n diarré c

diary [ˈdaiəri] n kalender c; dagbog c

dictaphone [ˈdiktəfoun] n diktafon c

dictate [dikˈteit] v diktere

dictation [dikˈteiʃən] n diktat c

dictator [dikˈteitə] n diktator c

dictionary [ˈdikʃənəri] n ordbog c

did [did] v (p do)

die [dai] v *dø; *afgå ved døden

diesel [ˈdiːzəl] n dieselmotor c

diet [ˈdaiət] n diæt c

differ [ˈdifə] v *være forskellig

difference [ˈdifərəns] n forskel c

different [ˈdifərənt] adj forskellig; anden

difficult [ˈdifikəlt] adj vanskelig; svær

difficulty [ˈdifikəlti] n vanskelighed c; møje c

*dig [dig] v grave; udgrave

digest [diˈdʒest] v fordøje

digestible [diˈdʒestəbəl] adj fordøjelig

digestion [diˈdʒestʃən] n fordøjelse c

digit [ˈdidʒit] n ciffer nt

digital [ˈdidʒitəl] adj digital

dignified [ˈdignifaid] adj værdig

dilapidated [diˈlæpideitid] adj forfalden

diligence [ˈdilidʒəns] n iver c, flid c

diligent [ˈdilidʒənt] adj ihærdig, flittig

dilute [daiˈljuːt] v opspæde, fortynde

dim [dim] adj sløret, dæmpet; uklar, dunkel, utydelig

dine [dain] v spise til middag

dinghy [ˈdiŋgi] n jolle c

dining-car [ˈdainiŋkaː] n spisevogn c

dining-room [ˈdainiŋruːm] n spisestue c; spisesal c

dinner [ˈdinə] n middag c; middagsmad c, aftensmad c

dinner-jacket [ˈdinəˌdʒækit] n smoking c

dinner-service [ˈdinəˌsəːvis] n spisestel nt

diphtheria [difˈθiəriə] n difteritis c

diploma [diˈploumə] n eksamensbevis nt

diplomat [ˈdipləmæt] n diplomat c

direct [diˈrekt] adj direkte; v rette; vejlede; lede; instruere

direction [diˈrekʃən] n retning c; påbud nt; regie c; bestyrelse c, direktion c; **directional signal** Am blinklys nt; **directions for use** brugsanvisning c

directive [diˈrektiv] n direktiv nt

director [diˈrektə] n direktør c; instruktør c

dirt [dəːt] n snavs nt

dirty [ˈdəːti] adj snavset, beskidt

disabled [diˈseibəld] adj handicappet, invalid

disadvantage [ˌdisədˈvɑ:ntidʒ] n ulempe c

disagree [ˌdisəˈgri:] v *være uenig

disagreeable [ˌdisəˈgri:əbəl] adj ubehagelig

disappear [ˌdisəˈpiə] v *forsvinde

disappoint [ˌdisəˈpoint] v skuffe

disappointment [ˌdisəˈpointmənt] n skuffelse c

disapprove [ˌdisəˈpru:v] v misbillige

disaster [diˈzɑ:stə] n katastrofe c, ulykke c

disastrous [diˈzɑ:strəs] adj katastrofal

disc [disk] n skive c; grammofonplade c; **slipped ~** diskusprolaps c

discard [disˈkɑ:d] v kassere

discharge [disˈtʃɑ:dʒ] v losse, aflæsse; afskedige; n afsked c; **~ of** *fritage for

discipline [ˈdisiplin] n disciplin c

discolour [disˈkʌlə] v falme; **discoloured** falmet

disconnect [ˌdiskəˈnekt] v adskille; *afbryde, slukke

discontented [ˌdiskənˈtentid] adj utilfreds

discontinue [ˌdiskənˈtinju:] v standse, *nedlægge

discount [ˈdiskaunt] n rabat c, dekort c

discover [disˈkʌvə] v opdage

discovery [disˈkʌvəri] n opdagelse c

discuss [disˈkʌs] v diskutere; debattere

discussion [disˈkʌʃən] n diskussion c; samtale c, drøftelse c, debat c

disease [diˈzi:z] n sygdom c

disembark [ˌdisimˈbɑ:k] v *gå fra borde

disgrace [disˈgreis] n skam c

disguise [disˈgaiz] v forklæde sig; n forklædning c

disgusting [disˈgʌstiŋ] adj ækel, afskyelig

dish [diʃ] n tallerken c; skål c, fad nt; ret c

dishonest [diˈsɔnist] adj uærlig

disinfect [ˌdisinˈfekt] v desinficere

disinfectant [ˌdisinˈfektənt] n desinfektionsmiddel nt

dislike [diˈslaik] v ikke *kunne lide, ikke *kunne fordrage; n afsky c, modvilje c, antipati c

dislocated [ˈdisləkeitid] adj *gået af led

dismiss [disˈmis] v sende bort; afskedige

disorder [diˈsɔ:də] n uorden c

dispatch [diˈspætʃ] v afsende, ekspedere

display [diˈsplei] v fremvise; vise; n fremvisning c, udstilling c

displease [diˈspli:z] v mishage

disposable [diˈspouzəbəl] adj engangs-

disposal [diˈspouzəl] n rådighed c

dispose of [diˈspouz] skille sig af med

dispute [diˈspju:t] n opgør nt; disput c, tvist c; v *strides, *bestride

dissatisfied [diˈsætisfaid] adj utilfreds

dissolve [diˈzɔlv] v opløse

dissuade from [diˈsweid] fraråde

distance [ˈdistəns] n afstand c; **~ in kilometres** kilometertal nt

distant [ˈdistənt] adj fjern

distinct [diˈstiŋkt] adj tydelig; forskellig

distinction [diˈstiŋkʃən] n forskel c, skelnen c

distinguish [diˈstiŋgwiʃ] v skelne

distinguished [diˈstiŋgwiʃt] adj fornem

distress [diˈstres] n nød c; **~ signal** nødsignal nt

distribute [diˈstribju:t] v uddele

distributor [diˈstribjutə] n eneforhandler c; strømfordeler c

district [ˈdistrikt] n distrikt nt; egn c; kvarter nt

disturb [diˈstəːb] v forstyrre

disturbance [diˈstəːbəns] n forstyrrelse c; forvirring c

ditch [ditʃ] n grøft c

dive [daiv] v dykke

diversion [daiˈvəːʃən] n omkørsel c; adspredelse c

divide [diˈvaid] v dele; fordele; skille

divine [diˈvain] adj guddommelig

division [diˈviʒən] n deling c; adskillelse c; afdeling c

divorce [diˈvɔːs] n skilsmisse c; v skilles

dizziness [ˈdizinəs] n svimmelhed c

dizzy [ˈdizi] adj svimmel

***do** [duː] v *gøre; *være nok

dock [dɔk] n dok c; kaj c; v *lægge til

docker [ˈdɔkə] n havnearbejder c

doctor [ˈdɔktə] n læge c, doktor c

document [ˈdɔkjumənt] n dokument nt

dog [dɔg] n hund c

dogged [ˈdɔgid] adj stædig

doll [dɔl] n dukke c

dome [doum] n kuppel c

domestic [dəˈmestik] adj huslig; indenrigs-; n tjener c

domicile [ˈdɔmisail] n bopæl c

domination [ˌdɔmiˈneiʃən] n overherredømme nt

dominion [dəˈminjən] n herredømme nt

donate [douˈneit] v skænke

donation [douˈneiʃən] n donation c, gave c

done [dʌn] v (pp do)

donkey [ˈdɔŋki] n æsel nt

donor [ˈdounə] n giver c

door [dɔː] n dør c; **revolving ~** svingdør c; **sliding ~** skydedør c

doorbell [ˈdɔːbel] n dørklokke c

door-keeper [ˈdɔːˌkiːpə] n portner c

doorman [ˈdɔːmən] n (pl -men) dørvogter c

dormitory [ˈdɔːmitri] n sovesal c

dose [dous] n dosis c

dot [dɔt] n prik c

double [ˈdʌbəl] adj dobbelt

doubt [daut] v tvivle, betvivle; n tvivl c; **without ~** uden tvivl

doubtful [ˈdautfəl] adj tvivlsom; uvis

dough [dou] n dej c

down¹ [daun] adv ned; nedefter, omkuld; adj nedslået; prep ned ad, hen langs; **~ payment** udbetaling c

down² [daun] n dun nt

downpour [ˈdaunpɔː] n øsregn c

downstairs [ˌdaunˈstɛəz] adv nedenunder

downstream [ˌdaunˈstriːm] adv med strømmen

down-to-earth [ˌdauntuˈəːθ] adj nøgtern

downwards [ˈdaunwədz] adv nedefter, nedad

dozen [ˈdʌzən] n (pl ~, ~s) dusin nt

draft [drɑːft] n veksel c

drag [dræg] v slæbe

dragon [ˈdrægən] n drage c

drain [drein] v dræne; afvande; n afløb nt

drama [ˈdrɑːmə] n drama nt; sørgespil c

dramatic [drəˈmætik] adj dramatisk

dramatist [ˈdræmətist] n dramatiker c

drank [dræŋk] v (p drink)

draper [ˈdreipə] n manufakturhandler c

drapery [ˈdreipəri] n manufakturvarer pl

draught [drɑːft] n træk c; **draughts** damspil c

draught-board [ˈdrɑːftbɔːd] n dambræt nt

draw [drɔ:] n lodtrækning c

*draw [drɔ:] v tegne; *trække; hæve; ~ up affatte

drawbridge ['drɔ:bridʒ] n vindebro c

drawer ['drɔ:ə] n skuffe c; drawers underbukser pl

drawing ['drɔ:iŋ] n tegning c

drawing-pin ['drɔ:iŋpin] n tegnestift c

drawing-room ['drɔ:iŋru:m] n salon c

dread [dred] v frygte; n gru c

dreadful ['dredfəl] adj frygtelig, forfærdelig

dream [dri:m] n drøm c

*dream [dri:m] v drømme

dress [dres] v klæde på; klæde sig på, klæde sig; *forbinde; n kjole c

dressing-gown ['dresiŋgaun] n morgenkåbe c

dressing-room ['dresiŋru:m] n påklædningsværelse nt

dressing-table ['dresiŋ,teibəl] n toiletbord nt

dressmaker ['dres,meikə] n dameskrædderinde c

drill [dril] v bore; træne; n bor nt

drink [driŋk] n drink c, drik c

*drink [driŋk] v *drikke

drinking-water ['driŋkiŋ,wɔ:tə] n drikkevand nt

drip-dry [,drip'drai] adj strygefri

drive [draiv] n vej c; køretur c

*drive [draiv] v køre; føre

driver ['draivə] n chauffør c

drizzle ['drizəl] n støvregn c

drop [drɔp] v tabe; n dråbe c

drought [draut] n tørke c

drown [draun] v drukne; *be drowned drukne

drug [drʌg] n narkotikum nt; medicin c

drugstore ['drʌgstɔ:] nAm apotek nt, nAm materialhandel c; nAm varehus nt

drum [drʌm] n tromme c

drunk [drʌŋk] adj (pp drink) fuld

dry [drai] adj tør; v tørre

dry-clean [,drai'kli:n] v kemisk rense

dry-cleaner's [,drai'kli:nəz] n renseri nt

dryer ['draiə] n tørretumbler c

duchess ['dʌtʃis] n hertuginde c

duck [dʌk] n and c

due [dju:] adj forventet; skyldig; forfalden; ~ to på grund af

dues [dju:z] pl afgifter pl

dug [dʌg] v (p, pp dig)

duke [dju:k] n hertug c

dull [dʌl] adj kedelig; trist, mat; sløv

dumb [dʌm] adj stum; dum, stupid

dune [dju:n] n klit c

dung [dʌŋ] n gødning c

dunghill ['dʌŋhil] n mødding c

duration [dju'reiʃən] n varighed c

during ['djuəriŋ] prep under

dusk [dʌsk] n skumring c

dust [dʌst] n støv nt

dustbin ['dʌstbin] n affaldsspand c

dusty ['dʌsti] adj støvet

Dutch [dʌtʃ] adj hollandsk, nederlandsk

Dutchman ['dʌtʃmən] n (pl -men) hollænder c

dutiable ['dju:tiəbəl] adj toldpligtig

duty ['dju:ti] n pligt c; opgave c; importafgift c; Customs ~ toldafgift c

duty-free [,dju:ti'fri:] adj toldfri

dwarf [dwɔ:f] n dværg c

dye [dai] v farve; n farve c

dynamo ['dainəmou] n (pl ~s) dynamo c

dysentery ['disəntri] n dysenteri c

E

each [i:tʃ] adj hver; ~ other hinanden

eager ['i:gə] *adj* ivrig, spændt, utålmodig

eagle ['i:gəl] *n* ørn *c*

ear [iə] *n* øre *c*

earache ['iəreik] *n* ørepine *c*

ear-drum ['iədrʌm] *n* trommehinde *c*

earl [ə:l] *n* greve *c*

early ['ə:li] *adj* tidlig

earn [ə:n] *v* tjene

earnest ['ə:nist] *n* alvor *c*

earnings ['ə:niŋz] *pl* indtægt *c*

earring ['iəriŋ] *n* ørenring *c*

earth [ə:θ] *n* jord *c*

earthenware ['ə:θənwɛə] *n* stentøj *pl*

earthquake ['ə:θkweik] *n* jordskælv *nt*

ease [i:z] *n* lethed *c*, utvungenhed *c*; velbefindende *nt*

east [i:st] *n* øst

Easter ['i:stə] påske

easterly ['i:stəli] *adj* østlig

eastern ['i:stən] *adj* østlig, østre

easy ['i:zi] *adj* let; behagelig; ~ chair lænestol *c*

easy-going ['i:zi,gouiŋ] *adj* afslappet

*eat [i:t] *v* spise

eavesdrop ['i:vzdrɔp] *v* aflytte

ebony ['ebəni] *n* ibenholt *nt*

eccentric [ik'sentrik] *adj* excentrisk

echo ['ekou] *n* (*pl* ~es) genlyd *c*, ekko *nt*

eclipse [i'klips] *n* formørkelse *c*

economic [,i:kə'nɔmik] *adj* økonomisk

economical [,i:kə'nɔmikəl] *adj* økonomisk, sparsommelig

economist [i'kɔnəmist] *n* økonom *c*

economize [i'kɔnəmaiz] *v* spare

economy [i'kɔnəmi] *n* økonomi *c*

ecstasy ['ekstəzi] *n* ekstase *c*

Ecuador ['ekwədɔ:] Ecuador

Ecuadorian [,ekwə'dɔ:riən] *n* ecuadorianer *c*

eczema ['eksimə] *n* eksem *c*

edge [edʒ] *n* æg *c*, kant *c*

edible ['edibəl] *adj* spiselig

edition [i'diʃən] *n* udgave *c*; **morning** ~ morgenudgave *c*

editor ['editə] *n* redaktør *c*

educate ['edʒukeit] *v* opdrage, uddanne

education [,edʒu'keiʃən] *n* uddannelse *c*; opdragelse *c*

eel [i:l] *n* ål *c*

effect [i'fekt] *n* virkning *c*; *v* *iværksætte; **in** ~ faktisk

effective [i'fektiv] *adj* effektiv, virksom

efficient [i'fiʃənt] *adj* virkningsfuld, effektiv

effort ['efət] *n* anstrengelse *c*

egg [eg] *n* æg *nt*

egg-cup ['egkʌp] *n* æggebæger *nt*

eggplant ['egplɑ:nt] *n* aubergine *c*

egg-yolk ['egjouk] *n* æggeblomme *c*

egoistic [,egou'istik] *adj* egoistisk

Egypt ['i:dʒipt] Egypten

Egyptian [i'dʒipʃən] *adj* egyptisk; *n* egypter *c*

eiderdown ['aidədaun] *n* dyne *c*

eight [eit] *num* otte

eighteen [,ei'ti:n] *num* atten

eighteenth [,ei'ti:nθ] *num* attende

eighth [eitθ] *num* ottende

eighty ['eiti] *num* firs

either ['aiðə] *pron* den ene eller den anden; **either ... or** enten ... eller

elaborate [i'læbəreit] *v* uddybe

elastic [i'læstik] *adj* elastisk; ~ **band** elastik *c*

elasticity [,elæ'stisəti] *n* elasticitet *c*

elbow ['elbou] *n* albue *c*

elder ['eldə] *adj* ældre

elderly ['eldəli] *adj* ældre

eldest ['eldist] *adj* ældst

elect [i'lekt] *v* *vælge

election [i'lekʃən] *n* valg *nt*

electric [i'lektrik] *adj* elektrisk; ~ **razor** elektrisk barbermaskine *c*

electrician [ˌilekˈtriʃən] n elektriker c
electricity [ˌilekˈtrisəti] n elektricitet c
electronic [ilekˈtrɔnik] adj elektro-
nisk; ~ game elektronisk spil nt
elegance [ˈeligəns] n elegance c
elegant [ˈeligənt] adj elegant
element [ˈelimənt] n element nt, be-
standdel c
elephant [ˈelifənt] n elefant c
elevator [ˈeliveitə] nAm elevator c
eleven [iˈlevən] num elleve
eleventh [iˈlevənθ] num ellevte
elf [elf] n (pl elves) alf c
eliminate [iˈlimineit] v eliminere
elm [elm] n elm c
else [els] adv ellers
elsewhere [ˌelˈsweə] adv andetsteds
emancipation [iˌmænsiˈpeiʃən] n frigø-
relse c
embankment [imˈbæŋkmənt] n vold c
embargo [emˈbaːgou] n (pl ~es) em-
bargo c
embark [imˈbaːk] v *gå om bord
embarkation [ˌembaːˈkeiʃən] n ind-
skibning c
embarrass [imˈbærəs] v forvirre, *gø-
re forlegen; *gøre perpleks; hæm-
me; embarrassed forlegen; embar-
rassing pinlig
embassy [ˈembəsi] n ambassade c
emblem [ˈembləm] n emblem nt
embrace [imˈbreis] v omfavne; n om-
favnelse c
embroider [imˈbrɔidə] v brodere
embroidery [imˈbrɔidəri] n broderi nt
emerald [ˈemərəld] n smaragd c
emergency [iˈmɔːdʒənsi] n nødstilfæl-
de nt; nødsituation c; ~ exit nød-
udgang c
emigrant [ˈemigrənt] n emigrant c
emigrate [ˈemigreit] v emigrere
emigration [ˌemiˈgreiʃən] n emigration
c
emotion [iˈmouʃən] n sindsbevægelse

c, bevægelse c
emperor [ˈempərə] n kejser c
emphasize [ˈemfəsaiz] v fremhæve
empire [ˈempaiə] n imperium nt, kej-
serdømme nt
employ [imˈplɔi] v beskæftige; anven-
de, bruge
employee [ˌemplɔiˈiː] n lønmodtager
c, ansat c
employer [imˈplɔiə] n arbejdsgiver c
employment [imˈplɔimənt] n beskæfti-
gelse c, arbejde nt; ~ exchange
arbejdsformidling c
empress [ˈempris] n kejserinde c
empty [ˈempti] adj tom; v tømme
enable [iˈneibəl] v *sætte i stand
enamel [iˈnæməl] n emalje c
enamelled [iˈnæməld] adj emaljeret
enchanting [inˈtʃaːntiŋ] adj bedåren-
de, fortryllende
encircle [inˈsɔːkəl] v omringe, omslut-
te; indeslutte
enclose [iŋˈklouz] v *vedlægge
enclosure [iŋˈklouʒə] n bilag nt
encounter [iŋˈkauntə] v *træffe, mø-
de; n møde nt
encourage [iŋˈkʌridʒ] v opmuntre
encyclopaedia [enˌsaikləˈpiːdiə] n lek-
sikon nt
end [end] n ende c; slutning c; v slut-
te; ende, ophøre
ending [ˈendiŋ] n slutning c
endless [ˈendləs] adj uendelig
endorse [inˈdɔːs] v endossere, *skrive
bag på
endure [inˈdjuə] v *udholde
enemy [ˈenəmi] n fjende c
energetic [ˌenəˈdʒetik] adj energisk
energy [ˈenədʒi] n energi c; kraft c
engage [inˈgeidʒ] v *ansætte; bestille;
forpligte sig; engaged forlovet; op-
taget
engagement [inˈgeidʒmənt] n forlo-
velse c; forpligtelse c; aftale c; ~

ring forlovelsesring *c*

engine ['endʒin] *n* maskine *c*, motor *c*; lokomotiv *nt*

engineer [,endʒi'niə] *n* ingeniør; maskinarbejder *c*

England ['iŋglənd] England

English ['iŋgliʃ] *adj* engelsk

Englishman ['iŋgliʃmən] *n* (pl -men) englænder *c*

engrave [iŋ'greiv] *v* gravere

engraver [iŋ'greivə] *n* gravør *c*

engraving [iŋ'greiviŋ] *n* radering *c*; stik *nt*

enigma [i'nigmə] *n* gåde *c*

enjoy [in'dʒɔi] *v* *nyde, glæde sig over

enjoyable [in'dʒɔiəbəl] *adj* behagelig, hyggelig, morsom; lækker

enjoyment [in'dʒɔimənt] *n* nydelse *c*

enlarge [in'laːdʒ] *v* forstørre; udvide

enlargement [in'laːdʒmənt] *n* forstørrelse *c*

enormous [i'nɔːməs] *adj* enorm, kæmpemæssig

enough [i'nʌf] *adv* nok; *adj* tilstrækkelig

enquire [iŋ'kwaiə] *v* *forespørge; undersøge

enquiry [iŋ'kwaiəri] *n* forespørgsel *c*; undersøgelse *c*; enquete *c*

enter ['entə] *v* *gå ind, *betræde; indføre

enterprise ['entəpraiz] *n* foretagende *nt*

entertain [,entə'tein] *v* *underholde, forlyste; beværte

entertainer [,entə'teinə] *n* entertainer *c*

entertaining [,entə'teiniŋ] *adj* morsom, underholdende

entertainment [,entə'teinmənt] *n* underholdning *c*, forlystelse *c*

enthusiasm [in'θjuːziæzəm] *n* begejstring *c*

enthusiastic [in,θjuːzi'æstik] *adj* begejstret

entire [in'taiə] *adj* hel

entirely [in'taiəli] *adv* helt

entrance ['entrəns] *n* indgang *c*; adgang *c*; indtræden *c*

entrance-fee ['entrənsfiː] *n* entré *c*

entry ['entri] *n* indgang *c*; adgang *c*; postering *c*; no ~ ingen adgang

envelope ['envəloup] *n* konvolut *c*

envious ['enviəs] *adj* skinsyg, misundelig

environment [in'vaiərənmənt] *n* miljø *nt*; omgivelser *pl*

envoy ['envɔi] *n* udsending *c*

envy ['envi] *n* misundelse *c*; *v* misunde

epic ['epik] *n* epos *nt*; *adj* episk

epidemic [,epi'demik] *n* epidemi *c*

epilepsy ['epilepsi] *n* epilepsi *c*

epilogue ['epilɔg] *n* epilog *c*

episode ['episoud] *n* episode *c*

equal ['iːkwəl] *adj* samme; *v* *være på højde med

equality [i'kwɔləti] *n* jævnbyrdighed *c*

equalize ['iːkwəlaiz] *v* udligne

equally ['iːkwəli] *adv* lige

equator [i'kweitə] *n* ækvator *c*

equip [i'kwip] *v* udruste, udstyre

equipment [i'kwipmənt] *n* udrustning *c*

equivalent [i'kwivələnt] *adj* tilsvarende

eraser [i'reizə] *n* viskelæder *nt*

erect [i'rekt] *v* opføre, rejse; *adj* opret, stående

err [əː] *v* *tage fejl; flakke om

errand ['erənd] *n* ærinde *nt*

error ['erə] *n* vildfarelse *c*

escalator ['eskəleitə] *n* rulletrappe *c*

escape [i'skeip] *v* *undslippe; *undgå, flygte; *n* flugt *c*

escort[1] ['eskɔːt] *n* eskorte *c*

escort[2] [i'skɔːt] *v* eskortere

especially [i'speʃəli] *adv* især, først og fremmest

essay ['esei] *n* essay *nt;* stil *c*, afhandling *c*

essence ['esəns] *n* essens *c;* væsen *nt*, kerne *c*

essential [i'senʃəl] *adj* uundværlig; væsentlig

essentially [i'senʃəli] *adv* først og fremmest

establish [i'stæbliʃ] *v* etablere; *fastslå

estate [i'steit] *n* gods *nt*

esteem [i'sti:m] *n* agtelse *c*, respekt *c; v* agte

estimate¹ ['estimeit] *v* vurdere, taksere, skatte

estimate² ['estimət] *n* overslag *nt*

estuary ['estjuəri] *n* flodmunding *c*

etcetera [et'setərə] og så videre

eternal [i'tə:nəl] *adj* evig

eternity [i'tə:nəti] *n* evighed *c*

ether ['i:θə] *n* æter *c*

Ethiopia [θi'oupiə] Etiopien

Ethiopian [θi'oupiən] *adj* etiopisk; *n* etiopier *c*

Europe ['juərəp] Europa

European [,juərə'pi:ən] *adj* europæisk; *n* europæer *c*

European Union [juərə'pi:ən 'ju:njən] Europæisk Union

evacuate [i'vækjueit] *v* evakuere

evaluate [i'væljueit] *v* vurdere

evaporate [i'væpəreit] *v* fordampe

even ['i:vən] *adj* glat, lige, plan; konstant; *adv* selv

evening ['i:vniŋ] *n* aften *c;* ~ **dress** selskabstøj *pl*

event [i'vent] *n* begivenhed *c;* hændelse *c*

eventual [i'ventʃuəl] *adj* mulig; endelig

ever ['evə] *adv* nogen sinde; altid

every ['evri] *adj* hver, enhver, alle

everybody ['evri,bodi] *pron* enhver

everyday ['evridei] *adj* daglig

everyone ['evriwʌn] *pron* enhver

everything ['evriθiŋ] *pron* alting

everywhere ['evriweə] *adv* overalt

evidence ['evidəns] *n* bevis *nt*

evident ['evidənt] *adj* klar

evil ['i:vəl] *n* onde *nt; adj* slet

evolution [,i:və'lu:ʃən] *n* evolution *c*

exact [ig'zækt] *adj* nøjagtig

exactly [ig'zæktli] *adv* rigtigt

exaggerate [ig'zædʒəreit] *v* *overdrive

examination [ig,zæmi'neiʃən] *n* eksamen *c;* undersøgelse *c;* forhør *nt*

examine [ig'zæmin] *v* undersøge

example [ig'za:mpəl] *n* eksempel *nt;* **for** ~ for eksempel

excavation [,ekskə'veiʃən] *n* udgravning *c*

exceed [ik'si:d] *v* *overskride; *overgå

excel [ik'sel] *v* udmærke sig

excellent ['eksələnt] *adj* fremragende, udmærket

except [ik'sept] *prep* undtagen, med undtagelse af

exception [ik'sepʃən] *n* undtagelse *c*

exceptional [ik'sepʃənəl] *adj* usædvanlig, enestående

excerpt ['eksə:pt] *n* uddrag *nt*

excess [ik'ses] *n* udskejelse *c*

excessive [ik'sesiv] *adj* overdreven

exchange [iks'tʃeindʒ] *v* bytte, veksle, udveksle; *n* bytning *c;* børs *c;* ~ **office** vekselkontor *nt;* ~ **rate** vekselkurs *c*

excite [ik'sait] *v* ophidse

excitement [ik'saitmənt] *n* opstemthed *c*, ophidselse *c*

exciting [ik'saitiŋ] *adj* spændende

exclaim [ik'skleim] *v* *udbryde

exclamation [,eksklə'meiʃən] *n* udbrud *nt*

exclude [ik'sklu:d] *v* udelukke

exclusive [ik'sklu:siv] *adj* eksklusiv

exclusively [ik'sklu:sivli] *adv* udelukkende

excursion [ik'skə:ʃən] *n* udflugt *c*

excuse¹ [ik'skju:s] *n* undskyldning *c*

excuse² [ik'skju:z] *v* undskylde

execute ['eksikju:t] *v* udføre

execution [ˌeksi'kju:ʃən] *n* henrettelse *c*

executioner [ˌeksi'kju:ʃənə] *n* bøddel *c*

executive [ig'zekjutiv] *adj* administrerende; *n* udøvende magt; direktør *c*

exempt [ig'zempt] *v* *fritage; *adj* fritaget

exemption [ig'zempʃən] *n* fritagelse *c*

exercise ['eksəsaiz] *n* øvelse *c*; opgave *c*; *v* øve; udøve

exhale [eks'heil] *v* udånde

exhaust [ig'zɔ:st] *n* udblæsning *c*, udblæsningsrør *nt*; *v* udmatte; ~ **gases** udstødningsgas *c*

exhibit [ig'zibit] *v* udstille; fremføre, forevise

exhibition [ˌeksi'biʃən] *n* udstilling *c*, forevisning *c*

exile ['eksail] *n* eksil *nt*; landflygtig *c*

exist [ig'zist] *v* eksistere

existence [ig'zistəns] *n* eksistens *c*

exit ['eksit] *n* udgang *c*; udkørsel *c*

exotic [ig'zɔtik] *adj* eksotisk

expand [ik'spænd] *v* udvide, udbrede; udfolde

expect [ik'spekt] *v* vente, forvente

expectation [ˌekspek'teiʃən] *n* forventning *c*

expedition [ˌekspə'diʃən] *n* forsendelse *c*; ekspedition *c*

expel [ik'spel] *v* udvise

expenditure [ik'spenditʃə] *n* udgift *c*

expense [ik'spens] *n* udgift *c*; **expenses** *pl* omkostninger

expensive [ik'spensiv] *adj* bekostelig,

dyr; kostbar

experience [ik'spiəriəns] *n* erfaring *c*; *v* erfare, opleve; **experienced** erfaren

experiment [ik'sperimənt] *n* eksperiment *nt*, forsøg *nt*; *v* eksperimentere

expert ['ekspə:t] *n* fagmand *c*, ekspert *c*; *adj* sagkyndig

expire [ik'spaiə] *v* *udløbe, høre op, *forfalde; udånde; **expired** udløbet

expiry [ik'spaiəri] *n* udløb *nt*

explain [ik'splein] *v* forklare, *klarlægge

explanation [ˌeksplə'neiʃən] *n* forklaring *c*, redegørelse *c*

explicit [ik'splisit] *adj* tydelig, udtrykkelig

explode [ik'sploud] *v* eksplodere

exploit [ik'sploit] *v* udbytte, udnytte

explore [ik'splɔ:] *v* udforske

explosion [ik'splouʒən] *n* eksplosion *c*

explosive [ik'splousiv] *adj* eksplosiv; *n* sprængstof *nt*

export¹ [ik'spɔ:t] *v* eksportere, udføre

export² ['ekspɔ:t] *n* udførsel *c*

exportation [ˌekspɔ:'teiʃən] *n* udførsel *c*

exports ['ekspɔ:ts] *pl* eksport *c*

exposition [ˌekspə'ziʃən] *n* udstilling *c*

exposure [ik'spouʒə] *n* udsat position; eksponering *c*; ~ **meter** belysningsmåler *c*

express [ik'spres] *v* udtrykke; *give udtryk for, ytre; *adj* ekspres-; udtalt; ~ **train** eksprestog *nt*

expression [ik'spreʃən] *n* udtryk *nt*

exquisite [ik'skwizit] *adj* udsøgt

extend [ik'stend] *v* forlænge; udvide; yde

extension [ik'stenʃən] *n* forlængelse *c*; udvidelse *c*; lokaltelefon *c*; ~ **cord** forlængerledning *c*

extensive [ik'stensiv] *adj* omfangsrig;

omfattende

extent [ik'stent] *n* omfang *nt*

exterior [ek'stiəriə] *adj* ydre; *n* yderside *c*

external [ek'stə:nəl] *adj* udvendig

extinguish [ik'stiŋgwiʃ] *v* slukke

extort [ik'stɔ:t] *v* afpresse

extortion [ik'stɔ:ʃən] *n* afpresning *c*

extra ['ekstrə] *adj* ekstra

extract¹ [ik'strækt] *v* *trække ud, *uddrage, *trække

extract² ['ekstrækt] *n* uddrag *nt*

extradite ['ekstrədait] *v* udlevere

extraordinary [ik'strɔ:dənri] *adj* overordentlig

extravagant [ik'strævəgənt] *adj* ekstravagant, overdreven

extreme [ik'stri:m] *adj* ekstrem; yderst, højest; *n* yderlighed *c*

exuberant [ig'zju:bərənt] *adj* overstrømmende

eye [ai] *n* øje *nt*

eyebrow ['aibrau] *n* øjenbryn *c*

eyelash ['ailæʃ] *n* øjenvippe *c*

eyelid ['ailid] *n* øjenlåg *nt*

eye-pencil ['ai,pensəl] *n* øjenbrynsstift *c*

eye-shadow ['ai,ʃædou] *n* øjenskygge *c*

eye-witness ['ai,witnəs] *n* øjenvidne *nt*

F

fable ['feibəl] *n* fabel *c*

fabric ['fæbrik] *n* stof *nt*; struktur *c*

façade [fə'sa:d] *n* facade *c*

face [feis] *n* ansigt *nt*; *v* *gøre front mod; ~ **massage** ansigtsmassage *c*; **facing** over for

face-cream ['feiskri:m] *n* ansigtscreme *c*

face-pack ['feispæk] *n* ansigtsmaske *c*

face-powder ['feis,paudə] *n* ansigtspudder *nt*

fact [fækt] *n* kendsgerning *c*; **in ~** faktisk

factor ['fæktə] *n* faktor *c*

factory ['fæktəri] *n* fabrik *c*

factual ['fæktʃuəl] *adj* faktisk

faculty ['fækəlti] *n* evne *c*; talent *nt*, anlæg *nt*; fakultet *nt*

fad [fæd] *n* døgnflue *c*

fade [feid] *v* falme

faience [fai'ã:s] *n* fajance *c*

fail [feil] *v* glippe, mislykkes; fejle; mangle; *undlade; dumpe; **without ~** aldeles bestemt

failure ['feiljə] *n* uheldigt udfald; fiasko *c*

faint [feint] *v* besvime; *adj* mat, svag, vag

fair [feə] *n* marked *nt*; messe *c*; *adj* retfærdig, reel; lyshåret, blond; smuk

fairly ['feəli] *adv* ganske, ret

fairy ['feəri] *n* fe *c*

fairytale ['feəriteil] *n* eventyr *nt*

faith [feiθ] *n* tro *c*; tiltro *c*

faithful ['feiθful] *adj* trofast

fake [feik] *n* forfalskning *c*

fall [fɔ:l] *n* fald *nt*; *nAm* efterår *nt*

*fall [fɔ:l] *v* *falde

false [fɔ:ls] *adj* falsk; usand, forkert, uægte; ~ **teeth** gebis *nt*

falter ['fɔ:ltə] *v* vakle; fremstamme

fame [feim] *n* berømmelse *c*; rygte *nt*

familiar [fə'miljə] *adj* velkendt; familiær

family ['fæməli] *n* familie *c*; slægt *c*; ~ **name** efternavn *nt*

famous ['feiməs] *adj* berømt

fan [fæn] *n* ventilator *c*; vifte *c*; fan *c*; ~ **belt** ventilatorrem *c*

fanatical [fə'nætikəl] *adj* fanatisk

fancy ['fænsi] *v* *have lyst til, *holde

af; tænke sig, forestille sig; *n* nykke *c;* fantasi *c*

fantastic [fæn'tæstik] *adj* fantastisk

fantasy ['fæntəzi] *n* fantasi *c*

far [fɑ:] *adj* fjern; *adv* meget; **by ~** langt; **so ~** indtil nu

far-away ['fɑ:rəwei] *adj* fjern

farce [fɑ:s] *n* farce *c*

fare [fɛə] *n* takst *c,* billetpris *c;* kost *c,* mad *c*

farm [fɑ:m] *n* bondegård *c*

farmer ['fɑ:mə] *n* landmand *c;* **farmer's wife** gårdmandskone *c*

farmhouse ['fɑ:mhaus] *n* stuehus *nt*

far-off ['fɑ:rɔf] *adj* fjern

fascinate ['fæsineit] *v* fascinere

fascism ['fæʃizəm] *n* fascisme *c*

fascist ['fæʃist] *adj* fascistisk; *n* fascist *c*

fashion ['fæʃən] *n* mode *c;* måde *c*

fashionable ['fæʃənəbəl] *adj* moderne

fast [fɑ:st] *adj* rask, hurtig; fast

fast-dyed [,fɑ:st'daid] *adj* farveægte, vaskeægte

fasten ['fɑ:sən] *v* spænde fast, fæste; lukke

fastener ['fɑ:sənə] *n* lukketøj *nt*

fat [fæt] *adj* tyk, fed; *n* fedt *nt*

fatal ['feitəl] *adj* dødelig, skæbnesvanger, fatal

fate [feit] *n* skæbne *c*

father ['fɑ:ðə] *n* far *c;* pater *c*

father-in-law ['fɑ:ðərinlɔ:] *n* (pl fathers-) svigerfar *c*

fatherland ['fɑ:ðələnd] *n* fædreland *nt*

fatness ['fætnəs] *n* fedme *c*

fatty ['fæti] *adj* fedtholdig

faucet ['fɔ:sit] *nAm* vandhane *c*

fault [fɔ:lt] *n* skyld *c;* brist *c,* defekt *c,* fejl *c*

faultless ['fɔ:ltləs] *adj* fejlfri; ulastelig

faulty ['fɔ:lti] *adj* defekt, mangelfuld

favour ['feivə] *n* tjeneste *c;* v privilegere, favorisere

favourable ['feivərəbəl] *adj* gunstig

favourite ['feivərit] *n* favorit *c,* yndling *c; adj* yndlings-

fax [fæks] *n* fax *nt;* **send a ~** sende en fax

fear [fiə] *n* angst *c,* frygt *c; v* frygte

feasible ['fi:zəbəl] *adj* gennemførlig

feast [fi:st] *n* fest *c*

feat [fi:t] *n* bedrift *c*

feather ['feðə] *n* fjer *c*

feature ['fi:tʃə] *n* træk *nt;* ansigtstræk *nt*

February ['februəri] februar

federal ['fedərəl] *adj* forbunds-

federation [,fedə'reiʃən] *n* føderation *c;* forbund *nt*

fee [fi:] *n* honorar *nt*

feeble ['fi:bəl] *adj* svag

***feed** [fi:d] *v* made; **fed up with** led og ked af

***feel** [fi:l] *v* føle; føle på; **~ like** *have lyst til

feeling ['fi:liŋ] *n* følelse *c*

fell [fel] *v* (p fall)

fellow ['felou] *n* fyr *c*

felt¹ [felt] *n* filt *c*

felt² [felt] *v* (p, pp feel)

female ['fi:meil] *adj* hun-

feminine ['feminin] *adj* feminin

fence [fens] *n* gærde *nt;* stakit *nt; v* fægte

fender ['fendə] *n* kofanger *c*

ferment [fə'ment] *v* gære

ferry-boat ['feribout] *n* færge *c*

fertile ['fə:tail] *adj* frugtbar

festival ['festivəl] *n* festival *c*

festive ['festiv] *adj* festlig

fetch [fetʃ] *v* hente; afhente

feudal ['fju:dəl] *adj* feudal

fever ['fi:və] *n* feber *c*

feverish ['fi:vəriʃ] *adj* febril

few [fju:] *adj* få

fiancé [fi'ɑ̃:sei] *n* forlovede *c*

fiancée [fi'ã:sei] n forlovede c

fibre ['faibə] n fiber c

fiction ['fikʃən] n fiktion c

field [fi:ld] n mark c; felt nt; ~ glasses feltkikkert c

fierce [fiəs] adj vild; heftig, bister

fifteen [ˌfif'ti:n] num femten

fifteenth [ˌfif'ti:nθ] num femtende

fifth [fifθ] num femte

fifty ['fifti] num halvtreds

fig [fig] n figen c

fight [fait] n strid c, kamp c

*fight [fait] v kæmpe, *slås

figure ['figə] n figur c, skikkelse c; ciffer nt

file [fail] n fil c; dokumentsamling c; række c

Filipino [ˌfili'pi:nou] n filippiner c

fill [fil] v fylde; ~ in udfylde; ~ out Am udfylde; ~ up fylde op

filling ['filiŋ] n plombe c; fyld nt

filling station ['filiŋ steiʃən] Am benzintank c, servicestation c

film [film] n film c; v filme

filter ['filtə] n filter nt

filthy ['filθi] adj beskidt, smudsig

final ['fainəl] adj endelig

finance [fai'næns] v finansiere

finances [fai'nænsiz] pl finanser pl

financial [fai'nænʃəl] adj finansiel

finch [fintʃ] n finke c

*find [faind] v *finde

fine [fain] n bøde c; adj fin; smuk; udsøgt, udmærket; ~ arts de skønne kunster

finger ['fiŋgə] n finger c; little ~ lillefinger c

fingerprint ['fiŋgəprint] n fingeraftryk nt

finish ['finiʃ] v *gøre færdig, *tilendebringe, slutte; ophøre, afslutte; n slutning c; målstreg c; finished færdig; slut

Finland ['finlənd] Finland

Finn [fin] n finne c

Finnish ['finiʃ] adj finsk

fire [faiə] n ild c; brand c; v *skyde; afskedige

fire-alarm ['faiərəˌlɑ:m] n brandalarm c

fire-brigade ['faiəbriˌgeid] n brandvæsen nt

fire-escape ['faiəriˌskeip] n brandtrappe c

fire-extinguisher ['faiərikˌstiŋgwiʃə] n ildslukker c

fireplace ['faiəpleis] n kamin c

fireproof ['faiəpru:f] adj brandsikker; ildfast

firm [fə:m] adj fast; solid; n firma nt

first [fə:st] num første; at ~ først; i begyndelsen; ~ name fornavn nt

first-aid [ˌfə:st'eid] n førstehjælp c; ~ kit forbindskasse c; ~ post førstehjælpsstation c

first-class [ˌfə:st'klɑ:s] adj førsteklasses

first-rate [ˌfə:st'reit] adj fortræffelig, førsterangs

fir-tree ['fə:tri:] n nåletræ nt, gran c

fish[1] [fiʃ] n (pl ~, ~es) fisk c; ~ shop fiskeforretning c

fish[2] [fiʃ] v fiske; fishing gear fiskeredskaber pl; fishing hook fiskekrog c; fishing industry fiskeri nt; fishing licence fisketegn nt; fishing line fiskesnøre c; fishing net fiskenet nt; fishing rod fiskestang c; fishing tackle fiskegrej nt

fishbone ['fiʃboun] n fiskeben nt

fisherman ['fiʃəmən] n (pl -men) fisker c

fist [fist] n knytnæve c

fit [fit] adj brugbar; n anfald nt; v passe; fitting room prøveværelse nt

five [faiv] num fem

fix [fiks] v lave

fixed [fikst] adj fast

fizz [fiz] *n* brus *nt*

fjord [fjɔːd] *n* fjord *c*

flag [flæg] *n* flag *nt*

flame [fleim] *n* flamme *c*

flamingo [flə'miŋgou] *n* (pl ~s, ~es) flamingo *c*

flannel ['flænəl] *n* flonel *c*

flash [flæʃ] *n* glimt *nt*

flash-bulb ['flæʃbʌlb] *n* blitzpære *c*

flash-light ['flæʃlait] *n* lommelygte *c*

flask [flɑːsk] *n* flakon *c*; thermos ~ termoflaske *c*

flat [flæt] *adj* flad, jævn; *n* lejlighed *c*; ~ tyre punktering *c*

flavour ['fleivə] *n* smag *c*; *v* smage til

fleet [fliːt] *n* flåde *c*

flesh [fleʃ] *n* kød *nt*

flew [fluː] *v* (p fly)

flex [fleks] *n* ledning *c*

flexible ['fleksibəl] *adj* fleksibel; bøjelig

flight [flait] *n* flyvning *c*; charter ~ charterflyvning *c*

flint [flint] *n* lightersten *c*

float [flout] *v* *flyde; *n* svømmer *c*

flock [flɔk] *n* flok *c*

flood [flʌd] *n* oversvømmelse *c*; flod *c*

floor [flɔː] *n* gulv *nt*; etage *c*, sal *c*; ~ show floor show

florist ['flɔrist] *n* blomsterhandler *c*

flour [flauə] *n* hvedemel *nt*, mel *nt*

flow [flou] *v* strømme, *flyde

flower [flauə] *n* blomst *c*

flowerbed ['flauəbed] *n* blomsterbed *nt*

flower-shop ['flauəʃɔp] *n* blomsterforretning *c*

flown [floun] *v* (pp fly)

flu [fluː] *n* influenza *c*

fluent ['fluːənt] *adj* flydende

fluid ['fluːid] *adj* flydende; *n* væske *c*

flunk [flʌŋk] *vAm* dumpe

flute [fluːt] *n* fløjte *c*

fly [flai] *n* flue *c*; gylp *c*

*fly [flai] *v* *flyve

foam [foum] *n* skum *nt*; *v* skumme

foam-rubber ['foum,rʌbə] *n* skumgummi *nt*

focus ['foukəs] *n* brændpunkt *nt*

fog [fɔg] *n* tåge *c*

foggy ['fɔgi] *adj* tåget

foglamp ['fɔglæmp] *n* tågelygte *c*

fold [fould] *v* folde; folde sammen; *n* fold *c*

folk [fouk] *n* folk *nt*; ~ song folkevise *c*

folk-dance ['foukdɑːns] *n* folkedans *c*

folklore ['fouklɔː] *n* folklore *c*

follow ['fɔlou] *v* *følge; following *adj* kommende, følgende

*be fond of [biː fɔnd ɔv] *holde af

food [fuːd] *n* næring *c*; kost *c*, føde *c*; ~ poisoning madforgiftning *c*

foodstuffs ['fuːdstʌfs] *pl* næringsmidler *pl*

fool [fuːl] *n* fjols *nt*, nar *c*; *v* narre

foolish ['fuːliʃ] *adj* fjollet, tåbelig; tosset

foot [fut] *n* (pl feet) fod *c*; ~ powder fodpudder *nt*; on ~ til fods

football ['futbɔːl] *n* fodbold *c*; ~ match fodboldkamp *c*

foot-brake ['futbreik] *n* fodbremse *c*

footpath ['futpɑːθ] *n* gangsti *c*

footwear ['futweə] *n* skotøj *pl*

for [fɔː] *prep* til; i; på grund af, af, for; *conj* for

*forbid [fə'bid] *v* *forbyde

force [fɔːs] *v* *tvinge; forcere; *n* kraft *c*, styrke *c*; vold *c*; by ~ nødtvungent; driving ~ drivkraft *c*

ford [fɔːd] *n* vadested *c*

forecast ['fɔːkɑːst] *n* forudsigelse *c*; *v* *forudsige

foreground ['fɔːgraund] *n* forgrund *c*

forehead ['fɔred] *n* pande *c*

foreign ['fɔrin] *adj* udenlandsk; fremmed

foreigner ['fɔrinə] *n* udlænding *c*

foreman ['fɔːmən] *n* (pl -men) værkfører *c*

foremost ['fɔːmoust] *adj* først

foresail ['fɔːseil] *n* fok *c*

forest ['fɔrist] *n* skov *c*

forester ['fɔristə] *n* skovfoged *c*

forge [fɔːdʒ] *v* forfalske

***forget** [fə'get] *v* glemme

forgetful [fə'getfəl] *adj* glemsom

***forgive** [fə'giv] *v* *tilgive

fork [fɔːk] *n* gaffel *c*; vejgaffel *c*; *v* dele sig

form [fɔːm] *n* form *c*; blanket *c*; klasse *c*; *v* forme

formal ['fɔːməl] *adj* ceremoniel

formality [fɔː'mæləti] *n* formalitet *c*

former ['fɔːmə] *adj* forhenværende; tidligere; **formerly** tidligere, forhen

formula ['fɔːmjulə] *n* (pl ~e, ~s) formel *c*

fort [fɔːt] *n* fort *nt*

fortnight ['fɔːtnait] *n* fjorten dage

fortress ['fɔːtris] *n* fæstning *c*

fortunate ['fɔːʃənət] *adj* heldig

fortune ['fɔːtʃuːn] *n* formue *c*; skæbne *c*, lykke *c*

forty ['fɔːti] *num* fyrre

forward ['fɔːwəd] *adv* fremefter, frem; *v* eftersende

foster-parents ['fɔstə,pεərənts] *pl* plejeforældre *pl*

fought [fɔːt] *v* (p, pp fight)

foul [faul] *adj* snusket; nederdrægtig

found¹ [faund] *v* (p, pp find)

found² [faund] *v* *grundlægge, oprette, stifte

foundation [faun'deiʃən] *n* stiftelse *c*; ~ **cream** pudderunderlag *nt*

fountain ['fauntin] *n* springvand *nt*; kilde *c*

fountain-pen ['fauntinpen] *n* fyldepen *c*

four [fɔː] *num* fire

fourteen [,fɔː'tiːn] *num* fjorten

fourteenth [,fɔː'tiːnθ] *num* fjortende

fourth [fɔːθ] *num* fjerde

fowl [faul] *n* (pl ~s, ~) fjerkræ *nt*

fox [fɔks] *n* ræv *c*

foyer ['fɔiei] *n* foyer *c*

fraction ['frækʃən] *n* brøkdel *c*

fracture ['fræktʃə] *v* brække; *n* brud *nt*

fragile ['frædʒail] *adj* skør; skrøbelig

fragment ['frægmənt] *n* brudstykke *nt*

frame [freim] *n* ramme *c*; brillestel *nt*

France [frɑːns] Frankrig

franchise ['fræntʃaiz] *n* stemmeret *c*

fraternity [frə'təːnəti] *n* broderskab *nt*

fraud [frɔːd] *n* bedrageri *nt*

fray [frei] *v* trævle

free [friː] *adj* fri; gratis; ~ **of charge** gratis; ~ **ticket** fribillet *c*

freedom ['friːdəm] *n* frihed *c*

***freeze** [friːz] *v* *fryse

freezing ['friːziŋ] *adj* iskold

freezing-point ['friːziŋpoint] *n* frysepunkt *nt*

freight [freit] *n* fragt *c*

freight-train ['freittrein] *nAm* godstog *nt*

French [frentʃ] *adj* fransk

Frenchman ['frentʃmən] *n* (pl -men) franskmand *c*

frequency ['friːkwənsi] *n* frekvens *c*; hyppighed *c*

frequent ['friːkwənt] *adj* almindelig, hyppig; **frequently** hyppigt

fresh [freʃ] *adj* frisk; forfriskende; ~ **water** ferskvand *nt*

friction ['frikʃən] *n* friktion *c*

Friday ['fraidi] fredag *c*

fridge [fridʒ] *n* køleskab *nt*

friend [frend] *n* ven *c*; veninde *c*

friendly ['frendli] *adj* venlig, venskabelig

friendship ['frendʃip] *n* venskab *nt*

fright [frait] *n* skræk *c*, angst *c*

frighten [ˈfraitən] *v* forskrække

frightened [ˈfraitənd] *adj* skræmt;
be ~ *blive forskrækket

frightful [ˈfraitfəl] *adj* skrækkelig,
forfærdelig

fringe [frindʒ] *n* frynse *c*; udkant *c*

frock [frɔk] *n* kjole *c*

frog [frɔg] *n* frø *c*

from [frɔm] *prep* fra; af; fra og med

front [frʌnt] *n* forside *c*; **in ~ of** for-
an

frontier [ˈfrʌntiə] *n* grænse *c*

frost [frɔst] *n* frost *c*

froth [frɔθ] *n* skum *nt*

frozen [ˈfrouzən] *adj* frossen; **~ food**
dybfrost

fruit [fruːt] *n* frugt *c*

fry [frai] *v* brase; stege

frying-pan [ˈfraiiŋpæn] *n* stegepande *c*

fuel [ˈfjuːəl] *n* brændsel *nt*; *n* benzin
c; **~ pump** *Am* benzinpumpe *c*

full [ful] *adj* fuld; **~ board** helpen-
sion *c*; **~ stop** punktum *nt*; **~ up**
fuldt belagt

fun [fʌn] *n* morskab *c*; sjov *nt*

function [ˈfʌŋkʃən] *n* funktion *c*

fund [fʌnd] *n* fond *nt*

fundamental [ˌfʌndəˈmentəl] *adj* fun-
damental

funeral [ˈfjuːnərəl] *n* begravelse *c*

funnel [ˈfʌnəl] *n* tragt *c*

funny [ˈfʌni] *adj* pudsig, sjov; besyn-
derlig

fur [fəː] *n* pels *c*; **~ coat** pels *c*; **furs**
pelsværk *nt*

furious [ˈfjuəriəs] *adj* rasende

furnace [ˈfəːnis] *n* ovn *c*

furnish [ˈfəːniʃ] *v* levere, fremskaffe;
møblere, indrette; **~ with** forsyne
med

furniture [ˈfəːnitʃə] *n* møbler *pl*

furrier [ˈfʌriə] *n* buntmager *c*

further [ˈfəːðə] *adj* fjernere; yderlige-
re

furthermore [ˈfəːðəmɔː] *adv* endvide-
re

furthest [ˈfəːðist] *adj* fjernest

fuse [fjuːz] *n* sikring *c*; lunte *c*

fuss [fʌs] *n* ståhej *c*; dikkedarer *pl*,
postyr *nt*

future [ˈfjuːtʃə] *n* fremtid *c*; *adj* frem-
tidig

G

gable [ˈgeibəl] *n* gavl *c*

gadget [ˈgædʒit] *n* tingest *c*

gaiety [ˈgeiəti] *n* munterhed *c*, lystig-
hed *c*

gain [gein] *v* opnå; *n* fortjeneste *c*

gait [geit] *n* gang *c*, gangart *c*

gale [geil] *n* storm *c*

gall [gɔːl] *n* galde *c*; **~ bladder** gal-
deblære *c*

gallery [ˈgæləri] *n* galleri *nt*; kunst-
galleri *nt*

gallop [ˈgæləp] *n* galop *c*

gallows [ˈgælouz] *pl* galge *c*

gallstone [ˈgɔːlstoun] *n* galdesten *c*

game [geim] *n* spil *nt*; vildt *nt*; **~ re-
serve** vildtreservat *nt*

gang [gæŋ] *n* bande *c*; sjak *nt*

gangway [ˈgæŋwei] *n* landgangsbro *c*

gaol [dʒeil] *n* fængsel *nt*

gap [gæp] *n* åbning *c*

garage [ˈgæraːʒ] *n* garage *c*; *v* *sætte
i garage

garbage [ˈgaːbidʒ] *n* affald *nt*, skrald
nt

garden [ˈgaːdən] *n* have *c*; **public ~**
parkanlæg *nt*; **zoological gardens**
zoologisk have

gardener [ˈgaːdənə] *n* gartner *c*

gargle [ˈgaːgəl] *v* gurgle

garlic [ˈgaːlik] *n* hvidløg *nt*

gas [gæs] n gas c; nAm benzin c; ~ **cooker** gaskomfur nt; ~ **pump** Am benzinpumpe c; ~ **station** Am benzinstation c; ~ **stove** gasovn c

gasoline ['gæsəli:n] nAm benzin c

gastric ['gæstrik] adj mave-; ~ **ulcer** mavesår nt

gasworks ['gæswə:ks] n gasværk nt

gate [geit] n port c; låge c

gather ['gæðə] v samle; samles, forsamle sig; høste; opfatte

gauge [geidʒ] n måler c

gauze [gɔ:z] n gaze c

gave [geiv] v (p give)

gay [gei] adj munter; farvestrålende

gaze [geiz] v stirre

gazetteer [ˌgæzə'tiə] n geografisk leksikon

gear [giə] n gear nt; udstyr nt; **change** ~ skifte gear; ~ **lever** gearstang c

gear-box ['giəbɔks] n gearkasse c

gem [dʒem] n ædelsten c, juvel; klenodie nt

gender ['dʒendə] n køn nt

general ['dʒenərəl] adj generel; n general c; ~ **practitioner** praktiserende læge; in ~ i almindelighed

generate ['dʒenəreit] v avle

generation [ˌdʒenə'reiʃən] n generation c

generator ['dʒenəreitər] n generator c

generosity [ˌdʒenə'rɔsəti] n gavmildhed c

generous ['dʒenərəs] adj gavmild, generøs

genital ['dʒenitəl] adj køns-

genius ['dʒi:niəs] n geni nt

gentle ['dʒentəl] adj mild, blid; let, nænsom

gentleman ['dʒentəlmən] n (pl -men) herre c

genuine ['dʒenjuin] adj ægte

geography [dʒi'ɔgrəfi] n geografi c

geology [dʒi'ɔlədʒi] n geologi c

geometry [dʒi'ɔmətri] n geometri c

germ [dʒə:m] n bacille c; kim c

German ['dʒə:mən] adj tysk; n tysker c

Germany ['dʒə:məni] Tyskland

gesticulate [dʒi'stikjuleit] v gestikulere

*get [get] v *få; hente; *blive; ~ **back** *gå tilbage; ~ **off** *stå af; ~ **on** *stige på; *gøre fremskridt; ~ **up** *stå op

ghost [goust] n spøgelse nt; ånd c

giant ['dʒaiənt] n kæmpe c

giddiness ['gidinəs] n svimmelhed c

giddy ['gidi] adj svimmel

gift [gift] n foræring c, gave c; evne c

gifted ['giftid] adj begavet

gigantic [dʒai'gæntik] adj gigantisk

giggle ['gigəl] v fnise

gill [gil] n gælle c

gilt [gilt] adj forgyldt

ginger ['dʒindʒə] n ingefær c

gipsy ['dʒipsi] n sigøjner c

girdle ['gə:dəl] n hofteholder c

girl [gə:l] n pige c; ~ **guide** pigespejder c

*give [giv] v *give; *overrække; ~ **away** røbe; ~ **in** *give efter; ~ **up** *opgive

glacier ['glæsiə] n gletscher c

glad [glæd] adj fornøjet, glad; **gladly** med glæde, gerne

gladness ['glædnəs] n glæde c

glamorous ['glæmərəs] adj betagende, fortryllende

glamour ['glæmə] n fortryllelse c

glance [glɑ:ns] n blik nt; v kaste et blik

gland [glænd] n kirtel c

glare [gleə] n skarpt lys; skin nt

glaring ['gleəriŋ] adj blændende

glass [glɑ:s] n glas nt; glas-; **glasses**

briller pl; **magnifying** ~ forstørrelsesglas nt

glaze [gleiz] v glasere

glen [glen] n bjergkløft c

glide [glaid] v *glide

glider ['glaidə] n svævefly nt

glimpse [glimps] n glimt nt; v skimte

global ['gloubəl] adj global

globe [gloub] n globus c, klode c

gloom [glu:m] n mørke nt

gloomy ['glu:mi] adj dyster

glorious ['glɔ:riəs] adj skøn, pragtfuld

glory ['glɔ:ri] n hæder c, ry nt; lovprisning c, ære c

gloss [glɔs] n glans c

glossy ['glɔsi] adj skinnende

glove [glʌv] n handske c

glow [glou] v gløde; n glød c

glue [glu:] n lim c

***go** [gou] v *gå; *blive; ~ **ahead** *gå videre; ~ **away** *tage bort; ~ **back** vende tilbage; ~ **home** *tage hjem; ~ **in** *gå ind; ~ **on** *fortsætte; ~ **out** *gå ud; ~ **through** *gå igennem, *gennemgå

goal [goul] n mål nt

goalkeeper ['goul,ki:pə] n målmand c

goat [gout] n gedebuk c, ged c

god [gɔd] n gud c

goddess ['gɔdis] n gudinde c

godfather ['gɔd,fɑ:ðə] n gudfar c

goggles ['gɔgəlz] pl dykkerbriller pl

gold [gould] n guld nt; ~ **leaf** bladguld nt

golden ['gouldən] adj gylden

goldmine ['gouldmain] n guldmine c

goldsmith ['gouldsmiθ] n guldsmed c

golf [gɔlf] n golf

golf-course ['gɔlfkɔ:s] n golfbane c

golf-links ['gɔlfliŋks] n golfbane c

gondola ['gɔndələ] n gondol c

gone [gɔn] adv (pp go) borte

good [gud] adj god; dejlig; artig, sød

good-bye! ['gud'bai] farvel!

good-humoured [,gud'hju:məd] adj glad

good-looking [,gud'lukiŋ] adj køn

good-natured [,gud'neitʃəd] adj godmodig

goods [gudz] pl varer pl, gods nt; ~ **train** godstog nt

good-tempered [,gud'tempəd] adj i godt humør

goodwill [,gud'wil] n velvilje c

goose [gu:s] n (pl geese) gås c

gooseberry ['guzbəri] n stikkelsbær nt

goose-flesh ['gu:sfleʃ] n gåsehud c

gore [gɔ:] v bore igennem

gorge [gɔ:dʒ] n slugt c

gorgeous ['gɔ:dʒəs] adj prægtig

gospel ['gɔspəl] n evangelium nt

gossip ['gɔsip] n sladder c; v sladre

got [gɔt] v (p, pp get)

gourmet ['guəmei] n feinschmecker c

gout [gaut] n gigt c

govern ['gʌvən] v regere

governess ['gʌvənis] n guvernante c

government ['gʌvənmənt] n regering c

governor ['gʌvənə] n guvernør c

gown [gaun] n aftenkjole c; kappe c

grace [greis] n ynde c; nåde c

graceful ['greisfəl] adj yndefuld, graciøs

grade [greid] n rang c; v rangordne

gradient ['greidiənt] n hældning c

gradual ['grædʒuəl] adj gradvis

graduate ['grædʒueit] v *tage eksamen

grain [grein] n korn nt

gram [græm] n gram nt

grammar ['græmə] n grammatik c

grammatical [grə'mætikəl] adj grammatisk

grand [grænd] adj storslået

granddad ['grændæd] n bedstefar c

granddaughter ['græn,dɔ:tə] n datter-datter c, sønnedatter c

grandfather ['græn,fɑ:ðə] n bedstefar c; farfar c, morfar c

grandmother ['græn,mʌðə] n bedstemor c; mormor c, farmor c

grandparents ['græn,pɛərənts] pl bedsteforældre pl

grandson ['grænsʌn] n sønnesøn c, dattersøn c

granite ['grænit] n granit c

grant [grɑ:nt] v bevilge; yde; n stipendium nt, tilskud nt

grapefruit ['greipfru:t] n grapefrugt c

grapes [greips] pl vindruer pl

graph [græf] n graf c

graphic ['græfik] adj grafisk

grasp [grɑ:sp] v *gribe; fatte; n greb nt

grass [grɑ:s] n græs nt

grasshopper ['grɑ:s,hɔpə] n græshoppe c

grate [greit] n rist c; v *rive

grateful ['greitfəl] adj taknemmelig

grater ['greitə] n rivejern nt

gratis ['grætis] adj gratis

gratitude ['grætitju:d] n taknemmelighed c

gratuity [grə'tju:əti] n drikkepenge pl

grave [greiv] n grav c; adj alvorlig

gravel ['grævəl] n grus nt

gravestone ['greivstoun] n gravsten c

graveyard ['greivjɑ:d] n kirkegård c

gravity ['grævəti] n tyngdekraft c; alvor c

gravy ['greivi] n sovs c

graze [greiz] v græsse; n hudafskrabning c

grease [gri:s] n smørelse c; v *smøre

greasy ['gri:si] adj fedtet, smattet

great [greit] adj stor; **Great Britain** Storbritannien

Greece [gri:s] Grækenland

greed [gri:d] n begærlighed c

greedy ['gri:di] adj begærlig; grådig

Greek [gri:k] adj græsk; n græker c

green [gri:n] adj grøn; ~ **card** grønt kort

greengrocer ['gri:n,grousə] n grønthandler c

greenhouse ['gri:nhaus] n væksthus nt, drivhus nt

greens [gri:nz] pl grøntsager

greet [gri:t] v hilse

greeting ['gri:tiŋ] n hilsen c

grey [grei] adj grå

greyhound ['greihaund] n mynde c

grief [gri:f] n sorg c; smerte c

grieve [gri:v] v sørge

grill [gril] n grill c; v grillere

grill-room ['grilru:m] n grill-restaurant c

grin [grin] v grine; n grin nt

***grind** [graind] v male; pulverisere

grip [grip] v *gribe; n greb nt, tag nt; nAm rejsetaske c

grit [grit] n grus nt

groan [groun] v stønne

grocer ['grousə] n købmand c; **grocer's** købmandsforretning c

groceries ['grousəriz] pl kolonialvarer pl

groin [grɔin] n lyske c

groove [gru:v] n rille c

gross¹ [grous] n (pl ~) gros nt

gross² [grous] adj grov; brutto-

grotto ['grɔtou] n (pl ~es, ~s) grotte c

ground¹ [graund] n jord c, grund c; ~ **floor** stueetage c; **grounds** grund c

ground² [graund] v (p, pp grind)

group [gru:p] n gruppe c

grouse [graus] n (pl ~) tjurhane c

grove [grouv] n lund c

***grow** [grou] v vokse; avle; *blive

growl [graul] v brumme

grown-up ['grounʌp] adj voksen; n

voksen c

growth [grouθ] n vækst c; svulst c

grudge [grʌdʒ] v misunde; n uvilje c

grumble ['grʌmbəl] v knurre

guarantee [ˌgærən'tiː] n garanti c; sikkerhed c; v garantere

guarantor [ˌgærən'tɔː] n kautionist c

guard [gɑːd] n vagt c; v bevogte

guardian ['gɑːdiən] n værge c

guess [ges] v gætte; gisne, tænke; n formodning c

guest [gest] n gæst c

guest-house ['gesthaus] n pensionat nt

guest-room ['gestruːm] n gæsteværelse nt

guide [gaid] n guide c; v vise vej

guidebook ['gaidbuk] n guide c

guide-dog ['gaiddɔg] n førerhund c

guilt [gilt] n skyld c

guilty ['gilti] adj skyldig

guinea-pig ['ginipig] n marsvin nt

guitar [gi'tɑː] n guitar c

gulf [gʌlf] n bugt c

gull [gʌl] n måge c

gum [gʌm] n tandkød nt; gummi c; lim c

gun [gʌn] n revolver c, gevær nt; kanon c

gunpowder ['gʌnˌpaudə] n krudt nt

gust [gʌst] n vindstød nt

gusty ['gʌsti] adj blæsende

gut [gʌt] n tarm c; **guts** karakterstyrke c

gutter ['gʌtə] n rendesten c

guy [gai] n fyr c

gymnasium [dʒim'neiziəm] n (pl ~s, -sia) gymnastiksal c

gymnast ['dʒimnæst] n gymnast c

gymnastics [dʒim'næstiks] pl gymnastik c

gynaecologist [ˌgainə'kɔlədʒist] n kvindelæge c, gynækolog c

H

haberdashery ['hæbədæʃəri] n sytilbehørsforretning c

habit ['hæbit] n vane c

habitable ['hæbitəbəl] adj beboelig

habitual [hə'bitʃuəl] adj vanemæssig

had [hæd] v (p, pp have)

haddock ['hædək] n (pl ~) kuller c

haemorrhage ['heməridʒ] n blødning c

haemorrhoids ['hemərɔidz] pl hæmorroider pl

hail [heil] n hagl nt

hair [heə] n hår nt; ~ **cream** hårcreme c; ~ **gel** hårgélé c; ~ **piece** toupet c; ~ **rollers** curlere pl; ~ **tonic** hårvand nt

hairbrush ['heəbrʌʃ] n hårbørste c

haircut ['heəkʌt] n klipning c

hair-do ['heəduː] n frisure c

hairdresser ['heəˌdresə] n frisør c

hair-dryer ['heədraiə] n hårtørrer c

hair-grip ['heəgrip] n hårklemme c

hair-net ['heənet] n hårnet nt

hairpin ['heəpin] n hårnål c

hair-spray ['heəsprei] n hårlak c

hairy ['heəri] adj håret

half¹ [hɑːf] adj halv

half² [hɑːf] n (pl halves) halvdel c

half-time [ˌhɑːf'taim] n halvleg c

halfway [ˌhɑːf'wei] adv halvvejs

halibut ['hælibət] n (pl ~) helleflynder c

hall [hɔːl] n vestibule c; sal c

halt [hɔːlt] v standse

halve [hɑːv] v halvere

ham [hæm] n skinke c

hamlet ['hæmlət] n lille landsby

hammer ['hæmə] n hammer c

hammock ['hæmək] n hængekøje c

hamper ['hæmpə] n kurv c

hand [hænd] n hånd c; v *overrække;

~ **cream** håndcreme *c*

handbag ['hændbæg] *n* håndtaske *c*

handbook ['hændbuk] *n* håndbog *c*

hand-brake ['hændbreik] *n* håndbremse *c*

handcuffs ['hændkʌfs] *pl* håndjern *pl*

handful ['hændful] *n* håndfuld *c*

handicraft ['hændikra:ft] *n* håndarbejde *nt*; kunsthåndværk *nt*

handkerchief ['hæŋkətʃif] *n* lommetørklæde *nt*

handle ['hændəl] *n* skaft *nt*, håndtag *nt*; *v* håndtere; behandle

hand-made [,hænd'meid] *adj* håndlavet

handshake ['hændʃeik] *n* håndtryk *nt*

handsome ['hænsəm] *adj* smuk flot

handwork ['hændwə:k] *n* håndarbejde *nt*

handwriting ['hænd,raitiŋ] *n* håndskrift *c*

handy ['hændi] *adj* handy

*hang** [hæŋ] *v* hænge op; *hænge

hanger ['hæŋə] *n* bøjle *c*

hangover ['hæŋ,ouvə] *n* tømmermænd *pl*

happen ['hæpən] *v* ske, *indtræffe

happening ['hæpəniŋ] *n* hændelse *c*, begivenhed *c*

happiness ['hæpinəs] *n* lykke *c*

happy ['hæpi] *adj* lykkelig, tilfreds

harbour ['ha:bə] *n* havn *c*

hard [ha:d] *adj* hård; vanskelig; **hardly** næppe

hardware ['ha:dwɛə] *n* isenkram *nt*; ~ **store** isenkramforretning *c*

hare [hɛə] *n* hare *c*

harm [ha:m] *n* skade *c*; fortræd *c*; *v* skade, *gøre fortræd

harmful ['ha:mfəl] *adj* skadelig

harmless ['ha:mləs] *adj* uskadelig

harmony ['ha:məni] *n* harmoni *c*

harp [ha:p] *n* harpe *c*

harpsichord ['ha:psikɔ:d] *n* cembalo

nt

harsh [ha:ʃ] *adj* ru; streng; grusom

harvest ['ha:vist] *n* høst *c*

has [hæz] *v* (pr have)

haste [heist] *n* hast *c*

hasten ['heisən] *v* ile, skynde sig

hasty ['heisti] *adj* forjaget

hat [hæt] *n* hat *c*; ~ **rack** knagerække *c*

hatch [hætʃ] *n* luge *c*

hate [heit] *v* hade; *n* had *nt*

hatred ['heitrid] *n* had *nt*

haughty ['hɔ:ti] *adj* hovmodig

haul [hɔ:l] *v* hale

*have** [hæv] *v* *have; *få; ~ **to** *være nødt til

haversack ['hævəsæk] *n* vadsæk *c*

hawk [hɔ:k] *n* høg *c*; falk *c*

hay [hei] *n* hø *nt*; ~ **fever** høfeber *c*

hazard ['hæzəd] *n* vovestykke *nt*

haze [heiz] *n* dis *c*

hazelnut ['heizəlnʌt] *n* hasselnød *c*

hazy ['heizi] *adj* diset

he [hi:] *pron* han

head [hed] *n* hoved *nt*; *v* lede; ~ **of state** statsoverhoved *nt*; ~ **teacher** skoleinspektør *c*

headache ['hedeik] *n* hovedpine *c*

heading ['hediŋ] *n* overskrift *c*

headlamp ['hedlæmp] *n* forlygte *c*

headland ['hedlənd] *n* forbjerg *nt*

headlight ['hedlait] *n* forlygte *c*

headline ['hedlain] *n* overskrift *c*

headmaster [,hed'ma:stə] *n* skoleinspektør *c*; rektor *c*

headquarters [,hed'kwɔ:təz] *pl* hovedkvarter *nt*

head-strong ['hedstrɔŋ] *adj* selvrådig

head-waiter [,hed'weitə] *n* overtjener *c*

heal [hi:l] *v* helbrede, læge

health [helθ] *n* helbred *nt*; ~ **centre** konsultationscenter *nt*; ~ **certificate** lægeerklæring *c*

healthy ['helθi] *adj* rask

heap [hi:p] *n* stak *c*, dynge *c*

***hear** [hiə] *v* høre

hearing ['hiəriŋ] *n* hørelse *c*

heart [ha:t] *n* hjerte *nt*; kerne *c*; **by ~** udenad; **~ attack** hjerteanfald *nt*

heartburn ['ha:tbə:n] *n* halsbrand *c*

hearth [ha:θ] *n* ildsted *nt*

heartless ['ha:tləs] *adj* hjerteløs

hearty ['ha:ti] *adj* hjertelig

heat [hi:t] *n* hede *c*, varme *c*; *v* opvarme; **heating pad** varmepude *c*

heater ['hi:tə] *n* varmeovn *c*; **immersion ~** dyppekoger *c*

heath [hi:θ] *n* hede *c*

heathen ['hi:ðən] *n* hedning *c*; *adj* hedensk

heather ['heðə] *n* lyng *c*

heating ['hi:tiŋ] *n* opvarmning *c*

heaven ['hevən] *n* himmel *c*

heavy ['hevi] *adj* tung

Hebrew ['hi:bru:] *n* hebraisk *nt*

hedge [hedʒ] *n* hæk *c*

hedgehog ['hedʒhɔg] *n* pindsvin *c*

heel [hi:l] *n* hæl *c*

height [hait] *n* højde *c*; højdepunkt *nt*, toppunkt *nt*

hell [hel] *n* helvede *nt*

hello! [he'lou] hej!; goddag!

helm [helm] *n* ror *nt*

helmet ['helmit] *n* hjelm *c*

helmsman ['helmzmən] *n* rorgænger *c*

help [help] *v* *hjælpe; *n* hjælp *c*

helper ['helpə] *n* hjælper *c*

helpful ['helpfəl] *adj* hjælpsom

helping ['helpiŋ] *n* portion *c*

hem [hem] *n* søm *c*

hemp [hemp] *n* hamp *c*

hen [hen] *n* høne *c*

henceforth [,hens'fɔ:θ] *adv* fra nu af

her [hə:] *pron* hende; *adj* hendes

herb [hə:b] *n* urt *c*

herd [hə:d] *n* hjord *c*

here [hiə] *adv* her; **~ you are** værsgo

hereditary [hi'reditəri] *adj* arvelig

hernia ['hə:niə] *n* brok *c*

hero ['hiərou] *n* (pl ~es) helt *c*

heron ['herən] *n* hejre *c*

herring ['heriŋ] *n* (pl ~, ~s) sild *c*

herself [hə:'self] *pron* sig; sig selv

hesitate ['heziteit] *v* tøve

heterosexual [,hetərə'sekʃuəl] *adj* heteroseksuel

hiccup ['hikʌp] *n* hikke *c*

hide [haid] *n* hud *c*

***hide** [haid] *v* skjule; gemme

hideous ['hidiəs] *adj* hæslig

hierarchy ['haiərɑ:ki] *n* hierarki *nt*

high [hai] *adj* høj

highway ['haiwei] *n* landevej *c*; *nAm* motorvej *c*

hijack ['haidʒæk] *v* kapre

hijacker ['haidʒækə] *n* kaprer *c*

hike [haik] *v* vandre

hill [hil] *n* bakke *c*

hillock ['hilɔk] *n* høj *c*

hillside ['hilsaid] *n* skråning *c*

hilltop ['hiltɔp] *n* bakketop *c*

hilly ['hili] *adj* bakket

him [him] *pron* ham

himself [him'self] *pron* sig; selv

hinder ['hində] *v* hindre

hinge [hindʒ] *n* hængsel *nt*

hip [hip] *n* hofte *c*

hire [haiə] *v* leje; **for ~** til leje

hire-purchase [,haiə'pə:tʃəs] *n* afbetalingskøb *nt*

his [hiz] *adj* hans

historian [hi'stɔ:riən] *n* historiker *c*

historic [hi'stɔrik] *adj* historisk

historical [hi'stɔrikəl] *adj* historisk

history ['histəri] *n* historie *c*

hit [hit] *n* slager *c*; stød *nt*, slag *nt*

***hit** [hit] *v* *slå; ramme, *træffe

hitchhike ['hitʃhaik] *v* blaffe

hitchhiker ['hitʃ,haikə] *n* blaffer *c*

hoarse [hɔːs] *adj* hæs, skurrende
hobby ['hɔbi] *n* hobby *c*
hobby-horse ['hɔbihɔːs] *n* kæphest *c*
hockey ['hɔki] *n* hockey
hoist [hɔist] *v* hejse
hold [hould] *n* lastrum *nt*
***hold** [hould] *v* *holde, *holde på; *beholde; ~ **on** *holde sig fast; ~ **up** *holde oppe
hold-up ['houldʌp] *n* overfald *nt*
hole [houl] *n* hul *nt*
holiday ['hɔlədi] *n* ferie *c*; helligdag *c*; ~ **camp** feriekoloni *c*; ~ **resort** feriested *nt*; on ~ på ferie
Holland ['hɔlənd] Holland
hollow ['hɔlou] *adj* hul
holy ['houli] *adj* hellig
homage ['hɔmidʒ] *n* hyldest *c*
home [houm] *n* hjem *nt*; plejehjem *nt*, hus *nt*; *adv* hjem, hjemme; at ~ hjemme
home-made [,houm'meid] *adj* hjemmelavet
homesickness ['houm,siknəs] *n* hjemve *c*
homosexual [,houmə'sekʃuəl] *adj* homoseksuel
honest ['ɔnist] *adj* ærlig; oprigtig
honesty ['ɔnisti] *n* ærlighed *c*
honey ['hʌni] *n* honning *c*
honeymoon ['hʌnimuːn] *n* hvedebrødsdage *pl*, bryllupsrejse *c*
honk [hʌŋk] *vAm* tude, dytte
honour ['ɔnə] *n* ære *c*; *v* hædre, ære
honourable ['ɔnərəbəl] *adj* ærefuld, agtværdig; retskaffen
hood [hud] *n* hætte *c*; *nAm* motorhjelm *c*
hoof [huːf] *n* hov *c*
hook [huk] *n* krog *c*
hoot [huːt] *v* tude, dytte
hooter ['huːtə] *n* tudehorn *nt*
hoover ['huːvə] *v* støvsuge
hop¹ [hɔp] *v* hoppe; *n* hop *nt*

hop² [hɔp] *n* humle *c*
hope [houp] *n* håb *nt*; *v* håbe
hopeful ['houpfəl] *adj* forhåbningsfuld
hopeless ['houpləs] *adj* håbløs
horizon [hə'raizən] *n* horisont *c*
horizontal [,hɔri'zɔntəl] *adj* vandret
horn [hɔːn] *n* horn *nt*
horrible ['hɔribəl] *adj* skrækkelig; grufuld, hårrejsende, skrækindjagende
horror ['hɔrə] *n* rædsel *c*, gru *c*
hors-d'œuvre [ɔː'dəːvr] *n* forret *c*, hors-d'œuvre *c*
horse [hɔːs] *n* hest *c*
horseman ['hɔːsmən] *n* (pl -men) rytter *c*
horsepower ['hɔːs,pauə] *n* hestekraft *c*
horserace ['hɔːsreis] *n* hestevæddeløb *nt*
horseradish ['hɔːs,rædiʃ] *n* peberrod *c*
horseshoe ['hɔːsʃuː] *n* hestesko *c*
horticulture ['hɔːtikʌltʃə] *n* havedyrkning *c*
hosiery ['houʒəri] *n* trikotage *c*
hospitable ['hɔspitəbəl] *adj* gæstfri
hospital ['hɔspitəl] *n* sygehus *nt*, hospital *nt*
hospitality [,hɔspi'tæləti] *n* gæstfrihed *c*
host [houst] *n* vært *c*
hostage ['hɔstidʒ] *n* gidsel *nt*
hostel ['hɔstəl] *n* herberg *nt*
hostess ['houstis] *n* værtinde *c*
hostile ['hɔstail] *adj* fjendtlig
hot [hɔt] *adj* hed, varm
hotel [hou'tel] *n* hotel *nt*
hot-tempered [,hɔt'tempəd] *adj* opfarende
hour [auə] *n* time *c*
hourly ['auəli] *adj* hver time
house [haus] *n* hus *nt*; bolig *c*; beboelseshus *nt*; ~ **agent** ejendoms-

mægler c; ~ **block** Am karré c;
public ~ beværtning c

houseboat ['hausbout] n husbåd c

household ['haushould] n husholdning
c

housekeeper ['haus,ki:pə] n husholderske c

housekeeping ['haus,ki:piŋ] n husholdning c, husligt arbejde

housemaid ['hausmeid] n husassistent
c

housewife ['hauswaif] n husmor c

housework ['hauswə:k] n husholdning c

how [hau] adv hvordan; hvor; ~
many hvor mange; ~ **much** hvor
meget

however [hau'evə] conj imidlertid,
dog

hug [hʌg] v omfavne; knuse; n knus
nt

huge [hju:dʒ] adj kæmpestor, vældig,
uhyre

hum [hʌm] v nynne

human ['hju:mən] adj menneskelig;
~ **being** menneske nt

humanity [hju'mænəti] n menneskehed c

humble ['hʌmbəl] adj ydmyg

humid ['hju:mid] adj fugtig

humidity [hju'midəti] n fugtighed c

humorous ['hju:mərəs] adj spøgefuld,
lystig, humoristisk

humour ['hju:mə] n humor c

hundred ['hʌndrəd] n hundrede c

Hungarian [hʌŋ'geəriən] adj ungarsk;
n ungarer c

Hungary ['hʌŋgəri] Ungarn

hunger ['hʌŋgə] n sult c

hungry ['hʌŋgri] adj sulten

hunt [hʌnt] v jage; n jagt c; ~ **for** lede efter

hunter ['hʌntə] n jæger c

hurricane ['hʌrikən] n orkan c; ~

lamp stormlampe c

hurry ['hʌri] v skynde sig; n hastværk
nt; **in a** ~ i hast

*****hurt** [hə:t] v *gøre ondt, skade; støde

hurtful ['hə:tfəl] adj skadelig

husband ['hʌzbənd] n mand c, ægtefælle c

hut [hʌt] n hytte c

hydrogen ['haidrədʒən] n brint c

hygiene ['haidʒi:n] n hygiejne c

hygienic [hai'dʒi:nik] adj hygiejnisk

hymn [him] n hymne c, salme c

hyphen ['haifən] n bindestreg c

hypocrisy [hi'pokrəsi] n hykleri nt

hypocrite ['hipəkrit] n hykler c

hypocritical [,hipə'kritikəl] adj hyklerisk, skinhellig

hysterical [hi'sterikəl] adj hysterisk

I

I [ai] pron jeg

ice [ais] n is c

ice-bag ['aisbæg] n ispose c

ice-cream ['aiskri:m] n is c

Iceland ['aislənd] Island

Icelander ['aisləndə] n islænding c

Icelandic [ais'lændik] adj islandsk

icon ['aikən] n ikon c

idea [ai'diə] n idé c; tanke c, indfald
nt; begreb nt, forestilling c

ideal [ai'diəl] adj ideel; n ideal nt

identical [ai'dentikəl] adj identisk

identification [ai,dentifi'keifən] n identifikation c

identify [ai'dentifai] v identificere

identity [ai'dentəti] n identitet c; ~
card legitimationskort nt

idiom ['idiəm] n idiom nt

idiomatic [,idiə'mætik] adj idiomatisk

idiot ['idiət] n idiot c

idiotic [ˌidiˈɔtik] *adj* idiotisk

idle [ˈaidəl] *adj* uvirksom; doven; unyttig

idol [ˈaidəl] *n* afgud *c*; idol *nt*

if [if] *conj* hvis; såfremt

ignition [igˈniʃən] *n* tænding *c*; ~ **coil** tændspole *c*

ignorant [ˈignərənt] *adj* uvidende

ignore [igˈnɔː] *v* ignorere

ill [il] *adj* syg; dårlig; ond

illegal [iˈliːgəl] *adj* illegal, ulovlig

illegible [iˈledʒəbəl] *adj* ulæselig

illiterate [iˈlitərət] *n* analfabet *c*

illness [ˈilnəs] *n* sygdom *c*

illuminate [iˈluːmineit] *v* oplyse, illuminere

illumination [iˌluːmiˈneiʃən] *n* belysning *c*, illumination *c*

illusion [iˈluːʒən] *n* illusion *c*

illustrate [ˈiləstreit] *v* illustrere

illustration [ˌiləˈstreiʃən] *n* illustration *c*

image [ˈimidʒ] *n* billede *nt*

imaginary [iˈmædʒinəri] *adj* indbildt

imagination [iˌmædʒiˈneiʃən] *n* fantasi *c*

imagine [iˈmædʒin] *v* forestille sig; bilde sig ind; tænke sig

imitate [ˈimiteit] *v* imitere, efterligne

imitation [ˌimiˈteiʃən] *n* imitation *c*, efterligning *c*

immediate [iˈmiːdjət] *adj* umiddelbar

immediately [iˈmiːdjətli] *adv* straks, øjeblikkeligt, omgående

immense [iˈmens] *adj* enorm, endeløs, umådelig

immigrant [ˈimigrənt] *n* indvandrer *c*

immigrate [ˈimigreit] *v* indvandre

immigration [ˌimiˈgreiʃən] *n* indvandring *c*

immodest [iˈmɔdist] *adj* ubeskeden

immunity [iˈmjuːnəti] *n* immunitet *c*

immunize [ˈimjunaiz] *v* immunisere

impartial [imˈpɑːʃəl] *adj* upartisk

impassable [imˈpɑːsəbəl] *adj* ufremkommelig

impatient [imˈpeiʃənt] *adj* utålmodig

impede [imˈpiːd] *v* hindre

impediment [imˈpedimənt] *n* hindring *c*

imperfect [imˈpəːfikt] *adj* ufuldkommen

imperial [imˈpiəriəl] *adj* kejserlig; rigs-

impersonal [imˈpəːsənəl] *adj* upersonlig

impertinence [imˈpəːtinəns] *n* frækhed *c*

impertinent [imˈpəːtinənt] *adj* uforskammet, næsvis, fræk

implement[1] [ˈimplimənt] *n* redskab *nt*, værktøj *nt*

implement[2] [ˈimpliment] *v* realisere

imply [imˈplai] *v* *betyde; *indebære

impolite [ˌimpəˈlait] *adj* uhøflig

import[1] [imˈpɔːt] *v* importere, indføre

import[2] [ˈimpɔːt] *n* indførsel *c*, importvarer *pl*, import *c*; ~ **duty** importtold *c*

importance [imˈpɔːtəns] *n* vigtighed *c*, betydning *c*

important [imˈpɔːtənt] *adj* værdifuld, vigtig

importer [imˈpɔːtə] *n* importør *c*

imposing [imˈpouziŋ] *adj* imponerende

impossible [imˈpɔsəbəl] *adj* umulig

impotence [ˈimpətəns] *n* impotens *c*

impotent [ˈimpətənt] *adj* impotent

impound [imˈpaund] *v* indelukke; *beslaglægge

impress [imˈpres] *v* *gøre indtryk på, imponere

impression [imˈpreʃən] *n* indtryk *nt*

impressive [imˈpresiv] *adj* imponerende

imprison [imˈprizən] *v* fængsle

imprisonment [imˈprizənmənt] *n* fangenskab *nt*

improbable [im'prɔbəbəl] *adj* usandsynlig

improper [im'prɔpə] *adj* upassende

improve [im'pru:v] *v* forbedre

improvement [im'pru:vmənt] *n* forbedring *c*

improvise ['imprəvaiz] *v* improvisere

impudent ['impjudənt] *adj* uforskammet

impulse ['impʌls] *n* impuls *c*

impulsive [im'pʌlsiv] *adj* impulsiv

in [in] *prep* i; om, på; *adv* ind

inaccessible [i,næk'sesəbəl] *adj* utilgængelig

inaccurate [i'nækjurət] *adj* unøjagtig

inadequate [i'nædikwət] *adj* utilstrækkelig

incapable [iŋ'keipəbəl] *adj* uduelig

incense ['insens] *n* røgelse *c*

incident ['insidənt] *n* tildragelse *c*

incidental [,insi'dentəl] *adj* tilfældig

incite [in'sait] *v* anspore

inclination [,iŋkli'neiʃən] *n* tilbøjelighed *c*; hældning *c*

incline [iŋ'klain] *n* skråning *c*

inclined [iŋ'klaind] *adj* tilbøjelig, villig

include [iŋ'klu:d] *v* inkludere, omfatte

inclusive [iŋ'klu:siv] *adj* inklusive

income ['iŋkəm] *n* indkomst *c*

income-tax ['iŋkəmtæks] *n* indkomstskat *c*

incompetent [iŋ'kɔmpətənt] *adj* inkompetent

incomplete [,iŋkəm'pli:t] *adj* ufuldstændig

inconceivable [,iŋkən'si:vəbəl] *adj* utænkelig

inconspicuous [,iŋkən'spikjuəs] *adj* uanselig

inconvenience [,iŋkən'vi:njəns] *n* ulempe *c*, besvær *nt*

inconvenient [,iŋkən'vi:njənt] *adj* ubelejlig; besværlig

incorrect [,iŋkə'rekt] *adj* urigtig

increase¹ [iŋ'kri:s] *v* forøge; *tiltage

increase² ['iŋkri:s] *n* forøgelse *c*; forhøjelse *c*

incredible [iŋ'kredəbəl] *adj* utrolig

incurable [iŋ'kjuərəbəl] *adj* uhelbredelig

indecent [in'di:sənt] *adj* uanstændig

indeed [in'di:d] *adv* sandelig

indefinite [in'definit] *adj* ubestemt

indemnity [in'demnəti] *n* skadeserstatning *c*, skadesløsholdelse *c*

independence [,indi'pendəns] *n* uafhængighed *c*

independent [,indi'pendənt] *adj* uafhængig; selvstændig

index ['indeks] *n* indeks *nt*, register *nt*; ~ **finger** pegefinger *c*

India ['indiə] Indien

Indian ['indiən] *adj* indisk; indiansk; *n* inder *c*; indianer *c*

indicate ['indikeit] *v* anvise, indicere, *angive

indication [,indi'keiʃən] *n* tegn *nt*

indicator ['indikeitə] *n* blinklys *nt*

indifferent [in'difərənt] *adj* ligeglad

indigestion [,indi'dʒestʃən] *n* fordøjelsesbesvær *nt*

indignation [,indig'neiʃən] *n* forargelse *c*

indirect [,indi'rekt] *adj* indirekte

individual [,indi'vidʒuəl] *adj* individuel, enkelt; *n* enkeltperson *c*, individ *nt*

Indonesia [,ində'ni:ziə] Indonesien

Indonesian [,ində'ni:ziən] *adj* indonesisk; *n* indoneser *c*

indoor ['indɔ:] *adj* indendørs

indoors [,in'dɔ:z] *adv* inde

indulge [in'dʌldʒ] *v* *give efter; *hengive sig

industrial [in'dʌstriəl] *adj* industriel;

~ **area** industriområde *nt*
industrious [in'dʌstriəs] *adj* flittig
industry ['indəstri] *n* industri *c*
inedible [i'nedibəl] *adj* uspiselig
inefficient [,ini'fiʃənt] *adj* virkningsløs
inevitable [i'nevitəbəl] *adj* uundgåelig
inexpensive [,inik'spensiv] *adj* billig
inexperienced [,inik'spiəriənst] *adj* uerfaren
infant ['infənt] *n* spædbarn *nt*
infantry ['infəntri] *n* infanteri *c*
infect [in'fekt] *v* smitte
infection [in'fekʃən] *n* infektion *c*
infectious [in'fekʃəs] *adj* smitsom
infer [in'fə:] *v* *drage en slutning
inferior [in'fiəriə] *adj* ringere, underlegen; nedre
infinite ['infinət] *adj* uendelig
infinitive [in'finitiv] *n* infinitiv *c*
infirmary [in'fə:məri] *n* infirmeri *nt*
inflammable [in'flæməbəl] *adj* brandfarlig
inflammation [,inflə'meiʃən] *n* betændelse *c*
inflatable [in'fleitəbəl] *adj* oppustelig
inflate [in'fleit] *v* puste op
inflation [in'fleiʃən] *n* inflation *c*
influence ['influəns] *n* indflydelse *c; v* påvirke
influential [,influ'enʃəl] *adj* indflydelsesrig
influenza [,influ'enzə] *n* influenza *c*
inform [in'fɔ:m] *v* *give oplysning, informere; underrette, *give besked
informal [in'fɔ:məl] *adj* uformel
information [,infə'meiʃən] *n* information *c;* meddelelse *c,* oplysning *c;* ~ **bureau** informationskontor *nt*
infra-red [,infrə'red] *adj* infrarød
infrequent [in'fri:kwənt] *adj* sjælden
ingredient [iŋ'gri:diənt] *n* bestanddel *c,* ingrediens *c*
inhabit [in'hæbit] *v* bebo
inhabitable [in'hæbitəbəl] *adj* beboelig

inhabitant [in'hæbitənt] *n* indbygger *c;* beboer *c*
inhale [in'heil] *v* indånde
inherit [in'herit] *v* arve
inheritance [in'heritəns] *n* arv *c*
initial [i'niʃəl] *adj* først, begyndelses-; *n* forbogstav *nt; v* forsyne med initialer
initiative [i'niʃətiv] *n* initiativ *nt*
inject [in'dʒekt] *v* indsprøjte
injection [in'dʒekʃən] *n* indsprøjtning *c*
injure ['indʒə] *v* kvæste, såre; krænke
injury ['indʒəri] *n* kvæstelse *c,* læsion *c*
injustice [in'dʒʌstis] *n* uret *c*
ink [iŋk] *n* blæk *nt*
inlet ['inlet] *n* vig *c*
inn [in] *n* kro *c*
inner ['inə] *adj* indvendig; ~ **tube** slange *c*
inn-keeper ['in,ki:pə] *n* krovært *c*
innocence ['inəsəns] *n* uskyld *c*
innocent ['inəsənt] *adj* uskyldig
inoculate [i'nɔkjuleit] *v* vaccinere
inoculation [i,nɔkju'leiʃən] *n* vaccination *c*
inquire [iŋ'kwaiə] *v* *forespørge, forhøre sig
inquiry [iŋ'kwaiəri] *n* forespørgsel *c;* undersøgelse *c;* ~ **office** oplysningskontor *nt*
inquisitive [iŋ'kwizətiv] *adj* nysgerrig
insane [in'sein] *adj* sindssyg
inscription [in'skripʃən] *n* inskription *c*
insect ['insekt] *n* insekt *nt;* ~ **repellent** insektmiddel *nt*
insecticide [in'sektisaid] *n* insektdræbende middel
insensitive [in'sensətiv] *adj* følelsesløs
insert [in'sə:t] *v* indføje, *indskyde
inside [,in'said] *n* inderside *c; adj* indre; *adv* inde; indeni; *prep* inden i,

ind i; ~ **out** med vrangen ud; **insides** indvolde *pl*

insight ['insait] *n* indsigt *c*

insignificant [,insig'nifikənt] *adj* ubetydelig; uvæsentlig, uanselig; betydningsløs

insist [in'sist] *v* insistere; *fastholde, *holde på

insolence ['insələns] *n* uforskammethed *c*

insolent ['insələnt] *adj* uforskammet, fræk

insomnia [in'sɔmniə] *n* søvnløshed *c*

inspect [in'spekt] *v* inspicere

inspection [in'spekʃən] *n* inspektion *c*; kontrol *c*

inspector [in'spektə] *n* inspektør *c*

inspire [in'spaiə] *v* inspirere

install [in'stɔ:l] *v* installere

installation [,instə'leiʃən] *n* installation *c*

instalment [in'stɔ:lmənt] *n* afdrag *nt*

instance ['instəns] *n* eksempel *nt*; tilfælde *nt*; **for ~** for eksempel

instant ['instənt] *n* øjeblik *nt*

instantly ['instəntli] *adv* øjeblikkeligt, straks

instead of [in'sted ɔv] i stedet for

instinct ['instiŋkt] *n* instinkt *nt*

institute ['institju:t] *n* institut *nt*; anstalt *c*; *v* stifte

institution [,insti'tju:ʃən] *n* institution *c*

instruct [in'strʌkt] *v* undervise

instruction [in'strʌkʃən] *n* undervisning *c*

instructive [in'strʌktiv] *adj* lærerig

instructor [in'strʌktə] *n* instruktør *c*

instrument ['instrumənt] *n* instrument *nt*; **musical ~** musikinstrument *nt*

insufficient [,insə'fiʃənt] *adj* utilstrækkelig

insulate ['insjuleit] *v* isolere

insulation [,insju'leiʃən] *n* isolering *c*

insulator ['insjuleitə] *n* isolator *c*

insult¹ [in'sʌlt] *v* fornærme

insult² ['insʌlt] *n* fornærmelse *c*

insurance [in'ʃuərəns] *n* assurance *c*, forsikring *c*; **~ policy** forsikringspolice *c*

insure [in'ʃuə] *v* forsikre

intact [in'tækt] *adj* intakt

intellect ['intəlekt] *n* opfattelsesevne *c*, intellekt *c*

intellectual [,intə'lektʃuəl] *adj* intellektuel

intelligence [in'telidʒəns] *n* intelligens *c*

intelligent [in'telidʒənt] *adj* intelligent

intend [in'tend] *v* *have til hensigt, *have i sinde

intense [in'tens] *adj* intensiv; heftig

intention [in'tenʃən] *n* hensigt *c*

intentional [in'tenʃənəl] *adj* med vilje

intercourse ['intəkɔ:s] *n* samkvem *nt*; **sexual ~** samleje *nt*

interest ['intrəst] *n* interesse *c*; rente *c*; *v* interessere

interesting ['intrəstiŋ] *adj* interessant

interfere [,intə'fiə] *v* *gribe ind; **~ with** blande sig i

interference [,intə'fiərəns] *n* indblanding *c*

interim ['intərim] *n* mellemtid *c*

interior [in'tiəriə] *n* indre *nt*

interlude ['intəlu:d] *n* mellemspil *nt*

intermediary [,intə'mi:djəri] *n* mellemmand *c*

intermission [,intə'miʃən] *n* pause *c*

internal [in'tə:nəl] *adj* indre, indvendig

international [,intə'næʃənəl] *adj* international

interpret [in'tə:prit] *v* tolke

interpreter [in'tə:pritə] *n* tolk *c*

interrogate [in'terəgeit] *v* forhøre

interrogation [in,terə'geiʃən] *n* forhør

nt

interrogative [ˌintəˈrɔgətiv] *adj* spørgende

interrupt [ˌintəˈrʌpt] *v* *afbryde

interruption [ˌintəˈrʌpʃən] *n* afbrydelse *c*

intersection [ˌintəˈsekʃən] *n* vejkryds *nt*

interval [ˈintəvəl] *n* pause *c*; mellemrum *nt*

intervene [ˌintəˈviːn] *v* *gribe ind

interview [ˈintəvjuː] *n* interview *nt*

intestine [inˈtestin] *n* tarm *c*; **intestines** indvolde *pl*

intimate [ˈintimət] *adj* intim

into [ˈintu] *prep* *forelægge

intolerable [inˈtɔlərəbəl] *adj* uudholdelig

intoxicated [inˈtɔksikeitid] *adj* beruset

intrigue [inˈtriːg] *n* intrige *c*

introduce [ˌintrəˈdjuːs] *v* *forelægge, præsentere; introducere; indføre

introduction [ˌintrəˈdʌkʃən] *n* præsentation *c*; indledning *c*

invade [inˈveid] *v* invadere

invalid¹ [ˈinvəliːd] *n* invalid *c*; *adj* vanfør

invalid² [inˈvælid] *adj* ugyldig

invasion [inˈveiʒən] *n* indfald *nt*, invasion *c*

invent [inˈvent] *v* *opfinde; opdigte

invention [inˈvenʃən] *n* opfindelse *c*

inventive [inˈventiv] *adj* opfindsom

inventor [inˈventə] *n* opfinder *c*

inventory [ˈinvəntri] *n* lageropgørelse *c*

invert [inˈvəːt] *v* vende om

invest [inˈvest] *v* investere

investigate [inˈvestigeit] *v* efterforske

investigation [inˌvestiˈgeiʃən] *n* undersøgelse *c*

investment [inˈvestmənt] *n* investering *c*; kapitalanbringelse *c*, pengeanbringelse *c*

investor [inˈvestə] *n* financier *c*

invisible [inˈvizəbəl] *adj* usynlig

invitation [ˌinviˈteiʃən] *n* invitation *c*

invite [inˈvait] *v* opfordre, invitere

invoice [ˈinvɔis] *n* faktura *c*

involve [inˈvɔlv] *v* involvere; **involved** indblandet

inwards [ˈinwədz] *adv* indad

iodine [ˈaiədiːn] *n* jod *c*

Iran [iˈrɑːn] Iran

Iranian [iˈreiniən] *adj* iransk; *n* iraner *c*

Iraq [iˈrɑːk] Irak

Iraqi [iˈrɑːki] *adj* irakisk; *n* iraker *c*

irascible [iˈræsibəl] *adj* opfarende

Ireland [ˈaiələnd] Irland

Irish [ˈaiəriʃ] *adj* irsk

Irishman [ˈaiəriʃmən] *n* (pl -men) irlænder *c*

iron [ˈaiən] *n* jern *nt*; strygejern *nt*; jern-; *v* *stryge

ironical [aiˈrɔnikəl] *adj* ironisk

ironworks [ˈaiənwəːks] *n* jernstøberi *nt*

irony [ˈaiərəni] *n* ironi *c*

irregular [iˈregjulə] *adj* uregelmæssig

irreparable [iˈrepərəbəl] *adj* ubodelig

irrevocable [iˈrevəkəbəl] *adj* uigenkaldelig

irritable [ˈiritəbəl] *adj* irritabel

irritate [ˈiriteit] *v* irritere, tirre

is [iz] *v* (pr be)

island [ˈailənd] *n* ø *c*

isolate [ˈaisəleit] *v* isolere

isolation [ˌaisəˈleiʃən] *n* isolation *c*; isolering *c*

Israel [ˈizreil] Israel

Israeli [izˈreili] *adj* israelsk; *n* israeler *c*

issue [ˈiʃuː] *v* uddele; *n* udstedelse *c*, oplag *nt*; spørgsmål *nt*, punkt *nt*; udfald *nt*, resultat *nt*, følge *c*, afslutning *c*; udvej *c*

isthmus [ˈisməs] *n* landtange *c*

it [it] *pron* det

Italian [i'tæljən] *adj* italiensk; *n* italiener *c*

italics [i'tæliks] *pl* kursiv *c*

Italy ['itəli] Italien

itch [itʃ] *n* kløe *c*; *v* klø

item ['aitəm] *n* post *c*; punkt *nt*

itinerant [ai'tinərənt] *adj* omrejsende

itinerary [ai'tinərəri] *n* rejserute *c*, rejseplan *c*

ivory ['aivəri] *n* elfenben *nt*

ivy ['aivi] *n* vedbend *c*

J

jack [dʒæk] *n* donkraft *c*

jacket ['dʒækit] *n* jakke *c*, trøje *c*; omslag *nt*

jade [dʒeid] *n* jade *c*

jail [dʒeil] *n* fængsel *nt*

jailer ['dʒeilə] *n* arrestforvarer *c*

jam [dʒæm] *n* syltetøj *nt*; trafikprop *c*

janitor ['dʒænitə] *n* vicevært *c*

January ['dʒænjuəri] januar

Japan [dʒə'pæn] Japan

Japanese [ˌdʒæpə'niːz] *adj* japansk; *n* japaner *c*

jar [dʒɑː] *n* krukke *c*

jaundice ['dʒɔːndis] *n* gulsot *c*

jaw [dʒɔː] *n* kæbe *c*

jealous ['dʒeləs] *adj* jaloux

jealousy ['dʒeləsi] *n* jalousi *c*

jeans [dʒiːnz] *pl* jeans *pl*

jelly ['dʒeli] *n* gelé *c*

jelly-fish ['dʒelifiʃ] *n* vandmand *c*

jersey ['dʒəːzi] *n* jersey *c*; jumper *c*

jet [dʒet] *n* stråle *c*; jetfly *nt*

jetty ['dʒeti] *n* mole *c*

Jew [dʒuː] *n* jøde *c*

jewel ['dʒuːəl] *n* smykke *nt*

jeweller ['dʒuːələ] *n* juvelér *c*

jewellery ['dʒuːəlri] *n* smykker; juveler

Jewish ['dʒuːiʃ] *adj* jødisk

job [dʒɔb] *n* job *nt*; stilling *c*, arbejde *nt*

jockey ['dʒɔki] *n* jockey *c*

join [dʒɔin] *v* *forbinde; slutte sig til, melde sig ind i; forene, sammenføje

joint [dʒɔint] *n* led *nt*; sammenføjning *c*; *adj* fælles, forenet

jointly ['dʒɔintli] *adv* i fællesskab

joke [dʒouk] *n* spøg *c*; vittighed *c*

jolly ['dʒɔli] *adj* gemytlig

Jordan ['dʒɔːdən] Jordan

Jordanian [dʒɔː'deiniən] *adj* jordansk; *n* jordaner *c*

journal ['dʒɔːnəl] *n* tidsskrift *nt*

journalism ['dʒɔːnəlizəm] *n* journalistik *c*

journalist ['dʒɔːnəlist] *n* journalist *c*

journey ['dʒɔːni] *n* rejse *c*

joy [dʒɔi] *n* glæde *c*, fryd *c*

joyful ['dʒɔifəl] *adj* glædelig, fornøjet

jubilee ['dʒuːbiliː] *n* jubilæum *nt*

judge [dʒʌdʒ] *n* dommer *c*; *v* dømme; bedømme

judgment ['dʒʌdʒmənt] *n* dom *c*; skøn *nt*

jug [dʒʌg] *n* kande *c*

juice [dʒuːs] *n* saft *c*

juicy ['dʒuːsi] *adj* saftig

July [dʒu'lai] juli

jump [dʒʌmp] *v* *springe; *n* spring *nt*

jumper ['dʒʌmpə] *n* jumper *c*

junction ['dʒʌŋkʃən] *n* vejkryds *nt*; knudepunkt *nt*

June [dʒuːn] juni

jungle ['dʒʌŋgəl] *n* urskov *c*, jungle *c*

junior ['dʒuːnjə] *adj* junior; yngre

junk [dʒʌŋk] *n* skrammel *nt*

jurisdiction [ˌdʒuəris'dikʃən] *n* domsmyndighed *c*

jury ['dʒuəri] *n* jury *c*

just [dʒʌst] *adj* retfærdig, berettiget; rigtig; *adv* netop; præcist

justice [ˈdʒʌstis] *n* ret *c*; retfærdighed *c*

juvenile [ˈdʒuːvənail] *adj* ungdoms-

K

kangaroo [ˌkæŋgəˈruː] *n* kænguru *c*

keel [kiːl] *n* køl *c*

keen [kiːn] *adj* begejstret; skarp

*****keep** [kiːp] *v* *holde; bevare; *blive ved med; ~ **away from** *holde sig på afstand af; ~ **off** *holde sig fra; ~ **on** *blive ved med; ~ **quiet** *tie stille; ~ **up** *holde ud; ~ **up with** *følge med

keg [keg] *n* lille tønde

kennel [ˈkenəl] *n* hundehus *nt*; kennel *c*

Kenya [ˈkenjə] Kenya

kerosene [ˈkerəsiːn] *n* petroleum *c*

kettle [ˈketəl] *n* kedel *c*

key [kiː] *n* nøgle *c*

keyhole [ˈkiːhoul] *n* nøglehul *nt*

khaki [ˈkɑːki] *n* kaki *c*

kick [kik] *v* sparke; *n* spark *nt*

kick-off [ˌkiˈkɔf] *n* afspark *nt*

kid [kid] *n* barn *nt*, unge *c*; gedeskind *nt*; *v* drille

kidney [ˈkidni] *n* nyre *c*

kill [kil] *v* dræbe, *slå ihjel

kilogram [ˈkiləgræm] *n* kilo *nt*

kilometre [ˈkiləˌmiːtə] *n* kilometer *c*

kind [kaind] *adj* flink, venlig; god; *n* slags *c*

kindergarten [ˈkindəˌgɑːtən] *n* børnehave *c*

king [kiŋ] *n* konge *c*

kingdom [ˈkiŋdəm] *n* kongerige *nt*; rige *nt*

kiosk [ˈkiːɔsk] *n* kiosk *c*

kiss [kis] *n* kys *nt*; *v* kysse

kit [kit] *n* udstyr *nt*

kitchen [ˈkitʃin] *n* køkken *nt*; ~ **garden** køkkenhave *c*

knapsack [ˈnæpsæk] *n* ransel *c*

knave [neiv] *n* knægt *c*

knee [niː] *n* knæ *nt*

kneecap [ˈniːkæp] *n* knæskal *c*

*****kneel** [niːl] *v* knæle

knew [njuː] *v* (p know)

knickers [ˈnikəz] *pl* underbenklæder *pl*

knife [naif] *n* (pl knives) kniv *c*

knight [nait] *n* ridder *c*

*****knit** [nit] *v* strikke

knob [nɔb] *n* håndtag *nt*

knock [nɔk] *v* banke; *n* banken *c*; ~ **against** støde imod; ~ **down** *slå ned

knot [nɔt] *n* knude *c*; *v* knytte

*****know** [nou] *v* kende, *vide

knowledge [ˈnɔlidʒ] *n* kendskab *nt*

knuckle [ˈnʌkəl] *n* kno *c*

L

label [ˈleibəl] *n* etiket *c*; *v* etikettere

laboratory [ləˈbɔrətəri] *n* laboratorium *nt*

labour [ˈleibə] *n* arbejde *nt*; fødselsveer *pl*; *v* pukle, *v* *slide i det; **labor permit** *Am* arbejdstilladelse *c*

labourer [ˈleibərə] *n* arbejder *c*

labour-saving [ˈleibəˌseiviŋ] *adj* arbejdsbesparende

labyrinth [ˈlæbərinθ] *n* labyrint *c*

lace [leis] *n* knipling *c*; snørebånd *nt*

lack [læk] *n* savn *nt*, mangel *c*; *v* mangle

lacquer [ˈlækə] *n* lak *c*

lad [læd] *n* knægt *c*, dreng *c*

ladder [ˈlædə] *n* stige *c*

lady ['leidi] n dame c; **ladies' room** dametoilet nt

lagoon [lə'gu:n] n lagune c

lake [leik] n sø c

lamb [læm] n lam nt; lammekød nt

lame [leim] adj lam, halt

lamentable ['læmantabəl] adj sørgelig

lamp [læmp] n lampe c

lamp-post ['læmppoust] n lygtepæl c

lampshade ['læmpʃeid] n lampeskærm c

land [lænd] n land nt; v lande; *gå i land

landlady ['lænd,leidi] n værtinde c

landlord ['lændlɔ:d] n husvært c, husejer c

landmark ['lændmɑ:k] n landmærke nt; mærkepæl c

landscape ['lændskeip] n landskab c

lane [lein] n stræde nt; bane c

language ['læŋgwidʒ] n sprog nt; ~ **laboratory** sproglaboratorium nt

lantern ['læntən] n lygte c

lapel [lə'pel] n revers c

larder ['lɑ:də] n spisekammer nt

large [lɑ:dʒ] adj stor; rummelig

lark [lɑ:k] n lærke c

laryngitis [,lærin'dʒaitis] n strubehovedkatar c

last [lɑ:st] adj sidst; forrige; v vare; **at** ~ til sidst, endelig

lasting ['lɑ:stiŋ] adj blivende, varig

latchkey ['lætʃki:] n gadedørsnøgle c

late [leit] adj sen; forsinket

lately ['leitli] adv i den sidste tid, for nylig, nylig

lather ['lɑ:ðə] n skum nt

Latin America ['lætin ə'merikə] Latinamerika

Latin-American [,lætinə'merikən] adj latinamerikansk

latitude ['lætitju:d] n breddegrad c

laugh [lɑ:f] v *le; n latter c

laughter ['lɑ:ftə] n latter c

launch [lɔ:ntʃ] v *sætte i gang; *afskyde; søsætte; n motorbåd c

launching ['lɔ:ntʃiŋ] n søsætning c

launderette [,lɔ:ndə'ret] n møntvaskeri nt

laundry ['lɔ:ndri] n vaskeri nt; vasketøj pl

lavatory ['lævətəri] n toilet nt

lavish ['læviʃ] adj ødsel

law [lɔ:] n lov c; ret c; ~ **court** domstol c

lawful ['lɔ:fəl] adj lovlig

lawn [lɔ:n] n plæne c, græsplæne c

lawsuit ['lɔ:su:t] n proces c, retssag c

lawyer ['lɔ:jə] n advokat c; jurist c

laxative ['læksətiv] n afføringsmiddel nt

•lay [lei] v placere, *lægge, *sætte; ~ **bricks** mure

layer [leiə] n lag nt

layman ['leimən] n lægmand c

lazy ['leizi] adj doven

•lead [li:d] v styre, føre

lead¹ [li:d] n forspring nt; føring c; snor c

lead² [led] n bly nt

leader ['li:də] n fører c, anfører c

leadership ['li:dəʃip] n ledelse c

leading ['li:diŋ] adj ledende, førende

leaf [li:f] n (pl leaves) blad nt

league [li:g] n forbund nt

leak [li:k] v lække; n læk c

leaky ['li:ki] adj læk

lean [li:n] adj mager

•lean [li:n] v læne sig

•leap [li:p] v *springe

leap-year ['li:pjiə] n skudår nt

•learn [lə:n] v lære

learner ['lə:nə] n nybegynder c, elev c

lease [li:s] n lejekontrakt c; forpagtning c; v bortforpagte, udleje; leje

leash [li:ʃ] n snor c

least [li:st] *adj* mindst, ringest; **at ~** i det mindste; mindst

leather ['leðə] *n* læder *nt;* skind-, læder-

leave [li:v] *n* orlov *c*

***leave** [li:v] *v* *forlade, *tage af sted; *lade ligge, *efterlade; **~ behind** *efterlade; **~ out** *udelade

Lebanese [ˌlebə'ni:z] *adj* libanesisk; *n* libaneser *c*

Lebanon ['lebənən] Libanon

lecture ['lektʃə] *n* foredrag *nt,* forelæsning *c*

left[1] [left] *adj* venstre

left[2] [left] *v* (p, pp leave)

left-hand ['lefthænd] *adj* venstre, på venstre hånd

left-handed [ˌleft'hændid] *adj* kejthåndet

leg [leg] *n* ben *nt*

legacy ['legəsi] *n* legat *nt*

legal ['li:gəl] *adj* legal, lovmæssig; juridisk

legalization [ˌli:gəlai'zeiʃən] *n* legalisering *c*

legation [li'geiʃən] *n* legation *c*

legible ['ledʒibəl] *adj* læselig

legitimate [li'dʒitimət] *adj* retmæssig

leisure ['leʒə] *n* fritid *c;* ro og mag

lemon ['lemən] *n* citron *c*

***lend** [lend] *v* låne ud

length [leŋθ] *n* længde *c*

lengthen ['leŋθən] *v* *lægge ned

lengthways ['leŋθweiz] *adv* på langs

lens [lenz] *n* linse *c;* **telephoto ~** teleobjektiv *nt;* **zoom ~** zoomlinse *c*

leprosy ['leprəsi] *n* spedalskhed *c*

less [les] *adv* mindre

lessen ['lesən] *v* formindske, mindske

lesson ['lesən] *n* lektie *c,* time *c*

***let** [let] *v* *lade; udleje; **~ down** svigte

letter ['letə] *n* brev *nt;* bogstav *nt;* **~ of credit** akkreditiv *nt;* **~ of recommendation** anbefalingsskrivelse *c*

letter-box ['letəbɔks] *n* brevkasse *c*

lettuce ['letis] *n* grøn salat

level ['levəl] *adj* egal; plan, flad, jævn, lige; *n* niveau *nt;* vaterpas *nt;* *v* nivellere, udjævne; **~ crossing** jernbaneoverskæring *c*

lever ['li:və] *n* løftestang *c*

liability [ˌlaiə'biləti] *n* ansvar *nt;* tilbøjelighed *c*

liable ['laiəbəl] *adj* ansvarlig; tilbøjelig; **~ to** modtagelig for

liberal ['libərəl] *adj* liberal; rundhåndet, large, gavmild

liberation [ˌlibə'reiʃən] *n* befrielse *c*

Liberia [lai'biəriə] Liberia

Liberian [lai'biəriən] *adj* liberiansk; *n* liberianer *c*

liberty ['libəti] *n* frihed *c*

library ['laibrəri] *n* bibliotek *nt*

licence ['laisəns] *n* licens *c;* bevilling *c;* **driving ~** førerbevis *nt;* **~ number** *Am* registreringsnummer *nt;* **~ plate** *Am* nummerplade *c*

license ['laisəns] *v* *give bevilling

lick [lik] *v* slikke

lid [lid] *n* låg *nt*

lie [lai] *v* *lyve; *n* løgn *c*

***lie** [lai] *v* *ligge; **~ down** *lægge sig ned

life [laif] *n* (pl lives) liv *nt;* **~ insurance** livsforsikring *c*

lifebelt ['laifbelt] *n* redningsbælte *c*

lifetime ['laiftaim] *n* levetid *c*

lift [lift] *v* løfte; *n* elevator *c*

light [lait] *n* lys *nt; adj* let; lys; **~ bulb** elektrisk pære

***light** [lait] *v* tænde

lighter ['laitə] *n* lighter *c*

lighthouse ['laithaus] *n* fyrtårn *nt*

lighting ['laitiŋ] *n* belysning *c*

lightning ['laitniŋ] *n* lyn *nt*

like [laik] *v* *holde af, *synes om; *adj*

lig; *conj* sådan som; *prep* som
likely [ˈlaikli] *adj* sandsynlig
like-minded [ˌlaikˈmaindid] *adj* lige-sindet
likewise [ˈlaikwaiz] *adv* ligeledes, li-geså
lily [ˈlili] *n* lilje *c*
limb [lim] *n* lem *nt*
lime [laim] *n* kalk *c*; lind *c*; grøn ci-tron
limetree [ˈlaimtri:] *n* lindetræ *nt*
limit [ˈlimit] *n* grænse *c*; *v* begrænse
limp [limp] *v* halte; *adj* slap
line [lain] *n* linje *c*; streg; line *c*; række *c*; **stand in ~** *Am* stå i kø
linen [ˈlinin] *n* lærred *nt*; linned *nt*
liner [ˈlainə] *n* rutebåd *c*
lingerie [ˈlɔ̃ʒəri:] *n* dameundertøj *pl*
lining [ˈlainiŋ] *n* for *nt*
link [liŋk] *v* *forbinde; *n* forbindelse *c*; led *nt*
lion [ˈlaiən] *n* løve *c*
lip [lip] *n* læbe *c*
lipsalve [ˈlipsɑ:v] *n* læbepomade *c*
lipstick [ˈlipstik] *n* læbestift *c*
liqueur [liˈkjuə] *n* likør *c*
liquid [ˈlikwid] *adj* flydende; *n* væske *c*
liquor [ˈlikə] *n* spiritus *c*
liquorice [ˈlikəris] *n* lakrids *c*
list [list] *n* liste *c*; *v* notere, *skrive op
listen [ˈlisən] *v* lytte
listener [ˈlisnə] *n* lytter *c*
literary [ˈlitrəri] *adj* litterær, boglig
literature [ˈlitrətʃə] *n* litteratur *c*
litre [ˈli:tə] *n* liter *c*
litter [ˈlitə] *n* affald *nt*; kuld *nt*
little [ˈlitəl] *adj* lille; liden
live¹ [liv] *v* leve; bo
live² [laiv] *adj* levende
livelihood [ˈlaivlihud] *n* levebrød *nt*
lively [ˈlaivli] *adj* livlig
liver [ˈlivə] *n* lever *c*
living-room [ˈliviŋru:m] *n* dagligstue *c*

load [loud] *n* læs *nt*; byrde *c*; *v* læsse
loaf [louf] *n* (pl loaves) brød *nt*
loan [loun] *n* lån *nt*
lobby [ˈlɔbi] *n* vestibule *c*; foyer *c*
lobster [ˈlɔbstə] *n* hummer *c*
local [ˈloukəl] *adj* lokal, stedlig; ~ **call** lokalsamtale *c*; ~ **train** lokal-tog *nt*
locality [louˈkæləti] *n* lokalitet *c*
locate [louˈkeit] *v* lokalisere
location [louˈkeiʃən] *n* beliggenhed *c*
lock [lɔk] *v* låse; *n* lås *c*; sluse *c*; ~ **up** indespærre, låse inde
locomotive [ˌloukəˈmoutiv] *n* lokomo-tiv *nt*
lodge [lɔdʒ] *v* huse; *n* jagthytte *c*
lodger [ˈlɔdʒə] *n* logerende *c*
lodgings [ˈlɔdʒiŋz] *pl* logi *nt*
log [lɔg] *n* brændeknude *c*
logic [ˈlɔdʒik] *n* logik *c*
logical [ˈlɔdʒikəl] *adj* logisk
lonely [ˈlounli] *adj* ensom
long [lɔŋ] *adj* lang; langvarig; ~ **for** længes efter; **no longer** ikke længe-re
longing [ˈlɔŋiŋ] *n* længsel *c*
longitude [ˈlɔndʒitju:d] *n* længdegrad *c*
look [luk] *v* *se; *se ud; *n* blik *nt*; ud-seende *nt*; ~ **after** *se efter, passe; ~ **at** *se på; ~ **for** lede efter; ~ **out** passe på, *se sig for; ~ **up** *slå efter, *slå op
looking-glass [ˈlukiŋglɑ:s] *n* spejl *nt*
loop [lu:p] *n* løkke *c*
loose [lu:s] *adj* løs
loosen [ˈlu:sən] *v* løsne
lord [lɔ:d] *n* lord *c*
lorry [ˈlɔri] *n* lastbil *c*
*lose [lu:z] *v* tabe, miste
loss [lɔs] *n* tab *c*
lost [lɔst] *adj* faret vild; forsvundet; ~ **and found** hittegods *nt*; ~ **property office** hittegodskontor *nt*

lot [lɔt] n lod nt, lod c; mængde c, bunke c

lotion [ˈlouʃən] n lotion c; **aftershave** ~ aftershave lotion

lottery [ˈlɔtəri] n lotteri nt

loud [laud] adj højlydt, høj

loud-speaker [ˌlaudˈspiːkə] n højttaler c

lounge [laundʒ] n salon c

louse [laus] n (pl lice) lus c

love [lʌv] v elske, *holde af; n kærlighed c; **in** ~ forelsket

lovely [ˈlʌvli] adj yndig, pragtfuld, skøn

lover [ˈlʌvə] n elsker c

love-story [ˈlʌvˌstɔːri] n kærlighedshistorie c

low [lou] adj lav; dyb; langt nede; ~ **tide** ebbe c

lower [ˈlouə] v sænke; *nedsætte; adj lavere, nedre

lowlands [ˈloulændz] pl lavland nt

loyal [ˈlɔiəl] adj loyal

lubricate [ˈluːbrikeit] v *smøre

lubrication [ˌluːbriˈkeiʃən] n smøring c; ~ **oil** smøreolie c; ~ **system** smøringssystem nt

luck [lʌk] n held nt; skæbne c; **bad** ~ uheld c

lucky [ˈlʌki] adj heldig; ~ **charm** amulet c

ludicrous [ˈluːdikrəs] adj latterlig

luggage [ˈlʌgidʒ] n bagage c; **hand** ~ håndbagage c; **left** ~ **office** bagageopbevaring c; ~ **rack** bagagenet nt; ~ **van** rejsegodsvogn c

lukewarm [ˈluːkwɔːm] adj lunken

lumbago [lʌmˈbeigou] n lumbago c

luminous [ˈluːminəs] adj lysende

lump [lʌmp] n klump c, stykke nt; bule c; ~ **of sugar** stykke sukker; ~ **sum** rundt beløb

lumpy [ˈlʌmpi] adj klumpet

lunacy [ˈluːnəsi] n sindssyge c

lunatic [ˈluːnətik] adj sindssyg; n sindssyg c

lunch [lʌntʃ] n frokost c, mellemmåltid nt

luncheon [ˈlʌntʃən] n frokost c

lung [lʌŋ] n lunge c

lust [lʌst] n begær nt

luxurious [lʌgˈʒuəriəs] adj luksuriøs

luxury [ˈlʌkʃəri] n luksus c

M

machine [məˈʃiːn] n maskine c, apparat nt

machinery [məˈʃiːnəri] n maskineri nt

mackerel [ˈmækrəl] n (pl ~) makrel c

mackintosh [ˈmækintɔʃ] n regnfrakke c

mad [mæd] adj vanvittig, tosset, gal

madam [ˈmædəm] n frue c

madness [ˈmædnəs] n vanvid nt

magazine [ˌmægəˈziːn] n tidsskrift nt

magic [ˈmædʒik] n magi c, trolddomskunst c; adj magisk

magician [məˈdʒiʃən] n tryllekunstner c

magnetic [mægˈnetik] adj magnetisk

magneto [mægˈniːtou] n (pl ~s) magnet c

magnificent [mægˈnifisənt] adj pragtfuld, storslået

magpie [ˈmægpai] n skade c

maid [meid] n tjenestepige c

maiden name [ˈmeidən neim] pigenavn nt

mail [meil] n post c; v poste; ~ **order** Am postanvisning c

mailbox [ˈmeilbɔks] nAm brevkasse c

main [mein] adj hoved-; størst; ~ **deck** hoveddæk nt; ~ **line** hovedlinje c; ~ **road** hovedvej c; ~

street hovedgade *c*

mainland ['meinlənd] *n* fastland *nt*

mainly ['meinli] *adv* hovedsagelig

mains [meinz] *pl* hovedledning *c*

maintain [mein'tein] *v* *opretholde

maintenance ['meintənəns] *n* vedlige-holdelse *c*

maize [meiz] *n* majs *c*

major ['meidʒə] *adj* større; *n* major *c*

majority [mə'dʒɔrəti] *n* flertal *nt*

***make** [meik] *v* lave; tjene; klare; ~ **do with** klare sig med; ~ **good** *godtgøre; ~ **up** opstille

make-up ['meikʌp] *n* make-up *c*

malaria [mə'leəriə] *n* malaria *c*

Malay [mə'lei] *n* malaysisk *nt*

Malaysia [mə'leiziə] Malaysia

Malaysian [mə'leiziən] *adj* malaysisk

male [meil] *adj* han-

malicious [mə'liʃəs] *adj* ondskabsfuld

malignant [mə'lignənt] *adj* ondartet

mallet ['mælit] *n* træhammer *c*

malnutrition [,mælnju'triʃən] *n* under-ernæring *c*

mammal ['mæməl] *n* pattedyr *nt*

mammoth ['mæməθ] *n* mammut *c*

man [mæn] *n* (pl men) mand *c*; men-neske *nt*; **men's room** herretoilet *nt*

manage ['mænidʒ] *v* bestyre; lykkes

manageable ['mænidʒəbəl] *adj* hånd-terlig

management ['mænidʒmənt] *n* ledelse *c*; administration *c*

manager ['mænidʒə] *n* chef *c*, direk-tør *c*

mandarin ['mændərin] *n* mandarin *c*

mandate ['mændeit] *n* mandat *nt*

manger ['meindʒə] *n* krybbe *c*

manicure ['mænikjuə] *n* manicure *c*; *v* manicurere

mankind [mæn'kaind] *n* menneskehed *c*

mannequin ['mænəkin] *n* voksmanne-quin *c*

manner ['mænə] *n* måde *c*; **manners** *pl* manerer *pl*

man-of-war [,mænəv'wɔ:] *n* krigsskib *nt*

manor-house ['mænəhaus] *n* herre-gård *c*

mansion ['mænʃən] *n* palæ *nt*

manual ['mænjual] *adj* hånd-; *n* betje-ningsvejledning *c*, håndbog *c*

manufacture [,mænju'fæktʃə] *v* frem-stille, fabrikere

manufacturer [,mænju'fæktʃərə] *n* fa-brikant *c*

manure [mə'njuə] *n* gødning *c*

manuscript ['mænjuskript] *n* manu-skript *nt*

many ['meni] *adj* mange

map [mæp] *n* kort *nt*; plan *c*

maple ['meipəl] *n* ahorn *c*

marble ['ma:bəl] *n* marmor *nt*; mar-morkugle *c*

March [ma:tʃ] marts

march [ma:tʃ] *v* marchere; *n* march *c*

mare [meə] *n* hoppe *c*

margarine [,ma:dʒə'ri:n] *n* margarine *c*

margin ['ma:dʒin] *n* rand *c*, margen *c*

maritime ['mæritaim] *adj* maritim

mark [ma:k] *v* *sætte mærke ved; mærke; kendetegne; *n* mærke *nt*; karakter *c*; skydeskive *c*

market ['ma:kit] *n* marked *nt*

market-place ['ma:kitpleis] *n* torv *nt*

marmalade ['ma:məleid] *n* marmela-de *c*

marriage ['mæridʒ] *n* ægteskab *nt*

marrow ['mærou] *n* marv *c*

marry ['mæri] *v* gifte sig, ægte; **mar-ried couple** ægtepar *nt*

marsh [ma:ʃ] *n* sump *c*

marshy ['ma:ʃi] *adj* sumpet

martyr ['ma:tə] *n* martyr *c*

marvel ['ma:vəl] *n* vidunder *nt*; *v* undre sig

marvellous ['mɑ:vələs] adj vidunderlig

mascara [mæ'skɑ:rə] n mascara c

masculine ['mæskjulin] adj maskulin

mash [mæʃ] v mase

mask [mɑ:sk] n maske c

Mass [mæs] n messe c

mass [mæs] n masse c; ~ **production** masseproduktion c

massage ['mæsɑ:ʒ] n massage c; v massere

masseur [mæ'sə:] n massør c

massive ['mæsiv] adj massiv

mast [mɑ:st] n mast c

master ['mɑ:stə] n mester c; herre c; lektor c, lærer c; v mestre

masterpiece ['mɑ:stəpi:s] n mesterværk nt

mat [mæt] n måtte c; adj glansløs, mat

match [mætʃ] n tændstik c; kamp c; v passe til

match-box ['mætʃbɔks] n tændstikæske c

material [mə'tiəriəl] n materiale nt; stof nt; adj materiel

mathematical [ˌmæθə'mætikəl] adj matematisk

mathematics [ˌmæθə'mætiks] n matematik c

matrimonial [ˌmætri'mouniəl] adj ægteskabelig

matrimony ['mætriməni] n ægteskab nt

matter ['mætə] n stof nt; anliggende nt, sag c, spørgsmål nt; v *være af betydning; **as a** ~ **of fact** faktisk

matter-of-fact [ˌmætərəv'fækt] adj nøgtern

mattress ['mætrəs] n madras c

mature [mə'tjuə] adj moden

maturity [mə'tjuərəti] n modenhed c

mausoleum [ˌmɔ:sə'li:əm] n mauso-

leum nt

May [mei] maj

***may** [mei] v *kunne; *måtte

maybe ['meibi:] adv måske

mayor [meə] n borgmester c

maze [meiz] n labyrint c

me [mi:] pron mig

meadow ['medou] n eng c

meal [mi:l] n måltid nt

mean [mi:n] adj gemen; dårlig; nærig; n gennemsnit nt

***mean** [mi:n] v *betyde; mene

meaning ['mi:niŋ] n mening c

meaningless ['mi:niŋləs] adj meningsløs

means [mi:nz] n middel nt; **by no** ~ på ingen måde, slet ikke

in the meantime [in ðə 'mi:ntaim] i mellemtiden, ind imellem

meanwhile ['mi:nwail] adv i mellemtiden, imens

measles ['mi:zəlz] n mæslinger pl

measure ['meʒə] v måle; n mål nt; foranstaltning c

meat [mi:t] n kød nt

mechanic [mi'kænik] n mekaniker c, montør c

mechanical [mi'kænikəl] adj mekanisk

mechanism ['mekənizəm] n mekanisme c

medal ['medəl] n medalje c

mediaeval [ˌmedi'i:vəl] adj middelalderlig

mediate ['mi:dieit] v mægle

mediator ['mi:dieitə] n mægler c

medical ['medikəl] adj medicinsk, lægelig

medicine ['medsin] n medicin c; lægevidenskab c

meditate ['mediteit] v meditere

Mediterranean [ˌmeditə'reiniən] Middelhavet

medium ['mi:diəm] adj gennemsnit-

lig, middel-
*meet [mi:t] v *træffe, møde
meeting ['mi:tiŋ] n møde nt, sammenkomst c
meeting-place ['mi:tiŋpleis] n mødested nt
melancholy ['melənkəli] n tungsind nt
mellow ['melou] adj silkeblød
melodrama ['melə,drɑːmə] n melodrama nt
melody ['melədi] n melodi c
melon ['melən] n melon c
melt [melt] v smelte
member ['membə] n medlem nt; **Member of Parliament** folketingsmedlem nt
membership ['membəʃip] n medlemskab nt
memo ['memou] n (pl ~s) memo nt
memorable ['memərəbəl] adj mindeværdig
memorial [mə'mɔːriəl] n mindesmærke nt
memorize ['meməraiz] v lære udenad
memory ['meməri] n hukommelse c; minde nt
mend [mend] v reparere
menstruation [,menstru'eiʃən] n menstruation c
mental ['mentəl] adj mental
mention ['menʃən] v nævne, omtale; n omtale c
menu ['menjuː] n spisekort nt, menukort c
merchandise ['məːtʃəndaiz] n varer pl, handelsvare c
merchant ['məːtʃənt] n købmand c, grosserer c
merciful ['məːsifəl] adj barmhjertig
mercury ['məːkjuri] n kviksølv nt
mercy ['məːsi] n nåde c, barmhjertighed c
mere [miə] adj ren og skær
merely ['miəli] adv blot

merger ['məːdʒə] n fusion c
merit ['merit] v fortjene; n fortjeneste c
mermaid ['məːmeid] n havfrue c
merry ['meri] adj munter
merry-go-round ['merigou,raund] n karrusel c
mesh [meʃ] n maske c
mess [mes] n rod nt, roderi nt; ~ **up** spolere
message ['mesidʒ] n besked c, budskab nt
messenger ['mesindʒə] n budbringer c
metal ['metəl] n metal nt; metal-
meter ['miːtə] n tæller c
method ['meθəd] n metode c, fremgangsmåde c; orden c
methodical [mə'θɔdikəl] adj metodisk
methylated spirits ['meθəleitid 'spirits] denatureret sprit
metre ['miːtə] n meter c
metric ['metrik] adj metrisk
Mexican ['meksikən] adj mexicansk; n mexicaner c
Mexico ['meksikou] Mexico
mezzanine ['mezəniːn] n mezzanin c
microphone ['maikrəfoun] n mikrofon c
midday ['middei] n middag c
middle ['midəl] n midte c; adj mellemste; **Middle Ages** middelalder c; ~ **class** middelklasse c; **middle-class** adj borgerlig
midnight ['midnait] n midnat c
midst [midst] n midte c
midsummer ['mid,sʌmə] n midsommer
midwife ['midwaif] n (pl -wives) jordemoder c
might [mait] n magt c
*might [mait] v *kunne
mighty ['maiti] adj mægtig
migraine ['miːgrein] n migræne c

mild [maild] *adj* mild

mildew ['mildju] *n* skimmel *c*

milepost ['mailpəust] *n* milepæl *c*

milestone ['mailstoun] *n* kilometersten *c*

milieu ['mi:ljə:] *n* miljø *nt*

military ['militəri] *adj* militær; ~ **force** krigsmagt *c*

milk [milk] *n* mælk *c*

milkman ['milkmən] *n* (pl -men) mælkemand *c*

milk-shake ['milkʃeik] *n* milkshake *c*

milky ['milki] *adj* mælket

mill [mil] *n* mølle *c*; fabrik *c*

miller ['milə] *n* møller *c*

milliner ['milinə] *n* modehandler *c*

million ['miljən] *n* million *c*

millionaire [,miljə'nɛə] *n* millionær *c*

mince [mins] *v* hakke

mind [maind] *n* sind *nt*; *v* *have noget imod; passe på, *tage sig af

mine [main] *n* mine *c*

miner ['mainə] *n* minearbejder *c*

mineral ['minərəl] *n* mineral *nt*; ~ **water** mineralvand *c*

miniature ['minjətʃə] *n* miniature *c*

minimum ['miniməm] *n* minimum *nt*

mining ['mainiŋ] *n* minedrift *c*

minister ['ministə] *n* minister *c*; præst *c*; **Prime Minister** statsminister *c*

ministry ['ministri] *n* ministerium *nt*

mink [miŋk] *n* mink *c*

minor ['mainə] *adj* ringe, mindre, lille; underordnet; *n* mindreårig *c*

minority [mai'nɔrəti] *n* mindretal *nt*

mint [mint] *n* mynte *c*

minus ['mainəs] *n* minustegn *nt*; *prep* minus

minute[1] ['minit] *n* minut *nt*; **minutes** referat *nt*

minute[2] [mai'nju:t] *adj* lille bitte

miracle ['mirəkəl] *n* mirakel *nt*

miraculous [mi'rækjuləs] *adj* mirakuløs

mirror ['mirə] *n* spejl *nt*

misbehave [,misbi'heiv] *v* opføre sig dårligt

miscarriage [mis'kæridʒ] *n* abort *c*

miscellaneous [,misə'leiniəs] *adj* diverse

mischief ['mistʃif] *n* spilopper *pl*; fortræd *c*, skade *c*

mischievous ['mistʃivəs] *adj* drilagtig

miserable ['mizərəbəl] *adj* elendig, ulykkelig

misery ['mizəri] *n* elendighed *c*, jammer *c*; nød *c*

misfortune [mis'fɔ:tʃən] *n* ulykke *c*, uheld *nt*

*__mislay__ [mis'lei] *v* *forlægge

misplaced [mis'pleist] *adj* malplaceret

mispronounce [,misprə'nauns] *v* udtale forkert

miss[1] [mis] *n* frøken *c*

miss[2] [mis] *v* savne; forfejle, *komme for sent til

missing ['misiŋ] *adj* manglende; ~ **person** savnet person

mist [mist] *n* tågedis *c*, dis *c*

mistake [mi'steik] *n* fejltagelse *c*, fejl *c*

*__mistake__ [mi'steik] *v* forveksle

mistaken [mi'steikən] *adj* fejlagtig; *be ~ *tage fejl

mistress ['mistrəs] *n* frue *c*; elskerinde *c*

mistrust [mis'trast] *v* nære mistro til

misty ['misti] *adj* diset

*__misunderstand__ [,misandə'stænd] *v* *misforstå

misunderstanding [,misandə'stændiŋ] *n* misforståelse *c*

misuse [mis'ju:s] *n* misbrug *nt*

mittens ['mitənz] *pl* vanter *pl*

mix [miks] *v* blande; ~ **with** *omgås

mixed [mikst] *adj* blandet

mixer ['miksə] *n* mixer *c*

mixture ['mikstʃə] *n* blanding *c*

moan [moun] v jamre

moat [mout] n voldgrav c

mobile ['moubail] adj mobil, bevægelig

mock [mɔk] v håne

mockery ['mɔkəri] n spot c

model ['mɔdəl] n model c; mannequin c; v modellere, forme

moderate ['mɔdərət] adj moderat, mådeholdende; middelmådig

modern ['mɔdən] adj moderne

modest ['mɔdist] adj beskeden

modesty ['mɔdisti] n beskedenhed c

modify ['mɔdifai] v modificere

mohair ['mouhɛə] n mohair c

moist [mɔist] adj fugtig

moisten ['mɔisən] v fugte

moisture ['mɔistʃə] n fugtighed c; moisturizing cream fugtighedscreme c

molar ['moulə] n kindtand c

moment ['moumənt] n øjeblik nt

momentary ['mouməntəri] adj øjeblikkelig; momentan

monarch ['mɔnək] n monark c

monarchy ['mɔnəki] n monarki nt

monastery ['mɔnəstri] n kloster nt

Monday ['mʌndi] mandag c

monetary ['mʌnitəri] adj monetær; ~ unit møntenhed c

money ['mʌni] n penge pl; ~ exchange vekselkontor nt; ~ order postanvisning c

monk [mʌŋk] n munk c

monkey ['mʌŋki] n abe c

monologue ['mɔnɔlɔg] n monolog c

monopoly [mə'nɔpəli] n monopol nt

monotonous [mə'nɔtənəs] adj monoton

month [mʌnθ] n måned c

monthly ['mʌnθli] adj månedlig; ~ magazine månedsblad nt

monument ['mɔnjumənt] n monument nt, mindesmærke nt

mood [mu:d] n humør nt

moon [mu:n] n måne c

moonlight ['mu:nlait] n måneskin nt

moor [muə] n hede c, lynghede c

moose [mu:s] n (pl ~, ~s) elsdyr nt

moped ['mouped] n knallert c

moral ['mɔrəl] n moral c; adj moralsk, sædelig

morality [mə'ræləti] n moralitet c

more [mɔ:] adj flere; once ~ en gang til

moreover [mɔ:'rouvə] adv tilmed, for øvrigt

morning ['mɔ:niŋ] n morgen c, formiddag c; ~ paper morgenavis c; this ~ i morges

Moroccan [mə'rɔkən] adj marokkansk; n marokkaner c

Morocco [mə'rɔkou] Marokko

morphia ['mɔ:fiə] n morfin c

morphine ['mɔ:fi:n] n morfin c

morsel ['mɔ:səl] n bid c

mortal ['mɔ:təl] adj dødbringende, dødelig

mortgage ['mɔ:gidʒ] n prioritet c, prioritetslån nt

mosaic [mə'zeiik] n mosaik c

mosque [mɔsk] n moské c

mosquito [mə'ski:tou] n (pl ~es) myg c; moskito c

mosquito-net [mə'ski:tounet] n moskitonet nt

moss [mɔs] n mos nt

most [moust] adj flest; at ~ højst; ~ of all allermest

mostly ['moustli] adv for det meste

motel [mou'tel] n motel nt

moth [mɔθ] n møl nt

mother ['mʌðə] n mor c; ~ tongue modersmål nt

mother-in-law ['mʌðərinlɔ:] n (pl mothers-) svigermor c

mother-of-pearl [,mʌðərəv'pə:l] n perlemor nt

motion ['mouʃən] n bevægelse c; forslag nt

motive ['moutiv] n motiv nt

motor ['moutə] n motor c; køre i bil; ~ **coach** turistbus c; ~ **home** selvkørende campingvogn

motorbike ['moutəbaik] nAm knallert c

motor-boat ['moutəbout] n motorbåd c

motor-car ['moutəka:] n automobil c

motor-cycle ['moutə,saikəl] n motorcykel c

motoring ['moutəriŋ] n bilkørsel c

motorist ['moutərist] n bilist c

motorway ['moutəwei] n motorvej c

motto ['mɔtou] n (pl ~es, ~s) motto nt

mouldy ['mouldi] adj skimlet

mound [maund] n tue c

mount [maunt] v *stige op, *bestige, *gå op ad; n bjerg nt

mountain ['mauntin] n bjerg nt; ~ **pass** pas nt; ~ **range** bjergkæde c

mountaineering [,maunti'niəriŋ] n bjergbestigning c

mountainous ['mauntinəs] adj bjergrig

mourning ['mɔ:niŋ] n sørgetid c

mouse [maus] n (pl mice) mus c

moustache [mə'sta:ʃ] n overskæg nt

mouth [mauθ] n mund c; gab nt; munding c

mouthwash ['mauθwɔʃ] n mundvand nt

movable ['mu:vəbəl] adj flytbar

move [mu:v] v bevæge; flytte; bevæge sig; n træk nt, skridt nt; flytning c

movement ['mu:vmənt] n bevægelse c

movie ['mu:vi] n film c; **movies** Am biograf c; ~ **theater** Am biograf c

much [mʌtʃ] adj mange, megen; adv meget; **as** ~ lige så meget

muck [mʌk] n møg nt

mud [mʌd] n mudder nt

muddle ['mʌdəl] n forvirring c, rod nt, virvar nt; v forkludre

muddy ['mʌdi] adj mudret

mud-guard ['mʌdga:d] n stænkeskærm c

muffler ['mʌflə] nAm lydpotte c

mug [mʌg] n krus nt

mulberry ['mʌlbəri] n morbær nt

mule [mju:l] n muldyr nt

mullet ['mʌlit] n mulle c

multiplication [,mʌltipli'keiʃən] n multiplikation c

multiply ['mʌltiplai] v gange, multiplicere

mumps [mʌmps] n fåresyge c

municipal [mju:'nisipəl] adj kommunal

municipality [mju:,nisi'pæləti] n kommunalbestyrelse c

murder ['mə:də] n mord nt; v myrde

murderer ['mə:dərə] n morder c

muscle ['mʌsəl] n muskel c

muscular ['mʌskjulə] adj muskuløs

museum [mju:'zi:əm] n museum nt

mushroom ['mʌʃru:m] n champignon c; svamp c

music ['mju:zik] n musik c; ~ **academy** konservatorium nt

musical ['mju:zikəl] adj musikalsk; n musical c

music-hall ['mju:zikhɔ:l] n revyteater nt

musician [mju:'ziʃən] n musiker c

muslin ['mʌzlin] n musselin nt

mussel ['mʌsəl] n musling c

***must** [mʌst] v *skulle

mustard ['mʌstəd] n sennep c

mute [mju:t] adj stum

mutiny ['mju:tini] n mytteri nt

mutton ['mʌtən] n fårekød nt

mutual ['mju:tʃuəl] adj indbyrdes, gensidig

my [mai] adj min

myself [mai'self] *pron* mig; selv
mysterious [mi'stiəriəs] *adj* gådefuld, mystisk
mystery ['mistəri] *n* mysterium *nt*
myth [miθ] *n* myte *c*

N

nail [neil] *n* negl *c*; søm *nt*
nailbrush ['neilbrʌʃ] *n* neglebørste *c*
nail-file ['neilfail] *n* neglefil *c*
nail-polish ['neil,poliʃ] *n* neglelak *c*
nail-scissors ['neil,sizəz] *pl* neglesaks *c*
naïve [na:'i:v] *adj* naiv
naked ['neikid] *adj* nøgen; blottet
name [neim] *n* navn *nt*; *v* *navngive, opkalde; **in the ~ of** i . . . navn
namely ['neimli] *adv* nemlig
nap [næp] *n* lur *c*
napkin ['næpkin] *n* serviet *c*
nappy ['næpi] *n* ble *c*
narcosis [na:'kousis] *n* (pl -ses) narkose *c*
narcotic [na:'kotik] *n* narkotisk middel
narrow ['nærou] *adj* trang, smal, stram
narrow-minded [,nærou'maindid] *adj* snæversynet
nasty ['na:sti] *adj* usympatisk, væmmelig; ubehagelig
nation ['neiʃən] *n* nation *c*; folk *nt*
national ['næʃənəl] *adj* national; folke-; stats-; ~ **anthem** nationalsang *c*; ~ **dress** nationaldragt *c*; ~ **park** nationalpark *c*
nationality [,næʃə'næləti] *n* nationalitet *c*
nationalize ['næʃənəlaiz] *v* nationalisere
native ['neitiv] *n* indfødt *c*; *adj* ind-

født; ~ **country** fædreland *nt*; ~ **language** modersmål *nt*
natural ['nætʃərəl] *adj* naturlig; medfødt
naturally ['nætʃərəli] *adv* naturligvis
nature ['neitʃə] *n* natur *c*
naughty ['nɔ:ti] *adj* uartig
nausea ['nɔ:siə] *n* kvalme *c*
naval ['neivəl] *adj* flåde-
navel ['neivəl] *n* navle *c*
navigable ['nævigəbəl] *adj* sejlbar
navigate ['nævigeit] *v* navigere
navigation [,nævi'geiʃən] *n* navigation *c*; søfart *c*, skibsfart *c*
navy ['neivi] *n* flåde *c*
near [niə] *prep* nær ved; *adj* nær
nearby ['niəbai] *adj* nærliggende
nearly ['niəli] *adv* næsten
neat [ni:t] *adj* net, ordentlig; tør
necessary ['nesəsəri] *adj* nødvendig
necessity [nə'sesəti] *n* nødvendighed *c*
neck [nek] *n* hals *c*; **nape of the ~** nakke *c*
necklace ['nekləs] *n* halssmykke *nt*
necktie ['nektai] *n* slips *nt*
need [ni:d] *v* behøve, trænge til; *n* fornødenhed *c*, behov *nt*; nødvendighed *c*; ~ **to** *være nødt til
needle ['ni:dəl] *n* nål *c*
needlework ['ni:dəlwə:k] *n* håndarbejde *nt*
negative ['negətiv] *adj* negativ, benægtende; *n* negativ *nt*
neglect [ni'glekt] *v* forsømme; *n* forsømmelse *c*
neglectful [ni'glektfəl] *adj* forsømmelig
negligee ['negliʒei] *n* negligé *nt*
negotiate [ni'gouʃieit] *v* forhandle
negotiation [ni,gouʃi'eiʃən] *n* forhandling *c*
Negro ['ni:grou] *n* (pl ~es) neger *c*
neighbour ['neibə] *n* sidemand *c*, na-

bo c

neighbourhood ['neibəhud] n nabolag nt

neighbouring ['neibəriŋ] adj tilstødende, nærliggende

neither ['naiðə] pron ingen af dem; **neither ... nor** hverken ... eller

neon ['ni:ɔn] n neon nt

nephew ['nefju:] n nevø c

nerve [nə:v] n nerve c; dristighed c

nervous ['nə:vəs] adj nervøs

nest [nest] n rede c

net [net] n net nt; adj netto-

the Netherlands ['neðələndz] Nederland

network ['netwə:k] n netværk nt

neuralgia [njuə'rældʒə] n neuralgi c

neurosis [njuə'rousis] n neurose c

neuter ['nju:tə] adj intetkøns-

neutral ['nju:trəl] adj neutral

never ['nevə] adv aldrig

nevertheless [,nevəðə'les] adv ikke desto mindre

new [nju:] adj ny; **New Year** nytår

news [nju:z] n nyheder, nyhed c

newsagent ['nju:,zeidʒənt] n bladhandler c

newspaper ['nju:z,peipə] n avis c

newsreel ['nju:zri:l] n ugerevy c

newsstand ['nju:zstænd] n aviskiosk c

New Zealand [nju: 'zi:lənd] New Zealand

next [nekst] adj følgende, næste; ~ **to** ved siden af

next-door [,nekst'dɔ:] adv ved siden af

nice [nais] adj pæn, rar; dejlig; sympatisk

nickel ['nikəl] n nikkel nt

nickname ['nikneim] n tilnavn nt

nicotine ['nikəti:n] n nikotin c

niece [ni:s] n niece c

Nigeria [nai'dʒiəriə] Nigeria

Nigerian [nai'dʒiəriən] adj nigeriansk; n nigerianer c

night [nait] n nat c; aften c; **by** ~ om natten; ~ **flight** natfly nt; ~ **rate** nattakst c; ~ **train** nattog nt

nightclub ['naitklʌb] n natklub c

night-cream ['naitkri:m] n natcreme c

nightdress ['naitdres] n natkjole c

nightingale ['naitiŋgeil] n nattergal c

nightly ['naitli] adj natlig

nil [nil] nul

nine [nain] num ni

nineteen [,nain'ti:n] num nitten

nineteenth [,nain'ti:nθ] num nittende

ninety ['nainti] num halvfems

ninth [nainθ] num niende

nitrogen ['naitrədʒən] n kvælstof nt

no [nou] næh, nej; adj ingen; ~ **one** ingen

nobility [nou'biləti] n adel c

noble ['noubəl] adj adelig; ædel

nobody ['noubədi] pron ingen

nod [nɔd] n nik nt; v nikke

noise [nɔiz] n lyd c; spektakel nt, brag nt, støj c

noisy ['nɔizi] adj støjende; lydt

nominal ['nɔminəl] adj nominel

nominate ['nɔmineit] v nominere

nomination [,nɔmi'neiʃən] n nominering c; udnævnelse c

none [nʌn] pron ingen

nonsense ['nɔnsəns] n vrøvl nt

noon [nu:n] n middag c

normal ['nɔ:məl] adj normal

north [nɔ:θ] n nord; adj nordlig; **North Pole** nordpol c

north-east [,nɔ:θ'i:st] n nordøst

northerly ['nɔ:ðəli] adj nordlig

northern ['nɔ:ðən] adj nordlig

north-west [,nɔ:θ'west] n nordvest

Norway ['nɔ:wei] Norge

Norwegian [nɔ:'wi:dʒən] adj norsk; n nordmand c

nose [nouz] n næse c

nosebleed ['nouzbli:d] n næseblod nt

nostril ['nɔstril] n næsebor nt
not [nɔt] adv ikke
notary ['noutəri] n notar c
note [nout] n notat nt, note c; tone c; v notere; bemærke, konstatere
notebook ['noutbuk] n notesbog c
noted ['noutid] adj berømt
notepaper ['nout,peipə] n brevpapir nt
nothing ['nʌθiŋ] n intet
notice ['noutis] v *lægge mærke til, bemærke, opdage; *se; n underretning c, notits c; agt c, opmærksomhed c
noticeable ['noutisəbəl] adj mærkbar; bemærkelsesværdig
notify ['noutifai] v meddele; underrette
notion ['noufən] n anelse c, begreb nt
notorious [nou'tɔ:riəs] adj berygtet
nougat ['nu:ga:] n nougat c
nought [nɔ:t] n nul nt
noun [naun] n substantiv nt, navneord nt
nourishing ['nʌriʃiŋ] adj nærende
novel ['nɔvəl] n roman c
novelist ['nɔvəlist] n romanforfatter c
November [nou'vembə] november
now [nau] adv nu; for øjeblikket; ~ and then nu og da
nowadays ['nauədeiz] adv nutildags
nowhere ['nouwɛə] adv intetsteds
nozzle ['nɔzəl] n tud c
nuance [nju:'ã:s] n nuance c
nuclear ['nju:kliə] adj kerne-; ~ energy atomenergi c
nucleus ['nju:kliəs] n kerne c
nude [nju:d] adj nøgen; n nøgenstudie c
nuisance ['nju:səns] n besvær nt
numb [nʌm] adj følelsesløs; valen
number ['nʌmbə] n nummer nt; tal nt, antal nt
numeral ['nju:mərəl] n talord nt

numerous ['nju:mərəs] adj talrig
nun [nʌn] n nonne c
nunnery ['nʌnəri] n nonnekloster nt
nurse [nə:s] n sygeplejerske c; barnepige c; v pleje; amme
nursery ['nə:səri] n børneværelse nt; vuggestue c; planteskole c
nut [nʌt] n nød c; møtrik c
nutcrackers ['nʌt,krækəz] pl nøddeknækker c
nutmeg ['nʌtmeg] n muskat c
nutritious [nju:'triʃəs] adj nærende
nutshell ['nʌtʃel] n nøddeskal c
nylon ['nailɔn] n nylon nt

O

oak [ouk] n eg c
oar [ɔ:] n åre c
oasis [ou'eisis] n (pl oases) oase c
oath [ouθ] n ed c
oats [outs] pl havre c
obedience [ə'bi:diəns] n lydighed c
obedient [ə'bi:diənt] adj lydig
obey [ə'bei] v *adlyde
object[1] ['ɔbdʒikt] n objekt nt; genstand c; formål nt
object[2] [əb'dʒekt] v indvende; ~ to protestere imod
objection [əb'dʒekʃən] n indvending c
objective [əb'dʒektiv] adj objektiv; n formål nt
obligatory [ə'bligətəri] adj obligatorisk
oblige [ə'blaidʒ] v forpligte; *be obliged to *være forpligtet til; *skulle
obliging [ə'blaidʒiŋ] adj imødekommende
oblong ['ɔblɔŋ] adj aflang; n rektangel nt
obscene [əb'si:n] adj sjofel, uanstændig

obscure [əb'skjuə] *adj* dunkel, mørk, uklar

observation [,ɔbzə'veiʃən] *n* iagttagelse *c*, observation *c*

observatory [əb'zɔ:vətri] *n* observatorium *nt*

observe [əb'zɔ:v] *v* bemærke, observere

obsession [əb'seʃən] *n* tvangstanke *c*

obstacle ['ɔbstəkəl] *n* forhindring *c*

obstinate ['ɔbstinət] *adj* genstridig; hårdnakket

obtain [əb'tein] *v* opnå, *få

obtainable [əb'teinəbəl] *adj* kan fås

obvious ['ɔbviəs] *adj* indlysende

occasion [ə'keiʒən] *n* lejlighed *c*; anledning *c*

occasionally [ə'keiʒənəli] *adv* af og til, nu og da

occupant ['ɔkjupənt] *n* beboer *c*

occupation [,ɔkju'peiʃən] *n* beskæftigelse *c*; besættelse *c*

occupy ['ɔkjupai] *v* *besætte; **occupied** *adj* besat

occur [ə'kɔ:] *v* hænde, *forekomme, ske

occurrence [ə'kʌrəns] *n* hændelse *c*

ocean ['ouʃən] *n* ocean *nt*

October [ɔk'toubə] oktober

octopus ['ɔktəpəs] *n* blæksprutte *c*

oculist ['ɔkjulist] *n* øjenlæge *c*

odd [ɔd] *adj* sær, mærkelig; ulige

odour ['oudə] *n* duft *c*, lugt *c*

of [ɔv, əv] *prep* af

off [ɔf] *adv* af; væk; *prep* fra

offence [ə'fens] *n* forseelse *c*; anstød *nt*, fornærmelse *c*

offend [ə'fend] *v* såre, fornærme; *forse sig

offensive [ə'fensiv] *adj* offensiv; anstødelig, fornærmende; *n* offensiv *c*

offer ['ɔfə] *v* *tilbyde; yde; *n* tilbud *nt*

office ['ɔfis] *n* kontor *nt*; embede *nt*;

~ hours kontortid *c*

officer ['ɔfisə] *n* officer *c*

official [ə'fiʃəl] *adj* officiel

off-licence ['ɔf,laisəns] *n* spiritusforretning *c*

often ['ɔfən] *adv* tit, ofte

oil [ɔil] *n* olie *c*; **fuel ~** brændselsolie *c*; **~ filter** oliefilter *nt*; **~ pressure** olietryk *nt*

oil-painting [,ɔil'peintiŋ] *n* oliemaleri *nt*

oil-refinery ['ɔilri,fainəri] *n* olieraffinaderi *nt*

oil-well ['ɔilwel] *n* oliekilde *c*

oily ['ɔili] *adj* olieagtig

ointment ['ɔintmənt] *n* salve *c*

okay! [,ou'kei] fint!

old [ould] *adj* gammel; **~ age** alderdom *c*

old-fashioned [,ould'fæʃənd] *adj* gammeldags

olive ['ɔliv] *n* oliven *c*; **~ oil** olivenolie *c*

omelette ['ɔmlət] *n* omelet *c*

ominous ['ɔminəs] *adj* ildevarslende

omit [ə'mit] *v* *udelade

omnipotent [ɔm'nipətənt] *adj* almægtig

on [ɔn] *prep* på; ved

once [wʌns] *adv* en gang; **at ~** straks, omgående; **~ more** endnu en gang

oncoming ['ɔn,kʌmiŋ] *adj* kommende, modgående

one [wʌn] *num* en; *pron* man

oneself [wʌn'self] *pron* selv

onion ['ʌnjən] *n* løg *c*

only ['ounli] *adj* eneste; *adv* kun, alene; *conj* men

onwards ['ɔnwədz] *adv* fremad

onyx ['ɔniks] *n* onyks *c*

opal ['oupəl] *n* opal *c*

open ['oupən] *v* åbne; *adj* åben; åbenhjertig

opening [ˈoupəniŋ] n åbning c

opera [ˈɔprə] n opera c; ~ **house** operahus nt

operate [ˈɔpəreit] v virke; operere

operation [ˌɔpəˈreiʃən] n funktion c; operation c

operator [ˈɔpəreitə] n telefondame c

operetta [ˌɔpəˈretə] n operette c

opinion [əˈpinjən] n opfattelse c, mening c

opponent [əˈpounənt] n modstander c

opportunity [ˌɔpəˈtjuːnəti] n lejlighed c, chance c

oppose [əˈpouz] v *modsætte sig

opposite [ˈɔpəzit] prep over for; adj modstående, modsat

opposition [ˌɔpəˈziʃən] n opposition c

oppress [əˈpres] v undertrykke, tynge

optician [ɔpˈtiʃən] n optiker c

optimism [ˈɔptimizəm] n optimisme c

optimist [ˈɔptimist] n optimist c

optimistic [ˌɔptiˈmistik] adj optimistisk

optional [ˈɔpʃənəl] adj valgfri

or [ɔː] conj eller

oral [ˈɔːrəl] adj mundtlig

orange [ˈɔrindʒ] n appelsin c; adj orange

orchard [ˈɔːtʃəd] n frugthave c

orchestra [ˈɔːkistrə] n orkester nt; ~ **seat** Am orkesterplads c

order [ˈɔːdə] v beordre; bestille; n rækkefølge c, orden c; ordre c, befaling c; bestilling c; **in ~** i orden; **in ~ to** for at; **made to ~** lavet på bestilling; **out of ~** i uorden; **postal ~** postanvisning c

order-form [ˈɔːdəfɔːm] n ordreseddel c

ordinary [ˈɔːdənri] adj sædvanlig, dagligdags

ore [ɔː] n malm c

organ [ˈɔːgən] n organ nt; orgel nt

organic [ɔːˈgænik] adj organisk

organization [ˌɔːgənaiˈzeiʃən] n organisation c

organize [ˈɔːgənaiz] v organisere

Orient [ˈɔːriənt] n Orienten

oriental [ˌɔːriˈentəl] adj orientalsk

orientate [ˈɔːriənteit] v orientere sig

origin [ˈɔridʒin] n afstamning c, oprindelse c; nedstamning c, herkomst c

original [əˈridʒinəl] adj original, oprindelig

originally [əˈridʒinəli] adv oprindeligt

ornament [ˈɔːnəmənt] n ornament nt

ornamental [ˌɔːnəˈmentəl] adj ornamental

orphan [ˈɔːfən] n forældreløst barn

orthodox [ˈɔːθədɔks] adj ortodoks

ostrich [ˈɔstritʃ] n struds c

other [ˈʌðə] adj anden

otherwise [ˈʌðəwaiz] conj ellers; adv anderledes

***ought to** [ɔːt] *burde

our [auə] adj vor

ourselves [auəˈselvz] pron os; selv

out [aut] adv ude, ud; ~ **of** uden for, fra

outbreak [ˈautbreik] n udbrud c

outcome [ˈautkʌm] n resultat nt

***outdo** [ˌautˈduː] v *overgå

outdoors [ˌautˈdɔːz] adv udendørs

outer [ˈautə] adj ydre

outfit [ˈautfit] n udstyr nt

outline [ˈautlain] n omrids nt; v tegne i omrids

outlook [ˈautluk] n udsigt c; syn nt

output [ˈautput] n produktion c

outrage [ˈautreidʒ] n voldshandling c

outside [ˌautˈsaid] adv udenfor; prep uden for; n ydre nt, yderside c

outsize [ˈautsaiz] n stor størrelse

outskirts [ˈautskəːts] pl udkant c

outstanding [ˌautˈstændiŋ] adj fremstående, eminent

outward [ˈautwəd] adj udvendig

outwards ['autwədz] adv udad

oval ['ouvəl] adj oval

oven [ˈʌvən] n stegeovn c; **microwave** ~ mikrobølgeovn

over ['ouvə] prep over, oven for; adv over; omkuld; adj forbi

overall ['ouvərɔ:l] adj samlet

overalls ['ouvərɔ:lz] pl overall c

overcast ['ouvəka:st] adj overskyet

overcoat ['ouvəkout] n overfrakke c

*overcome [,ouvə'kʌm] v *overvinde

overdue [,ouvə'dju:] adj forsinket; tilbagestående

overgrown [,ouvə'groun] adj overgroet

overhaul [,ouvə'hɔ:l] v *efterse

overhead [,ouvə'hed] adv ovenover

overlook [,ouvə'luk] v *overse

overnight [,ouvə'nait] adv natten over

overseas [,ouvə'si:z] adj oversøisk

oversight ['ouvəsait] n forglemmelse c, fejltagelse c

*oversleep [,ouvə'sli:p] v *sove over sig

overstrung [,ouvə'strʌŋ] adj overspændt

*overtake [,ouvə'teik] v overhale; no overtaking overhaling forbudt

over-tired [,ouvə'taiəd] adj overtræt

overture ['ouvətʃə] n ouverture c

overweight ['ouvəweit] n overvægt c

overwhelm [,ouvə'welm] v besejre, overvælde

overwork [,ouvə'wə:k] v overanstrenge sig

owe [ou] v skylde; *have at takke for; owing to som følge af, på grund af

owl [aul] n ugle c

own [oun] v eje; adj egen

owner ['ounə] n ejer c, indehaver c

ox [ɔks] n (pl oxen) okse c

oxygen ['ɔksidʒən] n ilt c

oyster ['ɔistə] n østers c

P

pace [peis] n gangart c; skridt nt; tempo nt

Pacific Ocean [pə'sifik 'ouʃən] Stillehavet

pacifism ['pæsifizəm] n pacifisme c

pacifist ['pæsifist] n pacifist c; adj pacifistisk

pack [pæk] v pakke; ~ up pakke sammen

package ['pækidʒ] n pakke c

packet ['pækit] n pakke c

packing ['pækiŋ] n indpakning c

pad [pæd] n pude c; notesblok c

paddle ['pædəl] n padleåre c

padlock ['pædlɔk] n hængelås c

pagan ['peigən] adj hedensk; n hedning c

page [peidʒ] n pagina c, side c

page-boy ['peidʒbɔi] n piccolo c

pail [peil] n spand c

pain [pein] n smerte c; **pains** umage c

painful ['peinfəl] adj smertefuld

painless ['peinləs] adj smertefri

paint [peint] n maling c; v male

paint-box ['peintbɔks] n malerkasse c

paint-brush ['peintbrʌʃ] n pensel c

painter ['peintə] n maler c

painting ['peintiŋ] n maleri nt

pair [peə] n par nt

Pakistan [,pa:ki'sta:n] Pakistan

Pakistani [,pa:ki'sta:ni] adj pakistansk; n pakistaner c

palace ['pæləs] n palads nt

pale [peil] adj bleg; lys

palm [pa:m] n palme c; håndflade c

palpable ['pælpəbəl] adj håndgribelig

palpitation [,pælpi'teiʃən] n hjertebanken c

pan [pæn] n pande c

pane [pein] n rude c

panel ['pænəl] n panel nt

panelling ['pænəliŋ] n panelering c

panic ['pænik] n panik c

pant [pænt] v gispe

panties ['pæntiz] pl trusser pl

pants [pænts] pl underbukser pl; plAm bukser pl

pant-suit ['pæntsu:t] n buksedragt c

panty-hose ['pæntihouz] n strømpebukser pl

paper ['peipə] n papir nt; avis c; papir-; carbon ~ karbonpapir nt; ~ bag papirspose c; ~ napkin papirsserviet c; typing ~ skrivemaskinepapir nt; wrapping ~ indpakningspapir nt

paperback ['peipəbæk] n billigbog c

paper-knife ['peipənaif] n papirkniv c

parade [pə'reid] n parade c

paraffin ['pærəfin] n petroleum c

paragraph ['pærəgra:f] n paragraf c, afsnit nt

parakeet ['pærəki:t] n papegøje c

parallel ['pærəlel] adj sideløbende, parallel; n parallel c

paralyse ['pærəlaiz] v lamme

parcel ['pa:səl] n pakke c

pardon ['pa:dən] n tilgivelse c; benådning c

parents ['peərənts] pl forældre pl

parents-in-law ['peərəntsinlɔ:] pl svigerforældre pl

parish ['pæriʃ] n sogn c

park [pa:k] n park c; v parkere

parking ['pa:kiŋ] n parkering c; no ~ parkering forbudt; ~ fee parkeringsafgift c; ~ light positionslys nt; ~ lot Am parkeringsplads c; ~ meter parkometer nt; ~ zone parkeringszone c

parliament ['pa:ləmənt] n parlament nt

parliamentary [,pa:lə'mentəri] adj parlamentarisk

parrot ['pærət] n papegøje c

parsley ['pa:sli] n persille c

parson ['pa:sən] n præst c

parsonage ['pa:sənidʒ] n præstegård c

part [pa:t] n del c, part c; stykke nt; v skille; spare ~ reservedel c

partial ['pa:ʃəl] adj delvis; partisk

participant [pa:'tisipənt] n deltager c

participate [pa:'tisipeit] v *deltage

particular [pə'tikjulə] adj speciel, særlig; kræsen; in ~ især

parting ['pa:tiŋ] n afsked c; skilning c

partition [pa:'tiʃən] n skillevæg c

partly ['pa:tli] adv dels, delvis

partner ['pa:tnə] n partner c; kompagnon c

partridge ['pa:tridʒ] n agerhøne c

party ['pa:ti] n parti nt; fest c, party nt; gruppe c

pass [pa:s] v *forløbe, passere; *række; *bestå; vAm overhale; no passing Am overhaling forbudt; ~ by *forbigå *gå forbi; ~ through passere igennem

passage ['pæsidʒ] n passage c; overfart c; gennemrejse c

passenger ['pæsəndʒə] n passager c; ~ car Am personvogn c; ~ train persontog nt

passer-by [,pa:sə'bai] n forbipasserende c

passion ['pæʃən] n lidenskab c; affekt c

passionate ['pæʃənət] adj lidenskabelig

passive ['pæsiv] adj passiv

passport ['pa:spɔ:t] n pas nt; ~ control paskontrol c; ~ photograph pasfoto nt

password ['pa:swɔ:d] n feltråb nt

past [pa:st] n fortid c; adj sidst, forløben, forløbet; prep forbi, langs

paste [peist] n pasta c; v klistre

pastry ['peistri] n bagværk nt; ~ shop konditori nt

pasture ['pɑ:stʃə] n græsgang c

patch [pætʃ] v lappe

patent ['peitənt] n patent nt

path [pɑ:θ] n sti c

patience ['peiʃəns] n tålmodighed c

patient ['peiʃənt] adj tålmodig; n patient c

patriot ['peitriət] n patriot c

patrol [pə'troul] n patrulje c; v patruljere; overvåge

pattern ['pætən] n mønster nt, motiv nt

pause [pɔ:z] n pause c; v pausere

pave [peiv] v *belægge, *brolægge

pavement ['peivmənt] n fortov nt; brolægning c

pavilion [pə'viljən] n pavillon c

paw [pɔ:] n pote c

pawn [pɔ:n] v *pantsætte; n skakbonde c

pawnbroker ['pɔ:n,broukə] n pantelåner c

pay [pei] n gage c, løn c

*pay [pei] v betale; betale sig; ~ attention to *lægge mærke til; paying rentabel; ~ off indfri; ~ on account afbetale

pay-desk ['peidesk] n kasse c

payee [pei'i:] n betalingsmodtager c

payment ['peimənt] n betaling c

pea [pi:] n ært c

peace [pi:s] n fred c

peaceful ['pi:sfəl] adj fredelig

peach [pi:tʃ] n fersken c

peacock ['pi:kɔk] n påfugl c

peak [pi:k] n tinde c; top c; ~ hour myldretid c; ~ season højsæson c

peanut ['pi:nʌt] n jordnød c

pear [peə] n pære c

pearl [pə:l] n perle c

peasant ['pezənt] n bonde c

pebble ['pebəl] n rullesten c

peculiar [pi'kju:ljə] adj ejendommelig; speciel, underlig

peculiarity [pi,kju:li'ærəti] n særegenhed c

pedal ['pedəl] n pedal c

pedestrian [pi'destriən] n fodgænger c; no pedestrians forbudt for fodgængere; ~ crossing fodgængerovergang c

peel [pi:l] v skrælle; n skræl c

peep [pi:p] v kigge

peg [peg] n knage c

pelican ['pelikən] n pelikan c

pelvis ['pelvis] n bækken nt

pen [pen] n pen c

penalty ['penəlti] n bøde c; straf c; ~ kick straffespark nt

pencil ['pensəl] n blyant c

pencil-sharpener ['pensəl,ʃɑ:pnə] n blyantspidser c

pendant ['pendənt] n hængesmykke nt

penetrate ['penitreit] v gennemtrænge

penguin ['peŋgwin] n pingvin c

penicillin [,peni'silin] n penicillin nt

peninsula [pə'ninsjulə] n halvø c

penknife ['pennaif] n (pl -knives) lommekniv c

pension¹ ['pã:siõ:] n pensionat nt

pension² ['penʃən] n pension c

people ['pi:pəl] pl folk nt; n folkeslag nt

pepper ['pepə] n peber nt

peppermint ['pepəmint] n pebermynte c

perceive [pə'si:v] v opfatte, fornemme

percent [pə'sent] n procent c

percentage [pə'sentidʒ] n procentdel c

perceptible [pə'septibəl] adj mærkbar

perception [pə'sepʃən] n fornemmelse c

perch [pə:tʃ] (pl ~) aborre c

percolator ['pə:kəleitə] n kaffekolbe c

perfect ['pə:fikt] *adj* fuldkommen, perfekt

perfection [pə'fekʃən] *n* fuldkommenhed *c*, fuldendthed *c*

perform [pə'fɔ:m] *v* udrette, udføre

performance [pə'fɔ:məns] *n* forestilling *c*; præstation *c*

perfume ['pə:fju:m] *n* parfume *c*

perhaps [pə'hæps] *adv* måske; muligvis

peril ['peril] *n* fare *c*

perilous ['periləs] *adj* farlig

period ['piəriəd] *n* periode *c*; punktum *nt*

periodical [,piəri'ɔdikəl] *n* tidsskrift *nt*; *adj* periodisk

perish ['periʃ] *v* *omkomme

perishable ['periʃəbəl] *adj* letfordærvelig

perjury ['pə:dʒəri] *n* mened *c*

permanent ['pə:mənənt] *adj* varig, permanent, vedvarende; blivende; fast; ~ **wave** permanent *c*

permission [pə'miʃən] *n* tilladelse *c*; lov *c*, bevilling *c*

permit[1] [pə'mit] *v* *tillade, *give lov til

permit[2] ['pə:mit] *n* tilladelse *c*, autorisation *c*

peroxide [pə'rɔksaid] *n* brintoverilte *c*

perpendicular [,pə:pən'dikjulə] *adj* lodret

Persia ['pə:ʃə] Persien

Persian ['pə:ʃən] *adj* persisk; *n* perser *c*

person ['pə:sən] *n* person *c*; per ~ pro persona

personal ['pə:sənəl] *adj* personlig

personality [,pə:sə'næləti] *n* personlighed *c*

personnel [,pə:sə'nel] *n* personale *nt*

perspective [pə'spektiv] *n* perspektiv *nt*

perspiration [,pə:spə'reiʃən] *n* sved *c*, transpiration *c*

perspire [pə'spaiə] *v* transpirere, svede

persuade [pə'sweid] *v* overtale; overbevise

persuasion [pə'sweiʒən] *n* overbevisning *c*

pessimism ['pesimizəm] *n* pessimisme *c*

pessimist ['pesimist] *n* pessimist *c*

pessimistic [,pesi'mistik] *adj* pessimistisk

pet [pet] *n* kæledyr *nt*; kæledægge *c*; yndlings-

petal ['petəl] *n* kronblad *nt*

petition [pi'tiʃən] *n* andragende *nt*

petrol ['petrəl] *n* benzin *c*; ~ **pump** benzinpumpe *c*; ~ **station** benzinstation *c*; ~ **tank** benzintank *c*; **unleaded** ~ blyfri benzin *c*

petroleum [pi'trouliəm] *n* råolie *c*

petty ['peti] *adj* ubetydelig, intetsigende, lille; ~ **cash** småbeløb *pl*

pewter ['pju:tə] *n* tin *nt*

phantom ['fæntəm] *n* gespenst *nt*

pharmacology [,fɑ:mə'kɔlədʒi] *n* farmakologi *c*

pharmacy ['fɑ:məsi] *n* apotek *nt*; materialhandel *c*

phase [feiz] *n* fase *c*

pheasant ['fezənt] *n* fasan *c*

Philippine ['filipain] *adj* filippinsk

Philippines ['filipi:nz] *pl* Filippinerne

philosopher [fi'lɔsəfə] *n* filosof *c*

philosophy [fi'lɔsəfi] *n* filosofi *c*

phone [foun] *n* telefon *c*; *v* telefonere

phonetic [fə'netik] *adj* fonetisk

photo ['foutou] *n* (pl ~s) fotografi *nt*

photocopy ['foutəkɔpi] *n* fotokopi *c*

photograph ['foutəgrɑ:f] *n* fotografi *nt*; *v* fotografere

photographer [fə'tɔgrəfə] *n* fotograf *c*

photography [fə'tɔgrəfi] *n* fotografering *c*

phrase [freiz] n vending c

phrase-book [ˈfreizbuk] n parlør c

physical [ˈfizikəl] adj fysisk

physician [fiˈziʃən] n læge c

physicist [ˈfizisist] n fysiker c

physics [ˈfiziks] n naturvidenskab c, fysik c

physiology [ˌfiziˈblədʒi] n fysiologi c

pianist [ˈpiːənist] n pianist c

piano [piˈænou] n klaver nt; grand ~ flygel nt

pick [pik] v plukke; *vælge; n valg nt; ~ up samle op; hente; pick-up van varevogn c

pick-axe [ˈpikæks] n hakke c

pickles [ˈpikəlz] pl pickles pl

picnic [ˈpiknik] n skovtur c; v *tage på skovtur

picture [ˈpiktʃə] n maleri nt; illustration c, stik nt; billede nt; ~ postcard prospektkort nt, postkort nt; pictures biograf c

picturesque [ˌpiktʃəˈresk] adj pittoresk, malerisk

piece [piːs] n stykke nt

pier [piə] n mole c

pierce [piəs] v gennembore

pig [pig] n gris c; svin nt

pigeon [ˈpidʒən] n due c

pig-headed [ˌpigˈhedid] adj stivsindet

pigskin [ˈpigskin] n svinelæder nt

pike [paik] n (pl ~) gedde c

pile [pail] n stabel c; v stable; piles pl hæmorroider pl

pilgrim [ˈpilgrim] n pilgrim c

pilgrimage [ˈpilgrimidʒ] n pilgrimsrejse c

pill [pil] n pille c

pillar [ˈpilə] n pille c, søjle c

pillar-box [ˈpiləbɔks] n postkasse c

pillow [ˈpilou] n pude c, hovedpude c

pillow-case [ˈpiloukeis] n pudebetræk nt

pilot [ˈpailət] n pilot c; lods c

pimple [ˈpimpəl] n filipens c

pin [pin] n knappenål c; v fæste med nål; bobby ~ Am hårklemme c

pincers [ˈpinsəz] pl knibtang c

pinch [pintʃ] v *knibe

pineapple [ˈpaiˌnæpəl] n ananas c

pink [piŋk] adj lyserød

pioneer [ˌpaiəˈniə] n nybygger c

pious [ˈpaiəs] adj from

pip [pip] n kerne c

pipe [paip] n pibe c; rør nt; ~ cleaner piberenser c; pipe-line n rørledning c; ~ tobacco pibetobak c

pirate [ˈpaiərət] n sørøver c

pistol [ˈpistəl] n pistol c

piston [ˈpistən] n stempel nt; ~ ring stempelring c

piston-rod [ˈpistənrɔd] n stempelstang c

pit [pit] n grav c; grube c

pitcher [ˈpitʃə] n kande c

pity [ˈpiti] n medlidenhed c; v ynke, *have medlidenhed med; what a pity! det var synd!

placard [ˈplækɑːd] n opslag nt

place [pleis] n sted nt; v *sætte, *anbringe, stille; ~ of birth fødested nt; *take ~ *finde sted

plague [pleig] n plage c

plaice [pleis] n (pl ~) rødspætte c

plain [plein] adj tydelig; almindelig, enkel; n slette c

plan [plæn] n plan c; v *planlægge

plane [plein] adj plan; n flyvemaskine c; ~ crash flystyrt nt

planet [ˈplænit] n planet c

planetarium [ˌplæniˈtɛəriəm] n planetarium nt

plank [plæŋk] n planke c

plant [plɑːnt] n plante c; industrivirksomhed c; v plante

plantation [plænˈteiʃən] n plantage c

plaster [ˈplɑːstə] n puds c, gips c; hæfteplaster nt, plaster nt

plastic [ˈplæstik] *adj* plastic-; *n* plastic *nt*

plate [pleit] *n* tallerken *c*; plade *c*

plateau [ˈplætou] *n* (pl ~x, ~s) højslette *c*

platform [ˈplætfɔ:m] *n* perron *c*; ~ **ticket** perronbillet *c*

platinum [ˈplætinəm] *n* platin *nt*

play [plei] *v* lege; spille; *n* leg *c*; skuespil *nt*; **one-act** ~ enakter *c*; ~ **truant** skulke

player [pleiə] *n* spiller *c*

playground [ˈpleigraund] *n* legeplads *c*

playing-card [ˈpleiiŋkɑ:d] *n* spillekort *nt*

playwright [ˈpleirait] *n* skuespilforfatter *c*

plea [pli:] *n* forsvar *nt*

plead [pli:d] *v* plædere; trygle

pleasant [ˈplezənt] *adj* behagelig, dejlig, tiltalende

please [pli:z] venligst; *v* behage; **pleased** tilfreds; **pleasing** behagelig

pleasure [ˈpleʒə] *n* fornøjelse *c*, glæde *c*

plentiful [ˈplentifəl] *adj* rigelig

plenty [ˈplenti] *n* overflod *c*

pliers [plaiəz] *pl* tang *c*

plimsolls [ˈplimsəlz] *pl* gummisko *pl*

plot [plɔt] *n* komplot *nt*, sammensværgelse *c*; handling *c*; parcel *c*; *v* smede rænker

plough [plau] *n* plov *c*; *v* pløje

plucky [ˈplʌki] *adj* kæk

plug [plʌg] *n* stikkontakt *c*; ~ **in** tilslutte

plum [plʌm] *n* blomme *c*

plumber [ˈplʌmə] *n* blikkenslager *c*

plump [plʌmp] *adj* buttet

plural [ˈpluərəl] *n* flertal *nt*

plus [plʌs] *prep* plus

pneumatic [nju:ˈmætik] *adj* pneumatisk

pneumonia [nju:ˈmouniə] *n* lungebetændelse *c*

poach [poutʃ] *v* drive krybskytteri

pocket [ˈpɔkit] *n* lomme *c*

pocket-book [ˈpɔkitbuk] *n* tegnebog *c*

pocket-comb [ˈpɔkitkoum] *n* lommekam *c*

pocket-knife [ˈpɔkitnaif] *n* (pl -knives) lommekniv *c*

pocket-watch [ˈpɔkitwɔtʃ] *n* lommeur *nt*

poem [ˈpouim] *n* digt *nt*

poet [ˈpouit] *n* digter *c*

poetry [ˈpouitri] *n* poesi *c*

point [pɔint] *n* punkt *nt*; spids *c*; *v* pege; ~ **of view** standpunkt *nt*; ~ **out** vise

pointed [ˈpɔintid] *adj* spids

poison [ˈpɔizən] *n* gift *c*; *v* forgifte

poisonous [ˈpɔizənəs] *adj* giftig

Poland [ˈpoulənd] Polen

Pole [poul] *n* polak *c*

pole [poul] *n* pæl *c*

police [pəˈli:s] *pl* politi *nt*

policeman [pəˈli:smən] *n* (pl -men) politibetjent *c*, politimand *c*

police-station [pəˈli:sˌsteiʃən] *n* politistation *c*

policy [ˈpɔlisi] *n* politik *c*; police *c*

polio [ˈpouliou] *n* børnelammelse *c*, polio *c*

Polish [ˈpouliʃ] *adj* polsk

polish [ˈpɔliʃ] *v* polere

polite [pəˈlait] *adj* høflig

political [pəˈlitikəl] *adj* politisk

politician [ˌpɔliˈtiʃən] *n* politiker *c*

politics [ˈpɔlitiks] *n* politik *c*

pollution [pəˈlu:ʃən] *n* forurening *c*

pond [pɔnd] *n* dam *c*

pony [ˈpouni] *n* pony *c*

poor [puə] *adj* fattig; sølle

pope [poup] *n* pave *c*

poplin [ˈpɔplin] *n* poplin *nt*

pop music [pɔp ˈmju:zik] popmusik *c*

poppy ['pɔpi] n valmue c
popular ['pɔpjulə] adj populær; folke-
population [,pɔpju'leiʃən] n befolkning c
populous ['pɔpjuləs] adj folkerig
porcelain ['pɔːsəlin] n porcelæn nt
porcupine ['pɔːkjupain] n hulepindsvin nt
pork [pɔːk] n svinekød nt
port [pɔːt] n havn c; bagbord nt; portvin c
portable ['pɔːtəbəl] adj transportabel
porter ['pɔːtə] n drager c; portier c
porthole ['pɔːthoul] n koøje nt
portion ['pɔːʃən] n portion c
portrait ['pɔːtrit] n portræt nt
Portugal ['pɔːtjugəl] Portugal
Portuguese [,pɔːtju'giːz] adj portugisisk; n portugiser c
position [pə'ziʃən] n position c; situation c; holdning c; stilling c
positive ['pɔzətiv] adj positiv; n positiv nt
possess [pə'zes] v *besidde; possessed adj besat
possession [pə'zeʃən] n besiddelse c; possessions eje nt
possibility [,pɔsə'biləti] n mulighed c
possible ['pɔsəbəl] adj mulig; eventuel; possibly adv muligvis
post [poust] n stolpe c; post c; v poste; post-office postkontor nt
postage ['poustidʒ] n porto c; ~ paid portofri; ~ stamp frimærke nt
postcard ['poustkaːd] n postkort nt
poster ['poustə] n plakat c
poste restante [poust re'stɑ̃ːt] poste restante
postman ['poustmən] n (pl -men) postbud nt
post-paid [,poust'peid] adj franko
postpone [pə'spoun] v *udskyde, *udsætte
pot [pɔt] n gryde c

potato [pə'teitou] n (pl ~es) kartoffel c
pottery ['pɔtəri] n keramik c; pottemagervarer pl
pouch [pautʃ] n pung c
poulterer ['poultərə] n vildthandler c
poultry ['poultri] n fjerkræ nt
pound [paund] n pund c
pour [pɔː] v hælde, skænke
poverty ['pɔvəti] n fattigdom c
powder ['paudə] n pudder nt; ~ compact pudderdåse c; talc ~ talkum nt
powder-puff ['paudəpʌf] n pudderkvast c
powder-room ['paudəruːm] n dametoilet nt
power [pauə] n kraft c, styrke c; energi c; magt c
powerful ['pauəfəl] adj mægtig, indflydelsesrig; stærk
powerless ['pauələs] adj magtesløs
power-station ['pauə,steiʃən] n kraftværk nt
practical ['præktikəl] adj praktisk
practically ['præktikli] adv omtrent
practice ['præktis] n praksis c
practise ['præktis] v praktisere; øve sig
praise [preiz] v rose; n ros c
pram [præm] n barnevogn c
prawn [prɔːn] n reje c
pray [prei] v *bede
prayer [preə] n bøn c
preach [priːtʃ] v prædike
precarious [pri'keəriəs] adj prekær
precaution [pri'kɔːʃən] n forsigtighed c; sikkerhedsforanstaltning c
precede [pri'siːd] v *gå forud for
preceding [pri'siːdiŋ] adj foregående
precious ['preʃəs] adj kostbar; dyrebar
precipice ['presipis] n afgrund c
precipitation [pri,sipi'teiʃən] n nedbør

c

precise [pri'sais] *adj* præcis, eksakt, nøjagtig; pertentlig

predecessor ['pri:disesə] *n* forgænger c

predict [pri'dikt] *v* *forudsige

prefer [pri'fə:] *v* *foretrække

preferable ['prefərəbəl] *adj* at *foretrække

preference ['prefərəns] *n* forkærlighed c

prefix ['pri:fiks] *n* forstavelse c

pregnant ['pregnənt] *adj* gravid, svanger

prejudice ['predʒədis] *n* fordom c

preliminary [pri'liminəri] *adj* indledende; forberedende

premature ['premətʃuə] *adj* forhastet

premier ['premiə] *n* statsminister c

premises ['premisiz] *pl* ejendom c

premium ['pri:miəm] *n* forsikringspræmie c

prepaid [,pri:'peid] *adj* forudbetalt

preparation [,prepə'reiʃən] *n* forberedelse c

prepare [pri'peə] *v* forberede; berede

prepared [pri'peəd] *adj* beredt

preposition [,prepə'ziʃən] *n* præposition c

prescribe [pri'skraib] *v* *foreskrive, ordinere

prescription [pri'skripʃən] *n* recept c

presence ['prezəns] *n* nærværelse c; tilstedeværelse c

present[1] ['prezənt] *n* foræring c, gave c; nutid c; *adj* nuværende; tilstedeværende

present[2] [pri'zent] *v* præsentere; *forelægge

presently ['prezəntli] *adv* om lidt, snart

preservation [,prezə'veiʃən] *n* konservering c

preserve [pri'zə:v] *v* konservere

president ['prezidənt] *n* præsident c; formand c

press [pres] *n* presse c; *v* trykke på, trykke; presse; ~ **conference** pressekonference c

pressing ['presiŋ] *adj* presserende

pressure ['preʃə] *n* tryk *nt*; pres *nt*; **atmospheric** ~ lufttryk *nt*

pressure-cooker ['preʃə,kukə] *n* trykkoger c

prestige [pre'sti:ʒ] *n* prestige c

presumable [pri'zju:məbəl] *adj* antagelig

presumptuous [pri'zʌmpʃəs] *adj* overmodig; anmassende

pretence [pri'tens] *n* påskud *nt*

pretend [pri'tend] *v* *foregive, *lade som om

pretext ['pri:tekst] *n* påskud *nt*

pretty ['priti] *adj* køn; *adv* temmelig

prevent [pri'vent] *v* afværge, forhindre; forebygge

preventive [pri'ventiv] *adj* forebyggende

previous ['pri:viəs] *adj* forudgående, tidligere, forrige

pre-war [,pri:'wɔ:] *adj* førkrigs-

price [prais] *n* pris c; *v* *prissætte

priceless ['praisləs] *adj* uvurderlig

price-list ['prais,list] *n* prisliste c

prick [prik] *v* prikke

pride [praid] *n* stolthed c

priest [pri:st] *n* katolsk præst

primary ['praiməri] *adj* primær; hoved-; elementær

prince [prins] *n* prins c

princess [prin'ses] *n* prinsesse c

principal ['prinsəpəl] *adj* hoved-; *n* rektor c

principle ['prinsəpəl] *n* princip *nt*, grundsætning c

print [print] *v* trykke; *n* aftryk *nt*; tryk *nt*; **printed matter** tryksag c

prior [praiə] *adj* forudgående

priority [prai'ɔrəti] n fortrinsret c, prioritet c

prison ['prizən] n fængsel nt

prisoner ['prizənə] n fange c, indsat c; ~ of war krigsfange c

privacy ['praivəsi] n privatliv

private ['praivit] adj privat; personlig

privilege ['privilidʒ] n privilegium n

prize [praiz] n præmie c; belønning c

probable ['prɔbəbəl] adj sandsynlig, mulig

probably ['prɔbəbli] adv sandsynligvis

problem ['prɔbləm] n problem nt; spørgsmål nt

procedure [prə'si:dʒə] n fremgangsmåde c

proceed [prə'si:d] v *fortsætte; *bære sig ad

process ['prouses] n proces c, fremgangsmåde c

procession [prə'seʃən] n optog nt, procession c

proclaim [prə'kleim] v proklamere, *kundgøre

produce¹ [prə'dju:s] v fremstille

produce² ['prɔdju:s] n produkt nt

producer [prə'dju:sə] n producent c

product ['prɔdʌkt] n produkt nt

production [prə'dʌkʃən] n produktion c

profession [prə'feʃən] n profession c

professional [prə'feʃənəl] adj professionel

professor [prə'fesə] n professor c

profit ['prɔfit] n profit c, fordel c; gavn c; v *nyde godt

profitable ['prɔfitəbəl] adj indbringende

profound [prə'faund] adj dybsindig

programme ['prougræm] n program nt

progress¹ ['prougres] n fremskridt nt

progress² [prə'gres] v *gøre fremskridt

progressive [prə'gresiv] adj progressiv, fremskridtsvenlig; tiltagende

prohibit [prə'hibit] v *forbyde

prohibition [,proui'biʃən] n forbud nt

prohibitive [prə'hibitiv] adj uoverkommelig

project ['prɔdʒekt] n plan c, projekt nt

promenade [,promə'na:d] n promenade c

promise ['promis] n løfte nt; v love

promote [prə'mout] v forfremme, fremme

promotion [prə'mouʃən] n forfremmelse c

prompt [prompt] adj omgående, øjeblikkelig

pronoun ['prounaun] n stedord nt

pronounce [prə'nauns] v udtale

pronunciation [,prənʌnsi'eiʃən] n udtale c

proof [pru:f] n bevis nt

propaganda [,propə'gændə] n propaganda c

propel [prə'pel] v *drive frem

propeller [prə'pelə] n propel c, skrue c

proper ['prɔpə] adj ret; sømmelig, passende, rigtig

property ['prɔpəti] n ejendele pl, ejendom c; egenskab c

prophet ['prɔfit] n profet c

proportion [prə'pɔ:ʃən] n proportion c

proportional [prə'pɔ:ʃənəl] adj proportional

proposal [prə'pouzəl] n forslag nt

propose [prə'pouz] v *foreslå

proposition [,propə'ziʃən] n forslag nt

proprietor [prə'praiətə] n ejer c

prospect ['prospekt] n udsigt c

prospectus [prə'spektəs] n prospekt nt

prosperity [prɔ'sperəti] n medgang c, velstand c; velfærd c

prosperous ['prɔspərəs] *adj* velstående, blomstrende

prostitute ['prɔstitjuːt] *n* prostitueret *c*

protect [prə'tekt] *v* beskytte

protection [prə'tekʃən] *n* beskyttelse *c*

protein ['proutiːn] *n* protein *nt*

protest[1] ['proutest] *n* protest *c*

protest[2] [prə'test] *v* protestere

Protestant ['prɔtistənt] *adj* protestantisk

proud [praud] *adj* stolt; vigtig

prove [pruːv] *v* bevise, påvise; vise sig

proverb ['prɔvəːb] *n* ordsprog *nt*

provide [prə'vaid] *v* levere, skaffe; **provided that** forudsat at

province ['prɔvins] *n* amt *nt*; provins *c*

provincial [prə'vinʃəl] *adj* provinsiel

provisional [prə'viʒənəl] *adj* foreløbig

provisions [prə'viʒənz] *pl* proviant *c*

prune [pruːn] *n* sveske *c*

psychiatrist [sai'kaiətrist] *n* psykiater *c*

psychic ['saikik] *adj* psykisk

psychoanalyst [ˌsaikou'ænəlist] *n* psykoanalytiker *c*

psychological [ˌsaikə'lɔdʒikəl] *adj* psykologisk

psychologist [sai'kɔlədʒist] *n* psykolog *c*

psychology [sai'kɔlədʒi] *n* psykologi *c*

pub [pʌb] *n* værtshus *nt*; knejpe *c*

public ['pʌblik] *adj* almen, offentlig; publikum *nt*; ~ **garden** offentligt anlæg; ~ **house** værtshus *nt*

publication [ˌpʌbli'keiʃən] *n* publikation *c*

publicity [pʌ'blisəti] *n* publicity *c*

publish ['pʌbliʃ] *v* *offentliggøre, *udgive

publisher ['pʌbliʃə] *n* forlægger *c*

puddle ['pʌdəl] *n* pyt *c*

pull [pul] *v* *trække; ~ **out** *afgå; ~ **up** *holde

pulley ['puli] *n* (pl ~s) trisse *c*

Pullman ['pulmən] *n* sovevogn *c*

pullover ['puˌlouvə] *n* pullover *c*

pulpit ['pulpit] *n* prædikestol *c*, talerstol *c*

pulse [pʌls] *n* puls *c*

pump [pʌmp] *n* pumpe *c*; *v* pumpe

punch [pʌntʃ] *v* støde; *n* nævestød *nt*

punctual ['pʌŋktʃuəl] *adj* punktlig, præcis

puncture ['pʌŋktʃə] *n* punktering *c*

punctured ['pʌŋktʃəd] *adj* punkteret

punish ['pʌniʃ] *v* straffe

punishment ['pʌniʃmənt] *n* straf *c*

pupil ['pjuːpil] *n* elev *c*

puppet-show ['pʌpitʃou] *n* dukketeater *nt*

purchase ['pəːtʃəs] *v* købe; *n* køb *nt*, anskaffelse *c*; ~ **price** købesum *c*

purchaser ['pəːtʃəsə] *n* køber *c*

pure [pjuə] *adj* ren

purple ['pəːpəl] *adj* purpurfarvet

purpose ['pəːpəs] *n* hensigt *c*, formål *nt*; **on** ~ med vilje

purse [pəːs] *n* pung *c*

pursue [pə'sjuː] *v* *forfølge; stræbe efter

pus [pʌs] *n* pus *nt*

push [puʃ] *n* skub *nt*, puf *nt*; *v* skubbe; puffe; mase sig frem

push-button ['puʃˌbʌtən] *n* trykknap *c*

***put** [put] *v* stille, *lægge, placere; stoppe; ~ **away** stille på plads; ~ **off** *udskyde; ~ **on** *tage på; ~ **out** slukke

puzzle ['pʌzəl] *n* hovedbrud *nt*; gåde *c*; *v* volde hovedbrud; **jigsaw** ~ puslespil *nt*

puzzling ['pʌzliŋ] *adj* ubegribelig

pyjamas [pə'dʒaːməz] *pl* pyjamas *c*

Q

quack [kwæk] n charlatan c, kvaksalver c

quail [kweil] n (pl ~, ~s) vagtel c

quaint [kweint] adj ejendommelig; gammeldags

qualification [ˌkwɔlifiˈkeiʃən] n kvalifikation c; forbehold nt, restriktion c

qualified [ˈkwɔlifaid] adj kvalificeret; kompetent

qualify [ˈkwɔlifai] v egne sig, kvalificere

quality [ˈkwɔləti] n kvalitet c; egenskab c

quantity [ˈkwɔntəti] n kvantitet c; antal nt

quarantine [ˈkwɔrəntiːn] n karantæne c

quarrel [ˈkwɔrəl] v skændes; n skærmydsel c, skænderi nt

quarry [ˈkwɔri] n stenbrud nt

quarter [ˈkwɔːtə] n kvart c; kvartal nt; kvarter nt; ~ of an hour kvarter nt

quarterly [ˈkwɔːtəli] adj kvartårlig

quay [kiː] n kaj c

queen [kwiːn] n dronning c

queer [kwiə] adj underlig, sælsom; løjerlig

query [ˈkwiəri] n forespørgsel c; v *forespørge; tvivle på

question [ˈkwestʃən] n spørgsmål nt, problem nt; v *udspørge; *drage i tvivl; ~ mark spørgsmålstegn nt

queue [kjuː] n kø c; v *stå i kø

quick [kwik] adj hurtig

quick-tempered [ˌkwikˈtempəd] adj hidsig

quiet [ˈkwaiət] adj stille, rolig, stilfærdig; n stilhed c, ro c

quilt [kwilt] n vattæppe nt

quinine [kwiˈniːn] n kinin c

quit [kwit] v *holde op, ophøre

quite [kwait] adv fuldstændigt, helt igennem; ganske, temmelig; helt, særdeles

quiz [kwiz] n (pl ~zes) quiz c

quota [ˈkwoutə] n kvota c

quotation [kwouˈteiʃən] n citat nt; ~ marks anførelsestegn pl

quote [kwout] v citere

R

rabbit [ˈræbit] n kanin c

rabies [ˈreibiz] n hundegalskab c

race [reis] n væddeløb nt, kapløb nt; race c

race-course [ˈreiskɔːs] n væddeløbsbane c

race-horse [ˈreishɔːs] n væddeløbshest c

race-track [ˈreistræk] n væddeløbsbane c

racial [ˈreiʃəl] adj race-

racket [ˈrækit] n rabalder nt; fidus c

racquet [ˈrækit] n ketsjer c

radiator [ˈreidieitə] n radiator c

radical [ˈrædikəl] adj radikal

radio [ˈreidiou] n radio c

radish [ˈrædiʃ] n radise c

radius [ˈreidiəs] n (pl radii) radius c

raft [rɑːft] n tømmerflåde c

rag [ræg] n klud c

rage [reidʒ] n raseri nt; v rase

raid [reid] n angreb nt

rail [reil] n gelænder nt, balustrade c

railing [ˈreiliŋ] n rækværk nt

railroad [ˈreilroud] nAm jernbane c

railway [ˈreilwei] n jernbane c

rain [rein] n regn c; v regne

rainbow [ˈreinbou] n regnbue c

raincoat [ˈreinkout] n regnfrakke c

rainproof ['reinpru:f] *adj* regntæt

rainy ['reini] *adj* regnfuld

raise [reiz] *v* hæve; forhøje; dyrke; opfostre, opdrætte; *v* opkræve; *nAm* lønstigning *c*, *nAm* lønforhøjelse *c*

raisin ['reizən] *n* rosin *c*

rake [reik] *n* rive *c*

rally ['ræli] *n* stævne *nt*

ramp [ræmp] *n* rampe *c*

ramshackle ['ræm,ʃækəl] *adj* faldefærdig

rancid ['rænsid] *adj* harsk

rang [ræŋ] *v* (p ring)

range [reindʒ] *n* rækkevidde *c*

range-finder ['reindʒ,faində] *n* afstandsmåler *c*

rank [ræŋk] *n* rang *c*; række *c*

ransom ['rænsəm] *n* løsesum *c*

rape [reip] *v* *voldtage

rapid ['ræpid] *adj* hurtig, hastig

rapids ['ræpidz] *pl* strømfald *nt*

rare [rɛə] *adj* sjælden

rarely ['rɛəli] *adv* sjældent

rascal ['rɑːskəl] *n* skælm *c*, slyngel *c*

rash [ræʃ] *n* udslæt *nt*; *adj* overilet, ubesindig

raspberry ['rɑːzbəri] *n* hindbær *nt*

rat [ræt] *n* rotte *c*

rate [reit] *n* tarif *c*, pris *c*; fart *c*; **at any ~** i hvert fald; **~ of exchange** valutakurs *c*

rather ['rɑːðə] *adv* temmelig, ganske, rigtigt; hellere

ration ['ræʃən] *n* ration *c*

rattan [ræ'tæn] *n* peddigrør *nt*

raven ['reivən] *n* ravn *c*

raw [rɔː] *adj* rå; **~ material** råstof *nt*

ray [rei] *n* stråle *c*

rayon ['reiɔn] *n* rayon *c*

razor ['reizə] *n* barbermaskine *c*

razor-blade ['reizəbleid] *n* barberblad *nt*

reach [riːtʃ] *v* nå; *n* rækkevidde *c*

reaction [ri'ækʃən] *n* reaktion *c*

***read** [riːd] *v* læse

reading ['riːdiŋ] *n* læsning *c*

reading-lamp ['riːdiŋlæmp] *n* læselampe *c*

reading-room ['riːdiŋruːm] *n* læsesal *c*

ready ['redi] *adj* klar, parat

ready-made [,redi'meid] *adj* konfektionssyet

real [riəl] *adj* virkelig

reality [ri'æləti] *n* virkelighed *c*

realizable ['riəlaizəbəl] *adj* realisabel

realize ['riəlaiz] *v* *indse; *virkeliggøre, realisere

really ['riəli] *adv* virkeligt; egentlig

rear [riə] *n* bagside *c*; *v* opfostre

rear-light [riə'lait] *n* baglygte *c*

reason ['riːzən] *n* grund *c*, årsag *c*; fornuft *c*, forstand *c*; *v* ræsonnere

reasonable ['riːzənəbəl] *adj* fornuftig; rimelig

reassure [,riːə'ʃuə] *v* berolige

rebate ['riːbeit] *n* fradrag *nt*, rabat *c*

rebellion [ri'beljən] *n* opstand *c*, oprør *nt*

recall [ri'kɔːl] *v* erindre, mindes; tilbagekalde; annullere

receipt [ri'siːt] *n* kvittering *c*, modtagelsesbevis *nt*; modtagelse *c*

receive [ri'siːv] *v* *få, *modtage

receiver [ri'siːvə] *n* telefonrør *nt*

recent ['riːsənt] *adj* nylig

recently ['riːsəntli] *adv* for nylig, forleden

reception [ri'sepʃən] *n* modtagelse *c*; **~ office** reception *c*

receptionist [ri'sepʃənist] *n* receptionsdame *c*

recession [ri'seʃən] *n* afmatning *c*

recipe ['resipi] *n* opskrift *c*

recital [ri'saitəl] *n* solistkoncert *c*

reckon ['rekən] *v* regne; regne for; regne med

recognition [,rekəg'niʃən] *n* anerkendelse c

recognize ['rekəgnaiz] v genkende; anerkende

recollect [,rekə'lekt] v mindes

recommence [,ri:kə'mens] v begynde forfra

recommend [,rekə'mend] v anbefale; tilråde

recommendation [,rekəmen'deiʃən] n anbefaling c

reconciliation [,rekənsili'eiʃən] n forsoning c

record¹ ['rekɔ:d] n grammofonplade c; rekord c; protokol c

record² [ri'kɔ:d] v optegne

recorder [ri'kɔ:də] n båndoptager c

recording [ri'kɔ:diŋ] n optagelse c

record-player ['rekɔ:d,pleiə] n grammofon c, pladespiller c

recover [ri'kʌvə] v *genfinde; *blive rask, *komme sig

recovery [ri'kʌvəri] n helbredelse c, bedring c

recreation [,rekri'eiʃən] n afslapning c, rekreation c; ~ **centre** fritidscenter nt; ~ **ground** legeplads c

recruit [ri'kru:t] n rekrut c

rectangle ['rektæŋgəl] n rektangel nt

rectangular [rek'tæŋgjulə] adj rektangulær

rectory ['rektəri] n præstegård c

rectum ['rektəm] n endetarm c

recyclable [,ri'saiklbəl] adj genbrugelig

recycle [,ri'saikəl] v genbrug

red [red] adj rød

redeem [ri'di:m] v frelse

reduce [ri'dju:s] v *nedsætte, formindske, reducere

reduction [ri'dʌkʃən] n nedsættelse c; reduktion c

redundant [ri'dʌndənt] adj overflødig

reef [ri:f] n rev nt

reference ['refrəns] n reference c,

henvisning c; forbindelse c; **with ~ to** i henhold til

refer to [ri'fə:] henvise til

refill ['ri:fil] n refill c

refinery [ri'fainəri] n raffinaderi nt

reflect [ri'flekt] v reflektere

reflection [ri'flekʃən] n refleks c; spejlbillede nt

reflector [ri'flektə] n reflektor c

reformation [,refə'meiʃən] n reformationen

refresh [ri'freʃ] v forfriske

refreshment [ri'freʃmənt] n forfriskning c

refrigerator [ri'fridʒəreitə] n køleskab nt, isskab nt

refund¹ [ri'fʌnd] v refundere

refund² ['ri:fʌnd] n refundering c

refusal [ri'fju:zəl] n afslag nt

refuse¹ [ri'fju:z] v *afslå

refuse² ['refju:s] n affald nt

regard [ri'ga:d] v *anse; betragte; n agtelse c; **as regards** hvad angår, angående

regarding [ri'ga:diŋ] prep med hensyn til; angående

regatta [ri'gætə] n regatta c

régime [rei'ʒi:m] n regime nt

region ['ri:dʒən] n region c; område nt

regional ['ri:dʒənəl] adj regional

register ['redʒistə] v *indskrive sig; anbefale; **registered letter** anbefalet brev

registration [,redʒi'streiʃən] n indmeldelse c; ~ **form** indmeldelsesblanket c; ~ **number** registreringsnummer nt; ~ **plate** nummerplade c

regret [ri'gret] v beklage; n beklagelse c

regular ['regjulə] adj regelmæssig; normal

regulate ['regjuleit] v regulere

regulation [ˌregjuˈleiʃən] n regel c, reglement nt; regulering c

rehabilitation [ˌriːhəˌbiliˈteiʃən] n revalidering c

rehearsal [riˈhəːsəl] n prøve c

rehearse [riˈhəːs] v *holde prøve på

reign [rein] n regeringstid c; v regere

reimburse [ˌriːimˈbəːs] v betale tilbage, *godtgøre

reindeer [ˈreindiə] n (pl ~) rensdyr nt

reject [riˈdʒekt] v afvise, kassere; forkaste

relate [riˈleit] v *fortælle

related [riˈleitid] adj beslægtet

relation [riˈleiʃən] n forhold nt, relation c; slægtning c

relative [ˈrelətiv] n slægtning c; adj relativ

relax [riˈlæks] v slappe af

relaxation [ˌrilækˈseiʃən] n afslapning c

reliable [riˈlaiəbəl] adj pålidelig

relic [ˈrelik] n relikvie c

relief [riˈliːf] n lindring c, lettelse c; hjælp c; relief nt

relieve [riˈliːv] v lindre; afløse

religion [riˈlidʒən] n religion c

religious [riˈlidʒəs] adj religiøs

rely on [riˈlai] stole på

remain [riˈmein] v *forblive; restere

remainder [riˈmeində] n restparti nt, rest c

remaining [riˈmeiniŋ] adj resterende

remark [riˈmaːk] n bemærkning c; v bemærke

remarkable [riˈmaːkəbəl] adj bemærkelsesværdig

remedy [ˈremədi] n lægemiddel nt; middel nt

remember [riˈmembə] v huske

remembrance [riˈmembrəns] n erindring c, minde nt

remind [riˈmaind] v minde om

remnant [ˈremnənt] n levning c, rest c

remote [riˈmout] adj fjern, afsides

removal [riˈmuːvəl] n fjernelse c

remove [riˈmuːv] v fjerne

remunerate [riˈmjuːnəreit] v honorere

remuneration [riˌmjuːnəˈreiʃən] n vederlag nt

renew [riˈnjuː] v forny; forlænge

rent [rent] v leje; n leje c

repair [riˈpeə] v reparere; n reparation c

reparation [ˌrepəˈreiʃən] n reparation c

*repay [riˈpei] v tilbagebetale

repayment [riˈpeimənt] n tilbagebetaling c

repeat [riˈpiːt] v *gentage

repellent [riˈpelənt] adj modbydelig, frastødende

repentance [riˈpentəns] n anger c

repertory [ˈrepətəri] n repertoire nt

repetition [ˌrepəˈtiʃən] n gentagelse c

replace [riˈpleis] v erstatte

reply [riˈplai] v svare; n svar nt; in ~ som svar

report [riˈpoːt] v berette, rapportere; melde; melde sig; n fremstilling c, rapport c, referat nt

reporter [riˈpoːtə] n journalist c

represent [ˌrepriˈzent] v repræsentere; forestille

representation [ˌreprizenˈteiʃən] n præsentation c

representative [ˌrepriˈzentətiv] adj repræsentativ

reprimand [ˈreprimaːnd] v *irettesætte, tilrettevise

reproach [riˈproutʃ] n bebrejdelse c; v bebrejde

reproduce [ˌriːprəˈdjuːs] v reproducere

reproduction [ˌriːprəˈdʌkʃən] n reproduktion c

reptile [ˈreptail] n krybdyr nt

republic [ri'pʌblik] n republik c

republican [ri'pʌblikən] adj republikansk

repulsive [ri'pʌlsiv] adj frastødende

reputation [,repju'teiʃən] n rygte nt, renommé nt; anseelse c

request [ri'kwest] n anmodning c; v anmode

require [ri'kwaiə] v kræve

requirement [ri'kwaiəmənt] n krav nt

requisite ['rekwizit] adj påkrævet

rescue ['reskju:] v redde; n redning c

research [ri'sə:tʃ] n forskning c

resemblance [ri'zembləns] n lighed c

resemble [ri'zembəl] v ligne

resent [ri'zent] v *tage ilde op

reservation [,rezə'veiʃən] n reservation c

reserve [ri'zə:v] v reservere; bestille; n reserve c

reserved [ri'zə:vd] adj reserveret

reservoir ['rezəvwa:] n reservoir nt

reside [ri'zaid] v bo

residence ['rezidəns] n bopæl c; ~ permit opholdstilladelse c

resident ['rezidənt] n fastboende c; adj bosiddende; intern

resign [ri'zain] v fratræde

resignation [,rezig'neiʃən] n fratrædelse c, afgang c

resin ['rezin] n harpiks c

resist [ri'zist] v *gøre modstand mod

resistance [ri'zistəns] n modstand c

resolute ['rezəlu:t] adj resolut, beslutsom

respect [ri'spekt] n respekt c; ærbødighed c, ærefrygt c, agtelse c; v respektere

respectable [ri'spektəbəl] adj agtværdig, respektabel

respectful [ri'spektfəl] adj ærbødig

respective [ri'spektiv] adj respektiv

respiration [,respə'reiʃən] n vejrtrækning c

respite ['respait] n henstand c

responsibility [ri,spɔnsə'biləti] n ansvar nt

responsible [ri'spɔnsəbəl] adj ansvarlig

rest [rest] n hvile c; rest c; v hvile ud, hvile, hvile sig

restaurant ['restərɔ̃:] n restaurant c

restful ['restfəl] adj fredelig

rest-home ['resthoum] n hvilehjem nt

restless ['restləs] adj rastløs; urolig

restrain [ri'strein] v styre, tøjle, *holde tilbage

restriction [ri'strikʃən] n indskrænkning c

result [ri'zʌlt] n resultat nt; følge c; udfald nt; v resultere

resume [ri'zju:m] v *genoptage

résumé ['rezjumei] n sammendrag nt

retail ['ri:teil] v *sælge en detail; ~ trade detailhandel c

retailer ['ri:teilə] n detailhandler c, detaillist c; videreforhandler c

retina ['retinə] n nethinde c

retire [ri'taiə] v *trække sig tilbage

retired [ri'taiəd] adj pensioneret

return [ri'tə:n] v vende tilbage, *komme tilbage; n tilbagekomst c; ~ flight tilbageflyvning c; ~ journey hjemrejse c, tilbagerejse c

reunite [,ri:ju:'nait] v genforene

reveal [ri'vi:l] v åbenbare, afsløre

revelation [,revə'leiʃən] n afsløring c

revenge [ri'vendʒ] n hævn c

revenue ['revənju:] n indtægt c, indkomst c

reverse [ri'və:s] n modsætning c; bagside c; bakgear nt; modgang c, omsving nt; adj omvendt; v bakke

review [ri'vju:] n anmeldelse c; tidsskrift nt

revise [ri'vaiz] v revidere

revision [ri'viʒən] n revision c

revival [ri'vaivəl] n genopblomstring c

revolt [ri'voult] v *gøre oprør; n opstand c, oprør nt

revolting [ri'voultiŋ] adj modbydelig, ækel, oprørende

revolution [,revə'lu:ʃən] n revolution c; omdrejning c

revolutionary [,revə'lu:ʃənəri] adj revolutionær

revolver [ri'vɔlvə] n revolver c

revue [ri'vju:] n revy c

reward [ri'wɔ:d] n dusør c, belønning c; v belønne

rheumatism ['ru:mətizəm] n reumatisme c

rhinoceros [rai'nɔsərəs] n (pl ~, ~es) næsehorn nt

rhubarb ['ru:bɑ:b] n rabarber c

rhyme [raim] n rim nt

rhythm ['riðəm] n rytme c

rib [rib] n ribben nt

ribbon ['ribən] n bånd nt

rice [rais] n ris c

rich [ritʃ] adj rig

riches ['ritʃiz] pl rigdom c

riddle ['ridəl] n gåde c

ride [raid] n tur c

*ride [raid] v køre; *ride

rider ['raidə] n rytter c

ridge [ridʒ] n højderyg c

ridicule ['ridikju:l] v *latterliggøre, *gøre til grin

ridiculous [ri'dikjuləs] adj latterlig

riding ['raidiŋ] n ridning c

riding-school ['raidiŋsku:l] n rideskole c

rifle ['raifəl] n gevær nt

right [rait] n ret c, rettighed c; adj korrekt, rigtig; ret; højre; retfærdig; all right! godt!; * be ~ *have ret; ~ of way forkørselsret c

righteous ['raitʃəs] adj retskaffen

right-hand ['raithænd] adj på højre hånd, højre

rightly ['raitli] adv med rette

rim [rim] n fælg c; kant c

ring [riŋ] n ring c; kreds c; manege c

*ring [riŋ] v ringe; ~ up ringe op

rinse [rins] v skylle; n skylning c

riot ['raiət] n tumult c

rip [rip] v flænge

ripe [raip] adj moden

rise [raiz] n forhøjelse c, lønstigning c; forhøjning c; stigning c; opsving nt

*rise [raiz] v rejse sig; *stå op; *stige

rising ['raiziŋ] n rejsning c

risk [risk] n risiko c; fare c; v risikere

risky ['riski] adj risikabel, vovet

rival ['raivəl] n rival c; konkurrent c; v rivalisere

rivalry ['raivəlri] n rivalisering c; konkurrence c

river ['rivə] n flod c; ~ bank flodbred c

riverside ['rivəsaid] n flodbred c

roach [routʃ] n (pl ~) skalle c

road [roud] n gade c, vej c; ~ fork korsvej c; ~ map vejkort nt; ~ system vejnet nt; ~ up vejarbejde nt

roadhouse ['roudhaus] n landevejskro c

roadside ['roudsaid] n vejkant c; ~ restaurant landevejskro c

roadway ['roudwei] nAm kørebane c

roam [roum] v strejfe om

roar [rɔ:] v brøle, hyle; n drøn nt, brøl nt

roast [roust] v stege, riste

rob [rɔb] v røve

robber ['rɔbə] n røver c

robbery ['rɔbəri] n røveri nt, tyveri nt

robe [roub] n selskabskjole c; kappe c

robin ['rɔbin] n rødkælk c

robust [rou'bʌst] adj robust

rock [rɔk] n klippe c; v gynge

rocket ['rɔkit] n raket c

rocky ['rɔki] *adj* klipperig

rod [rɔd] *n* stang *c*

roe [rou] *n* rogn *c*

roll [roul] *v* rulle; *n* rulle *c*; rundstykke *nt*

roller-skating ['roulə,skeitiŋ] *n* rulleskøjteløb *nt*

Roman Catholic ['roumən 'kæθəlik] romersk-katolsk

romance [rə'mæns] *n* romance *c*

romantic [rə'mæntik] *adj* romantisk

roof [ru:f] *n* tag *nt*; **thatched ~** strå-tag *nt*

room [ru:m] *n* rum *nt*, værelse *nt*; plads *c*; **~ and board** kost og logi; **~ service** værelsesbetjening *c*; **~ temperature** stuetemperatur *c*

roomy ['ru:mi] *adj* rummelig

root [ru:t] *n* rod *c*

rope [roup] *n* reb *nt*

rosary ['rouzəri] *n* rosenkrans *c*

rose [rouz] *n* rose *c*; *adj* rosa

rotten ['rɔtən] *adj* rådden

rouge [ru:ʒ] *n* rouge *c*

rough [rʌf] *adj* ujævn

roulette [ru:'let] *n* roulet *c*

round [raund] *adj* rund; *prep* om, omkring; *n* runde *c*; **~ trip** *Am* tur-retur

roundabout ['raundəbaut] *n* rundkørsel *c*

rounded ['raundid] *adj* afrundet

route [ru:t] *n* rute *c*

routine [ru:'ti:n] *n* rutine *c*

row[1] [rou] *n* række *c*; *v* ro

row[2] [rau] *n* skænderi *nt*

rowdy ['raudi] *adj* bølleagtig

rowing-boat ['rouiŋbout] *n* robåd *c*

royal ['rɔiəl] *adj* kongelig

rub [rʌb] *v* *gnide

rubber ['rʌbə] *n* gummi *c*; viskelæder *nt*; **~ band** elastik *c*

rubbish ['rʌbiʃ] *n* affald *nt*; vrøvl *nt*, sludder *nt*; **talk ~** vrøvle

rubbish-bin ['rʌbiʃbin] *n* skraldespand *c*

ruby ['ru:bi] *n* rubin *c*

rucksack ['rʌksæk] *n* rygsæk *c*

rudder ['rʌdə] *n* ror *nt*

rude [ru:d] *adj* uforskammet

rug [rʌg] *n* tæppe *nt*

ruin ['ru:in] *v* ruinere; *n* undergang *c*; ruin *c*

ruination [,ru:i'neiʃən] *n* ødelæggelse *c*

rule [ru:l] *n* regel *c*; styre *nt*, herre-dømme *nt*; *v* herske, regere; **as a ~** som regel, sædvanligvis

ruler ['ru:lə] *n* hersker *c*, fyrste *c*; lineal *c*

Rumania [ru:'meiniə] Rumænien

Rumanian [ru:'meiniən] *adj* rumænsk; *n* rumæner *c*

rumour ['ru:mə] *n* rygte *nt*

***run** [rʌn] *v* *løbe; **~ into** møde tilfældigt

runaway ['rʌnəwei] *n* flygtning *c*

rung [rʌŋ] *v* (pp ring)

runway ['rʌnwei] *n* startbane *c*

rural ['ruərəl] *adj* landlig

ruse [ru:z] *n* list *c*

rush [rʌʃ] *v* styrte, *fare; *n* siv *nt*

rush-hour ['rʌʃauə] *n* myldretid *c*

Russia ['rʌʃə] Rusland

Russian ['rʌʃən] *adj* russisk; *n* russer *c*

rust [rʌst] *n* rust *c*

rustic ['rʌstik] *adj* landlig

rusty ['rʌsti] *adj* rusten

S

saccharin ['sækərin] *n* sakkarin *nt*

sack [sæk] *n* sæk *c*

sacred ['seikrid] *adj* hellig

sacrifice ['sækrifais] *n* offer *nt*; *v* ofre

sacrilege ['sækrilidʒ] *n* helligbrøde *c*

sad [sæd] *adj* trist; vemodig, bedrøvet

saddle ['sædəl] *n* sadel *c*

sadness ['sædnəs] *n* bedrøvelse *c*

safe [seif] *adj* sikker; uskadt; *n* boks *c*, pengeskab *nt*

safety ['seifti] *n* sikkerhed *c*

safety-belt ['seiftibelt] *n* sikkerhedssele *c*

safety-pin ['seiftipin] *n* sikkerhedsnål *c*

safety-razor ['seifti,reizə] *n* barbermaskine *c*

sail [seil] *v* besejle, sejle; *n* sejl *nt*

sailing-boat ['seiliŋbout] *n* sejlbåd *c*

sailor ['seilə] *n* sømand *c*

saint [seint] *n* helgen *c*

salad ['sæləd] *n* salat *c*

salad-oil ['sælədɔil] *n* madolie *c*

salary ['sæləri] *n* løn *c*

sale [seil] *n* salg *nt*; **clearance ~** udsalg *nt*; **for ~** til salg; **sales** udsalg *nt*; **sales tax** omsætningsafgift

saleable ['seiləbəl] *adj* salgbar

salesgirl ['seilzgə:l] *n* ekspeditrice *c*

salesman ['seilzmən] *n* (pl -men) ekspedient *c*

salmon ['sæmən] *n* (pl ~) laks *c*

salon ['sælɔ̃:] *n* salon *c*

saloon [sə'lu:n] *n* bar *c*

salt [sɔ:lt] *n* salt *nt*

salt-cellar ['sɔ:lt,selə] *n* saltkar *c*

salty ['sɔ:lti] *adj* salt

salute [sə'lu:t] *v* hilse

salve [sɑ:v] *n* salve *c*

same [seim] *adj* samme

sample ['sɑ:mpəl] *n* vareprøve *c*

sanatorium [,sænə'tɔ:riəm] *n* (pl ~s, -ria) sanatorium *nt*

sand [sænd] *n* sand *nt*

sandal ['sændəl] *n* sandal *c*

sandpaper ['sænd,peipə] *n* sandpapir *nt*

sandwich ['sænwidʒ] *n* sandwich *c*; et stykke smørrebrød

sandy ['sændi] *adj* sandet

sanitary ['sænitəri] *adj* sanitær; **~ towel** hygiejnebind *nt*

sapphire ['sæfaiə] *n* safir *c*

sardine [sɑ:'di:n] *n* sardin *c*

satchel ['sætʃəl] *n* skoletaske *c*

satellite ['sætəlait] *n* satellit *c*

satin ['sætin] *n* atlask *nt*

satisfaction [,sætis'fækʃən] *n* tilfredsstillelse *c*, tilfredshed *c*

satisfy ['sætisfai] *v* tilfredsstille; **satisfied** tilfreds

Saturday ['sætədi] lørdag *c*

sauce [sɔ:s] *n* sovs *c*

saucepan ['sɔ:spən] *n* kasserolle *c*

saucer ['sɔ:sə] *n* underkop *c*

Saudi Arabia [,saudiə'reibiə] Saudi-Arabien

Saudi Arabian [,saudiə'reibiən] *adj* saudiarabisk

sauna ['sɔ:nə] *n* sauna *c*

sausage ['sɔsidʒ] *n* pølse *c*

savage ['sævidʒ] *adj* vild

save [seiv] *v* redde; spare

savings ['seiviŋz] *pl* sparepenge *pl*; **~ bank** sparekasse *c*

saviour ['seivjə] *n* redningsmand *c*

savoury ['seivəri] *adj* velsmagende; pikant

saw¹ [sɔ:] *v* (p see)

saw² [sɔ:] *n* sav *c*

sawdust ['sɔ:dʌst] *n* savsmuld *c*

saw-mill ['sɔ:mil] *n* savværk *nt*

*say [sei] *v* *sige

scaffolding ['skæfəldiŋ] *n* stillads *nt*

scale [skeil] *n* målestok *c*; skala *c*; skæl *nt*; **scales** *pl* vægt *c*

scandal ['skændəl] *n* skandale *c*

Scandinavia [,skændi'neiviə] Skandinavien

Scandinavian [,skændi'neiviən] *adj* skandinavisk; *n* skandinav *c*

scapegoat ['skeipgout] *n* syndebuk *c*

scar [skɑ:] *n* ar *nt*

scarce [skɛəs] *adj* knap

scarcely ['skɛəsli] *adv* næppe

scarcity ['skɛəsəti] *n* knaphed *c*

scare [skɛə] *v* skræmme; *n* skræk *c*

scarf [skɑ:f] *n* (pl ~s, scarves) hals-tørklæde *nt*

scarlet ['skɑ:lət] *adj* skarlagen

scary ['skɛəri] *adj* foruroligende

scatter ['skætə] *v* sprede

scene [si:n] *n* scene *c*

scenery ['si:nəri] *n* landskab *nt*

scenic ['si:nik] *adj* naturskøn

scent [sent] *n* duft *c*

schedule ['ʃedju:l] *n* køreplan *c*, time-plan *c*

scheme [ski:m] *n* skema *nt*; plan *c*

scholar ['skɔlə] *n* lærd *c*; elev *c*

scholarship ['skɔləʃip] *n* stipendium *nt*

school [sku:l] *n* skole *c*

schoolboy ['sku:lbɔi] *n* skoledreng *c*

schoolgirl ['sku:lgə:l] *n* skolepige *c*

schoolmaster ['sku:l,mɑ:stə] *n* skole-lærer *c*

schoolteacher ['sku:l,ti:tʃə] *n* lærer *c*

science ['saiəns] *n* videnskab *c*

scientific [,saiən'tifik] *adj* videnskabe-lig

scientist ['saiəntist] *n* videnskabs-mand *c*

scissors ['sizəz] *pl* saks *c*

scold [skould] *v* skælde ud

scooter ['sku:tə] *n* scooter *c*; løbehjul *nt*

score [skɔ:] *n* pointantal *nt*; *v* score

scorn [skɔ:n] *n* hån *c*, foragt *c*; *v* for-agte

Scot [skɔt] *n* skotte *c*

Scotch [skɔtʃ] *adj* skotsk

Scotland ['skɔtlənd] Skotland

Scottish ['skɔtiʃ] *adj* skotsk

scout [skaut] *n* spejder *c*

scrap [skræp] *n* stump *c*

scrap-book ['skræpbuk] *n* scrapbog *c*

scrape [skreip] *v* skrabe

scrap-iron ['skræpaiən] *n* skrot *nt*

scratch [skrætʃ] *v* kradse, skramme; *n* skramme *c*, rift *c*

scream [skri:m] *v* *skrige; *n* skrig *nt*

screen [skri:n] *n* skærm *c*, filmlærred *nt*

screw [skru:] *n* skrue *c*; *v* skrue

screw-driver ['skru:,draivə] *n* skrue-trækker *c*

scrub [skrʌb] *v* skrubbe; *n* krat *nt*

sculptor ['skʌlptə] *n* billedhugger *c*

sculpture ['skʌlptʃə] *n* skulptur *c*

sea [si:] *n* hav *nt*

sea-bird ['si:bə:d] *n* havfugl *c*

sea-coast ['si:koust] *n* kyst *c*

seagull ['si:gʌl] *n* stormmåge *c*, hav-måge *c*

seal [si:l] *n* segl *nt*; sæl *c*

seam [si:m] *n* søm *c*

seaman ['si:mən] *n* (pl -men) sømand *c*

seamless ['si:mləs] *adj* sømløs

seaport ['si:pɔ:t] *n* havn *c*

search [sə:tʃ] *v* søge; visitere, gen-nemsøge, endevende; *n* eftersøg-ning *c*

searchlight ['sə:tʃlait] *n* projektør *c*

seascape ['si:skeip] *n* marinebillede *nt*

sea-shell ['si:ʃel] *n* muslingeskal *c*

seashore ['si:ʃɔ:] *n* strand *c*

seasick ['si:sik] *adj* søsyg

seasickness ['si:,siknəs] *n* søsyge *c*

seaside ['si:said] *n* kyst *c*; ~ **resort** badested *nt*

season ['si:zən] *n* sæson *c*, årstid *c*; **high** ~ højsæson *c*; **low** ~ lavsæ-son *c*; **off** ~ uden for sæsonen

season-ticket ['si:zən,tikit] *n* sæson-kort *nt*

seat [si:t] *n* sæde *nt*; plads *c*, sidde-plads *c*

seat-belt ['si:tbelt] *n* sikkerhedsbælte *nt*

sea-urchin ['si:,ə:tʃin] *n* søpindsvin *nt*

sea-water ['si:,wɔ:tə] *n* havvand *nt*

second ['sekənd] *num* anden; *n* sekund *nt;* øjeblik *nt*

secondary ['sekəndəri] *adj* sekundær, underordnet

second-hand [,sekənd'hænd] *adj* brugt

secret ['si:krət] *n* hemmelighed *c;* *adj* hemmelig

secretary ['sekrətri] *n* sekretær *c*

section ['sekʃən] *n* sektion *c,* afdeling *c*

secure [si'kjuə] *adj* sikker; *v* sikre sig

security [si'kjuərəti] *n* sikkerhed *c;* kaution *c*

sedate [si'deit] *adj* sindig

sedative ['sedətiv] *n* beroligende middel

seduce [si'dju:s] *v* forføre

***see** [si:] *v* *se; *indse, *begribe, *forstå; ∼ **to** sørge for

seed [si:d] *n* frø *nt*

***seek** [si:k] *v* søge

seem [si:m] *v* *forekomme, *se ud til, *lade til

seen [si:n] *v* (pp see)

seesaw ['si:sɔ:] *n* vippe *c*

seize [si:z] *v* *gribe

seldom ['seldəm] *adv* sjældent

select [si'lekt] *v* *udvælge; *adj* udsøgt, udvalgt

selection [si'lekʃən] *n* udvælgelse *c,* udvalg *nt*

self-centred [,self'sentəd] *adj* selvoptaget

self-employed [,selfim'plɔid] *adj* selvstændig

self-evident [,sel'fevidənt] *adj* selvindlysende

self-government [,self'gʌvəmənt] *n* selvstyre *nt*

selfish ['selfiʃ] *adj* selvisk

selfishness ['selfiʃnəs] *n* egoisme *c*

self-service [,self'sə:vis] *n* selvbetjening *c;* ∼ **restaurant** cafeteria *nt*

***sell** [sel] *v* *sælge

semblance ['sembləns] *n* udseende *nt,* skin *nt*

semi- ['semi] halv-

semicircle ['semi,sə:kəl] *n* halvcirkel *c*

semi-colon [,semi'koulən] *n* semikolon *nt*

senate ['senət] *n* senat *nt*

senator ['senətə] *n* senator *c*

***send** [send] *v* sende; ∼ **back** returnere, sende tilbage; ∼ **for** sende bud efter; ∼ **off** afsende

senile ['si:nail] *adj* senil

sensation [sen'seiʃən] *n* sensation *c;* fornemmelse *c,* følelse *c*

sensational [sen'seiʃənəl] *adj* sensationel, opsigtsvækkende

sense [sens] *n* sans *c;* fornuft *c;* mening *c,* betydning *c;* *v* mærke; ∼ **of honour** æresfølelse *c*

senseless ['sensləs] *adj* meningsløs, følelsesløs

sensible ['sensəbəl] *adj* fornuftig

sensitive ['sensitiv] *adj* følsom

sentence ['sentəns] *n* sætning *c;* dom *c;* *v* dømme

sentimental [,senti'mentəl] *adj* sentimental

separate¹ ['sepəreit] *v* skille

separate² ['sepərət] *adj* særskilt, adskilt

separately ['sepərətli] *adv* separat, hver for sig

September [sep'tembə] september

septic ['septik] *adj* betændt; septisk; ***become** ∼ *blive betændt

sequel ['si:kwəl] *n* fortsættelse *c*

sequence ['si:kwəns] *n* følge *c;* serie *c*

serene [sə'ri:n] *adj* rolig; klar

serial ['siəriəl] *n* føljeton *c*

series ['siəri:z] *n* (pl ∼) serie *c,* rækkeke c

serious ['siəriəs] *adj* seriøs, alvorlig

seriousness ['siəriəsnəs] *n* alvor c

sermon ['sə:mən] *n* prædiken c

serum ['siərəm] *n* serum *nt*

servant ['sə:vənt] *n* tjener c

serve [sə:v] *v* servere

service ['sə:vis] *n* service c; betjening c; ~ **charge** betjeningsafgift c; ~ **station** servicestation c

serviette [,sə:vi'et] *n* serviet c

session ['seʃən] *n* samling c

set [set] *n* gruppe c, sæt *nt*

***set** [set] *v* *sætte; ~ **menu** fast menu; ~ **out** *drage af sted

setting ['setiŋ] *n* ramme c; ~ **lotion** setting lotion

settle ['setəl] *v* *afgøre, afslutte, ordne; ~ **down** *slå sig ned

settlement ['setəlmənt] *n* ordning c, overenskomst c, forlig c

seven ['sevən] *num* syv

seventeen [,sevən'ti:n] *num* sytten

seventeenth [,sevən'ti:nθ] *num* syttende

seventh ['sevənθ] *num* syvende

seventy ['sevənti] *num* halvfjerds

several ['sevərəl] *adj* adskillige, flere

severe [si'viə] *adj* stærk, streng

***sew** [sou] *v* sy; ~ **up** sy sammen

sewer ['su:ə] *n* kloak c

sewing-machine ['souiŋmə,ʃi:n] *n* symaskine c

sex [seks] *n* køn *nt*; sex

sexton ['sekstən] *n* kirketjener c

sexual ['sekʃuəl] *adj* seksuel

sexuality [,sekʃu'æləti] *n* seksualitet c

shade [ʃeid] *n* skygge c; nuance c

shadow ['ʃædou] *n* skygge c

shady ['ʃeidi] *adj* skyggefuld

***shake** [ʃeik] *v* ryste

shaky ['ʃeiki] *adj* vaklende

***shall** [ʃæl] *v* *skulle

shallow ['ʃælou] *adj* flad; lavvandet

shame [ʃeim] *n* skam c; **shame!** fy!

shampoo [ʃæm'pu:] *n* shampoo c

shamrock ['ʃæmrɔk] *n* trekløver c

shape [ʃeip] *n* form c; *v* forme

share [ʃeə] *v* dele; *n* andel c; aktie c

shark [ʃɑ:k] *n* haj c

sharp [ʃɑ:p] *adj* skarp

sharpen ['ʃɑ:pən] *v* spidse, *slibe

shave [ʃeiv] *v* barbere sig

shaver ['ʃeivə] *n* elshaver c

shaving-brush ['ʃeiviŋbrʌʃ] *n* barberkost c

shaving-cream ['ʃeiviŋkri:m] *n* barbercreme c

shaving-soap ['ʃeiviŋsoup] *n* barbersæbe c

shawl [ʃɔ:l] *n* sjal *nt*

she [ʃi:] *pron* hun

shed [ʃed] *n* skur *nt*

***shed** [ʃed] *v* *udgyde; udsprede

sheep [ʃi:p] *n* (pl ~) får *nt*

sheer [ʃiə] *adj* pure, absolut; tynd, gennemsigtig

sheet [ʃi:t] *n* lagen *nt*; ark *nt*; plade c

shelf [ʃelf] *n* (pl shelves) hylde c

shell [ʃel] *n* skal c

shellfish ['ʃelfiʃ] *n* skaldyr *nt*

shelter ['ʃeltə] *n* ly *nt*, tilflugtssted *nt*; *v* skærme

shepherd ['ʃepəd] *n* hyrde c

shift [ʃift] *n* skift *nt*; *v* skifte

***shine** [ʃain] *v* skinne, stråle

ship [ʃip] *n* skib *nt*; *v* afskibe; **shipping line** skibsrute c

shipowner ['ʃi,pounə] *n* skibsreder c

shipyard ['ʃipjɑ:d] *n* skibsværft *nt*

shirt [ʃə:t] *n* skjorte c

shiver ['ʃivə] *v* ryste, skælve; *n* kuldegysning c

shock [ʃɔk] *n* chok *nt*; *v* chokere; ~ **absorber** støddæmper c

shocking ['ʃɔkiŋ] *adj* chokerende

shoe [ʃu:] *n* sko c; **gym shoes** gymnastiksko *pl*; ~ **polish** skocreme c

shoe-lace [ˈʃuːleis] n snørebånd nt

shoemaker [ˈʃuːˌmeikə] n skomager c

shoe-shop [ˈʃuːʃɔp] n skoforretning c

shook [ʃuk] v (p shake)

***shoot** [ʃuːt] v *skyde

shop [ʃɔp] n butik c; v handle; ~ **assistant** ekspedient c; **shopping bag** indkøbstaske c; **shopping centre** forretningscenter nt

shopkeeper [ˈʃɔpˌkiːpə] n butiksindehaver c

shop-window [ˌʃɔpˈwindou] n udstillingsvindue nt

shore [ʃɔː] n bred c, strand c

short [ʃɔːt] adj kort; lille; ~ **circuit** kortslutning c

shortage [ˈʃɔːtidʒ] n knaphed c, mangel c

shortcoming [ˈʃɔːtˌkʌmiŋ] n utilstrækkelighed c

shorten [ˈʃɔːtən] v forkorte

shorthand [ˈʃɔːthænd] n stenografi c

shortly [ˈʃɔːtli] adv snart, inden længe

shorts [ʃɔːts] pl shorts pl; plAm underbukser pl

short-sighted [ˌʃɔːtˈsaitid] adj nærsynet

shot [ʃɔt] n skud nt; indsprøjtning c; filmoptagelse c

***should** [ʃud] v *skulle

shoulder [ˈʃouldə] n skulder c

shout [ʃaut] v skråle, råbe; n skrål nt

shovel [ˈʃʌvəl] n skovl c

show [ʃou] n opførelse c, forestilling c; udstilling c

***show** [ʃou] v vise; udstille, forevise, fremvise; bevise

show-case [ˈʃoukeis] n montre c

shower [ˈʃauə] n styrtebad nt; regnbyge c, byge c

showroom [ˈʃouruːm] n udstillingslokale nt

shriek [ʃriːk] v hvine; n hvin nt

shrimp [ʃrimp] n reje c

shrine [ʃrain] n helgenskrin nt, helligdom c

***shrink** [ʃriŋk] v *krybe

shrinkproof [ˈʃriŋkpruːf] adj krympefri

shrub [ʃrʌb] n buskvækst c

shudder [ˈʃʌdə] n gysen c

shuffle [ˈʃʌfəl] v blande

***shut** [ʃʌt] v lukke; ~ **in** lukke inde

shutter [ˈʃʌtə] n skodde c, jalousi nt

shy [ʃai] adj genert, sky

shyness [ˈʃainəs] n generthed c

Siam [saiˈæm] Siam

Siamese [ˌsaiəˈmiːz] adj siamesisk; n siameser c

sick [sik] adj syg; dårlig

sickness [ˈsiknəs] n sygdom c; kvalme c

side [said] n side c; parti nt; **one-sided** adj ensidig

sideburns [ˈsaidbəːnz] pl bakkenbarter pl

sidelight [ˈsaidlait] n sidelys nt

side-street [ˈsaidstriːt] n sidegade c

sidewalk [ˈsaidwɔːk] nAm fortov nt

sideways [ˈsaidweiz] adv sidelæns

siege [siːdʒ] n belejring c

sieve [siv] n si c; v sigte

sift [sift] v si

sight [sait] n syn nt; seværdighed c; v *få øje på

sign [sain] n tegn nt; vink nt, gestus c; v *underskrive, *skrive under, undertegne

signal [ˈsignəl] n signal nt; tegn nt; v signalere

signature [ˈsignətʃə] n underskrift c

significant [sigˈnifikənt] adj betydningsfuld

signpost [ˈsainpoust] n vejviser c

silence [ˈsailəns] n stilhed c; v *bringe til tavshed

silencer [ˈsailənsə] n lydpotte c

silent ['sailənt] *adj* tavs, stille; ***be ~** *tie

silk [silk] *n* silke *c*

silken ['silkən] *adj* silke-

silly ['sili] *adj* dum, fjollet

silver ['silvə] *n* sølv *nt;* sølv-

silversmith ['silvəsmiθ] *n* sølvsmed *c*

silverware ['silvəweə] *n* sølvtøj *pl*

similar ['similə] *adj* lignende

similarity [,simi'lærəti] *n* lighed *c*

simple ['simpəl] *adj* ligetil, enkel; almindelig

simply ['simpli] *adv* enkelt, simpelt hen

simulate ['simjuleit] *v* simulere

simultaneous [,siməl'teiniəs] *adj* samtidig

sin [sin] *n* synd *c*

since [sins] *prep* siden; *adv* siden; *conj* siden; da

sincere [sin'siə] *adj* oprigtig

sinew ['sinju:] *n* sene *c*

*sing [siŋ] *v* *synge

singer ['siŋə] *n* sanger *c;* sangerinde *c*

single ['siŋgəl] *adj* enkelt; ugift; **~ room** enkeltværelse *nt*

singular ['siŋgjulə] *n* ental *nt; adj* mærkværdig

sinister ['sinistə] *adj* uheldsvanger

sink [siŋk] *n* vask *c*

*sink [siŋk] *v* *synke

sip [sip] *n* nip *nt*

siphon ['saifən] *n* sifon *c*

siren ['saiərən] *n* sirene *c*

sister ['sistə] *n* søster *c*

sister-in-law ['sistərinlɔ:] *n* (pl sisters-) svigerinde *c*

*sit [sit] *v* *sidde; **~ down** *sætte sig

site [sait] *n* sted *nt;* beliggenhed *c*

sitting-room ['sitiŋru:m] *n* dagligstue *c*

situated ['sitʃueitid] *adj* beliggende

situation [,sitʃu'eiʃən] *n* situation *c;* beliggenhed *c,* stilling *c*

six [siks] *num* seks

sixteen [,siks'ti:n] *num* seksten

sixteenth [,siks'ti:nθ] *num* sekstende

sixth [siksθ] *num* sjette

sixty ['siksti] *num* tres

size [saiz] *n* størrelse *c,* dimension *c;* format *nt*

skate [skeit] *v* *løbe på skøjter; *n* skøjte *c*

skating ['skeitiŋ] *n* skøjteløb *nt*

skating-rink ['skeitiŋriŋk] *n* skøjtebane *c*

skeleton ['skelitən] *n* skelet *nt*

sketch [sketʃ] *n* skitse *c,* tegning *c; v* tegne, skitsere

sketch-book ['sketʃbuk] *n* skitsebog *c*

ski¹ [ski:] *v* *stå på ski

ski² [ski:] *n* (pl ~, ~s) ski *c;* ~ **boots** skistøvler *pl;* ~ **pants** skibukser *pl;* ~ **poles** *Am* skistave *pl;* ~ **sticks** skistave *pl*

skid [skid] *v* *glide

skier ['ski:ə] *n* skiløber *c*

skiing ['ski:iŋ] *n* skiløb *nt*

ski-jump ['ski:dʒʌmp] *n* skihop *nt*

skilful ['skilfəl] *adj* ferm, behændig, dygtig

ski-lift ['ski:lift] *n* skilift *c*

skill [skil] *n* færdighed *c,* dygtighed *c*

skilled [skild] *adj* øvet, dreven; faglært

skin [skin] *n* hud *c,* skind *nt;* skal *c;* ~ **cream** hudcreme *c*

skip [skip] *v* hoppe; *springe over

skirt [skə:t] *n* nederdel *c*

skull [skʌl] *n* kranium *nt*

sky [skai] *n* himmel *c*

skyscraper ['skai,skreipə] *n* skyskraber *c*

slack [slæk] *adj* træg

slacks [slæks] *pl* slacks *pl*

slam [slæm] *v* smække

slander ['slɑːndə] n bagvaskelse c

slant [slɑːnt] v skråne

slanting ['slɑːntiŋ] adj skrå, skrånende

slap [slæp] v *slå; n slag nt

slate [sleit] n skifer c

slave [sleiv] n slave c

sledge [sledʒ] n slæde c, kælk c

sleep [sliːp] n søvn c

***sleep** [sliːp] v *sove

sleeping-bag ['sliːpiŋbæg] n sovepose c

sleeping-car ['sliːpiŋkɑː] n sovevogn c

sleeping-pill ['sliːpiŋpil] n sovepille c

sleepless ['sliːpləs] adj søvnløs

sleepy ['sliːpi] adj søvnig

sleeve [sliːv] n ærme nt; omslag nt

sleigh [slei] n slæde c, kane c

slender ['slendə] adj slank

slice [slais] n skive c

slide [slaid] n rutschebane c; lysbillede nt

***slide** [slaid] v *glide

slight [slait] adj ubetydelig; svag

slim [slim] adj slank; v slanke sig

slip [slip] v *glide, *skride; smutte fra; n fejltrin nt; underkjole c

slipper ['slipə] n tøffel c, morgensko c

slippery ['slipəri] adj glat, smattet

slogan ['slougən] n slogan nt, slagord nt

slope [sloup] n skrænt c; v skråne

sloping ['sloupiŋ] adj skrånende

sloppy ['slɔpi] adj sjusket

slot [slɔt] n møntindkast nt

slot-machine ['slɔtˌməʃiːn] n automat c

slovenly ['slʌvənli] adj sjusket; usoigneret

slow [slou] adj tungnem, langsom; ~ **down** *sætte tempoet ned, sagtne farten, *sætte farten ned; bremse

sluice [sluːs] n sluse c

slum [slʌm] n slum c

slump [slʌmp] n prisfald nt

slush [slʌʃ] n sjap nt

sly [slai] adj snu

smack [smæk] v smække; n dask nt

small [smɔːl] adj lille; ringe

smallpox ['smɔːlpɔks] n kopper pl

smart [smɑːt] adj smart, vaks

smell [smel] n lugt c

***smell** [smel] v lugte; *stinke

smelly ['smeli] adj ildelugtende

smile [smail] v smile; n smil nt

smith [smiθ] n smed c

smoke [smouk] v *ryge; n røg c; **no smoking** rygning forbudt

smoker ['smoukə] n ryger c; rygekupé c

smoking-compartment ['smoukiŋkəmˌpɑːtmənt] n rygekupé c

smoking-room ['smoukiŋruːm] n rygeværelse nt

smooth [smuːð] adj glat, smul; blød

smuggle ['smʌgəl] v smugle

snack [snæk] n bid mad

snack-bar ['snækbɑː] n snackbar c

snail [sneil] n snegl c

snake [sneik] n slange c

snapshot ['snæpʃɔt] n snapshot nt, øjebliksbillede nt

sneakers ['sniːkəz] plAm gymnastiksko pl

sneeze [sniːz] v *nyse

sniper ['snaipə] n snigskytte c

snooty ['snuːti] adj storsnudet

snore [snɔː] v snorke

snorkel ['snɔːkəl] n snorkel c

snout [snaut] n snude c

snow [snou] n sne c; v sne

snowstorm ['snoustɔːm] n snestorm c

snowy ['snoui] adj snedækket

so [sou] conj altså; adv sådan; så, i den grad; **and** ~ **on** og så videre; ~ **far** hidtil; ~ **that** så at, så

soak [souk] v gennemvæde, gennem-bløde, udbløde, *lægge i blød

soap [soup] n sæbe c; ~ **powder** sæbepulver nt

sober ['soubə] adj ædru; besindig

so-called [‚souˈkɔːld] adj såkaldt

soccer ['sɔkə] n fodbold c; ~ **team** fodboldhold nt

social ['souʃəl] adj samfunds-, social

socialism ['souʃəlizəm] n socialisme c

socialist ['souʃəlist] adj socialistisk; n socialist c

society [sə'saiəti] n samfund nt; selskab nt, forening c

sock [sɔk] n sok c

socket ['sɔkit] n fatning c

soda-water ['soudə‚wɔːtə] n mineralvand c

sofa ['soufə] n sofa c

soft [sɔft] adj blød; ~ **drink** alkoholfri drik

soften ['sɔfən] v *blødgøre

soil [sɔil] n jord c; jordbund c

soiled [sɔild] adj tilsølet

sold [sould] v (p, pp sell) ; ~ **out** udsolgt

solder ['sɔldə] v lodde

soldering-iron ['sɔldəriŋaiən] n loddekolbe c

soldier ['souldʒə] n soldat c

sole¹ [soul] adj eneste

sole² [soul] n sål c; søtunge c

solely ['soulli] adv udelukkende

solemn ['sɔləm] adj højtidelig

solicitor [sə'lisitə] n advokat c

solid ['sɔlid] adj solid; massiv; n fast stof

soluble ['sɔljubəl] adj opløselig

solution [sə'luːʃən] n løsning c; opløsning c

solve [sɔlv] v løse

sombre ['sɔmbə] adj skummel

some [sʌm] adj nogle; pron visse, nogle; noget; ~ **day** engang; ~

more lidt mere; ~ **time** engang

somebody ['sʌmbədi] pron nogen

somehow ['sʌmhau] adv på en eller anden måde

someone ['sʌmwʌn] pron nogen

something ['sʌmθiŋ] pron noget

sometimes ['sʌmtaimz] adv somme tider

somewhat ['sʌmwɔt] adv noget

somewhere ['sʌmwɛə] adv et eller andet sted

son [sʌn] n søn c

song [sɔŋ] n sang c

son-in-law ['sʌninlɔː] n (pl sons-) svigersøn c

soon [suːn] adv inden længe, hurtigt, snart, snartligt; **as** ~ **as** så snart som

sooner ['suːnə] adv snarere

sore [sɔː] adj øm; n ømt sted; byld c; ~ **throat** ondt i halsen

sorrow ['sɔrou] n græmmelse c, bedrøvelse c, smerte c

sorry ['sɔri] adj ked af det; **sorry!** undskyld!

sort [sɔːt] v ordne, sortere; n slags c; **all sorts of** flere slags

soul [soul] n sjæl c; gejst c

sound [saund] n klang c, lyd c; v *lyde; adj tilforladelig; sund

soundproof ['saundpruːf] adj lydtæt

soup [suːp] n suppe c

soup-plate ['suːppleit] n suppetallerken c

soup-spoon ['suːpspuːn] n suppeske c

sour [sauə] adj sur

source [sɔːs] n udspring nt

south [sauθ] n syd; **South Pole** sydpol c

South Africa [sauθ 'æfrikə] Sydafrika

south-east [‚sauθ'iːst] n sydøst

southerly ['sʌðəli] adj sydlig

southern ['sʌðən] adj sydlig

south-west [‚sauθ'west] n sydvest

souvenir ['su:vəniə] n souvenir c; ~**shop** souvenirbutik c

Soviet ['souviət] adj sovjetisk

*****sow** [sou] v så

spa [spɑ:] n kursted nt

space [speis] n plads c; verdensrum nt; afstand c, mellemrum nt; v *anbringe med mellemrum

spacious ['speiʃəs] adj rummelig

spade [speid] n spade c

Spain [spein] Spanien

Spaniard ['spænjəd] n spanier c

Spanish ['spæniʃ] adj spansk

spanking ['spæŋkiŋ] n endefuld c

spanner ['spænə] n skruenøgle c

spare [spɛə] adj reserve-, ekstra; v undvære; ~ **part** reservedel c; ~ **room** gæsteværelse nt; ~ **time** fritid c; ~ **tyre** reservedæk nt; ~ **wheel** reservehjul nt

spark [spɑ:k] n gnist c

sparking-plug ['spɑ:kiŋplʌg] n tændrør nt

sparkling ['spɑ:kliŋ] adj funklende; mousserende

sparrow ['spærou] n spurv c

*****speak** [spi:k] v tale

spear [spiə] n spyd nt

special ['speʃəl] adj speciel, særlig; ~ **delivery** ekspres

specialist ['speʃəlist] n specialist c

speciality [ˌspeʃi'æləti] n specialitet c

specialize ['speʃəlaiz] v specialisere sig

specially ['speʃəli] adv i særdeleshed

species ['spi:ʃi:z] n (pl ~) art c

specific [spə'sifik] adj specifik

specimen ['spesimən] n eksemplar nt

speck [spek] n plet c

spectacle ['spektəkəl] n skue nt, skuespil nt; **spectacles** briller pl

spectator [spek'teitə] n seer c, tilskuer c

speculate ['spekjuleit] v spekulere

speech [spi:tʃ] n talens brug; tale c

speechless ['spi:tʃləs] adj målløs

speed [spi:d] n hastighed c; fart c, hurtighed c; **cruising** ~ marchhastighed c; ~ **limit** hastighedsgrænse c

*****speed** [spi:d] v køre hurtigt; køre for hurtigt

speeding ['spi:diŋ] n overtrædelse af hastighedsgrænse

speedometer [spi:'dɔmitə] n speedometer nt

spell [spel] n fortryllelse c

*****spell** [spel] v stave

spelling ['speliŋ] n stavemåde c

*****spend** [spend] v *give ud, bruge, spendere; *tilbringe

sphere [sfiə] n kugle c; område nt

spice [spais] n krydderi nt; **spices** krydderier

spiced [spaist] adj krydret

spicy ['spaisi] adj krydret

spider ['spaidə] n edderkop c; **spider's web** spindelvæv nt

*****spill** [spil] v spilde

*****spin** [spin] v *spinde; snurre

spinach ['spinidʒ] n spinat c

spine [spain] n rygsøjle c

spinster ['spinstə] n pebermø c

spire [spaiə] n spir nt

spirit ['spirit] n ånd c; spøgelse nt; humør nt; **spirits** spirituosa pl, stærke drikke; humør nt; ~ **stove** spritapparat nt

spiritual ['spiritʃuəl] adj åndelig

spit [spit] n spyt nt; spid nt

*****spit** [spit] v spytte

in spite of [in spait ɔv] trods, til trods for, på trods af

spiteful ['spaitfəl] adj ondskabsfuld

splash [splæʃ] v sprøjte

splendid ['splendid] adj pragtfuld, fremragende

splendour ['splendə] n pragt c

splint [splint] *n* benskinne *c*

splinter ['splintə] *n* splint *c*

***split** [split] *v* spalte

***spoil** [spɔil] *v* *ødelægge; forkæle

spoke¹ [spouk] *v* (p speak)

spoke² [spouk] *n* ege *c*

sponge [spʌndʒ] *n* svamp *c*

spook [spu:k] *n* spøgelse *nt*

spool [spu:l] *n* spole *c*

spoon [spu:n] *n* ske *c*

spoonful ['spu:nful] *n* skefuld *c*

sport [spɔ:t] *n* sport *c*

sports-car ['spɔ:tska:] *n* sportsvogn *c*

sports-jacket ['spɔ:tsˌdʒækit] *n* sportsjakke *c*

sportsman ['spɔ:tsmən] *n* (pl -men) sportsmand *c*

sportswear ['spɔ:tswɛə] *n* sportstøj *pl*

spot [spɔt] *n* plet *c*; sted *nt*

spotless ['spɔtləs] *adj* pletfri

spotlight ['spɔtlait] *n* projektør *c*

spotted ['spɔtid] *adj* plettet

spout [spaut] *n* sprøjt *nt*

sprain [sprein] *v* forstuve; *n* forstuvning *c*

***spread** [spred] *v* brede, brede ud

spring [spriŋ] *n* forår *nt*; fjeder *c*; kilde *c*

springtime ['spriŋtaim] *n* forår *nt*

sprouts [sprauts] *pl* rosenkål *c*

spy [spai] *n* spion *c*, agent *c*; ~ **on** udspionere

square [skwɛə] *adj* kvadratisk; *n* kvadrat *nt*; plads *c*, torv *nt*

squirrel ['skwirəl] *n* egern *nt*

squirt [skwə:t] *n* sprøjt *nt*

stable ['steibəl] *adj* stabil; *n* stald *c*

stack [stæk] *n* stabel *c*

stadium ['steidiəm] *n* stadion *nt*

staff [sta:f] *n* personale *nt*

stage [steidʒ] *n* scene *c*; stadium *nt*, fase *c*; etape *c*

stain [stein] *v* plette; *n* plet *c*; **stained glass** kulørt glas; ~ **remover** plet-

fjerner *c*

stainless ['steinləs] *adj* pletfri; ~ **steel** rustfrit stål

staircase ['stɛəkeis] *n* trappe *c*

stairs [stɛəz] *pl* trappe *c*

stale [steil] *adj* gammel

stall [stɔ:l] *n* bod *c*; parketplads *c*

stamina ['stæminə] *n* udholdenhed *c*

stamp [stæmp] *n* frimærke *nt*; stempel *nt*; *v* frankere; stampe; ~ **machine** frimærkeautomat *c*

stand [stænd] *n* stade *nt*; tribune *c*

***stand** [stænd] *v* *stå; *udholde

standard ['stændəd] *n* måleenhed *c*, norm *c*; standard-; ~ **of living** levestandard *c*

stanza ['stænzə] *n* strofe *c*

staple ['steipəl] *n* hæfteklamme *c*

star [sta:] *n* stjerne *c*

starboard ['sta:bəd] *n* styrbord *nt*

starch [sta:tʃ] *n* stivelse *c*; *v* stive

stare [stɛə] *v* stirre

starling ['sta:liŋ] *n* stær *c*

start [sta:t] *v* starte; *n* start *c*; **starter motor** startmotor *c*

starting-point ['sta:tiŋpoint] *n* udgangspunkt *nt*

state [steit] *n* stat *c*; tilstand *c*; *v* erklære

the States [ðə steits] Forenede Stater

statement ['steitmənt] *n* erklæring *c*

statesman ['steitsmən] *n* (pl -men) statsmand *c*

station ['steiʃən] *n* station *c*; position *c*

stationary ['steiʃənəri] *adj* stationær

stationer's ['steiʃənəz] *n* papirhandel *c*

stationery ['steiʃənəri] *n* papirvarer *pl*

station-master ['steiʃənˌma:stə] *n* stationsforstander *c*

statistics [stə'tistiks] *pl* statistik *c*

statue ['stætʃu:] *n* statue *c*

stay [stei] *v* *forblive, *blive; *ophol-

de sig, bo; n ophold nt
steadfast ['stedfɑ:st] adj standhaftig
steady ['stedi] adj støt
steak [steik] n bøf c
***steal** [sti:l] v *stjæle; liste
steam [sti:m] n damp c
steamer ['sti:mə] n dampskib nt
steel [sti:l] n stål nt
steep [sti:p] adj brat, stejl
steeple ['sti:pəl] n kirketårn nt
steering-column ['stiəriŋ,kɔləm] n ratstamme c
steering-wheel ['stiəriŋwi:l] n rat nt
steersman ['stiəzmən] n (pl -men) rorgænger c
stem [stem] n stilk c
stenographer [ste'nɔgrəfə] n stenograf c
step [step] n skridt nt, trin nt; v *træde
stepchild ['steptʃaild] n (pl -children) stedbarn nt
stepfather ['step,fɑ:ðə] n stedfar c
stepmother ['step,mʌðə] n stedmor c
sterile ['sterail] adj steril
sterilize ['sterilaiz] v sterilisere
steward ['stju:əd] n hovmester c
stewardess ['stju:ədes] n stewardesse c
stick [stik] n kæp c
***stick** [stik] v klistre, klæbe
sticky ['stiki] adj klæbrig
stiff [stif] adj stiv
still [stil] adv endnu; dog; adj stille
stillness ['stilnəs] n stilhed c
stimulant ['stimjulənt] n stimulans c
stimulate ['stimjuleit] v stimulere
sting [stiŋ] n stik nt
***sting** [stiŋ] v *stikke
stingy ['stindʒi] adj smålig
***stink** [stiŋk] v *stinke
stipulate ['stipjuleit] v *fastsætte, stipulere
stipulation [,stipju'leiʃən] n bestem-

melse c
stir [stə:] v røre sig; røre
stirrup ['stirəp] n stigbøjle c
stitch [stitʃ] n sting nt
stock [stɔk] n lager nt; v *have på lager; ~ **exchange** fondsbørs c, børs c; ~ **market** aktiemarked nt; **stocks and shares** værdipapirer pl
stocking ['stɔkiŋ] n strømpe c
stole[1] [stoul] v (p steal)
stole[2] [stoul] n stola c
stomach ['stʌmək] n mave c
stomach-ache ['stʌməkeik] n mavesmerter pl, mavepine c
stone [stoun] n sten c; ædelsten c; sten-; **pumice** ~ pimpsten c
stood [stud] v (p, pp stand)
stop [stɔp] v stoppe; indstille, ophøre med; n stoppested nt; **stop!** stop!
stopper ['stɔpə] n prop c
storage ['stɔ:ridʒ] n oplagring c
store [stɔ:] n lager nt; forretning c; v oplagre
store-house ['stɔ:haus] n pakhus nt
storey ['stɔ:ri] n etage c, sal c
stork [stɔk] n stork c
storm [stɔ:m] n uvejr nt
stormy ['stɔ:mi] adj stormfuld; urolig
story ['stɔ:ri] n historie c
stout [staut] adj svær, korpulent, kraftig
stove [stouv] n ovn c; komfur nt
straight [streit] adj lige; ærlig; adv direkte; ~ **ahead** ligeud; ~ **away** straks, med det samme; ~ **on** ligeud
strain [strein] n anstrengelse c; anspændelse c; v forcere; si
strainer ['streinə] n dørslag nt
strange [streindʒ] adj fremmed; mærkværdig
stranger ['streindʒə] n fremmed c; ukendt person
strangle ['stræŋgəl] v *kvæle

strap [stræp] n rem c

straw [strɔ:] n strå nt; sugerør nt

strawberry ['strɔ:bəri] n jordbær nt

stream [stri:m] n strøm c, bæk c; vandløb nt; v strømme

street [stri:t] n gade c

streetcar ['stri:tka:] nAm sporvogn c

street-organ ['stri:,tɔ:gən] n lirekasse c

strength [streŋθ] n styrke c

stress [stres] n stress nt; betoning c; v markere, betone

stretch [stretʃ] v *strække; n strækning c

strict [strikt] adj striks; streng

strife [straif] n strid c

strike [straik] n strejke c

***strike** [straik] v *slå; ramme; strejke; *stryge

striking ['straikiŋ] adj slående, påfaldende

string [striŋ] n snor c; streng c

strip [strip] n strimmel c

stripe [straip] n stribe c

striped [straipt] adj stribet

stroke [strouk] n slagtilfælde c

stroll [stroul] v slentre; n slentretur c

strong [strɔŋ] adj stærk; kraftig

stronghold ['strɔŋhould] n borg c

structure ['strʌktʃə] n struktur c

struggle ['strʌgəl] n strid c, kamp c; v *slås, kæmpe

stub [stʌb] n talon c

stubborn ['stʌbən] adj stædig

student ['stju:dənt] n student c

study ['stʌdi] v studere; n studium nt; arbejdsværelse nt

stuff [stʌf] n materiale nt; sager pl

stuffed [stʌft] adj farseret; udstoppet

stuffing ['stʌfiŋ] n fyld nt

stuffy ['stʌfi] adj trykkende

stumble ['stʌmbəl] v snuble

stung [stʌŋ] v (p, pp sting)

stupid ['stju:pid] adj dum

style [stail] n stil c

subject¹ ['sʌbdʒikt] n subjekt nt, emne nt; statsborger c; ~ to disponeret for

subject² [səb'dʒekt] v underkaste

submit [səb'mit] v underkaste sig

subordinate [sə'bɔ:dinət] adj underordnet; sekundær

subscriber [səb'skraibə] n abonnent c

subscription [səb'skripʃən] n abonnement nt

subsequent ['sʌbsikwənt] adj følgende

subsidy ['sʌbsidi] n tilskud nt

substance ['sʌbstəns] n substans c

substantial [səb'stænʃəl] adj faktisk; virkelig; anselig

substitute ['sʌbstitju:t] v erstatte; n erstatning c; stedfortræder c

subtitle ['sʌb,taitəl] n undertitel c

subtle ['sʌtəl] adj subtil

subtract [səb'trækt] v *fratrække, *trække fra

suburb ['sʌbə:b] n forstad c

suburban [sə'bə:bən] adj forstads-

subway ['sʌbwei] nAm undergrundsbane c

succeed [sək'si:d] v lykkes; *efterfølge

success [sək'ses] n succes c

successful [sək'sesfəl] adj vellykket

succumb [sə'kʌm] v bukke under

such [sʌtʃ] adj sådan; adv sådan; ~ as sådan som

suck [sʌk] v suge, sutte

sudden ['sʌdən] adj pludselig

suddenly ['sʌdənli] adv pludseligt

suede [sweid] n ruskind nt

suffer ['sʌfə] v *lide, *gennemgå

suffering ['sʌfəriŋ] n lidelse c

suffice [sə'fais] v *være tilstrækkelig

sufficient [sə'fiʃənt] adj fyldestgørende, tilstrækkelig

suffrage ['sʌfridʒ] n stemmeret c,

valgret *c*

sugar ['ʃugə] *n* sukker *nt*

suggest [sə'dʒest] *v* *foreslå

suggestion [sə'dʒestʃən] *n* forslag *nt*

suicide ['su:isaid] *n* selvmord *nt*

suit [su:t] *v* passe; tilpasse; klæde; *n* jakkesæt *nt*

suitable ['su:təbəl] *adj* passende

suitcase ['su:tkeis] *n* kuffert *c*

suite [swi:t] *n* suite *c*

sum [sʌm] *n* sum *c*

summary ['sʌməri] *n* sammenfatning *c*, resumé *nt*

summer ['sʌmə] *n* sommer *c*; ~ **time** sommertid *c*

summit ['sʌmit] *n* top *c*

summons ['sʌmənz] *n* (pl ~es) stævning *c*

sun [sʌn] *n* sol *c*

sunbathe ['sʌnbeið] *v* solbade

sunburn ['sʌnbə:n] *n* solskoldning *c*

Sunday ['sʌndi] søndag *c*

sun-glasses ['sʌnˌglɑːsiz] *pl* solbriller *pl*

sunlight ['sʌnlait] *n* sollys *nt*

sunny ['sʌni] *adj* solrig

sunrise ['sʌnraiz] *n* solopgang *c*

sunset ['sʌnset] *n* solnedgang *c*

sunshade ['sʌnʃeid] *n* solskærm *c*

sunshine ['sʌnʃain] *n* solskin *nt*

sunstroke ['sʌnstrouk] *n* solstik *nt*

suntan oil ['sʌntænɔil] sololie *c*

superb [su'pə:b] *adj* storslået, prægtig

superficial [ˌsu:pə'fiʃəl] *adj* overfladisk

superfluous [su'pə:fluəs] *adj* overflødig

superior [su'piəriə] *adj* højere, overlegen, bedre, større

superlative [su'pə:lətiv] *adj* superlativ; *n* superlativ *c*

supermarket ['su:pəˌma:kit] *n* supermarked *nt*

superstition [ˌsu:pə'stiʃən] *n* overtro *c*

supervise ['su:pəvaiz] *v* føre kontrol med, *have opsyn med

supervision [ˌsu:pə'viʒən] *n* kontrol *c*, opsyn *nt*

supervisor ['su:pəvaizə] *n* tilsynsførende *c*

supper ['sʌpə] *n* aftensmad *c*

supple ['sʌpəl] *adj* smidig, bøjelig

supplement ['sʌplimənt] *n* tillæg *nt*; supplement *nt*; *v* supplere

supply [sə'plai] *n* tilførsel *c*, forsyning *c*; forråd *nt*; udbud *nt*; *v* forsyne, skaffe

support [sə'pɔ:t] *v* *bære, støtte; *n* støtte *c*; ~ **hose** støttestrømpe *c*

supporter [sə'pɔ:tə] *n* tilhænger *c*

suppose [sə'pouz] *v* formode, *antage, *gå ud fra; **supposing that** forudsat at

suppository [sə'pɔzitəri] *n* stikpille *c*

suppress [sə'pres] *v* undertrykke

surcharge ['sə:tʃɑːdʒ] *n* tillæg *nt*

sure [ʃuə] *adj* sikker

surely ['ʃuəli] *adv* sikkert

surface ['sə:fis] *n* overflade *c*

surf-board ['sə:fbɔ:d] *n* surfboard *c*

surgeon ['sə:dʒən] *n* kirurg *c*; **veterinary** ~ veterinær *c*

surgery ['sə:dʒəri] *n* operation *c*; konsultationsværelse *nt*

surname ['sə:neim] *n* efternavn *nt*

surplus ['sə:pləs] *n* overskud *nt*

surprise [sə'praiz] *n* overraskelse *c*; *v* overraske

surrender [sə'rendə] *v* *overgive sig; *n* overgivelse *c*

surround [sə'raund] *v* *omgive, omringe

surrounding [sə'raundiŋ] *adj* omliggende

surroundings [sə'raundiŋz] *pl* omegn *c*

survey ['sə:vei] *n* oversigt *c*

survival [sə'vaivəl] *n* overlevelse *c*

survive [sə'vaiv] *v* overleve

suspect[1] [sə'spekt] *v* mistænke; ane

suspect[2] ['sʌspekt] *n* mistænkt *c*

suspend [sə'spend] *v* suspendere

suspenders [sə'spendəz] *plAm* seler *pl*; **suspender belt** strømpeholder *c*

suspension [sə'spenʃən] *n* affjedring *c*; ~ **bridge** hængebro *c*

suspicion [sə'spiʃən] *n* mistanke *c*; mistro *c*

suspicious [sə'spiʃəs] *adj* mistænkelig; mistroisk, mistænksom

sustain [sə'stein] *v* tåle

Swahili [swɑ'hi:li] *n* swahili *c*

swallow ['swɔlou] *v* *synke, sluge; *n* svale *c*

swam [swæm] *v* (p swim)

swamp [swɔmp] *n* mose *c*

swan [swɔn] *n* svane *c*

swap [swɔp] *v* bytte

*swear [sweə] *v* *sværge; bande

sweat [swet] *n* sved *c*; *v* svede

sweater ['swetə] *n* sweater *c*

Swede [swi:d] *n* svensker *c*

Sweden ['swi:dən] Sverige

Swedish ['swi:diʃ] *adj* svensk

*sweep [swi:p] *v* feje

sweet [swi:t] *adj* sød; *n* bolsje *nt*; dessert *c*; **sweets** godter *pl*, slik *nt*

sweeten ['swi:tən] *v* søde

sweetheart ['swi:thɑ:t] *n* kæreste *c*, skat *c*

sweetshop ['swi:tʃɔp] *n* chokoladeforretning *c*

swell [swel] *adj* prægtig

*swell [swel] *v* svulme

swelling ['sweliŋ] *n* opsvulmning *c*

swift [swift] *adj* hurtig

*swim [swim] *v* svømme

swimmer ['swimə] *n* svømmer *c*

swimming ['swimiŋ] *n* svømning *c*; ~ **pool** svømmebassin *nt*

swimming-trunks ['swimiŋtrʌŋks] *pl* badebukser *pl*

swim-suit ['swimsu:t] *n* badedragt *c*

swindle ['swindəl] *v* svindle; *n* svindel *c*

swindler ['swindlə] *n* svindler *c*

swing [swiŋ] *n* gynge *c*

*swing [swiŋ] *v* *svinge; gynge

Swiss [swis] *adj* schweizisk; *n* schweizer *c*

switch [switʃ] *n* afbryder *c*; *v* skifte; ~ **off** slukke for; ~ **on** tænde for

switchboard ['switʃbɔ:d] *n* omstillingsbord *nt*

Switzerland ['switsələnd] Schweiz

sword [sɔ:d] *n* sværd *nt*

swum [swʌm] *v* (pp swim)

syllable ['siləbəl] *n* stavelse *c*

symbol ['simbəl] *n* symbol *nt*

sympathetic [ˌsimpə'θetik] *adj* deltagende, medfølende

sympathy ['simpəθi] *n* sympati *c*; medfølelse *c*

symphony ['simfəni] *n* symfoni *c*

symptom ['simtəm] *n* symptom *nt*

synagogue ['sinəgɔg] *n* synagoge *c*

synonym ['sinənim] *n* synonym *nt*

synthetic [sin'θetik] *adj* syntetisk

syphon ['saifən] *n* sifon *c*

Syria ['siriə] Syrien

Syrian ['siriən] *adj* syrisk; *n* syrer *c*

syringe [si'rindʒ] *n* sprøjte *c*

syrup ['sirəp] *n* sukkerlage *c*, saft *c*; sirup *c*

system ['sistəm] *n* system *nt*; **decimal** ~ decimalsystem *nt*

systematic [ˌsistə'mætik] *adj* systematisk

T

table ['teibəl] *n* bord *nt*; tabel *c*; ~ **of contents** indholdsfortegnelse *c*; ~

tennis bordtennis

table-cloth ['teibəlklɔθ] n dug c

tablespoon ['teibəlspuːn] n spiseske c

tablet ['tæblit] n tablet c

taboo [tə'buː] n tabu c

tactics ['tæktiks] pl taktik c

tag [tæg] n mærkeseddel c

tail [teil] n hale c

tail-light ['teillait] n baglygte c

tailor ['teilə] n skrædder c

tailor-made ['teiləmeid] adj skræddersyet

***take** [teik] v *tage; *gribe; *bringe; *forstå, opfatte, *begribe, fatte; ~ away fjerne, *tage væk; ~ off starte; ~ out fjerne; ~ over *overtage; ~ place *finde sted; ~ up *optage

take-off ['teikɔf] n start c

tale [teil] n fortælling c, eventyr nt

talent ['tælənt] n anlæg nt, talent nt

talented ['tæləntid] adj begavet

talk [tɔːk] v tale, snakke; n samtale c

talkative ['tɔːkətiv] adj snakkesalig

tall [tɔːl] adj høj

tame [teim] adj tam; v tæmme

tampon ['tæmpən] n tampon c

tangerine [ˌtændʒə'riːn] n mandarin c

tangible ['tændʒibəl] adj håndgribelig

tank [tæŋk] n tank c

tanker ['tæŋkə] n tankskib nt

tanned [tænd] adj brun

tap [tæp] n vandhane c; bank nt; v banke

tape [teip] n lydbånd nt; bændel nt; adhesive ~ tape c, klæbestrimmel c; hæfteplaster nt

tape-measure ['teipˌmeʒə] n målebånd nt

tape-recorder ['teipriˌkɔːdə] n båndoptager c

tapestry ['tæpistri] n vægtæppe nt, gobelin c

tar [taː] n tjære c

target ['taːgit] n skydeskive c, mål nt

tariff ['tærif] n tarif c

tarpaulin [taː'pɔːlin] n presenning c

task [taːsk] n opgave c

taste [teist] n smag c; v smage

tasteless ['teistləs] adj fad, smagløs

tasty ['teisti] adj velsmagende

taught [tɔːt] v (p, pp teach)

tavern ['tævən] n kro c

tax [tæks] n skat c; v beskatte

taxation [tæk'seiʃən] n beskatning c

tax-free ['tæksfriː] adj skattefri

taxi ['tæksi] n taxi c, hyrevogn c; ~ rank taxiholdeplads c; ~ stand Am taxiholdeplads c

taxi-driver ['tæksiˌdraivə] n taxichauffør c

taxi-meter ['tæksiˌmiːtə] n taxameter nt

tea [tiː] n te c; eftermiddagste c

***teach** [tiːtʃ] v lære, undervise

teacher ['tiːtʃə] n lærer c; lærerinde c

teachings ['tiːtʃiŋz] pl lære c

tea-cloth ['tiːklɔθ] n viskestykke nt

teacup ['tiːkʌp] n tekop c

team [tiːm] n hold nt

teapot ['tiːpɔt] n tepotte c

***tear** [tɛə] v *rive itu

tear¹ [tiə] n tåre c

tear² [tɛə] n rift c

tear-jerker ['tiəˌdʒəːkə] n tåreperser c

tease [tiːz] v drille

tea-set ['tiːset] n testel nt

tea-shop ['tiːʃɔp] n tesalon c

teaspoon ['tiːspuːn] n teske c

teaspoonful ['tiːspuːnˌful] n teskefuld c

technical ['teknikəl] adj teknisk

technician [tek'niʃən] n tekniker c

technique [tek'niːk] n teknik c

technology [tek'nɔlədʒi] n teknologi c

teenager ['tiːˌneidʒə] n teenager c

teetotaller [tiː'toutələ] n afholdsmand

c

telegram ['teligræm] n telegram nt
telegraph ['teligra:f] v telegrafere
telepathy [ti'lepəθi] n telepati c
telephone ['telifoun] n telefon c; v
telefonere; ~ **book** Am tele-
fonbog c; ~ **booth** telefonboks c;
~ **call** telefonopringning c, tele-
fonsamtale c; ~ **directory** telefon-
bog c; ~ **operator** telefondame c
telephonist [ti'lefonist] n telefondame
c

television ['telivi3ən] n fjernsyn nt; ~
set fjernsynsapparat nt; **cable** ~
kabel-tv nt; **satellite** ~ satellit-tv nt
telex ['teleks] n fjernskriver c
***tell** [tel] v *sige; *fortælle
temper ['tempə] n vrede c; sind nt
temperature ['temprətʃə] n tempera-
tur c
tempest ['tempist] n uvejr nt
temple ['tempəl] n tempel nt; tinding
c
temporary ['tempərəri] adj midlerti-
dig, foreløbig
tempt [tempt] v friste
temptation [temp'teiʃən] n fristelse c
ten [ten] num ti
tenant ['tenənt] n lejer c
tend [tend] v *have tilbøjelighed til;
passe; ~ **to** hælde til
tendency ['tendənsi] n tendens c, til-
bøjelighed c
tender ['tendə] adj øm, sart; mør
tendon ['tendən] n sene c
tennis ['tenis] n tennis; ~ **shoes** ten-
nissko pl
tennis-court ['teniskɔ:t] n tennisbane
c
tense [tens] adj anspændt
tension ['tenʃən] n spænding c
tent [tent] n telt nt
tenth [tenθ] num tiende
tepid ['tepid] adj lunken

term [tə:m] n udtryk nt; semester nt,
frist c, periode c; vilkår nt
terminal ['tə:minəl] n endestation c
terrace ['terəs] n terrasse c
terrain [te'rein] n terræn nt
terrible ['teribəl] adj frygtelig, for-
færdelig, rædsom
terrific [tə'rifik] adj storartet
terrify ['terifai] v forfærde; **terrifying**
frygtindgydende
territory ['teritəri] n territorium nt
terror ['terə] n rædsel c
terrorism ['terərizəm] n terror c, ter-
rorisme c
terrorist ['terərist] n terrorist c
test [test] n test c; v teste, afprøve
testify ['testifai] v vidne
text [tekst] n tekst c
textbook ['teksbuk] n lærebog c
textile ['tekstail] n tekstil nt
texture ['tekstʃə] n struktur c
Thai [tai] adj thailandsk; n thailæn-
der c
Thailand ['tailænd] Thailand
than [ðæn] conj end
thank [θæŋk] v takke; ~ **you** tak
thankful ['θæŋkfəl] adj taknemmelig
that [ðæt] adj den; pron den, det;
som; conj at
thaw [θɔ:] v tø, tø op; n tøvejr nt
the [ðə,ði] art -en; **the ... the** des . . .
des
theatre ['θiətə] n teater nt
theft [θeft] n tyveri nt
their [ðeə] adj deres
them [ðem] pron dem
theme [θi:m] n tema nt, emne nt
themselves [ðəm'selvz] pron sig; selv
then [ðen] adv da; derefter, så
theology [θi'ɔlədʒi] n teologi c
theoretical [θiə'retikəl] adj teoretisk
theory ['θiəri] n teori c
therapy ['θerəpi] n terapi c
there [ðeə] adv der; derhen

therefore [ˈðɛəfɔ:] *conj* derfor

thermometer [θəˈmɔmitə] *n* termometer *nt*

thermostat [ˈθə:məstæt] *n* termostat *c*

these [ði:z] *adj* disse

thesis [ˈθi:sis] *n* (pl theses) læresætning *c*

they [ðei] *pron* de

thick [θik] *adj* tyk; tæt

thicken [ˈθikən] *v* jævne, *gøre tyk

thickness [ˈθiknəs] *n* tykkelse *c*

thief [θi:f] *n* (pl thieves) tyv *c*

thigh [θai] *n* lår *nt*

thimble [ˈθimbəl] *n* fingerbøl *nt*

thin [θin] *adj* tynd

thing [θiŋ] *n* ting *c*

*think [θiŋk] *v* *synes; tænke; ~ of tænke på; ~ over tænke over

thinker [ˈθiŋkə] *n* tænker *c*

third [θə:d] *num* tredje

thirst [θə:st] *n* tørst *c*

thirsty [ˈθə:sti] *adj* tørstig

thirteen [ˌθə:ˈti:n] *num* tretten

thirteenth [ˌθə:ˈti:nθ] *num* trettende

thirtieth [ˈθə:tiəθ] *num* tredivte

thirty [ˈθə:ti] *num* tredive

this [ðis] *adj* denne; *pron* denne

thistle [ˈθisəl] *n* tidsel *c*

thorn [θɔ:n] *n* torn *c*

thorough [ˈθʌrə] *adj* omhyggelig, grundig

thoroughbred [ˈθʌrəbred] *adj* fuldblods

thoroughfare [ˈθʌrəfɛə] *n* færdselsåre *c*, hovedvej *c*

those [ðouz] *adj* de *art;* *pron* de

though [ðou] *conj* om end, skønt, selv om; *adv* dog

thought[1] [θɔ:t] *v* (p, pp think)

thought[2] [θɔ:t] *n* tanke *c*

thoughtful [ˈθɔ:tfəl] *adj* tænksom; hensynsfuld

thousand [ˈθauzənd] *num* tusind

thread [θred] *n* tråd *c;* sytråd *c; v*

*træde

threadbare [ˈθredbɛə] *adj* luvslidt

threat [θret] *n* trussel *c*

threaten [ˈθretən] *v* true

three [θri:] *num* tre

three-quarter [ˌθri:ˈkwɔ:tə] *adj* trefjerdedels

threshold [ˈθreʃould] *n* tærskel *c*

threw [θru:] *v* (p throw)

thrifty [ˈθrifti] *adj* sparsommelig

throat [θrout] *n* strube *c;* hals *c*

throne [θroun] *n* trone *c*

through [θru:] *prep* gennem

throughout [θru:ˈaut] *adv* overalt

throw [θrou] *n* kast *nt*

*throw [θrou] *v* slynge, kaste

thumb [θʌm] *n* tommelfinger *c*

thumbtack [ˈθʌmtæk] *nAm* tegnestift *c*

thump [θʌmp] *v* dunke

thunder [ˈθʌndə] *n* torden *c; v* tordne

thunderstorm [ˈθʌndəstɔ:m] *n* tordenvejr *nt*

Thursday [ˈθə:zdi] torsdag *c*

thus [ðʌs] *adv* således

thyme [taim] *n* timian *c*

tick [tik] *n* mærke *nt;* ~ off krydse af

ticket [ˈtikit] *n* billet *c;* bøde *c;* ~ collector billetkontrollør *c;* ~ machine billetautomat *c*

tickle [ˈtikəl] *v* kilde

tide [taid] *n* tidevand *nt;* high ~ højvande *nt;* low ~ lavvande *nt*

tidings [ˈtaidiŋz] *pl* nyheder

tidy [ˈtaidi] *adj* ordentlig; *v* ordne; ~ up rydde op

tie [tai] *v* *binde, knytte; *n* slips *nt*

tiger [ˈtaigə] *n* tiger *c*

tight [tait] *adj* stram; snæver; *adv* fast

tighten [ˈtaitən] *v* stramme, spænde; strammes

tights [taits] *pl* strømpebukser *pl*

tile [tail] *n* kakkel *c*; tagsten *c*

till [til] *prep* indtil; *conj* indtil

timber ['timbə] *n* tømmer *nt*

time [taim] *n* tid *c*; gang *c*; **all the ~** hele tiden; **in ~** i tide; **~ of arrival** ankomsttid *c*; **~ of departure** afgangstid *c*

time-saving ['taim,seiviŋ] *adj* tidsbesparende

timetable ['taim,teibəl] *n* fartplan *c*

timid ['timid] *adj* sky

timidity [ti'midəti] *n* generthed *c*

tin [tin] *n* tin *nt*; dåse *c*; **tinned food** konserves *pl*

tinfoil ['tinfoil] *n* stanniol *nt*

tin-opener ['ti,noupənə] *n* dåseåbner *c*

tiny ['taini] *adj* lille bitte

tip [tip] *n* spids *c*; drikkepenge *pl*

tire[1] [taiə] *n* dæk *nt*

tire[2] [taiə] *v* trætte

tired [taiəd] *adj* udmattet, træt

tiring ['taiəriŋ] *adj* trættende

tissue ['tiʃu:] *n* væv *nt*; papirlommetørklæde *nt*

title ['taitəl] *n* titel *c*

to [tu:] *prep* til, hen til, i; for at

toad [toud] *n* tudse *c*

toadstool ['toudstu:l] *n* svamp *c*

toast [toust] *n* ristet brød; skål *c*

tobacco [tə'bækou] *n* (pl ~s) tobak *c*; **~ pouch** tobakspung *c*

tobacconist [tə'bækənist] *n* tobakshandler *c*; **tobacconist's** tobakshandel *c*

today [tə'dei] *adv* i dag

toddler ['tɔdlə] *n* rolling *c*

toe [tou] *n* tå *c*

toffee ['tɔfi] *n* karamel *c*

together [tə'geðə] *adv* sammen

toilet ['tɔilət] *n* toilet *nt*; **~ case** toilettaske *c*

toilet-paper ['tɔilət,peipə] *n* toiletpapir *nt*

toiletry ['tɔilətri] *n* toiletsager *pl*

token ['toukən] *n* tegn *nt*; bevis *nt*; polet *c*

told [tould] *v* (p, pp tell)

tolerable ['tɔlərəbəl] *adj* udholdelig

toll [toul] *n* vejafgift *c*

tomato [tə'ma:tou] *n* (pl ~es) tomat *c*

tomb [tu:m] *n* grav *c*

tombstone ['tu:mstoun] *n* gravsten *c*

tomorrow [tə'mɔrou] *adv* i morgen

ton [tʌn] *n* ton *c*

tone [toun] *n* tone *c*; klang *c*

tongs [tɔŋz] *pl* tang *c*

tongue [tʌŋ] *n* tunge *c*

tonic ['tɔnik] *n* styrkende middel *c*

tonight [tə'nait] *adv* i aften, i nat

tonsilitis [,tɔnsə'laitis] *n* betændelse i mandlerne

tonsils ['tɔnsəlz] *pl* (hals)mandler

too [tu:] *adv* for; også

took [tuk] *v* (p take)

tool [tu:l] *n* værktøj *nt*; **~ kit** værktøjssæt *nt*

toot [tu:t] *vAm* tude

tooth [tu:θ] *n* (pl teeth) tand *c*

toothache ['tu:θeik] *n* tandpine *c*

toothbrush ['tu:θbrʌʃ] *n* tandbørste *c*

toothpaste ['tu:θpeist] *n* tandpasta *c*

toothpick ['tu:θpik] *n* tandstikker *c*

toothpowder ['tu:θ,paudə] *n* tandpulver *nt*

top [tɔp] *n* top *c*; overside *c*; låg *nt*; **on ~ of** oven på; **~ side** overside *c*

topcoat ['tɔpkout] *n* overfrakke *c*

topic ['tɔpik] *n* emne *nt*

topical ['tɔpikəl] *adj* aktuel

torch [tɔ:tʃ] *n* fakkel *c*; lommelygte *c*

torment[1] [tɔ:'ment] *v* pine

torment[2] ['tɔ:ment] *n* pine *c*

torture ['tɔ:tʃə] *n* tortur *c*; *v* tortere

toss [tɔs] *v* kaste

tot [tɔt] *n* pus *nt*

total ['toutəl] *adj* total, fuldstændig;

n total *c*

totalitarian [ˌtoutælɪ'tɛəriən] *adj* totalitær

totalizator ['toutəlaizeitə] *n* totalisator *c*

touch [tʌtʃ] *v* berøre, røre ved; *n* berøring *c*; følesans *c*

touching ['tʌtʃiŋ] *adj* rørende

tough [tʌf] *adj* sej

tour [tuə] *n* rundrejse *c*

tourism ['tuərizəm] *n* turisme *c*

tourist ['tuərist] *n* turist *c*; ~ **class** turistklasse *c*; ~ **office** turistbureau *nt*

tournament ['tuənəmənt] *n* turnering *c*

tow [tou] *v* slæbe

towards [tə'wɔːdz] *prep* imod

towel [tauəl] *n* håndklæde *nt*

towelling ['tauəliŋ] *n* frotté *c*

tower [tauə] *n* tårn *nt*

town [taun] *n* by *c*; ~ **centre** bymidte *c*; ~ **hall** rådhus *nt*

townspeople ['taunzˌpiːpəl] *pl* byboere *pl*

toxic ['tɔksik] *adj* giftig

toy [tɔi] *n* legetøj *pl*

toyshop ['tɔiʃɔp] *n* legetøjsforretning *c*

trace [treis] *n* spor *nt*; *v* opspore, efterspore

track [træk] *n* spor *nt*; bane *c*; sti *c*; *v* efterspore

tractor ['træktə] *n* traktor *c*

trade [treid] *n* handel *c*; erhverv *nt*, fag *nt*; *v* handle

trademark ['treidmaːk] *n* varemærke *nt*

tradesman ['treidzmən] *n* (pl -men) købmand *c*; handlende *c*

trade-union [ˌtreid'juːnjən] *n* fagforening *c*

tradition [trə'diʃən] *n* tradition *c*

traditional [trə'diʃənəl] *adj* traditionel

traffic ['træfik] *n* færdsel *c*; ~ **jam** trafikprop *c*; ~ **light** trafiklys *nt*

trafficator ['træfikeitə] *n* blinklys *nt*

tragedy ['trædʒədi] *n* tragedie *c*

tragic ['trædʒik] *adj* tragisk

trail [treil] *n* sti *c*, spor *nt*

trailer ['treilə] *n* anhænger *c*; *nAm* campingvogn *c*

train [trein] *n* tog *nt*; *v* dressere, træne; **stopping** ~ bumletog *nt*; **through** ~ gennemgående tog; ~ **ferry** togfærge *c*

training ['treiniŋ] *n* træning *c*

trait [treit] *n* træk *nt*

traitor ['treitə] *n* forræder *c*

tram [træm] *n* sporvogn *c*

tramp [træmp] *n* landstryger *c*, vagabond *c*; *v* vagabondere

tranquil ['træŋkwil] *adj* rolig

tranquillizer ['træŋkwilaizə] *n* beroligende middel

transaction [træn'zækʃən] *n* transaktion *c*

transatlantic [ˌtrænzət'læntik] *adj* transatlantisk

transfer [træns'fəː] *v* overføre

transform [træns'fɔːm] *v* omdanne

transformer [træns'fɔːmə] *n* transformator *c*

transition [træn'siʃən] *n* overgang *c*

translate [træns'leit] *v* *oversætte

translation [træns'leiʃən] *n* oversættelse *c*

translator [træns'leitə] *n* translatør *c*

transmission [trænz'miʃən] *n* transmission *c*

transmit [trænz'mit] *v* sende, udsende

transmitter [trænz'mitə] *n* sender *c*

transparent [træn'spɛərənt] *adj* gennemsigtig

transport¹ ['trænspɔːt] *n* transport *c*

transport² [træn'spɔːt] *v* transportere

transportation [ˌtrænspɔː'teiʃən] *n* transport *c*

trap [træp] n fælde c

trash [træʃ] n skrammel nt; ~ **can** Am affaldsspand c

travel ['trævəl] v rejse; ~ **agency** rejsebureau nt; ~ **agent** rejsearrangør c; ~ **insurance** rejseforsikring c; **travelling expenses** rejseudgifter pl

traveller ['trævələ] n rejsende c; **traveller's cheque** rejsecheck c

tray [trei] n bakke c

treason ['tri:zən] n forræderi nt

treasure ['treʒə] n skat c

treasurer ['treʒərə] n kasserer c

treasury ['treʒəri] n finansministerium nt

treat [tri:t] v behandle

treatment ['tri:tmənt] n kur c, behandling c

treaty ['tri:ti] n traktat c

tree [tri:] n træ nt

tremble ['trembəl] v skælve, ryste

tremendous [tri'mendəs] adj kolossal

trespass ['trespəs] v trænge ind

trespasser ['trespəsə] n uvedkommende c

trial [traiəl] n retssag c; prøve c

triangle ['traiæŋgəl] n trekant c

triangular [trai'æŋgjulə] adj trekantet

tribe [traib] n stamme c

tributary ['tribjutəri] n biflod c

tribute ['tribju:t] n hyldest c

trick [trik] n trick nt, fidus c

trigger ['trigə] n aftrækker c

trim [trim] v studse

trip [trip] n rejse c, udflugt c, tur c

triumph ['traiəmf] n triumf c; v triumfere

triumphant [trai'ʌmfənt] adj triumferende

trolley-bus ['trɔlibʌs] n trolleybus c

troops [tru:ps] pl tropper pl

tropical ['trɔpikəl] adj tropisk

tropics ['trɔpiks] pl troperne pl

trouble ['trʌbəl] n bekymring c, ulejlighed c, umage c; v ulejlige

troublesome ['trʌbəlsəm] adj besværlig

trousers ['trauzəz] pl bukser pl

trout [traut] n (pl ~) ørred c

truck [trʌk] nAm lastbil c

true [tru:] adj sand; ægte, virkelig; trofast, tro

trumpet ['trʌmpit] n trompet c

trunk [trʌŋk] n kuffert c; træstamme c; nAm bagagerum nt; **trunks** pl gymnastikbukser pl

trunk-call ['trʌŋkkɔ:l] n rigstelefonsamtale c

trust [trʌst] v stole på; n tillid c

trustworthy ['trʌst,wə:ði] adj pålidelig

truth [tru:θ] n sandhed c

truthful ['tru:θfəl] adj sandfærdig

try [trai] v forsøge; prøve; n forsøg nt; ~ **on** prøve

tube [tju:b] n rør nt; tube c

tuberculosis [tju:,bə:kju'lousis] n tuberkulose c

Tuesday ['tju:zdi] tirsdag c

tug [tʌg] v slæbe; n bugserbåd c; ryk nt

tuition [tju:'iʃən] n undervisning c

tulip ['tju:lip] n tulipan c

tumbler ['tʌmblə] n bæger nt

tumour ['tju:mə] n svulst c

tuna ['tju:nə] n (pl ~, ~s) tunfisk c

tune [tju:n] n vise c, melodi c; ~ **in** stille ind

tuneful ['tju:nfəl] adj melodisk

tunic ['tju:nik] n tunika c

Tunisia [tju:'niziə] Tunesien c

Tunisian [tju:'niziən] adj tunesisk; n tuneser c

tunnel ['tʌnəl] n tunnel c

turbine ['tə:bain] n turbine c

turbojet [,tə:bou'dʒet] n turbojet c

Turk [tə:k] n tyrker c

Turkey ['tə:ki] Tyrkiet

turkey ['tə:ki] *n* kalkun *c*

Turkish ['tə:kiʃ] *adj* tyrkisk; ~ **bath** tyrkisk bad

turn [tə:n] *v* dreje; vende, dreje om; *n* drejning *c*, vending *c*; sving *nt*; tur *c*; ~ **back** vende om; ~ **down** forkaste; ~ **into** forvandle til; ~ **off** dreje af for; ~ **on** lukke op for, tænde for; dreje op for; ~ **over** vende om; ~ **round** vende; vende sig om

turning ['tə:niŋ] *n* sving *nt*

turning-point ['tə:niŋpoint] *n* vendepunkt *nt*

turnover ['tə:,nouvə] *n* omsætning *c*; ~ **tax** omsætningsskat *c*

turnpike ['tə:npaik] *nAm* afgiftsbelagt motorvej

turpentine ['tə:pəntain] *n* terpentin *c*

turtle ['tə:təl] *n* skildpadde *c*

tutor ['tju:tə] *n* huslærer *c*; formynder *c*

tuxedo [tʌk'si:dou] *nAm* (pl ~s, ~es) smoking *c*

tweed [twi:d] *n* tweed *c*

tweezers ['twi:zəz] *pl* pincet *c*

twelfth [twelfθ] *num* tolvte

twelve [twelv] *num* tolv

twentieth ['twentiəθ] *num* tyvende

twenty ['twenti] *num* tyve

twice [twais] *adv* to gange

twig [twig] *n* kvist *c*

twilight ['twailait] *n* tusmørke *nt*

twine [twain] *n* sejlgarn *nt*

twins [twinz] *pl* tvillinger *pl*; **twin beds** dobbeltsenge *pl*

twist [twist] *v* sno; *vride; *n* vridning *c*

two [tu:] *num* to

two-piece [,tu:'pi:s] *adj* todelt

type [taip] *v* *maskinskrive; *n* type *c*

typewriter ['taipraitə] *n* skrivemaskine *c*

typewritten ['taipritən] maskinskrevet

typhoid ['taifoid] *n* tyfus *c*

typical ['tipikəl] *adj* typisk, karakteristisk

typist ['taipist] *n* maskinskriverske *c*

tyrant ['taiərənt] *n* tyran *c*

tyre [taiə] *n* dæk *nt*; ~ **pressure** dæktryk *nt*

U

ugly ['ʌgli] *adj* grim

ulcer ['ʌlsə] *n* sår *nt*

ultimate ['ʌltimət] *adj* sidst

ultraviolet [,ʌltrə'vaiələt] *adj* ultraviolet

umbrella [ʌm'brelə] *n* paraply *c*

umpire ['ʌmpaiə] *n* dommer *c*

unable [ʌ'neibəl] *adj* ude af stand til

unacceptable [,ʌnək'septəbəl] *adj* uantagelig

unaccountable [,ʌnə'kauntəbəl] *adj* uforklarlig

unaccustomed [,ʌnə'kʌstəmd] *adj* uvant

unanimous [ju:'næniməs] *adj* enstemmig

unanswered [ʌ'nɑ:nsəd] *adj* ubesvaret

unauthorized [ʌ'nɔ:θəraizd] *adj* uautoriseret

unavoidable [,ʌnə'vɔidəbəl] *adj* uundgåelig

unaware [,ʌnə'weə] *adj* uvidende

unbearable [ʌn'beərəbəl] *adj* utålelig

unbreakable [,ʌn'breikəbəl] *adj* brudsikker

unbroken [,ʌn'broukən] *adj* intakt

unbutton [,ʌn'bʌtən] *v* knappe op

uncertain [ʌn'sə:tən] *adj* ubestemt, uvis

uncle [ˈʌŋkəl] n onkel c

unclean [ˌʌnˈkliːn] adj uren

uncomfortable [ʌnˈkʌmfətəbəl] adj ubekvem

uncommon [ʌnˈkɔmən] adj usædvanlig, ualmindelig

unconditional [ˌʌnkənˈdiʃənəl] adj betingelsesløs

unconscious [ʌnˈkɔnʃəs] adj bevidstløs

uncork [ʌnˈkɔːk] v *trække op

uncover [ʌnˈkʌvə] v afdække

uncultivated [ʌnˈkʌltiveitid] adj uopdyrket

under [ˈʌndə] prep under, neden for, ned under

undercurrent [ˈʌndəˌkʌrənt] n understrøm c

underestimate [ˌʌndəˈrestimeit] v undervurdere

underground [ˈʌndəgraund] adj underjordisk; n undergrundsbane c

underline [ˌʌndəˈlain] v understrege c

underneath [ˌʌndəˈniːθ] adv underneden

underpants [ˈʌndəpænts] plAm underbenklæder pl

undershirt [ˈʌndəʃəːt] n undertrøje c

undersigned [ˈʌndəsaind] n undertegnede c

*understand [ˌʌndəˈstænd] v *forstå

understanding [ˌʌndəˈstændiŋ] n forståelse c

*undertake [ˌʌndəˈteik] v *foretage

undertaking [ˌʌndəˈteikiŋ] n foretagende nt

underwater [ˈʌndəˌwɔːtə] adj undersøisk

underwear [ˈʌndəweə] n undertøj pl

undesirable [ˌʌndiˈzaiərəbəl] adj uønsket

*undo [ʌnˈduː] v løse op

undoubtedly [ʌnˈdautidli] adv utvivlsomt

undress [ʌnˈdres] v klæde sig af

undulating [ˈʌndjuleitiŋ] adj bølgende

unearned [ʌˈnəːnd] adj ufortjent

uneasy [ʌˈniːzi] adj usikker

uneducated [ʌˈnedjukeitid] adj uskolet

unemployed [ˌʌnimˈplɔid] adj arbejdsløs

unemployment [ˌʌnimˈplɔimənt] n arbejdsløshed c

unequal [ʌˈniːkwəl] adj ulige

uneven [ʌˈniːvən] adj ulige, ujævn

unexpected [ˌʌnikˈspektid] adj uventet

unfair [ʌnˈfeə] adj uretfærdig

unfaithful [ʌnˈfeiθfəl] adj utro

unfamiliar [ˌʌnfəˈmiljə] adj ukendt

unfasten [ʌnˈfɑːsən] v løsne

unfavourable [ʌnˈfeivərəbəl] adj ugunstig

unfit [ʌnˈfit] adj uegnet

unfold [ʌnˈfould] v folde ud

unfortunate [ʌnˈfɔːtʃənət] adj uheldig

unfortunately [ʌnˈfɔːtʃənətli] adv beklageligvis, desværre

unfriendly [ʌnˈfrendli] adj uvenlig

unfurnished [ʌnˈfəːniʃt] adj umøbleret

ungrateful [ʌnˈgreitfəl] adj utaknemmelig

unhappy [ʌnˈhæpi] adj ulykkelig

unhealthy [ʌnˈhelθi] adj usund

unhurt [ʌnˈhəːt] adj uskadt

uniform [ˈjuːnifɔːm] n uniform c; adj ensartet

unimportant [ˌʌnimˈpɔːtənt] adj uvigtig

uninhabitable [ˌʌninˈhæbitəbəl] adj ubeboelig

uninhabited [ˌʌninˈhæbitid] adj ubeboet

unintentional [ˌʌninˈtenʃənəl] adj uforsætlig

union [ˈjuːnjən] n forening c; union c,

forbund *nt*

unique [juːˈniːk] *adj* enestående; unik

unit [ˈjuːnit] *n* enhed *c*

unite [juːˈnait] *v* forene

United States [juːˈnaitid steits] Forenede Stater

unity [ˈjuːnəti] *n* enhed *c*

universal [ˌjuːniˈvəːsəl] *adj* universel, altomfattende

universe [ˈjuːnivəːs] *n* univers *nt*

university [ˌjuːniˈvəːsəti] *n* universitet *nt*

unjust [ˌʌnˈdʒʌst] *adj* uretfærdig

unkind [ʌnˈkaind] *adj* uvenlig

unknown [ʌnˈnoun] *adj* ukendt

unlawful [ˌʌnˈlɔːfəl] *adj* ulovlig

unlearn [ˌʌnˈləːn] *v* lære sig af med

unless [ənˈles] *conj* medmindre

unlike [ˌʌnˈlaik] *adj* forskellig

unlikely [ʌnˈlaikli] *adj* usandsynlig

unlimited [ʌnˈlimitid] *adj* grænseløs, ubegrænset

unload [ˌʌnˈloud] *v* udlosse, læsse af

unlock [ˌʌnˈlɔk] *v* låse op, lukke op

unlucky [ʌnˈlʌki] *adj* uheldig

unnecessary [ʌnˈnesəsəri] *adj* unødvendig

unoccupied [ʌˈnɔkjupaid] *adj* ledig

unofficial [ˌʌnəˈfiʃəl] *adj* uofficiel

unpack [ˌʌnˈpæk] *v* pakke ud

unpleasant [ʌnˈplezənt] *adj* kedelig, ubehagelig; usympatisk, utiltalende

unpopular [ˌʌnˈpɔpjulə] *adj* ildeset, upopulær

unprotected [ˌʌnprəˈtektid] *adj* ubeskyttet

unqualified [ˌʌnˈkwɔlifaid] *adj* ukvalificeret

unreal [ˌʌnˈriəl] *adj* uvirkelig

unreasonable [ʌnˈriːzənəbəl] *adj* urimelig

unreliable [ˌʌnriˈlaiəbəl] *adj* upålidelig

unrest [ˌʌnˈrest] *n* uro *c*

unsafe [ˌʌnˈseif] *adj* usikker

unsatisfactory [ˌʌnsætisˈfæktəri] *adj* utilfredsstillende

unscrew [ˌʌnˈskruː] *v* skrue af

unselfish [ˌʌnˈselfiʃ] *adj* uselvisk

unskilled [ˌʌnˈskild] *adj* ufaglært

unsound [ˌʌnˈsaund] *adj* usund

unstable [ˌʌnˈsteibəl] *adj* ustabil

unsteady [ˌʌnˈstedi] *adj* ustabil, vaklevorn; vankelmodig

unsuccessful [ˌʌnsəkˈsesfəl] *adj* mislykket

unsuitable [ˌʌnˈsuːtəbəl] *adj* upassende

unsurpassed [ˌʌnsəˈpɑːst] *adj* uovertruffen

untidy [ʌnˈtaidi] *adj* uordentlig

untie [ˌʌnˈtai] *v* løse op

until [ənˈtil] *prep* indtil, til

untrue [ˌʌnˈtruː] *adj* usand

untrustworthy [ˌʌnˈtrʌstˌwəːði] *adj* upålidelig

unusual [ʌnˈjuːʒuəl] *adj* usædvanlig, ualmindelig

unwell [ˌʌnˈwel] *adj* utilpas

unwilling [ˌʌnˈwiliŋ] *adj* uvillig

unwise [ˌʌnˈwaiz] *adj* uklog

unwrap [ˌʌnˈræp] *v* pakke op

up [ʌp] *adv* op, opefter

upholster [ʌpˈhoulstə] *v* *betrække, polstre

upkeep [ˈʌpkiːp] *n* vedligeholdelse *c*

uplands [ˈʌpləndz] *pl* højland *nt*

upon [əˈpɔn] *prep* på

upper [ˈʌpə] *adj* øvre, højere

upright [ˈʌprait] *adj* rank; *adv* opretstående

***upset** [ʌpˈset] *v* forpurre; *adj* bestyrtet, rystet, chokeret

upside-down [ˌʌpsaidˈdaun] *adv* på hovedet

upstairs [ˌʌpˈstɛəz] *adv* ovenpå

upstream [ˌʌpˈstriːm] *adv* mod strømmen

upwards [ˈʌpwədz] adv opad

urban [ˈɔ:bən] adj bymæssig

urge [ə:dʒ] v tilskynde; n trang c

urgency [ˈɔ:dʒənsi] n yderste vigtighed

urgent [ˈɔ:dʒənt] adj hastende

urine [ˈjuərin] n urin c

Uruguay [ˈjuərəgwai] Uruguay

Uruguayan [juərəˈgwaiən] adj uruguaiyansk; n uruguayaner c

us [ʌs] pron os

usable [ˈju:zəbəl] adj anvendelig

usage [ˈju:zidʒ] n sædvane c

use¹ [ju:z] v bruge; *be used to *være vant til; ~ up forbruge

use² [ju:s] n brug c; nytte c; *be of ~ nytte

useful [ˈju:sfəl] adj nyttig, brugbar

useless [ˈju:sləs] adj unyttig

user [ˈju:zə] n bruger c

usher [ˈʌʃə] n kontrollør c

usherette [ʌʃəˈret] n placøse c

usual [ˈju:ʒuəl] adj sædvanlig, almindelig

usually [ˈju:ʒuəli] adv sædvanligvis

utensil [ju:ˈtensəl] n redskab nt; brugsgenstand c

utility [ju:ˈtiləti] n nytte c

utilize [ˈju:tilaiz] v benytte

utmost [ˈʌtmoust] adj yderst

utter [ˈʌtə] adj fuldkommen, komplet; v ytre

V

vacancy [ˈveikənsi] n vakance c; ledig stilling

vacant [ˈveikənt] adj ledig

vacate [vəˈkeit] v fraflytte

vacation [vəˈkeiʃən] n ferie c

vaccinate [ˈvæksineit] v vaccinere

vaccination [ˌvæksiˈneiʃən] n vaccination c

vacuum [ˈvækjuəm] n vakuum nt; vAm støvsuge; ~ cleaner støvsuger c; ~ flask termoflaske c

vagrancy [ˈveigrənsi] n vagabondering c

vague [veig] adj vag, uklar

vain [vein] adj forfængelig; forgæves; in ~ forgæves

valet [ˈvælit] n tjener c, kammertjener c

valid [ˈvælid] adj gyldig

valley [ˈvæli] n dal c

valuable [ˈvæljubəl] adj værdifuld; valuables pl værdigenstande pl

value [ˈvælju:] n værdi c; v vurdere

valve [vælv] n ventil c

van [væn] n varevogn c

vanilla [vəˈnilə] n vanille c

vanish [ˈvæniʃ] v *forsvinde

vapour [ˈveipə] n damp c

variable [ˈveəriəbəl] adj variabel

variation [ˌveəriˈeiʃən] n afveksling c; forandring c

varied [ˈveərid] adj varieret

variety [vəˈraiəti] n udvalg nt; ~ show varietéforestilling c; ~ theatre varietéteater nt

various [ˈveəriəs] adj forskellige

varnish [ˈvɑ:niʃ] n fernis c, lak c; v fernisere

vary [ˈveəri] v variere; *være forskellig

vase [vɑ:z] n vase c

vast [vɑ:st] adj vidtstrakt, umådelig

vault [vɔ:lt] n hvælving c; boksanlæg nt

veal [vi:l] n kalvekød nt

vegetable [ˈvedʒətəbəl] n grøntsag c; ~ merchant grønthandler c

vegetarian [ˌvedʒiˈteəriən] n vegetarianer c

vegetation [ˌvedʒiˈteiʃən] n vegetation c

vehicle [ˈviːəkəl] n køretøj nt

veil [veil] n slør nt

vein [vein] n åre c; **varicose** ~ åreknude c

velvet [ˈvelvit] n fløjl nt

velveteen [ˌvelviˈtiːn] n bomuldsfløjl nt

venerable [ˈvenərəbəl] adj ærværdig

venereal disease [viˈniəriəl diˈziːz] kønssygdom c

Venezuela [ˌveniˈzweilə] Venezuela

Venezuelan [ˌveniˈzweilən] adj venezuelansk; n venezuelaner c

ventilate [ˈventileit] v ventilere; lufte ud, udlufte

ventilation [ˌventiˈleiʃən] n ventilation c; udluftning c

ventilator [ˈventileitə] n ventilator c

venture [ˈventʃə] v vove

veranda [vəˈrændə] n veranda c

verb [vəːb] n verbum nt

verbal [ˈvəːbəl] adj mundtlig

verdict [ˈvəːdikt] n kendelse c, dom c

verge [vəːdʒ] n kant c

verify [ˈverifai] v verificere, bekræfte

verse [vəːs] n vers nt

version [ˈvəːʃən] n version c; oversættelse c

versus [ˈvəːsəs] prep mod, kontra

vertical [ˈvəːtikəl] adj lodret

vertigo [ˈvəːtigou] n svimmelhed c

very [ˈveri] adv meget; adj præcis, sand, virkelig; absolut

vessel [ˈvesəl] n fartøj nt; kar nt

vest [vest] n undertrøje c; nAm vest c

veterinary surgeon [ˈvetrinəri ˈsəːdʒən] dyrlæge c

via [vaiə] prep via

viaduct [ˈvaiədʌkt] n viadukt c

vibrate [vaiˈbreit] v vibrere

vibration [vaiˈbreiʃən] n vibration c

vicar [ˈvikə] n præst c

vicarage [ˈvikəridʒ] n præstebolig c

vicinity [viˈsinəti] n nabolag nt, nærhed c

vicious [ˈviʃəs] adj ondskabsfuld

victim [ˈviktim] n offer nt

victory [ˈviktəri] n sejr c

video [ˈvidiou] n video c; ~ **camera** videokamera; ~ **cassette** videokassette; ~ **recorder** videooptager

view [vjuː] n udsigt c; opfattelse c, synspunkt nt; v betragte

view-finder [ˈvjuːˌfaində] n søger c

vigilant [ˈvidʒilənt] adj årvågen, vagtsom

villa [ˈvilə] n villa c

village [ˈvilidʒ] n landsby c

villain [ˈvilən] n skurk c

vine [vain] n vinplante c

vinegar [ˈvinigə] n eddike c

vineyard [ˈvinjəd] n vinmark c

vintage [ˈvintidʒ] n vinhøst c

violation [vaiəˈleiʃən] n krænkelse c

violence [ˈvaiələns] n vold c

violent [ˈvaiələnt] adj voldsom, heftig

violet [ˈvaiələt] n viol c; adj violet

violin [vaiəˈlin] n violin c

virgin [ˈvəːdʒin] n jomfru c

virtue [ˈvəːtʃuː] n dyd c

visa [ˈviːzə] n visum nt

visibility [ˌvizəˈbiləti] n sigtbarhed c

visible [ˈvizəbəl] adj synlig

vision [ˈviʒən] n fremsyn nt

visit [ˈvizit] v besøge; n besøg nt, visit c; **visiting hours** besøgstid c

visitor [ˈvizitə] n besøgende c

vital [ˈvaitəl] adj livsvigtig, afgørende

vitamin [ˈvitəmin] n vitamin nt

vivid [ˈvivid] adj livlig

vocabulary [vəˈkæbjuləri] n ordforråd nt; ordliste c

vocal [ˈvoukəl] adj vokal; sang-; stemme-

vocalist [ˈvoukəlist] n sanger c

voice [vɔis] n stemme c

void [vɔid] *adj* ugyldig; tom

volcano [vɔl'keinou] *n* (pl ~es, ~s) vulkan *c*

volt [voult] *n* volt *c*

voltage ['voultidʒ] *n* spænding *c*

volume ['vɔljum] *n* volumen *nt;* bind *nt*

voluntary ['vɔləntəri] *adj* frivillig

volunteer [ˌvɔlən'tiə] *n* frivillig *c*

vomit ['vɔmit] *v* kaste op, brække sig

vote [vout] *v* stemme; *n* stemme *c,* afstemning *c*

voucher ['vautʃə] *n* bon *c*

vow [vau] *n* løfte *nt,* ed *c; v* *sværge

vowel [vauəl] *n* vokal *c*

voyage ['vɔiidʒ] *n* rejse *c*

vulgar ['vʌlgə] *adj* vulgær; ordinær, folkelig

vulnerable ['vʌlnərəbəl] *adj* sårbar

vulture ['vʌltʃə] *n* grib *c*

W

wade [weid] *v* vade

wafer ['weifə] *n* vaffel *c;* oblat *c*

waffle ['wɔfəl] *n* vaffel *c*

wages ['weidʒiz] *pl* løn *c*

waggon ['wægən] *n* vogn *c,* jernbane-vogn *c*

waist [weist] *n* talje *c,* bæltested *nt*

waistcoat ['weiskout] *n* vest *c*

wait [weit] *v* vente; ~ **for** vente på; ~ **on** betjene

waiter ['weitə] *n* tjener *c*

waiting ['weitiŋ] *n* venten *c*

waiting-list ['weitiŋlist] *n* venteliste *c*

waiting-room ['weitiŋruːm] *n* vente-værelse *nt*

waitress ['weitris] *n* servitrice *c*

*wake [weik] *v* vække; ~ **up** vågne, vågne op

walk [wɔːk] *v* *gå; spadsere; *n* spad-

seretur *c;* gang *c;* **walking** til fods

walker ['wɔːkə] *n* vandrer *c*

walking-stick ['wɔːkiŋstik] *n* spadse-restok *c*

wall [wɔːl] *n* mur *c;* væg *c*

wallet ['wɔlit] *n* tegnebog *c*

wallpaper ['wɔːlˌpeipə] *n* tapet *nt*

walnut ['wɔːlnʌt] *n* valnød *c*

waltz [wɔːls] *n* vals *c*

wander ['wɔndə] *v* strejfe om, vandre om

want [wɔnt] *v* *ville; ønske; *n* behov *nt;* savn *nt,* mangel *c*

war [wɔː] *n* krig *c*

warden ['wɔːdən] *n* vagthavende *c,* opsynsmand *c*

wardrobe ['wɔːdroub] *n* klædeskab *nt,* garderobe *c*

warehouse ['weəhaus] *n* pakhus *nt,* lagerbygning *c*

wares [weəz] *pl* varer *pl*

warm [wɔːm] *adj* varm, hed; *v* varme

warmth [wɔːmθ] *n* varme *c*

warn [wɔːn] *v* advare

warning ['wɔːniŋ] *n* advarsel *c*

wary ['weəri] *adj* forsigtig

was [wɔz] *v* (p be)

wash [wɔʃ] *v* vaske; ~ **and wear** strygefri; ~ **up** vaske op

washable ['wɔʃəbəl] *adj* vaskbar

wash-basin ['wɔʃˌbeisən] *n* håndvask *c*

washing ['wɔʃiŋ] *n* vask *c*

washing-machine ['wɔʃiŋməˌʃiːn] *n* vaskemaskine *c*

washing-powder ['wɔʃiŋˌpaudə] *n* vaskepulver *nt*

washroom ['wɔʃruːm] *nAm* toilet *nt*

wash-stand ['wɔʃstænd] *n* vaskekum-me *c*

wasp [wɔsp] *n* hveps *c*

waste [weist] *v* spilde; *n* spild *nt; adj* udyrket

wasteful ['weistfəl] *adj* ødsel

wastepaper-basket [weist'peipəˌbɑː-

skit] *n* papirkurv *c*

watch [wɔtʃ] *v* *iagttage; overvåge; *n* ur *nt;* ~ **for** spejde efter; ~ **out** passe på

watch-maker [ˈwɔtʃˌmeikə] *n* urmager *c*

watch-strap [ˈwɔtʃstræp] *n* urrem *c*

water [ˈwɔːtə] *n* vand *nt;* **iced** ~ isvand *nt;* **running** ~ rindende vand; ~ **pump** vandpumpe *c;* ~ **ski** vandski *c*

water-colour [ˈwɔːtəˌkʌlə] *n* vandfarve *c;* akvarel *c*

watercress [ˈwɔːtəkres] *n* brøndkarse *c*

waterfall [ˈwɔːtəfɔːl] *n* vandfald *nt*

watermelon [ˈwɔːtəˌmelən] *n* vandmelon *c*

waterproof [ˈwɔːtəpruːf] *adj* vandtæt

water-softener [ˈwɔːtəˌsɔfnə] *n* blødgøringsmiddel *nt*

waterway [ˈwɔːtəwei] *n* vandvej *c*

watt [wɔt] *n* watt *c*

wave [weiv] *n* bølge *c; v* vinke

wave-length [ˈweivleŋθ] *n* bølgelængde *c*

wavy [ˈweivi] *adj* bølget

wax [wæks] *n* voks *nt*

waxworks [ˈwækswəːks] *pl* vokskabinet *nt*

way [wei] *n* måde *c,* facon *c;* vej *c;* retning *c;* afstand *c;* **any** ~ ligegyldigt hvordan; **by the** ~ for resten; **one-way traffic** ensrettet færdsel; **out of the** ~ af vejen; **the other** ~ **round** modsat; ~ **back** tilbagevej *c;* ~ **in** indgang *c;* ~ **out** udgang *c*

wayside [ˈweisaid] *n* vejkant *c*

we [wiː] *pron* vi

weak [wiːk] *adj* svag; tynd

weakness [ˈwiːknəs] *n* svaghed *c*

wealth [welθ] *n* rigdom *c*

wealthy [ˈwelθi] *adj* rig

weapon [ˈwepən] *n* våben *nt*

*wear [wɛə] *v* *bære, *have på; ~ **out** *slide

weary [ˈwiəri] *adj* træt

weather [ˈweðə] *n* vejr *nt;* ~ **forecast** vejrudsigt *c*

*weave [wiːv] *v* væve

weaver [ˈwiːvə] *n* væver *c*

wedding [ˈwediŋ] *n* bryllup *nt*

wedding-ring [ˈwediŋriŋ] *n* vielsesring *c*

wedge [wedʒ] *n* kile *c*

Wednesday [ˈwenzdi] onsdag *c*

weed [wiːd] *n* ukrudt *nt*

week [wiːk] *n* uge *c*

weekday [ˈwiːkdei] *n* hverdag *c*

weekly [ˈwiːkli] *adj* ugentlig

*weep [wiːp] *v* *græde

weigh [wei] *v* veje

weighing-machine [ˈweiiŋməˌʃiːn] *n* vægt *c*

weight [weit] *n* vægt *c*

welcome [ˈwelkəm] *adj* velkommen; *n* velkomst *c; v* *byde velkommen

weld [weld] *v* svejse

welfare [ˈwelfɛə] *n* velvære *nt*

well¹ [wel] *adv* godt; *adj* rask; **as** ~ tillige, også; **as** ~ **as** såvel som; **well!** ak ja!

well² [wel] *n* kilde *c,* brønd *c*

well-founded [ˌwelˈfaundid] *adj* velbegrundet

well-known [ˈwelnoun] *adj* kendt

well-to-do [ˌweltəˈduː] *adj* velhavende

went [went] *v* (p go)

were [wəː] *v* (p be)

west [west] *n* vest

westerly [ˈwestəli] *adj* vestlig

western [ˈwestən] *adj* vestlig

wet [wet] *adj* våd; fugtig

whale [weil] *n* hval *c*

wharf [wɔːf] *n* (pl ~s, wharves) kaj *c*

what [wɔt] *pron* hvad; ~ **for** hvorfor

whatever [wɔ'tevə] *pron* hvad end

wheat [wi:t] *n* hvede *c*

wheel [wi:l] *n* hjul *nt*

wheelbarrow ['wi:l,bærou] *n* trillebør *c*

wheelchair ['wi:ltʃeə] *n* kørestol *c*

when {wen] *adv* hvornår; *conj* når, da

whenever [we'nevə] *conj* når som helst

where [weə] *adv* hvor; *conj* hvor

wherever [weə'revə] *conj* hvor end

whether ['weðə] *conj* om; **whether ... or** om ... eller

which [witʃ] *pron* hvilken; som

whichever [wi'tʃevə] *adj* hvilken som helst

while [wail] *conj* mens; *n* stund *c*

whilst [wailst] *conj* medens

whim [wim] *n* grille *c;* lune *nt*

whip [wip] *n* pisk *c; v* piske

whiskers ['wiskəz] *pl* bakkenbarter *pl*

whisper ['wispə] *v* hviske; *n* hvisken *c*

whistle ['wisəl] *v* fløjte; *n* fløjte *c*

white [wait] *adj* hvid

whitebait ['waitbeit] *n* småfisk *pl*

whiting ['waitiŋ] *n* (pl ~) hvilling *c*

Whitsun ['witsən] pinse

who [hu:] *pron* hvem; som

whoever [hu:'evə] *pron* hvem der end

whole [houl] *adj* fuldstændig, hel; ubeskadiget; *n* hele *nt*

wholesale ['houlseil] *n* engroshandel *c; ~* **dealer** grossist *c*

wholesome ['houlsəm] *adj* sund

wholly ['houlli] *adv* aldeles

whom [hu:m] *pron* hvem

whore [hɔ:] *n* luder *c*

whose [hu:z] *pron* hvis

why [wai] *adv* hvorfor

wicked ['wikid] *adj* ond

wide [waid] *adj* bred, vid

widen ['waidən] *v* udvide

widow ['widou] *n* enke *c*

widower ['widouə] *n* enkemand *c*

width [widθ] *n* bredde *c*

wife [waif] *n* (pl wives) kone *c*, hustru *c*

wig [wig] *n* paryk *c*

wild [waild] *adj* vild

will [wil] *n* vilje *c;* testamente *nt*

***will** [wil] *v* *ville

willing ['wiliŋ] *adj* villig

will-power ['wilpauə] *n* viljestyrke *c*

***win** [win] *v* *vinde

wind [wind] *n* vind *c*

***wind** [waind] *v* sno sig; *trække op, vikle

winding ['waindiŋ] *adj* snoet

windmill ['windmil] *n* vejrmølle *c*, vindmølle *c*

window ['windou] *n* vindue *nt*

window-sill ['windousil] *n* vindueskarm *c*

windscreen ['windskri:n] *n* vindspejl *nt; ~* **wiper** vinduesvisker *c*

windshield ['windʃi:ld] *nAm* vindspejl *nt; ~* **wiper** *Am* vinduesvisker *c*

windy ['windi] *adj* forblæst

wine [wain] *n* vin *c*

wine-cellar ['wain,selə] *n* vinkælder *c*

wine-list ['wainlist] *n* vinkort *nt*

wine-merchant ['wain,mə:tʃənt] *n* vinhandler *c*

wine-waiter ['wain,weitə] *n* vintjener *c*

wing [wiŋ] *n* vinge *c*

winkle ['wiŋkəl] *n* strandsnegl *c*

winner ['winə] *n* vinder *c*

winning ['winiŋ] *adj* vindende; **winnings** *pl* gevinst *c*

winter ['wintə] *n* vinter *c; ~* **sports** vintersport *c*

wipe [waip] *v* tørre af

wire [waiə] *n* tråd *c;* ståltråd *c*

wireless ['waiələs] *n* radio *c*

wisdom ['wizdəm] *n* visdom *c*

wise [waiz] *adj* viis **wise**

wish [wiʃ] *v* hige efter, ønske; *n* ønske *nt*, begæring *c*

witch [witʃ] *n* heks *c*

with [wið] *prep* med; af

*withdraw [wið'drɔ:] *v* *trække tilbage

within [wi'ðin] *prep* inden for; *adv* indvendigt

without [wi'ðaut] *prep* uden

witness ['witnəs] *n* vidne *nt*

wits [wits] *pl* forstand *c*

witty ['witi] *adj* vittig

wolf [wulf] *n* (pl wolves) ulv *c*

woman ['wumən] *n* (pl women) kvinde *c*

womb [wu:m] *n* livmoder *c*

won [wʌn] *v* (p, pp win)

wonder ['wʌndə] *n* under *nt;* forundring *c; v* *spørge sig selv

wonderful ['wʌndəfəl] *adj* herlig, vidunderlig

wood [wud] *n* træ *nt;* skov *c*

wood-carving ['wud,kɑ:viŋ] *n* træskærerarbejde *nt*

wooded ['wudid] *adj* skovklædt

wooden ['wudən] *adj* træ-; ~ shoe træsko *c*

woodland ['wudlənd] *n* skovstrækning *c*

wool [wul] *n* uld *c;* darning ~ stoppegarn *nt*

woollen ['wulən] *adj* ulden

word [wə:d] *n* ord *nt*

wore [wɔ:] *v* (p wear)

work [wə:k] *n* arbejde *nt; v* arbejde; virke, fungere; working day arbejdsdag *c;* ~ of art kunstværk *nt;* ~ permit arbejdstilladelse *c*

worker ['wə:kə] *n* arbejder *c*

working ['wə:kiŋ] *n* virkemåde *c*

workman ['wə:kmən] *n* (pl -men) arbejder *c*

works [wə:ks] *pl* fabrik *c*

workshop ['wə:kʃɔp] *n* værksted *nt*

world [wə:ld] *n* verden *c;* ~ war verdenskrig *c*

world-famous [,wə:ld'feiməs] *adj* verdensberømt

world-wide ['wə:ldwaid] *adj* verdensomspændende

worm [wə:m] *n* orm *c*

worn [wɔ:n] *adj* (pp wear) slidt

worn-out [,wɔ:n'aut] *adj* udslidt

worried ['wʌrid] *adj* bekymret

worry ['wʌri] *v* bekymre sig; *n* bekymring *c*

worse [wɔ:s] *adj* værre; *adv* værre

worship ['wə:ʃip] *v* *tilbede; *n* gudstjeneste *c*

worst [wə:st] *adj* værst; *adv* værst

worsted ['wustid] *n* kamgarn *nt*

worth [wə:θ] *n* værdi *c;* *be ~ *være værd; *be worth-while *være umagen værd

worthless ['wə:θləs] *adj* værdiløs

worthy of ['wə:ði əv] værdig

would [wud] *v* (p will)

wound¹ [wu:nd] *n* sår *nt; v* såre

wound² [waund] *v* (p, pp wind)

wrap [ræp] *v* pakke ind, vikle ind

wreck [rek] *n* vrag *nt; v* *ødelægge

wrench [rentʃ] *n* skruenøgle *c;* ryk *nt; v* *forvride

wrinkle ['riŋkəl] *n* rynke *c*

wrist [rist] *n* håndled *nt*

wrist-watch ['ristwɔtʃ] *n* armbåndsur *nt*

*write [rait] *v* *skrive; in writing skriftligt; ~ down *skrive ned

writer ['raitə] *n* forfatter *c*

writing-pad ['raitiŋpæd] *n* skriveblok *c*

writing-paper ['raitiŋ,peipə] *n* skrivepapir *nt*

written ['ritən] *adj* (pp write) skriftlig

wrong [rɔŋ] *adj* forkert, uret; *n* uret

c; v *gøre uret; *be ~ *have uret
wrote [rout] v (p write)

X

Xmas ['krisməs] jul
X-ray ['eksrei] n røntgenbillede nt; v
røntgenfotografere

Y

yacht [jɔt] n yacht c
yacht-club ['jɔtklʌb] n sejlklub c
yachting ['jɔtiŋ] n sejlsport c
yard [jɑːd] n gård c
yarn [jɑːn] n garn nt
yawn [jɔːn] v gabe
year [jiə] n år nt
yearly ['jiəli] adj årlig
yeast [jiːst] n gær c
yell [jel] v hyle; n hyl nt
yellow ['jelou] adj gul
yes [jes] ja
yesterday ['jestədi] adv i går
yet [jet] adv endnu; conj dog, imid-
lertid, alligevel
yield [jiːld] v *give; *give efter
yoke [jouk] n åg nt

yolk [jouk] n æggeblomme c
you [juː] pron du; dig; De; Dem; I;
jer
young [jʌŋ] adj ung
your [jɔː] adj Deres; din; jeres
yourself [jɔːˈself] pron dig; selv
yourselves [jɔːˈselvz] pron jer; selv
youth [juːθ] n ungdom c; ~ **hostel**
vandrerhjem nt

Z

zany ['zeini] adj tosset, forrykt
zeal [ziːl] n iver c
zealous ['zeləs] adj ivrig
zebra ['ziːbrə] n zebra c
zenith ['zeniθ] n zenit nt; højdepunkt
nt
zero ['ziərou] n (pl ~s) nul nt
zest [zest] n oplagthed c
zinc [ziŋk] n zink c
zip [zip] n lynlås c; ~ **code** Am post-
nummer nt
zipper ['zipə] n lynlås c
zodiac ['zoudiæk] n dyrekreds c
zone [zoun] n zone c; område nt
zoo [zuː] n (pl ~s) zoo c
zoology [zouˈblədʒi] n zoologi c
zoom [zuːm] v suse

Gastronomisk ordliste

Mad

almond mandel
anchovy ansjos, sardel
angel food cake let, luftig kage
  hovedsagelig med æggehvider
angels on horseback grillstegte
  østers rullet ind i baconskiver,
  serveres på toast
appetizer snacks, pindemad o. l.
apple æble
  ~ **charlotte** ovnbagt æblekage
  ~ **dumpling** indbagt æble
  ~ **sauce** æblemos
apricot abrikos
Arbroath smoky røget kuller
artichoke artiskok
asparagus asparges
  ~ **tip** aspargeshoved
aspic koldt kød eller fisk i gelé
assorted udvalg af
bacon and eggs spejlæg med
  bacon
bagel ringformet rundstykke
baked bagt
  ~ **Alaska** lagkagebund og is
  overtrukket med marengs-
  masse og hurtigt bagt i ovnen,
  flamberes ved bordet
  ~ **beans** hvide bønner i tomat-
  sovs
  ~ **potato** bagt kartoffel
Bakewell tart mandelkage med
  syltetøj
baloney slags kødpølse

banana banan
  ~ **split** dessert af banan med
  is, nødder og chokolade- eller
  frugtsovs
barbecue 1) hakkekød i tomat-
  sovs, serveret i en bolle 2) mål-
  tid i det fri med grillstegt kød
  ~ **sauce** stærkt krydret tomat-
  sovs
barbecued stegt på udendørs grill
basil basilikum
bass bars, havaborre
bean bønne
beef oksekød
  ~ **olive** benløs fugl
beefburger bøfsandwich af rent
  hakket oksekød
beet, beetroot rødbede
bilberry blåbær
bill regning
  ~ **of fare** spisekort
biscuit småkage, kiks
black pudding blodpølse
blackberry brombær
blackcurrant solbær
bloater let saltet, røget sild
blood sausage blodpølse
blueberry blåbær
boiled kogt
Bologna (sausage) slags kødpølse
bone ben
boned benfri, udbenet
Boston baked beans ret af hvide

bønner, baconskiver, tomatsovs og sirup

Boston cream pie luftig kage med lag af vanillecreme, overtrukket med chokolade

brains hjerne

braised grydestegt, braiseret

bramble pudding brombærbudding, ofte med æbler

braunschweiger røget leverpølse

bread brød

breaded paneret

breakfast morgenmad

breast bryst (fjerkræ)

brisket bryst (okse eller kalv)

broad bean hestebønne

broth bouillon

brown Betty æblekage med krydderier, dækket med rasp

brunch kombineret morgenmad og frokost

brussels sprout rosenkål

bubble and squeak slags biksemad; kartofler, kål og kødstykker stegt på panden

bun 1) bolle med rosiner (GB) 2) rundstykke (US)

butter smør

buttered smurt

cabbage kål

Caesar salad grøn salat, brødterninger, æg, salte ansjoser, ost og hvidløg

cake sandkage

cakes småkager, konditorkager

calf kalvekød

Canadian bacon røget svinefilet skåret i skiver

canapé kanapé, smørrebrødssnitte

cantaloupe slags melon

caper kapers

capercaillie, capercailzie tjurhane

caramel karamel, karamel-

carp karpe

carrot gulerod

cashew akajounød

casserole gryderet

catfish havkat, malle

catsup ketchup

cauliflower blomkål

celery selleri

cereal fællesbetegnelse for alle typer cornflakes

hot ~ grød

check regning

Cheddar (cheese) den mest almindelige engelske skæreost, mild eller lagret

cheese ost

~ board osteplatte

~ cake aromatiseret kvarkkage

cheeseburger bøfsandwich med en skive smeltet ost

chef's salad grøn salat med skinke, kylling, hårdkogte æg, tomater og ost

cherry kirsebær

chestnut kastanie

chicken kylling

chicory 1) julesalat, endivie (GB) 2) cikoriesalat (US)

chili con carne krydret gryderet af hakkekød og brune bønner

chips 1) pommes frites (GB) 2) franske kartofler (US)

chit(ter)lings finker

chive purløg

chocolate chokolade

~ pudding 1) forskellige typer sandkage med chokolade (GB) 2) chokoladefromage (US)

choice udvalg, valg

chop kotelet

~ suey gryderet af hønse- eller svinekød og grønsager, serveres med ris

chopped hakket

chowder kraftig suppe af fisk og skaldyr

Christmas pudding lidt tung frugtkage, somme tider flamberet, serveres ved juletid

chutney stærkt krydrede, sursøde, syltede grønsager og frugter

cinnamon kanel

clam art musling

club sandwich sandwich med kold kylling, bacon, tomat, salat og mayonnaise

cobbler frugtkompot indbagt i tærtedej

cook-a-leekie soup hønsekødsuppe med porrer

coconut kokosnød

cod torsk

Colchester oyster engelsk østers af høj kvalitet

cold cuts/meat afskåret pålæg

coleslaw hvidkålssalat

compote kompot

condiment krydderi

consommé klar suppe, bouillon

cooked tilberedt

cookie småkage

corn 1) korn (GB) 2) majs (US)
  ~ **on the cob** majskolbe

cottage cheese hytteost

cottage pie hakkekød stegt i ovnen under lag af kartoffelmos

course ret

cover charge kuvertafgift

crab krabbe

cracker let saltet kiks

cranberry tranebær
  ~ **sauce** tranebærsyltetøj

crawfish 1) langust (GB)
  2) jomfruhummer (US)

crayfish krebs

cream 1) fløde 2) creme 3) legeret suppe
  ~ **cheese** flødeost

~ puff vandbakkelse med cremefyld

creamed potatoes stuvede kartofler

creole stærkt krydret sovs med peberfrugt, tomat og løg

cress karse

crisps franske kartofler

croquette kroket

crumpet bolle, spises varm med smør

cucumber agurk

Cumberland ham kendt type røget skinke

Cumberland sauce sovs af ribsgelé tilsat vin, appelsinsaft og krydderier

cupcake lille sandkage

cured saltet, røget eller marineret

currant 1) korend 2) ribs

curried med karry

curry karry

custard vanillecreme, -budding
  ~ **pie** lille tærte fyldt med vanillecreme

cutlet lille kotelet, schnitzel

dab ising

Danish pastry wienerbrød

date daddel

Derby cheese gullig ost med stærk smag

devilled stærkt krydret

devil's food cake tung chokoladekage

devils on horseback svesker kogt i rødvin og fyldt med mandler og ansjoser, rullet ind i baconskiver og grilleret

Devonshire cream tyk fløde

diced skåret i terninger

diet food diætmad

dill dild

dinner middag

dish ret

donut beignet, ringformet berlinerpfannkuchen

double cream piskefløde

doughnut beignet, ringformet berlinerpfannkuchen

Dover sole søtunge af høj kvalitet

dressing 1) salatdressing 2) fars i fjerkræ (US)

Dublin Bay prawn jomfruhummer

duck and

duckling ung and

dumpling 1) indbagt frugt 2) melbolle

Dutch apple pie æbletærte overtrukket med et lag puddersukker og smør

éclair vandbakkelse med cremefyld og chokoladeglasur

eel ål

egg(s) æg
  boiled ~ blødkogt
  fried ~ spejlæg
  hard-boiled ~ hårdkogt
  poached ~ pocheret
  scrambled ~ røræg
  soft-boiled ~ smilende

eggplant aubergine

endive 1) cikoriesalat (GB) 2) julesalat (US)

entrée 1) forret 2) mellemret

fennel fennikel

fig figen

fillet filet

finnan haddock røget kuller

fish fisk
  ~ **and chips** friturestegt fisk med pommes frites
  ~ **cake** fiskefrikadelle

flan frugttærte

flapjack lille tyk pandekage

flounder flynder, skrubbe

fool frugtfromage med flødeskum

forcemeat krydret kødfars

fowl fjerkræ

frankfurter bayersk pølse

French bean grøn bønne, haricot vert

French bread flute

French dressing 1) salatdressing af olie og eddike (GB) 2) salatdressing med mayonnaise tilsat ketchup (US)

french fries pommes frites

French toast arme riddere

fresh frisk, fersk

fricassée frikassé

fried stegt

fritter lille stykke frugt, grønsag eller østers dyppet i pandekagedej og friturestegt

frogs' legs frølår

frosting glasur

fruit frugt

fry friturestegt ret

galantine fisk, frugt eller kød i gelé

game vildt

gammon røget skinke

garfish hornfisk

garlic hvidløg

garnish tilbehør

gherkin lille sylteagurk

giblets indmad af fjerkræ

ginger ingefær

goose gås
  ~ **berry** stikkelsbær

grape vindrue
  ~ **fruit** grapefrugt

grated reven

gravy sky, sovs

grayling stalling (fisk af laksefamilien)

green bean grøn bønne

green pepper grøn peberfrugt

green salad grøn salat

greens grønsager

grilled grillstegt

grilse ung laks

grouse fællesbetegnelse for hjerpe, rype, tjur og urfugl

gumbo kreolsk suppe med abelmoskusskud samt kød, fisk eller skaldyr

haddock kuller

haggis ret af hakket fåreindmad, blandet med havregryn og løg

hake kulmule

half halv, halvdel

halibut helleflynder

ham skinke
~ **and eggs** skinke med røræg

haricot bean grøn eller gul bønne

hash hakket eller fintskåret kød

hazelnut hasselnød

heart hjerte

herbs krydderurter

herring sild

home-made hjemmelavet

hominy grits grød af majsmel

honey honning

honeydew melon honningmelon

horse-radish peberrod

hot 1) varm 2) stærkt krydret

huckleberry blåbær

hush puppy friturestegt bagværk af majsmel

ice-cream is

iced 1) isafkølet 2) overtrukket med glasur

icing glasur

Idaho baked potato bagt kartoffel (kartoffelart specielt egnet til bagning i ovnen)

Irish stew fåreragout med kartofler og løg

Italian dressing salatdressing af olie, eddike, hvidløg og urter

jam marmelade, syltetøj

jellied i gelé

Jell-O gelédessert

jelly gelé

Jerusalem artichoke jordskok

John Dory sanktpetersfisk

jugged hare hareragout

juniper berry enebær

junket slags tykmælk, spises med sukker

kale grønkål

kedgeree slags plukfisk med ris og hårdkogte æg

kidney nyre

kipper røget sild

lamb lammekød

Lancashire hot pot gryderet af lammekoteletter og -nyrer med kartofler og løg

larded spækket

lean mager

leek porre

leg kølle, lårstykke, skank

lemon citron
~ **sole** rødtunge

lentil linse (bælgfrugt)

lettuce hovedsalat, grøn salat

lima bean slags hestebønne

liver lever

loaf brød

lobster hummer

loin (kalve)nyresteg, svinekam

Long Island duck and af høj kvalitet

low calorie kaloriefattig

lox røget laks

lunch frokost

macaroon makron

mackerel makrel

maize majs

maple syrup ahornsirup

marinated marineret, i lage

marjoram merian

marmalade orangemarmelade

marrow marv
~ **bone** marvben

marshmallow slags slik af sirup, æggehvide, sukker og husblas

marzipan marcipan

mashed potatoes kartoffelmos
meal måltid
meat kød
  ~ **ball** kødbolle
  ~ **loaf** forloren hare
  ~ **pâté** kødpostej
medium mellemstegt, medium
melted smeltet
Melton Mowbray pie kødpie
menu spisekort, menu
meringue marengs
mince 1) hakket kød 2) hakke-
  mad
  ~ **pie** tærte fyldt med hakkede
  rosiner, mandler, sukat og
  krydderier
minced hakket
  ~ **meat** hakkekød
mint mynte
minute steak tynd skive stegt kød
mixed blandet
  ~ **grill** små stykker kød og
  grønsager på spid, grilleret
molasses sirup
morel morkel
mousse 1) fin fars af fisk, fjerkræ
  eller skinke 2) slags fromage
mulberry morbær
mullet multe (pigfinnefisk)
mulligatawny soup stærkt karry-
  krydret, indisk hønsekødsuppe
mushroom svamp
muskmelon slags melon
mussel musling
mustard sennep
mutton fårekød
noodle nudel
nut nød
oatmeal havregrød
oil olie
okra abelmoskus (grønsag)
olive oliven
omelet æggekage, omelet
onion løg

orange appelsin
ox tongue oksetunge
oxtail oksehale
oyster østers
pancake pandekage, klatkage
parsley persille
parsnip pastinak
partridge agerhøne
pastry bagværk, kage
pasty postej, pie
pea ært
peach fersken
peanut jordnød
  ~ **butter** jordnødsmør
pear pære
pearl barley perlegryn
pepper peber
  ~ **mint** pebermynte
perch aborre
persimmon daddelblomme, kaki
pheasant fasan
pickerel ung gedde
pickled marineret
pickles 1) pickles 2) lille sylte-
  agurk (US)
pigeon due
pigs' feet/trotters grisetæer
pike gedde
pineapple ananas
plaice rødspætte
plain uden tilsætning af nogen art
plate tallerken
plum blomme
  ~ **pudding** lidt tung frugtkage,
  somme tider flamberet, serve-
  res ved juletid
poached pocheret
popover let, luftigt bagværk
pork svinekød
porridge (havre)grød
porterhouse steak stor bøf af tyk-
  steg uden ben
pot roast grydestegt steg med
  grønsager

potato kartoffel
 ~ **chips** 1) pommes frites (GB)
  2) franske kartofler (US)
 ~ **in its jacket** kogt kartoffel
  med skræl
potted shrimps rejer blandet med
 kryddersmør, serveres koldt
poultry fjerkræ
prawn stor reje
prune sveske
ptarmigan fjeldrype
pudding budding
pumpkin græskar
quail vagtel
quince kvæde
rabbit kanin
radish radise
rainbow trout regnbueørred
raisin rosin
rare rødstegt, meget lidt stegt
raspberry hindbær
raw rå
red mullet mulle
red (sweet) pepper rød peberfrugt
redcurrant ribs
relish slags hakket pickles
rhubarb rabarber
rib (of beef) højreb
rib-eye steak entrecote
rice ris
rissole kød- eller fiskefrikadelle
river trout bækørred
roast 1) steg 2) stegt
Rock Cornish hen frilandshøne
roe rogn
roll rundstykke, kuvertbrød
rollmop herring hvidvinsmarine-
 ret sildefilet rullet omkring
 sylteagurk
round steak steg af okselår
Rubens sandwich sprængt okse-
 kød på ristet franskbrød med
 surkål, schweizerost og salat-
 dressing, serveres varm

rumpsteak engelsk bøf af tyk- eller
 tyndsteg
rusk tvebak
rye bread rugbrød
saddle rygstykke
saffron safran
sage salvie
salad salat
 ~ **bar** salat- og grønsagsbuffet
 ~ **cream** let sødet salatdressing
  med fløde
salmon laks
 ~ **trout** laksørred
salted saltet
sandwich to stykker brød sam-
 menlagt om pålæg
sauce sovs
sauerkraut surkål
sausage pølse
sautéed stegt hurtigt i smør eller
 olie
scallop kammusling
scone slags bolle af byg- eller
 havremel
Scotch broth suppe af fåre- eller
 oksekød, grønsager og perle-
 gryn
Scotch egg hårdkogt æg svøbt ind
 i frikadellefars og stegt
Scotch woodcock ristet brød med
 ansjospostej og røræg
sea bass havaborre
sea bream guldbrasen
sea kale strandkål; findes på
 strandbredden, de unge skud
 kan spises
seafood fisk, muslinger, skaldyr
 og bløddyr
(in) season (i) sæson(en)
seasoning krydderier
service betjening
 ~ **charge** betjeningsafgift
 ~ **(not) included** (ikke) ibereg-
  net

set menu fast menu, dagens middag

shad majsild, stamsild

shallot chalotteløg

shellfish skaldyr

sherbet sorbet, halvfrossen saftis

shoulder bov

shredded skåret i fine strimler
~ **wheat** hvede-cornflakes

shrimp reje

silverside (of beef) lårtunge (af oksekød)

sirloin steak oksemørbradbøf

skewer stegespid

slice skive

sliced skåret i skiver

sloppy Joe hakket oksekød i tomatsovs, serveres på brød

smoked røget

snack let måltid, mellemmåltid

sole søtunge

soup suppe

sour sur

soused herring marineret sild

spice krydderi

spinach spinat

spiny lobster langust

(on a) spit (på) spid

sponge cake sandkage

sprat brisling

squash græskar

starter forret

steak-and-kidney pie oksekød og nyrer indbagt i pie

steamed dampet, kogt mør med meget lidt væde

stew ragout, stuvning

Stilton (cheese) engelsk skimmelost

strawberry jordbær

string bean grøn bønne

stuffed farseret, fyldt

stuffing fars, fyld

suck(l)ing pig pattegris

sugar sukker

sugarless sukkerfri

sundae is med frugt, nødder, flødeskum og frugtsaft

supper aftensmad, middag

swede kålroe

sweet 1) sød 2) dessert
~ **corn** majs
~ **potato** sød kartoffel

sweetbread brissel

Swiss cheese schweizerost

Swiss roll roulade med syltetøj eller smørcreme

Swiss steak skive oksekød braiseret med tomat og løg

T-bone steak bøf af tyndsteg, hvor benet danner et T

table d'hôte fast menu, dagens middag

tangerine slags mandarin

tarragon esdragon

tart frugttærte

tenderloin filet, mørbrad

Thousand Island dressing salatdressing af mayonnaise, peberfrugt og chilisovs

thyme timian

toad-in-the-hole oksekød (eller pølse) indbagt i dej

toast ristet brød

toasted ristet
~ **cheese** ristet brød med smeltet osteskive
~ **(cheese) sandwich** parisertoast

tomato tomat

tongue tunge

treacle sirup

trifle trifli

tripe kallun

trout ørred

truffle trøffel

tuna, tunny tunfisk

turbot pighvar

turkey kalkun

turnip majroe, hvidroe

turnover sammenfoldet tærte med fyld

turtle soup skildpaddesuppe

underdone rødstegt, meget lidt stegt

veal kalvekød
  ~ **bird** benløs fugl af kalvekød
  ~ **cutlet** kalveschnitzel

vegetable grønsag
  ~ **marrow** courgette

venison rådyrkød

vichyssoise kold suppe med kartofler og porrer

vinegar eddike

Virginia baked ham ovnstegt, røget skinke pyntet med stegte ananasskiver og kirsebær

vol-au-vent tartelet

wafer vaffel (kiks)

waffle vaffel

walnut valnød

water ice sorbet, halvfrossen saftis, sodavandsis

watercress brøndkarse

watermelon vandmelon

well-done gennemstegt

Welsch rabbit/rarebit ristet brød med smeltet ost

whelk trompetsnegl

whipped cream flødeskum

whitebait småfisk

wine list vinkort

woodcock sneppe

Worcestershire sauce krydret sovs af eddike og soja

York ham meget fin, røget skinke

Yorkshire pudding slags budding af pandekagedej, som serveres til roastbeef

zwieback tvebak

Drikke

ale let sødet, stærkt øl gæret ved høj temperatur
  bitter ~ mørkt, let bittert øl
  brown ~ let sødet, mørkt øl på flaske
  light ~ lyst øl på flaske
  mild ~ mørkt, fyldigt fadøl
  pale ~ lyst øl på flaske med stærk humlesmag

applejack æblebrændevin (US)

Athole Brose varm drink af whisky, tilsat vand, honning og havregryn

Bacardi cocktail varm drink af rom og gin, tilsat grenadine og lime

barley water drik på basis af byg med frugtsmag af forskellig art

barley wine mørkt øl med højt alkoholindhold

beer øl
  bottled ~ på flaske
  draft, draught ~ fadøl

bitters bitter

black velvet lige dele champagne og mørkt øl *(stout)*, serveres ofte til østers

bloody Mary drink af vodka, tomatjuice og krydderier

bourbon amerikansk whisky fremstillet af majs

brandy 1) cognac 2) frugtbrændevin 3) brandy

~ **Alexander** drink af brandy, kakaolikør og fløde

British wines vin fremstillet i Storbritannien af importerede druer eller druesaft

cherry brandy kirsebærlikør

chocolate chokolade

cider cider, alkoholholdig æblesaft

~ **cup** drik af cider, krydderier, sukker og is

claret rød bordeaux-vin

cobbler vindrink med frugtstykker

coffee kaffe

~ **with cream** med fløde

black ~ uden fløde

caffeine-free ~ koffeinfri

white ~ med mælk

Coke Coca-Cola

cordial hjertestyrkning, f. eks. likør eller cognac

cream fløde

cup 1) kop 2) kold punch

daiquiri drink af rom med lime og sukker

double dobbelt mål spiritus

Drambuie likør fremstillet af whisky og honning

dry tør

~ **martini** 1) tør vermouth (GB) 2) cocktail af gin og tør vermouth (US)

egg-nog æggepunch

gin and it drink af gin og sød vermouth

gin-fizz drink af gin. citronsaft, danskvand og sukker

ginger ale sodavand med ingefærsmag

ginger beer let sødet, alkoholholdig drink med ingefærsmag

grasshopper drink af pebermyntelikør, kakaolikør og fløde

Guinness (stout) let sødet, mørkt og fyldigt øl med kraftig humlesmag (portertype)

half pint ca. 3 dl

highball drink af whisky eller brændevin, fortyndet med vand, danskvand eller *ginger ale*

iced iskold

Irish coffee kaffe med irsk whisky og flødeskum

Irish Mist irsk likør fremstillet af whisky og honning

Irish whiskey irsk whisky, rundere i smagen end skotsk whisky, fremstillet af byg, rug, havre og hvede og lagret i trækar

juice juice, frugtsaft

lager øl af pilsnertype

lemonade citronvand

lime juice saft af lime (grøn citron)

liqueur likør

liquor spiritus

long drink spiritus fortyndet med vand eller danskvand og isterninger

malt whisky skotsk whisky fremstillet af malt

Manhattan cocktail af *bourbon*, sød vermouth og angostura

milk mælk

mineral water mineralvand

mulled wine varm, krydret vin, minder om gløgg

neat tør; drink uden is, vand eller anden tilsætning

old-fashioned cocktail af whisky, angostura, citronskal og sukker

on the rocks med isterninger

Ovaltine drik af kakao og malt

Pimm's cup(s) alkoholholdig drink, fortyndes med frugtjuice eller danskvand

  ~ **No. 1** med gin

  ~ **No. 2** med whisky

  ~ **No. 3** med rom

  ~ **No. 4** med brandy

pink champagne rosa champagne

pink lady cocktail af gin, æblebrændevin (Calvados), grenadine, citronsaft og piskede æggehvider

pint ca. 6 dl

port (wine) portvin

porter mørkt, bittert øl

quart måleenhed, 1,14 l (US 0,95 l)

root beer slags sodavand tilsat ekstrakt af urter og rødder

rum rom

rye (whiskey) amerikansk whisky fremstillet af rug; tungere og skarpere i smagen end *bourbon*

scotch (whisky) skotsk whisky fremstillet af en blanding af byg- og hvedewhisky

screwdriver drink af vodka og appelsinjuice

shandy *bitter ale* blandet med *ginger beer*

short drink enhver form for ufortyndet spiritus

sloe gin-fizz slåenlikør med citronsaft, sukker og danskvand

soda water danskvand

soft drink alkoholfri drik

sour 1) sur 2) om en drink, hvor man har tilsat citronsaft

spirits spiritus

stinger drink af cognac og pebermyntelikør

stout mørkt øl med højt alkoholindhold og kraftig humlesmag

straight tør, ren

sweet sød

tea te

toddy drink af spiritus, kogende vand, citron, sukker og krydderier

Tom Collins drink af gin, citronsaft, sukker og danskvand

water vand

whisky sour drink af whisky, citronsaft og sukker

wine vin

  red ~ rød

  sparkling ~ mousserende

  white ~ hvid

Lille grammatik

Kendeord

Den ubestemte artikel (en, et) har to former:
a foran et ord, der begynder med en medlyd, og **an** foran en selvlyd eller stumt h.

a coat	en frakke
an umbrella	en paraply

Den bestemte artikel (-en/-et) har kun én form: **the**. Men dette ord udtales forskelligt:
[ðø] foran en medlyd og [ði] foran en selvlyd eller stumt h.

the room, the chair	værelset, stolen
the rooms, the chairs	værelserne, stolene

Navneord
Flertal

Ved de fleste navneord dannes flertal ved, at man føjer **-(e)s** til entalsformen. Alt efter hvilken lyd, der afslutter entalsformen, udtales flertalsendelsen som **-s**, **-z** eller **-iz**.

cup — cups	kop — kopper
car — cars	bil — biler
dress — dresses	kjole — kjoler

Bemærk:
1. Hvis et navneord ender på -y efter en medlyd bliver flertalsendelsen **-ies**. Hvis y-et står efter en selvlyd, dannes flertal regelmæssigt.

lady — ladies	dame — damer
key — keys	nøgle — nøgler

2. Nogle af de vigtigste uregelmæssige flertalsdannelser:

man — men	mand — mænd
woman — women	kvinde — kvinder
child — children	barn — børn
foot — feet	fod — fødder
tooth — teeth	tand — tænder

Ejefald

Personer: Ved entalsord og ved de flertalsord, der ikke har tilføjet et -s, dannes ejefald ved, at man tilføjer **'s**. Ved de ord, som ender på -s (altså de fleste flertalsord) tilføjes kun en apostrof (').

the boy's room	drengens værelse
the boys' rooms	drengenes værelser
Anna's dress	Annas kjole
the children's clothes	børnenes tøj

Ting: Man benytter forholdsordet **of**:

the key of the door	nøglen til døren
the end of the journey	rejsens afslutning

Tillægsord

Tillægsordene står som på dansk foran navneordet.
De ændrer ikke form i flertal.

large brown suitcases   store, brune kufferter

Gradbøjning

Der er to måder at gradbøje tillægsordene på:

1. Ved tillægsord på én eller to stavelser tilføjes som regel **-(e)r** og **-(e)st**

small — smaller — smallest   lille — mindre — mindst
large — larger — largest   stor — større — størst
busy — busier — busiest*   flittig — flittigere — flittigst

2. Tillægsord på tre eller flere stavelser samt nogle enkelte på to stavelser (for eksempel de, der ender på **-ful** eller **-less**) gradbøjes ved hjælp af **more** (mere) og **most** (mest).

expensive (dyr)   **more expensive**   **most expensive**
careful (forsigtig) **more careful**   **most careful**

Læg mærke til følgende uregelmæssige gradbøjninger:

good — better — best   god — bedre — bedst
bad — worse — worst   ond — værre — værst
little — less — least   lille — mindre — mindst
much — more — most   megen — mere — mest
many — more — most   mange — flere — flest

Personlige stedord og ejestedord

jeg:	**I** — mig: **me** — min/mit/mine: **my** eller **mine**	
du:	**you** — dig: **you** — din/dit/dine: **your** eller **yours**	
han:	**he** — ham: **him** — hans: **his**	
hun:	**she** — hende: **her** — hendes: **her** eller **hers**	
den/ det:	**it** — dens/dets: **its**	
vi:	**we** — os: **us** — vores: **our** eller **ours**	
I:	**you** — jer: **you** — jeres: **your** eller **yours**	
de:	**they** — dem: **them** — deres: **their** eller **theirs**	

Hvor der er angivet to former af ejestedordet, benyttes den første form, når stedordet står sammen med et navneord, den anden form, når det står alene.

Where's my key?   Hvor er min nøgle?
That's not mine.   Det er ikke min.
It's yours.   Det er din.
Bemærk: Der bruges ingen særlig høflig tiltaleform på engelsk. Både **du, I** og **De** samt **dig, jer** og **Dem** hedder **you.**

---

* y- et forandres til et i, når det står efter en medlyd.

Uregelmæssige verber

Nedenstående liste viser de mest almindelige engelske uregelmæssige verber. Sammensatte verber eller verber, der begynder med en forstavelse, bøjes som de usammensatte: f.eks. *withdraw* bøjes som *draw* og *mistake* som *take*.

Infinitiv navnemåde	*Imperfektum* datid	*Perfektum participium* datids tillægsmåde	
arise	arose	arisen	*opstå*
awake	awoke	awoken/awaked	*vågne*
be	was	been	*være*
bear	bore	borne	*bære*
beat	beat	beaten	*slå*
become	became	become	*blive*
begin	began	begun	*begynde*
bend	bent	bent	*bøje*
bet	bet	bet	*vædde*
bid	bade/bid	bidden/bid	*byde*
bind	bound	bound	*binde*
bite	bit	bitten	*bide*
bleed	bled	bled	*bløde*
blow	blew	blown	*blæse*
break	broke	broken	*slå i stykker*
breed	bred	bred	*opdrætte*
bring	brought	brought	*bringe*
build	built	built	*bygge*
burn	burnt/burned	burnt/burned	*brænde*
burst	burst	burst	*briste*
buy	bought	bought	*købe*
can*	could	–	*kunne*
cast	cast	cast	*kaste; støbe*
catch	caught	caught	*fange, gribe*
choose	chose	chosen	*vælge*
cling	clung	clung	*klynge sig*
clothe	clothed/clad	clothed/clad	*klæde på*
come	came	come	*komme*
cost	cost	cost	*koste*
creep	crept	crept	*krybe*
cut	cut	cut	*skære*
deal	dealt	dealt	*handle*
dig	dug	dug	*grave*
do (he does*)	did	done	*gøre*
draw	drew	drawn	*trække; tegne*
dream	dreamt/dreamed	dreamt/dreamed	*drømme*
drink	drank	drunk	*drikke*
drive	drove	driven	*køre*
dwell	dwelt	dwelt	*bo*
eat	ate	eaten	*spise*

* præsens (nutid)

fall	fell	fallen	*falde*
feed	fed	fed	*fodre*
feel	felt	felt	*føle*
fight	fought	fought	*kæmpe*
find	found	found	*finde*
flee	fled	fled	*flygte*
fling	flung	flung	*kaste*
fly	flew	flown	*flyve*
forsake	forsook	forsaken	*svigte*
freeze	froze	frozen	*fryse*
get	got	got	*få*
give	gave	given	*give*
go (he goes*)	went	gone	*gå*
grind	ground	ground	*male*
grow	grew	grown	*vokse*
hang	hung	hung	*hænge*
have (he has*)	had	had	*have*
hear	heard	heard	*høre*
hew	hewed	hewed/hewn	*hugge*
hide	hid	hidden	*skjule*
hit	hit	hit	*ramme*
hold	held	held	*holde*
hurt	hurt	hurt	*såre*
keep	kept	kept	*beholde*
kneel	knelt	knelt	*knæle*
knit	knitted/knit	knitted/knit	*strikke*
know	knew	known	*vide; kende*
lay	laid	laid	*lægge*
lead	led	led	*føre*
lean	leant/leaned	leant/leaned	*læne*
leap	leapt/leaped	leapt/leaped	*springe*
learn	learnt/learned	learnt/learned	*lære*
leave	left	left	*forlade*
lend	lent	lent	*låne (ud)*
let	let	let	*lade; udleje*
lie	lay	lain	*ligge*
light	lit/lighted	lit/lighted	*tænde*
lose	lost	lost	*miste*
make	made	made	*lave*
may*	might	–	*måtte (gerne)*
mean	meant	meant	*betyde*
meet	met	met	*møde*
mow	mowed	mowed/mown	*meje*
must*	must	–	*måtte, skulle*
ought* (to)	ought	–	*burde*
pay	paid	paid	*betale*
put	put	put	*lægge, stille*
read	read	read	*læse*

---

* præsens (nutid)

rid	rid	rid	*befri*
ride	rode	ridden	*ride; køre*
ring	rang	rung	*ringe*
rise	rose	risen	*stå op*
run	ran	run	*løbe*
saw	sawed	sawn	*save*
say	said	said	*sige*
see	saw	seen	*se*
seek	sought	sought	*søge*
sell	sold	sold	*sælge*
send	sent	sent	*sende*
set	set	set	*sætte*
sew	sewed	sewed/sewn	*sy*
shake	shook	shaken	*ryste*
shall *	should	–	*skulle*
shed	shed	shed	*udgyde*
shine	shone	shone	*skinne*
shoot	shot	shot	*skyde*
show	showed	shown	*vise*
shrink	shrank	shrunk	*krybe*
shut	shut	shut	*lukke*
sing	sang	sung	*synge*
sink	sank	sunk	*synke*
sit	sat	sat	*sidde*
sleep	slept	slept	*sove*
slide	slid	slid	*glide*
sling	slung	slung	*slynge*
slink	slunk	slunk	*luske*
slit	slit	slit	*flække*
smell	smelled/smelt	smelled/smelt	*lugte*
sow	sowed	sown/sowed	*så*
speak	spoke	spoken	*tale*
speed	sped/speeded	sped/speeded	*ile*
spell	spelt/spelled	spelt/spelled	*stave*
spend	spent	spent	*tilbringe; give ud*
spill	spilt/spilled	spilt/spilled	*spilde*
spin	spun	spun	*spinde*
spit	spat	spat	*spytte*
split	split	split	*spalte*
spoil	spoilt/spoiled	spoilt/spoiled	*ødelægge; forkæle*
spread	spread	spread	*sprede*
spring	sprang	sprung	*springe (op)*
stand	stood	stood	*stå*
steal	stole	stolen	*stjæle*
stick	stuck	stuck	*klæbe*
sting	stung	stung	*stikke*
stink	stank/stunk	stunk	*stinke*
strew	strewed	strewed/strewn	*strø*

---

* præsens (nutid)

stride	strode	stridden	*skridte ud*
strike	struck	struck/stricken	*slå*
string	strung	strung	*trække på snor*
strive	strove	striven	*stræbe*
swear	swore	sworn	*sværge*
sweep	swept	swept	*feje*
swell	swelled	swollen/swelled	*svulme*
swim	swam	swum	*svømme*
swing	swung	swung	*svinge*
take	took	taken	*tage*
teach	taught	taught	*undervise*
tear	tore	torn	*rive itu*
tell	told	told	*fortælle*
think	thought	thought	*tænke*
throw	threw	thrown	*kaste*
thrust	thrust	thrust	*støde*
tread	trod	trodden	*træde*
wake	woke/waked	woken/waked	*vågne; vække*
wear	wore	worn	*have på*
weave	wove	woven	*væve*
weep	wept	wept	*græde*
will *	would	—	*ville*
win	won	won	*vinde*
wind	wound	wound	*sno*
wring	wrung	wrung	*vride*
write	wrote	written	*skrive*

---

* præsens (nutid)

Engelske forkortelser

AA	*Automobile Association*	britisk automobilklub
AAA	*American Automobile Association*	amerikansk automobilklub
ABC	*American Broadcasting Company*	privat amerikansk radio- og tv-selskab
A.D.	*anno Domini*	e.Kr.
Am.	*America; American*	Amerika; amerikansk
a.m.	*ante meridiem (before noon)*	før middag (om tidspunkter mellem kl. 0.00 og 12.00)
Amtrak	*American railroad corporation*	privat amerikansk jernbane-selskab
AT & T	*American Telephone and Telegraph Company*	amerikansk telefon- og telegrafselskab
Ave.	*avenue*	avenu
BBC	*British Broadcasting Corporation*	britisk radio- og tv-selskab
B.C.	*before Christ*	f.Kr.
bldg.	*building*	bygning
Blvd.	*boulevard*	boulevard
B.R.	*British Rail*	de britiske statsbaner
Brit.	*Britain; British*	Storbritannien; britisk
Bros.	*brothers*	brdr., brødrene
¢	*cent*	1/100 dollar
Can.	*Canada; Canadian*	Canada; canadisk
CBS	*Columbia Broadcasting System*	privat amerikansk radio- og tv-selskab
CID	*Criminal Investigation Department*	kriminalpoliti i Storbritannien
CNR	*Canadian National Railway*	de canadiske statsbaner
c/o	*(in) care of*	c/o
Co.	*company*	kompagni
Corp.	*corporation*	A/S, aktieselskab
CPR	*Canadian Pacific Railways*	privat canadisk jernbaneselskab
D.C.	*District of Columbia*	Columbia-distriktet (Washington, D.C.)
DDS	*Doctor of Dental Science*	tandlæge
dept.	*department*	afdeling
EEC	*European Economic Community*	EEC

e.g.	*for instance*	f.eks.
Eng.	*England; English*	England; engelsk
excl.	*excluding; exclusive*	eksklusive, ikke iberegnet
ft.	*foot/feet*	fod (30,5 cm)
GB	*Great Britain*	Storbritannien
H.E.	*His/Her Excellency;*	Hans/Hendes Excellence;
	His Eminence	Hans Eminence
H.H.	*His Holiness*	Hans Hellighed (paven)
H.M.	*His/Her Majesty*	Hans/Hendes Majestæt
H.M.S.	*Her Majesty's ship*	britisk flådefartøj
hp	*horsepower*	hk., hestekræfter
Hwy	*highway*	hovedvej
i.e.	*that is to say*	dvs.
in.	*inch*	tomme (2,54 cm)
Inc.	*incorporated*	A/S, aktieselskab
incl.	*including, inclusive*	inklusive, iberegnet
£	*pound sterling*	pund sterling
L.A.	*Los Angeles*	Los Angeles
Ltd.	*limited*	A/S, aktieselskab
M.D.	*Doctor of Medicine*	læge, cand. med.
M.P.	*Member of Parliament*	parlamentsmedlem
mph	*miles per hour*	miles i timen
Mr.	*Mister*	hr.
Mrs.	*Missis*	fru
Ms.	*Missis/Miss*	fru/frøken
nat.	*national*	national, lands-
NBC	*National Broadcasting*	privat amerikansk radio-
	Company	og tv-selskab
No.	*number*	nr.
N.Y.C.	*New York City*	byen New York
O.B.E.	*Officer (of the Order)*	Ridder af den britiske
	of the British Empire	imperieorden
p.	*page; penny/pence*	side; 1/100 pund (engelsk
		møntenhed)
p.a.	*per annum*	pro anno, årlig
Ph.D.	*Doctor of Philosophy*	dr. phil.
p.m.	*post meridiem*	efter middag (om tidspunkter
	(after noon)	mellem kl. 12.00 og 24.00)
PO	*Post Office*	postkontor
POO	*post office order*	postanvisning
pop.	*population*	befolkning, indbyggere
P.T.O.	*please turn over*	vend
RAC	*Royal Automobile Club*	kongelig britisk
		automobilklub

RCMP	*Royal Canadian Mounted Police*	det beredne politi i Canada
Rd.	*road*	vej
ref.	*reference*	henvisning
Rev.	*reverend*	pastor
RFD	*rural free delivery*	postomdeling på landet
RR	*railroad*	jernbane
RSVP	*please reply*	s.u., svar udbedes
$	*dollar*	dollar
Soc.	*society*	selskab
St.	*saint; street*	sankt; gade
STD	*Subscriber Trunk Dialling*	fuldautomatisk telefon
UN	*United Nations*	FN
UPS	*United Parcel Service*	pakkepost service
US	*United States*	USA
USS	*United States Ship*	amerikansk flådefartøj
VAT	*value added tax*	moms
VIP	*very important person*	meget betydningsfuld person
Xmas	*Christmas*	jul
yd.	*yard*	yard (91,44 cm)
YMCA	*Young Men's Christian Association*	KFUM
YWCA	*Young Women's Christian Association*	KFUK
ZIP	*ZIP code*	postnummer

Talord

Mængdetal		**Ordenstal**	
0	zero	1st	first
1	one	2nd	second
2	two	3rd	third
3	three	4th	fourth
4	four	5th	fifth
5	five	6th	sixth
6	six	7th	seventh
7	seven	8th	eighth
8	eight	9th	ninth
9	nine	10th	tenth
10	ten	11th	eleventh
11	eleven	12th	twelfth
12	twelve	13th	thirteenth
13	thirteen	14th	fourteenth
14	fourteen	15th	fifteenth
15	fifteen	16th	sixteenth
16	sixteen	17th	seventeenth
17	seventeen	18th	eighteenth
18	eighteen	19th	nineteenth
19	nineteen	20th	twentieth
20	twenty	21st	twenty-first
21	twenty-one	22nd	twenty-second
22	twenty-two	23rd	twenty-third
23	twenty-three	24th	twenty-fourth
24	twenty-four	25th	twenty-fifth
25	twenty-five	26th	twenty-sixth
30	thirty	27th	twenty-seventh
40	forty	28th	twenty-eighth
50	fifty	29th	twenty-ninth
60	sixty	30th	thirtieth
70	seventy	40th	fortieth
80	eighty	50th	fiftieth
90	ninety	60th	sixtieth
100	a/one hundred	70th	seventieth
230	two hundred and thirty	80th	eightieth
		90th	ninetieth
1,000	a/one thousand	100th	hundredth
10,000	ten thousand	230th	two hundred and thirtieth
100,000	a/one hundred thousand		
1,000,000	a/one million	1,000th	thousandth

Klokken

Englænderne og amerikanerne anvender 12-timesystemet. Forkortelsen *a.m. (ante meridiem)* føjes til tidspunkter mellem kl. 00.00 og 12.00, og *p.m. (post meridiem)* til tidspunkter mellem kl. 12.00 og 24.00. I Storbritannien er man dog langsomt ved at gå over til 24-timesystemet ved officielle tidsangivelser.

I'll come at seven a.m.	Jeg kommer kl. 7 om morgenen.
I'll come at two p.m.	Jeg kommer kl. 2 om eftermiddagen.
I'll come at eight p.m.	Jeg kommer kl. 8 om aftenen.

Ugedage

Sunday	søndag	*Thursday*	torsdag
Monday	mandag	*Friday*	fredag
Tuesday	tirsdag	*Saturday*	lørdag
Wednesday	onsdag		

Nogle nyttige sætninger	Some Basic Phrases
Vær så venlig.	Please.
Mange tak.	Thank you very much.
Åh, jeg be'r.	Don't mention it.
Godmorgen.	Good morning.
Goddag *(eftermiddag)*.	Good afternoon.
Godaften.	Good evening.
Godnat.	Good night.
Farvel.	Good-bye.
På gensyn.	See you later.
Hvor er…?	Where is/Where are…?
Hvad hedder dette?	What do you call this?
Hvad betyder det?	What does that mean?
Taler De engelsk?	Do you speak English?
Taler De tysk?	Do you speak German?
Taler De fransk?	Do you speak French?
Taler De spansk?	Do you speak Spanish?
Taler De italiensk?	Do you speak Italian?
Vil De tale lidt langsommere?	Could you speak more slowly, please?
Jeg forstår ikke.	I don't understand.
Kan jeg få…?	Can I have…?
Kan De vise mig…?	Can you show me…?
Kan De sige mig…?	Can you tell me…?
Vil De være så venlig at hjælpe mig?	Can you help me, please?
Jeg vil gerne have…	I'd like…
Vi vil gerne have…	We'd like…
Vær så venlig at give mig…	Please give me…
Vær så venlig at hente…til mig.	Please bring me…
Jeg er sulten.	I'm hungry.
Jeg er tørstig.	I'm thirsty.
Jeg er faret vild.	I'm lost.
Skynd Dem!	Hurry up!

Der er...   There is/There are...
Der er ikke...   There isn't/There aren't...

Ankomst

Må jeg se Deres pas?	Your passport, please.
Har De noget at fortolde?	Have you anything to declare?
Nej, intet.	No, nothing at all.
Vil De hjælpe mig med min bagage?	Can you help me with my luggage, please?
Hvor holder bussen til centrum?	Where's the bus to the centre of town, please?
Denne vej.	This way, please.
Hvor kan jeg få en taxi?	Where can I get a taxi?
Hvad koster det til...?	What's the fare to...?
Kør mig til denne adresse.	Take me to this address, please.
Jeg har travlt.	I'm in a hurry.

Arrival

Hotel

Mit navn er...	My name is...
Har De reserveret?	Have you a reservation?
Jeg vil gerne have et værelse med bad.	I'd like a room with a bath.
Hvor meget koster det per nat?	What's the price per night?
Må jeg se værelset?	May I see the room?
Hvilket nummer har mit værelse?	What's my room number, please?
Der er ikke noget varmt vand.	There's no hot water.
Jeg vil gerne tale med direktøren.	May I see the manager, please?
Er der blevet ringet til mig?	Did anyone telephone me?
Er der post til mig?	Is there any mail for me?
Må jeg bede om regningen?	May I have my bill (check), please?

Hotel

På restaurant

Har De en „dagens middag"?	Do you have a fixed-price menu?
Må jeg se spisekortet?	May I see the menu?

Eating out

Må vi få et askebæger?	May we have an ashtray, please?
Undskyld, hvor er toilettet?	Where's the toilet, please?
Jeg vil gerne have en forret.	I'd like an hors d'œuvre (starter).
Har De suppe?	Have you any soup?
Jeg vil gerne have fisk.	I'd like some fish.
Hvilke slags fisk har De?	What kind of fish do you have?
Jeg vil gerne have en bøf.	I'd like a steak.
Hvilke grønsager har De?	What vegetables have you got?
Tak, ikke mere.	Nothing more, thanks.
Hvad ønsker De at drikke?	What would you like to drink?
Jeg vil gerne have en øl.	I'll have a beer, please.
Jeg vil gerne have en flaske vin.	I'd like a bottle of wine.
Må jeg bede om regningen?	May I have the bill (check), please?
Er det med betjening?	Is service included?
Mange tak, det smagte dejligt.	Thank you, that was a very good meal.

Ud at rejse — Travelling

Hvor er banegården?	Where's the railway station, please?
Hvor er billetkontoret?	Where's the ticket office, please?
Jeg vil gerne have en billet til...	I'd like a ticket to...
Første eller anden klasse?	First or second class?
Første klasse, tak.	First class, please.
Enkelt eller retur?	Single or return (one way or roundtrip)?
Skal jeg skifte tog?	Do I have to change trains?
Fra hvilken perron afgår toget til...?	What platform does the train for... leave from?
Hvor er den nærmeste undergrundsstation?	Where's the nearest underground (subway) station?
Hvor er rutebilstationen?	Where's the bus station, please?
Hvornår kører den første bus til...?	When's the first bus to...?
Jeg vil gerne af ved næste stoppested.	Please let me off at the next stop.

Forlystelser

Hvad går der i biografen?
Hvornår begynder filmen?
Er der flere billetter til i aften?
Hvor kan vi gå ud og danse?

Relaxing

What's on at the cinema (movies)?
What time does the film begin?
Are there any tickets for tonight?
Where can we go dancing?

Gøre bekendtskaber

Goddag.
Hvordan har De det?
Godt, tak. Og De?
Må jeg præsentere Dem for...?
Mit navn er...
Det glæder mig at træffe Dem.
Hvor længe har De været her?
Det glædede mig at træffe Dem.
Har De noget imod, at jeg ryger?
Undskyld, kan De give mig ild?
Må jeg byde Dem en drink?
Må jeg invitere Dem ud at spise
i aften?
Hvor skal vi mødes?

Meeting people

How do you do.
How are you?
Very well, thank you. And you?
May I introduce...?
My name is...
I'm very pleased to meet you.
How long have you been here?
It was nice meeting you.
Do you mind if I smoke?
Do you have a light, please?
May I get you a drink?
May I invite you for dinner
tonight?
Where shall we meet?

Forretninger, indkøb m.m.

Hvor er den nærmeste bank?
Hvor kan jeg indløse rejsechecks?

Vil De give mig nogle småpenge?

Hvor er det nærmeste apotek?

Hvordan kommer jeg derhen?
Kan man nemt gå derhen?
Undskyld, vil De hjælpe mig?
Hvor meget koster den her? Og
den der?

Shops, stores and services

Where's the nearest bank, please?
Where can I cash some travellers'
cheques?
Can you give me some small
change, please?
Where's the nearest chemist's
(pharmacy)?
How do I get there?
Is it within walking distance?
Can you help me, please?
How much is this? And that?

Det er ikke helt det, jeg gerne vil have.	It's not quite what I want.
Den kan jeg lide.	I like it.
Kan De anbefale noget mod solforbrænding?	Can you recommend something for sunburn?
Jeg vil gerne klippes.	I'd like a haircut, please.
Jeg vil gerne have en manicure.	I'd like a manicure, please.

Når De spørger om vej

Street directions

Vil De vise mig på kortet, hvor jeg er?	Can you show me on the map where I am?
De er ikke på den rigtige vej.	You are on the wrong road.
Kør/Gå ligeud.	Go/Walk straight ahead.
Det er til venstre/til højre.	It's on the left/on the right.

Ulykker

Emergencies

Tilkald straks en læge.	Call a doctor quickly.
Tilkald en ambulance.	Call an ambulance.
Tilkald politiet.	Please call the police.

danish-english

dansk-engelsk

Introduction

This dictionary has been designed to take account of your practical needs. Unnecessary linguistic information has been avoided. The entries are listed in alphabetical order, regardless of whether the entry is printed in a single word or in two or more separate words. As the only exception to this rule, a few idiomatic expressions are listed alphabetically as main entries, according to the most significant word of the expression. When an entry is followed by sub-entries, such as expressions and locutions, these are also listed in alphabetical order.[1]

Each main-entry word is followed by a phonetic transcription (see guide to pronunciation). Following the transcription is the part of speech of the entry word whenever applicable. If an entry word is used as more than one part of speech, the translations are grouped together after the respective part of speech.

Irregular plurals are given in brackets after the part of speech.

Whenever an entry word is repeated in irregular forms or sub-entries, a tilde (~) is used to represent the full word. In plurals of long words, only the part that changes is written out fully, whereas the unchanged part is represented by a hyphen (-).

Entry word: fisk c (pl ~) Plural: fisk
    bryllup nt (pl ~per) bryllupper
    antibiotikum nt (pl -ka) antibiotika

An asterisk (*) in front of a verb indicates that it is irregular. For more detail, refer to the list of irregular verbs.

Abbreviations

adj	adjective	*p*	past tense
adv	adverb	*pl*	plural
Am	American	*plAm*	plural (American)
art	article	*pp*	past participle
c	common gender	*pr*	present tense
conj	conjunction	*pref*	prefix
n	noun	*prep*	preposition
nAm	noun (American)	*pron*	pronoun
nt	neuter	*v*	verb
num	numeral	*vAm*	verb (American)

---

[1] Note that Danish alphabetical order differs from our own for three letters: *ae*, *ø* and *å*. These are considered independent characters and come after *z*, in that order.

Guide to Pronunciation

Each main entry in this part of the dictionary is followed by a phonetic transcription which shows you how to pronounce the words. This transcription should be read as if it were English. It is based on Standard British pronunciation, though we have tried to take account of General American pronunciation also. Below, only those letters and symbols are explained which we consider likely to be ambiguous or not immediately understood.

The syllables are separated by hyphens, and stressed syllables are printed in *italics*.

Of course, the sounds of any two languages are never exactly the same, but if you follow carefully our indications, you should be able to pronounce the foreign words in such a way that you'll be understood. To make your task easier, our transcriptions occasionally simplify slightly the sound system of the language while still reflecting the essential sound differences.

Consonants

dh	like **th** in the
g	always hard, as in go
ǥ	a g-sound where the tongue doesn't quite close the air passage between itself and the roof of the mouth, so that the escaping air produces audible friction
ng	as in singer, not as in finger (no **g**-sound!)
r	pronounced in the back of the mouth
s	always hard, as in so

Vowels and Diphthongs

aa	long **a**, as in car, without any **r**-sound; quite often "flat" **a**, almost like **a** in bad
ah	a short version of **aa**; between **a** in cat and **u** in cut; quite often "flat" **a**, almost like **a** in cat
ai	as in air, without any **r**-sound
aw	as in raw (British pronunciation)
æ	like **a** in cat
ææ	a long **æ**-sound
eh	like **e** in get

er   as in oth**er**, without any **r**-sound

ew   a "rounded **ee**-sound"; say the vowel sound **ee** (as in s**ee**), and while saying it, round your lips as for **oo** (as in s**oo**n), without moving your tongue; when your lips are in the **oo** position, but your tongue is in the **ee** position, you should be pronouncing the correct sound

i   as in b**i**t

igh   as in s**igh**

o   always as in h**o**t (British pronunciation)

ou   as in l**ou**d

ur   as in f**ur**, but with rounded lips and no **r**-sound

1) A bar over a vowel symbol (e. g. $\overline{\text{ew}}$) shows that this sound is long.

2) Raised letters (e. g. ᶦ**aa**, **ur**ᵒᵒ) should be pronounced only fleetingly.

3) In spoken Danish, there is a phenomenon called the "stød", which is a glottal stop (as in the Cockney pronunciation of water—wa'er) and can occur in conjunction with a consonant or a vowel. We don't show the "stød" in our transcriptions, as it is not essential to understanding and being understood.

A

abbedi (ah-bay-*di*) *nt* abbey
abe (*aa*-ber) *c* monkey
abnorm (ahb-*nom*) *adj* abnormal
abonnement (ah-boa-ner-*mahng*) *nt* subscription
abonnent (ah-boa-*nehnd*) *c* subscriber
abonnere (ah-boa-*nayo*) *v* subscribe
aborre (ah-baw-o) *c* perch; bass
abort (ah-*bawd*) *c* abortion; miscarriage
abrikos (ah-bri-*koas*) *c* apricot
absolut (ahb-soa-*lood*) *adj* sheer, very; *adv* absolutely
abstrakt (ahb-*strahgd*) *adj* abstract
absurd (ahb-*soord*) *adj* absurd
accelerere (ahg-seh-ler-*ray*-o) *v* accelerate
accent (ahg-*sahng*) *c* accent
acceptabel (ahg-sehb-*tah*-berl) *adj* acceptable
acceptere (ahg-sehb-*tayo*) *v* accept
addition (ah-di-s*Yoan*) *c* addition
adel (*ah*-dherl) *c* nobility
adelig (*ah*-dher-li) *adj* noble
adgang (*ahdh*-gahng) *c* admission, access, entrance, admittance, entry; approach; ~ **forbudt** no admittance; *give ~ admit; **ingen ~** no entry

*adlyde (*ahdh*-lew-dher) *v* obey
administration (ahdh-mi-ni-sdrah-s*Yoan*) *c* administration; management
administrativ (ahdh-mi-ni-sdrah-tee°°) *adj* administrative
administrere (ahdh-mi-ni-*sdræ*-o) *v* manage; **administrerende** administrative; executive
admiral (ahdh-mi-*rahl*) *c* admiral
adoptere (ah-dob-*tayo*) *v* adopt
adressat (ah-drah-*sahd*) *c* addressee
adresse (ah-*drah*-ser) *c* address
adressere (ah-drah-*say*-o) *v* address
adskille (*ahdh*-sgayl-er) *v* separate, distinguish, disconnect
adskillelse (*ahdh*-sgayl-erl-ser) *c* separation, division
adskillige (ahdh-sgayl-i-er) *adj* several
adskilt (*ahdh*-sgayld) *adj* separate; *adv* apart
adspredelse (*ahdh*-sbræ-dherl-ser) *c* diversion, amusement
advare (*ahdh*-vah-ah) *v* warn; caution
advarsel (*ahdh*-vah-serl) *c* (pl -sler) warning
adverbium (ahdh-*vær*-bi-om) *nt* (pl -ier) adverb
advokat (ahdh-voa-*kahd*) *c* lawyer; solicitor; attorney, barrister
adækvat (ahdh-eh-kvahd) *adj* adequate

af (ah) *prep* by, from, with, for, of; *adv* off; ~ **og til** occasionally

afbestille (ou-bay-sdayler) *v* cancel

afbetale (ou-bay-tah-ler) *v* *pay on account

afbetalingskøb (ou-bay-tah-laryngs-kurb) *nt* (pl ~) hire-purchase

afbryde (ou-brew-dher) *v* interrupt; *cut off, disconnect

afbrydelse (ou-brew-dherl-ser) *c* interruption

afbryder (ou-brew-dho) *c* switch

afdeling (ou-day-layng) *c* division, section; department

afdrag (ou-drou) *nt* (pl ~) instalment

afdække (ou-deh-ger) *v* uncover

affald (ou-fahl) *nt* garbage, refuse, litter, rubbish

affaldsspand (ou-fahl-sbahn) *c* dustbin; trash can *Am*

affatte (ou-fah-der) *v* *draw up

affekt (ah-fehgd) *c* passion

affekteret (ah-fehg-*tay*-odh) *adj* affected

affjedring (ou-f Yaydh-ræng) *c* suspension

affære (ah-*fææ*-o) *c* business; affair

afføringsmiddel (ou-furr-ayngs-midherl) *nt* (pl -midler) laxative

afgang (ou-gahng) *c* departure; resignation

afgangstid (ou-gahngs-tidh) *c* time of departure

afgifter (ou-gif-do) *pl* dues *pl*

afgrund (ou-gron) *c* abyss, precipice

afgrøde (ou-grūr-dher) *c* crop

afgud (ou-goodh) *c* idol

afgøre (ou-gur-o) *v* decide

afgørelse (ou-gur-ol-ser) *c* decision

afgørende (ou-gur-o-ner) *adj* decisive, final, crucial, cardinal

afgå (ou-go) *v* depart; pull out; ~ **ved døden** die

afhandling (ou-hahn-layng) *c* treatise, thesis, essay

afhente (ou-hehn-der) *v* fetch; collect

afholde sig fra (ou-holer) abstain from

afholdsmand (ou-hols-mahn) *c* (pl -mænd) teetotaller

afhænge af (ou-hehng-er) depend on

afhængig (ou-*hehngi*) *adj* dependant

aflang (ou-lahng) *adj* oblong

aflejring (ou-ligh-ræng) *c* deposit

aflevere (ou-lay-vay-o) *v* deliver

aflyse (ou-lew-ser) *v* cancel

aflytte (ou-lew-der) *v* eavesdrop

aflæsse (ou-leh-ser) *v* discharge

afløb (ou-lurb) *nt* (pl ~) drain, outlet

afløse (ou-lur-ser) *v* relieve, replace

afmatning (ou-mahd-nayng) *c* recession

afpresning (ou-præss-nayng) *c* extortion

afpresse (ou-præ-ser) *v* extort

afprøve (ou-prur-ver) *v* test

afrejse (ou-righ-ser) *c* departure

Afrika (ah-fri-kah) Africa

afrikaner (ah-fri-*kah*-no) *c* African

afrikansk (ah-fri-*kahnsg*) *adj* African

afrundet (ou-ron-erdh) *adj* rounded

afsende (ou-sehn-er) *v* dispatch, *send off

afsides (ou-sidh-erss) *adj* remote; *adv* aside

afskaffe (ou-sgah-fer) *v* abolish

afsked (ou-sgdaydh) *c* parting; *tage ~ **med** *take leave of

afskedige (ou-sgay-dhi-er) *v* discharge, dismiss; fire

afskibe (ou-sgi-ber) *v* ship

afskrift (ou-sgræfd) *c* copy

afsky (ou-sgew) *c* dislike, disgust

afskyde (ou-sgew-dher) *v* launch

afskyelig (ou-*sgew*-ew-li) *adj* disgusting

afslag (ou-slah) *nt* (pl ~) refusal

afslapning (*ou*-slahb-nayng) *c* relaxation; recreation

afslappet (*ou*-slah-berdh) *adj* relaxed, easy-going

afslutning (*ou*-slood-nayng) *c* closing, conclusion, end, finish

afslutte (*ou*-sloo-der) *v* finish; end

afsløre (*ou*-slur-o) *v* reveal

afsløring (*ou*-slur-ræng) *c* revelation

*afslå (*ou*-slo) *v* refuse

afsnit (*ou*-snit) *nt* (pl ~) section, paragraph

afspark (*ou*-sbaag) *nt* (pl ~) kick-off

afstamning (*ou*-sdahm-nayng) *c* origin

afstand (*ou*-sdahn) *c* space; distance, way

afstandsmåler (*ou*-sdahns-maw-lo) *c* range-finder

afstemning (*ou*-sdehm-nayng) *c* vote

*aftage (*ou*-tah-ah) *v* remove, *take off; *buy; decrease

aftale (*ou*-taa-ler) *c* agreement; engagement, appointment, date

aften (*ahf*-dern) *c* (pl aftner) evening, night; **i ~** tonight

aftenkjole (*ahf*-dern-k^yoa-ler) *c* gown

aftensmad (*ahf*-derns-mahdh) *c* supper; dinner

aftryk (*ou*-trurg) *nt* (pl ~) print

aftrækker (*ou*-træ-go) *c* trigger

afvande (*ou*-vah-ner) *v* drain

afveksling (*ou*-vehgs-layng) *c* variation

afvente (*ou*-vehn-der) *v* await

*afvige (*ou*-vi-er) *v* deviate

afvigelse (*ou*-vi-erl-ser) *c* aberration

afvise (*ou*-vi-ser) *v* refuse; reject

afværge (*ou*-vær-ger) *v* prevent

agent (ah-*gehnd*) *c* agent

agentur (ah-gehn-*toor*) *nt* agency

agentvirksomhed (ah-*gehnd*-veergsom-haydh) *c* agency

agerhøne (*ah*-go-hūr-ner) *c* (pl -høns) partridge

agern (*ah*-gon) *nt* (pl ~) acorn

aggressiv (ah-græ-see^{oo}) *adj* aggressive

agt (ahgd) *c* purpose

agte (*ahg*-der) *v* esteem

agtelse (*ahg*-derl-ser) *c* regard, respect, esteem

agtværdig (ahgd-*vær*-di) *adj* honourable, respectable

agurk (ah-*goorg*) *c* cucumber

ahorn (*ah*-hoarn) *c* (pl ~) maple

AIDS (eids) AIDS

akademi (ah-kah-day-*mi*) *nt* academy

akkompagnere (ah-kom-pahn-^yay-o) *v* accompany

akkreditiv (ah-kræ-di-*tee^{oo}*) *nt* letter of credit

akkumulator (ah-koa-moo-*laa*-to) *c* battery

akkurat (ah-koo-*rahd*) *adj* accurate

aksel (*ahg*-serl) *c* (pl aksler) axle

akt (ahgd) *c* act

aktie (*ahg*-s^yer) *c* share

aktiemarked (*ahg*-s^yer-maa-gerdh) *nt* stock market

aktion (ahg-s^y*oan*) *c* action

aktiv (ahg-*tee^{oo}*) *adj* active

aktivitet (ahg-ti-vi-*tayd*) *c* activity

aktuel (ahg-too-*ehl*) *adj* topical

akut (ah-*kood*) *adj* acute

akvarel (ah-kvah-*ræl*) *c* (pl ~ler) water-colour

al (ahl) *adj* (nt alt; pl alle) all; **alt i alt** altogether

alarm (ah-*lahm*) *c* alarm

albue (*ahl*-bōō-oo) *c* elbow

album (*ahl*-bom) *nt* (pl ~s) album

aldeles (ahl-*day*-lerss) *adv* wholly

alder (*ahl*-o) *c* (pl aldre) age

alderdom (*ahl*-o-dom) *c* age; old age

aldrig (*ahl*-dri) *adv* never

alene (ah-*lāy*-ner) *adv* alone, only

alf (ahlf) *c* elf

alfabet (ahl-fah-*bayd*) *nt* alphabet

algebra (*ahl*-gay-brah) *c* algebra

algerier (ahl-s*Y*i-o) *c* Algerian

Algeriet (ahl-s*Y*eh-*ri*-erdh) Algeria

algerisk (ahl-s*Y*i-risg) *adj* Algerian

alkohol (*ahl*-goa-hol) *c* alcohol

alkoholholdig (ahl-goa-*hoal*-hol-di) *adj* alcoholic

allé (ah-*lay*) *c* avenue

allerede (ah-lo-*rææ*-dher) *adv* already

allergi (ah-lær-*gi*) *c* allergy

allermest (*ah*-lo-maysd) *adv* most of all

alliance (ah-li-*ahng*-ser) *c* alliance

allierede (ah-li-*ay*-ro-dher) *pl* allies *pl*

alligevel (ah-*lee*-vehl) *adv* yet; anyway

almanak (ahl-mah-*nahg*) *c* (pl ~ker) almanac

almen (*ahl*-mayn) *adj* public, common; broad

almindelig (ahl-*mayn*-er-li) *adj* frequent, common; plain, simple

i almindelighed (i ahl-*mayn*-er-li-haydh) in general

almægtig (ahl-*mehg*-di) *adj* omnipotent

alpehue (*ahl*-ber-hōō-oo) *c* beret

alsidig (ahl-si-dhi) *adj* all-round

alt (ahld) *c* alto

alter (*ahl*-do) *nt* (pl altre) altar

alternativ (ahl-*tær*-nah-tee°°) *nt* alternative

altid (*ahl*-tidh) *adv* ever, always

alting (*ahl*-tayng) *pron* everything

altomfattende (*ahld*-om-fah-der-ner) *adj* universal

altså (*ahl*-so) *adv* so

alvor (*ahl*-vo) *c* seriousness; gravity

alvorlig (ahl-*vo*-li) *adj* serious; grave; bad

ambassade (ahm-bah-*saa*-dher) *c* embassy

ambassadør (ahm-bah-sah-*durr*) *c* ambassador

ambitiøs (ahm-bi-s*Y*urs) *adj* ambitious

ambulance (ahm-boo-*lahng*-ser) *c* ambulance

Amerika (ah-*may*-ri-kah) America

amerikaner (ah-may-ri-*kah*-no) *c* American

amerikansk (ah-may-ri-*kahnsg*) *adj* American

ametyst (ah-mer-*tewsd*) *c* amethyst

amme (*ah*-mer) *v* nurse

amnesti (ahm-neh-*sdi*) *c* amnesty

amt (ahmd) *nt* province

amulet (ah-moo-*lehd*) *c* (pl ~ter) lucky charm, charm

analfabet (*ahn*-ahl-fah-bayd) *c* illiterate

analyse (ah-nah-*lēw*-ser) *c* analysis

analysere (ah-nah-lew-*say*-o) *v* analyse

analytiker (ah-nah-*lew*-ti-go) *c* analyst

ananas (*ah*-nah-nahss) *c* (pl ~) pineapple

anarki (ah-nah-*ki*) *nt* anarchy

anatomi (ah-nah-toa-*mi*) *c* anatomy

anbefale (*ahn*-bay-fah-ler) *v* recommend; register; **anbefalet brev** registered letter

anbefaling (*ahn*-bay-fah-layng) *c* recommendation

anbefalingsskrivelse (*ahn*-bay-fah-layngs-sgree-vehl-ser) *c* letter of recommendation

***anbringe** (*ahn*-bræng-er) *v* place

and (ahn) *c* (pl ænder) duck

andel (*ahn*-dayl) *c* share; **andels-** co-operative

andelsforetagende (*ahn*-dayls-faw-o-tah-er-ner) *nt* co-operative

anden (*ah*-nern) *num* second; *pron* different, other; **en ~** another

anderledes (*ah*-no-lay-dherss) *adv* otherwise

andetsteds (*ah*-nerdh-sdehdhs) *adv* elsewhere

andragende (*ahn*-drou-er-ner) *nt* petition

ane (*aa*-ner) *v* suspect

anelse (*aa*-nerl-ser) *c* notion

anerkende (ah-*no*-keh-ner) *v* recognize

anerkendelse (ah-*no*-kehn-erl-ser) *c* recognition

anfald (*ahn*-fahl) *nt* (pl ~) fit, attack

anførelsestegn (*ahn*-fur-ol-serss-tighn) *pl* quotation marks

anfører (*ahn*-fūr-o) *c* leader

anger (ahng-o) *c* repentance

***angive** (*ahn*-gi-ver) *v* indicate; inform against

angreb (*ahn*-græb) *nt* (pl ~) attack; raid

***angribe** (*ahn*-gri-ber) *v* attack; assault

angst (ahngsd) *c* fright, fear

***angå** (*ahn*-go) *v* concern; affect; **angående** about, concerning, with reference to, regarding; **hvad angår** as regards

anholdelse (*ahn*-hol-erl-ser) *c* arrest

ankel (*ahng*-gerl) *c* (pl ankler) ankle

anker (*ahng*-go) *nt* (pl ankre) anchor

anklage (*ahn*-klaa-ah) *c* charge; *v* accuse, charge

anklagede (*ahn*-klah-ah-dher) *c* (pl ~) accused

***ankomme** (*ahn*-kom-er) *v* arrive

ankomst (*ahn*-komsd) *c* arrival

ankomsttid (*ahn*-komsd-tidh) *c* time of arrival

anledning (*ahn*-laydh-nayng) *c* occasion, cause

anliggende (*ahn*-lay-ger-ner) *nt* affair, concern; matter

anlæg (*ahn*-lehg) *nt* (pl ~) talent, faculty

anmassende (*ahn*-mah-ser-ner) *adj* presumptuous

anmeldelse (*ahn*-mehl-erl-ser) *c* review, report, notify

anmode (*ahn*-moa-dher) *v* request

anmodning (*ahn*-moadh-nayng) *c* request

anneks (ah-*nehgs*) *nt* annex

annektere (ah-nehg-*tay*-o) *v* annex

annonce (ah-*nong*-ser) *c* advertisement

annullere (ah-noo-*lay*-o) *v* cancel; recall

annullering (ah-noo-*lay*-ræng) *c* cancellation

anonym (ah-noa-*newm*) *adj* anonymous

ansat (*ahn*-sahd) *c* (pl ~te) employee

***anse** (*ahn*-say) *v* regard, consider

anseelse (ahn-*say*-erl-ser) *c* reputation

anselig (ahn-*say*-li) *adj* substantial, considerable

ansigt (*ahn*-saygd) *nt* face

ansigtscreme (*ahn*-saygds-kræm) *c* face-cream

ansigtsmaske (*ahn*-saygds-mahss-ger) *c* face-pack

ansigtsmassage (*ahn*-saygds-mah-*saa*-sᵛer) *c* face massage

ansigtspudder (*ahn*-saygds-poodh-o) *nt* face-powder

ansigtstræk (*ahn*-saygds-træg) *nt* (pl ~) feature

ansjos (ahn-sᵛoas) *c* anchovy

anskaffe (*ahn*-sgah-fer) *v* *buy

anskaffelse (*ahn*-sgah-ferl-ser) *c* purchase

anspore (*ahn*-sboa-o) *v* incite

anspændelse (*ahn*-sbehn-erl-ser) *c* strain

anspændt (*ahn*-sbehnd) *adj* tense

anstalt (*ahn*-sdahld) *c* institute

anstrengelse (*ahn*-sdræng-erl-ser) *c* effort; strain

anstændig (ahn-*sdehn*-di) *adj* decent

anstændighed (ahn-*sdehn*-di-haydh) *c* decency

anstød (*ahn*-sdurdh) *nt* (pl ~) offence

anstødelig (ahn-*sdur*-dher-li) *adj* offensive

ansvar (*ahn*-svah) *nt* responsibility; liability; blame

ansvarlig (ahn-*svah*-li) *adj* responsible; liable; ~ **for** in charge of

*****ansætte** (*ahn*-seh-der) *v* engage

ansøge (*ahn*-sur-er) *v* apply

ansøgning (*ahn*-sur-nayng) *c* application

*****antage** (*ahn*-tah-ah) *v* suppose, assume

antagelig (ahn-*tah*-ah-li) *adj* presumable

antal (*ahn*-tahl) *nt* number, quantity

antenne (ahn-*teh*-ner) *c* aerial

antibiotikum (ahn-ti-bi-*oa*-ti-kom) *nt* (pl -ka) antibiotic

antik (ahn-*tig*) *adj* antique

antikvitet (ahn-ti-kvi-*tayd*) *c* antique; **antikviteter** antiquities *pl*

antikvitetshandler (ahn-ti-kvi-*tayds*-hahn-lo) *c* antique dealer

antipati (*ahn*-ti-pah-ti) *c* dislike

antologi (ahn-toa-loa-*gi*) *c* anthology

antyde (*ahn*-tew-dher) *v* suggest, hint

anvende (*ahn*-vehn-er) *v* employ, use; apply

anvendelig (ahn-*vehn*-er-li) *adj* usable

anvendelse (ahn-*vehn*-erl-ser) *c* application, use

anvise (*ahn*-vi-ser) *v* indicate

aperitif (ah-pay-ri-*tif*) *c* (pl ~fer) aperitif

apotek (ah-boa-*tayg*) *nt* chemist's, pharmacy; drugstore *nAm*

apoteker (ah-boa-*tay*-go) *c* chemist

apparat (ah-bah-*rahd*) *nt* apparatus; appliance, machine

appel (ah-*pehl*) *c* (pl ~ler) appeal

appelsin (ah-behl-*sin*) *c* orange

appetit (ah-ber-*tid*) *c* appetite

appetitlig (ah-ber-*tid*-li) *adj* appetizing

appetitvækker (ah-ber-*tid*-veh-go) *c* appetizer

applaudere (ah-plou-*day*-o) *v* clap, applaud

april (ah-*pril*) April

ar (ah) *nt* (pl ~) scar

araber (ah-*rah*-bo) *c* Arab

arabisk (ah-*rah*-bisg) *adj* Arab

arbejde (aa-*bigh*-der) *nt* labour, work; job, employment; *v* work

arbejder (aa-*bigh*-do) *c* workman, worker; labourer

arbejdsbesparende (aa-bighds-bay-sbah-ah-ner) *adj* labour-saving

arbejdsdag (aa-*bighds*-dah) *c* working day

arbejdsformidling (aa-bighds-fo-midh-layng) *c* employment exchange

arbejdsgiver (aa-bighds-gee-vo) *c* employer

arbejdsløs (aa-bighds-lurs) *adj* unemployed

arbejdsløshed (aa-bighds-lurss-haydh) *c* unemployment

arbejdstilladelse (aa-bighds-tay-lah-dherl-ser) *c* work permit; labor permit *Am*

arbejdsværelse (aa-bighds-vai-ol-ser) *nt* study

areal (ah-ræ-*ahl*) *nt* area

Argentina (ah-gehn-*tee*-nah) Argentina

argentiner (ah-gehn-*ti*-no) *c* Argentinian

argentinsk (ah-gehn-*tinsg*) *adj* Argentinian

argument (ah-goo-*mehnd*) *nt* argument

argumentere (ah-goo-mehn-*tay*-o) *v* argue

ark (aag) *nt* (pl ~) sheet
arkade (ah-*kaa*-dher) *c* arcade
arkitekt (ah-gi-*tehgd*) *c* architect
arkitektur (ah-gi-tehg-*toor*) *c* architecture
arkiv (ah-*kee*ᵒᵒ) *nt* archives *pl*
arkæolog (ah-keh-oa-*loa*) *c* archaeologist
arkæologi (ah-keh-oa-loa-*gi*) *c* archaeology
arm (ahm) *c* arm; **arm i arm** arm-in-arm
armbånd (*aam*-bon) *nt* (pl ~) bracelet; bangle
armbåndsur (*aam*-bons-oor) *nt* wristwatch
armlæn (*aam*-lehn) *nt* (pl ~) arm
armstol (*aam*-sdoal) *c* armchair
aroma (ah-*rōa*-mah) *c* aroma
arrangere (ah-rahng-s*ʸay*-o) *v* arrange
arrestation (ah-ræ-sdah-s*ʸoan*) *c* arrest
arrestere (ah-ræ-*sday*-o) *v* arrest
arrestforvarer (ah-*ræsd*-fo-vah-o) *c* jailer
art (ahd) *c* nature, kind; species
artig (*aa*-di) *adj* good
artikel (ah-*ti*-gerl) *c* (pl -kler) article
artiskok (ah-ti-*sgog*) *c* (pl ~ker) artichoke
artistisk (ah-*tiss*-disg) *adj* artistic
arv (ahv) *c* inheritance; legacy
arve (*aa*-ver) *v* inherit
arvelig (*aa*-ver-li) *adj* hereditary
asbest (ahss-*behsd*) *c* asbestos
asfalt (ahss-*fahld*) *c* asphalt
asiat (ah-si-*ahd*) *c* Asian
asiatisk (ah-si-*ah*-disg) *adj* Asian
Asien (*ah*-s*ʸern*) Asia
aske (*ahss*-ger) *c* ash
askebæger (*ahss*-ger-bai-o) *nt* (pl -gre) ashtray
asparges (ah-*sbahs*) *c* (pl ~) aspara-

gus
aspekt (ah-*sbehgd*) *nt* aspect
aspirin (ah-sbi-*rin*) *c* aspirin
assistance (ah-si-*stahng*-ser) *c* assistance
assistent (ah-si-*sdehnd*) *c* assistant
associere (ah-soa-s*ʸay*-o) *v* associate
assurance (ah-soo-*rahng*-ser) *c* insurance
astma (*ahsd*-mah) *c* asthma
astronomi (ah-sdroa-noa-*mi*) *c* astronomy
asyl (ah-*sewl*) *nt* asylum
at (ahd) *conj* that
ateist (ah-tay-*isd*) *c* atheist
Atlanterhavet (ahd-*lahn*-do-hah-verdh) the Atlantic
atlask (*ahd*-lahsg) *nt* satin
atletik (ahd-ler-*tig*) *c* athletics *pl*
atmosfære (ahd-moass-*fai*-o) *c* atmosphere
atom (ah-*toam*) *nt* atom; **atom-** atomic
atomenergi (ah-*toam*-ay-no-gi) *c* nuclear energy
atomkerne (ah-*toam*-kær-ner) *c* nucleus of an atom
atten (*ah*-dern) *num* eighteen
attende (*ah*-der-ner) *num* eighteenth
atter (*ah*-do) *adv* again, once more
attest (ah-*tehsd*) *c* certificate
attraktion (ah-trahg-s*ʸoan*) *c* attraction
attrå (*ah*-tro) *v* desire
attråværdig (*ah*-tro-vær-di) *adj* desirable
aubergine (oa-bær-s*ʸin*) *c* eggplant
auditorium (ou-di-*toa*-ri-om) *nt* (pl -rier) auditorium
august (ou-*gosd*) August
auktion (oug-s*ʸoan*) *c* auction
Australien (ou-*sdrah*-li-ern) Australia
australier (ou-*sdrah*-li-o) *c* Australian
australsk (ou-*sdrahlsg*) *adj* Austral-

ian

autentisk (ou-*tehn*-disg) *adj* authentic

automat (ou-toa-*mahd*) *c* slot-machine

automatisering (ou-toa-mah-ti-*sayr*-ayng) *c* automation

automatisk (ou-toa-*mah*-disg) *adj* automatic

automobil (ou-toa-moa-*bil*) *c* motorcar

automobilklub (ou-toa-moa-*bil*-kloob) *c* (pl ~ber) automobile club

autonom (ou-toa-*noam*) *adj* autonomous

autorisation (ou-toa-ri-sah-s*ʸ*oan) *c* authorization; permit

autoritet (ou-toa-ri-*tayd*) *c* authority

autoritær (ou-toa-ri-*tær*) *adj* authoritarian

autoværn (*ou*-toa-værn) *nt* (pl ~) crash barrier

avanceret (ah-vahng-*say*-odh) *adj* advanced

aversion (ah-vær-s*ʸ*oan) *c* aversion

avis (ah-*vis*) *c* newspaper, paper

aviskiosk (ah-*vis*-k*ʸ*osg) *c* newsstand

avle (*ou*-ler) *v* *grow; generate

B

baby (*bay*-bi) *c* baby

babylift (*bay*-bi-lifd) *c* carry-cot

babysitter (*bay*-bi-si-do) *c* babysitter

bacille (bah-*si*-ler) *c* germ

bacon (*bay*-kon) *c* bacon

bad (bahdh) *nt* bath

bade (*baa*-dher) *v* bathe

badebukser (*baa*-dher-bog-so) *pl* bathing-suit; swimming-trunks *pl*

badedragt (*baa*-dher-drahgd) *c* swimsuit, bathing-suit

badehætte (*baa*-dher-heh-der) *c* bathing-cap

badehåndklæde (*baa*-dher-hon-klai-dher) *nt* bath towel

badekåbe (*baa*-dher-kaw-ber) *c* bathrobe

badesalt (*baa*-dher-sahld) *nt* bath salts

badested (*baa*-dher-sdehdh) *nt* seaside resort

badeværelse (*baa*-dher-vai-ol-ser) *nt* bathroom

bag (bah) *prep* behind

bagage (bah-*gaa*-s*ʸ*er) *c* baggage, luggage

bagagebærer (bah-*gaa*-s*ʸ*er-bai-o) *c* carrier

bagagenet (bah-*gaa*-s*ʸ*er-nehd) *nt* (pl ~) luggage rack

bagageopbevaring (bah-*gaa*-s*ʸ*er-ob-bay-vah-ræng) *c* left luggage office; baggage deposit office *Am*

bagagerum (bah-*gaa*-s*ʸ*er-rom) *nt* (pl ~) boot; trunk *nAm*

bagbord (*bou*-boar) *nt* port

bagdel (*bou*-dayl) *c* bottom, behind

bage (*baa*-ah) *v* bake

bagefter (*bah*-ehf-do) *adv* afterwards

bager (*baa*-o) *c* baker

bageri (baa-o-*ri*) *nt* bakery

baggrund (*bou*-gron) *c* background

baghold (*bou*-hol) *nt* (pl ~) ambush

baglygte (*bou*-lurg-der) *c* tail-light, rear-light

baglæns (*bou*-lehns) *adv* backwards

bagside (*bou*-see-dher) *c* back; rear; reverse

bagvaskelse (*bou*-vahss-gehl-ser) *c* slander

bagved (*bah*-vaydh) *adv* behind

bagværk (*bou*-værg) *nt* pastry

bakgear (*bahg*-geer) *nt* (pl ~) reverse gear

bakke (*bah*-ger) *c* hill; tray; *v* reverse, back

bakkenbarter (*bah*-gern-bah-do) *pl* whiskers *pl*; sideburns *pl*

bakket (*bah*-gerd) *adj* hilly

bakketop (*bah*-ger-tob) *c* (pl ~pe) hilltop

bakterie (bahg-*tayr*-ᵞer) *c* bacterium

bal (bahl) *nt* (pl ~ler) ball

balance (bah-*lahng*-ser) *c* balance

balde (*bah*-ler) *c* buttock

balkon (bahl-*kong*) *c* balcony; circle

ballet (bah-*lehd*) *c* (pl ~ter) ballet

ballon (bah-*long*) *c* balloon

balsal (*bahl*-sahl) *c* ballroom

balustrade (bah-lew-*sdraa*-dher) *c* rail

bambus (*bahm*-booss) *c* (pl ~) bamboo

banan (bah-*nahn*) *c* banana

bande¹ (*bahn*-der) *c* gang

bande² (*bahn*-ner) *v* curse, *swear

bandit (bahn-*did*) *c* (pl ~ter) bandit

bane (*baa*-ner) *c* course, lane; track

bange (*bahng*-er) *adj* afraid; *være ~ *be afraid

bank¹ (bahngg) *c* bank

bank² (bahngg) *nt* (pl ~) tap, beating

banke (*bahng*-ger) *v* knock; tap; *beat

banken (*bahng*-gern) *c* knock

banket (bahng-*kehd*) *c* (pl ~ter) banquet

banketsal (bahng-*kehd*-sahl) *c* banqueting-hall

bankindskud (*bahngg*-ayn-skoodh) *nt* (pl ~) deposit

bankkonto (*bahngg*-kon-toa) *c* (pl -konti) bank account

banner (*bahn*-o) *nt* banner

bar (bah) *c* bar, saloon; *adj* bare

barber (bah-*bayr*) *c* barber

barberblad (bah-*bayr*-blahdh) *nt* razor-blade

barbercreme (bah-*bayr*-kræm) *c* shaving-cream

barbere sig (bah-*bay*-o) shave

barberkost (bah-*bayr*-koasd) *c* shaving-brush

barbermaskine (bah-*bayr*-mah-sgee-ner) *c* safety-razor, razor; **elektrisk ~** electric razor

barbersæbe (bah-*bayr*-sai-ber) *c* shaving-soap

bark (baag) *c* bark

barm (bahm) *c* bosom

barmhjertig (bahm-ᵞær-di) *adj* merciful

barmhjertighed (bahm-ᵞær-di-haydh) *c* mercy

barn (bahn) *nt* (pl børn) child; kid; **forældreløst ~** orphan

barndom (*baan*-dom) *c* childhood

barnebarn (*baa*-ner-bahn) *nt* (pl børnebørn) grandchild

barnepige (*baa*-ner-pee-i) *c* nurse

barnevogn (*baa*-ner-vo°°n) *c* pram; baby carriage *Am*

barok (bah-*rog*) *adj* baroque

barometer (bah-roa-*may*-do) *nt* (pl -metre) barometer

barpige (*bah*-pee-i) *c* barmaid

barriere (bah-ri-*ai*-o) *c* barrier

barsk (baasg) *adj* harsh, rough

bartender (*bah*-tehn-do) *c* barman, bartender

baryton (*bah*-i-ton) *c* baritone

bas (bahss) *c* (pl ~ser) bass

base (*bah*-ser) *c* base

basilika (bah-*si*-li-kah) *c* basilica

basis (*baa*-siss) *c* (pl baser) basis

bastard (bah-*sdahd*) *c* bastard

batteri (bah-der-*ri*) *nt* battery

bebo (bay-*boa*) *v* inhabit

beboelig (bay-*boa*-er-li) *adj* habitable, inhabitable

beboelsesejendom (bay-*boa*-erl-serss-igh-ern-dom) *c* (pl ~me) block of flats; apartment house *Am*

beboelseshus (bay-*boa*-erl-serss-hoos) *nt* house

beboelsesvogn (bay-*boaerl*-serss-vo°°n) *c* caravan

beboer (bay-*boa*-o) *c* inhabitant; occupant

bebrejde (bay-*brigh*-der) *v* reproach

bebrejdelse (bay-*brigh*-derl-ser) *c* blame, reproach

bede (b$\overline{ay}$-dher) *c* beet

***bede** (b$\overline{ay}$-dher) *v* pray; beg, ask; ~ **om undskyldning** apologize

bedrag (bay-*drou*) *nt* (pl ~) deceit, delusion

bedrage (bay-*drou*-er) *v* deceive; delude, cheat

bedrageri (bay-drou-o-*ri*) *nt* fraud

bedre (*behdh*-ro) *adj* better; superior; **bedst** best

bedrift (bay-*dræfd*) *c* achievement, exploit, feat

bedring (*behdh*-ræng) *c* recovery

bedrøvelse (bay-*drur*-verl-ser) *c* sadness, sorrow

bedrøvet (bay-*drur*-verdh) *adj* sad

bedstefar (*behss*-der-fah) *c* (pl -fædre) grandfather; granddad

bedsteforældre (*behss*-der-fo-*ehl*-dro) *pl* grandparents *pl*

bedstemor (*behss*-der-moar) *c* (pl -mødre) grandmother

bedømme (bay-*durm*-er) *v* judge

bedøvelse (bay-*dur*-verl-ser) *c* anaesthesia

bedøvelsesmiddel (bay-*dur*-verl-serss-midh-erl) *nt* (pl -midler) anaesthetic

bedårende (bay-*do*-o-ner) *adj* enchanting, charming

befale (bay-*fah*-ler) *v* command, order

befaling (bay-*fah*-layng) *c* order

befalingsmand (bay-*fah*-layngs-mahn) *c* (pl -mænd) commander, officer

befolkning (bay-*folg*-nayng) *c* population

befrielse (bay-*fri*-erl-ser) *c* liberation, release

begavet (bay-*gah*-verdh) *adj* talented, gifted, clever

begejstret (bay-*gigh*-sdrerdh) *adj* enthusiastic, keen

begejstring (bay-*gigh*-sdræng) *c* enthusiasm

begge (*beh*-ger) *pron* both; either

begivenhed (bay-*gi*-vern-haydh) *c* event, happening

begrave (bay-*grah*-ver) *v* bury

begravelse (bay-*grah*-verl-ser) *c* funeral; burial

begreb (bay-*græb*) *nt* notion; idea, conception

***begribe** (bay-*gri*-ber) *v* *see; *take

begrunde (bay-*gron*-er) *v* base, motivate

begrænse (bay-*græn*-ser) *v* limit; **begrænset** limited

begynde (bay-*gurn*-er) *v* *begin; commence; ~ **forfra** recommence

begyndelse (bay-*gurn*-erl-ser) *c* beginning; **begyndelses-** initial; **i begyndelsen** at first

begær (bay-*gær*) *nt* desire; lust

begære (bay-*gæ*-o) *v* desire

begæring (bay-*gæ*-ræng) *c* demand, request, wish

begærlig (bay-*gær*-li) *adj* greedy

begærlighed (bay-*gær*-li-haydh) *c* greed

***begå** (bay-*go*) *v* commit

behage (bay-*hah*-ah) *v* please

behagelig (bay-*hah*-ah-li) *adj* agreeable, pleasant; enjoyable, pleasing; easy

behandle (bay-*hahn*-ler) *v* treat; handle

behandling (bay-*hahn*-layng) *c* treatment

***beholde** (bay-*hol*-er) *v* *keep

beholder (bay-*hol*-o) *c* container

behov (bay-*ho°°*) *nt* need, requirement, want

behændig (bay-*hehn*-di) *adj* skilful, agile

behøve (bay-*hur*-ver) *v* need; demand

beige (baish) *adj* beige

bekende (bay-*kehn*-er) *v* confess

bekendelse (bay-*kehn*-erl-ser) *c* confession

bekendt (bay-*kehnd*) *c* acquaintance

*****bekendtgøre** (bay-*kehnd*-gur-o) *v* announce

bekendtgørelse (bay-*kehnd*-gur-ol-ser) *c* announcement

beklage (bay-*klah*-ah) *v* regret

beklageligvis (bay-*klah*-ah-li-vis) *adv* unfortunately

beklagelse (bay-*klah*-ahl-ser) *c* regret

bekostelig (bay-*koss*-der-li) *adj* expensive

bekræfte (bay-*kræf*-der) *v* confirm; acknowledge

bekræftelse (bay-*kræf*-derl-ser) *c* confirmation

bekræftende (bay-*kræf*-der-ner) *adj* affirmative

bekvem (bay-*kvehm*) *adj* comfortable, convenient

bekvemmelighed (bay-*kvehm*-er-li-haydh) *c* comfort

bekymre sig (bay-*kurm*-ro) worry

bekymret (bay-*kurm*-rodh) *adj* worried; anxious, concerned

bekymring (bay-*kurm*-ræng) *c* trouble, worry; care, concern

bekæmpe (bay-*kehm*-ber) *v* combat, fight

belastning (bay-*lahsd*-nayng) *c* charging, load

belejlig (bay-*ligh*-li) *adj* convenient

belejring (bay-*ligh*-ræng) *c* siege

beleven (bay-*lay*-vern) *adj* courteous

Belgien (*behl*-gᵛern) Belgium

belgier (*behl*-gᵞo) *c* Belgian

belgisk (*behl*-gisg) *adj* Belgian

beliggende (bay-*lay*-ger-ner) *adj* situated

beliggenhed (bay-*lay*-gern-haydh) *c* situation, site; location

belysningsmåler (bay-*lews*-nayngs-maw-lo) *c* exposure meter

*****belægge** (bay-*leh*-ger) *v* pave

beløb (bay-*lurb*) *nt* (pl ~) amount; **rundt** ~ lump sum

*****beløbe sig til** (bay-*lur*-ber) amount to

belønne (bay-*lurn*-er) *v* reward

belønning (bay-*lurn*-ayng) *c* reward; prize

bemærke (bay-*mær*-ger) *v* observe, note, notice; remark

bemærkelsesværdig (bay-*mær*-gerl-serss-vær-di) *adj* noticeable, remarkable

bemærkning (bay-*mærg*-nayng) *c* remark

ben (bayn) *nt* (pl ~) leg; bone

benskinne (*bāyn*-sgay-ner) *c* splint

benytte (bay-*nur*-der) *v* utilize; apply, employ, use

benzin (behn-*sin*) *c* petrol; fuel; gas *nAm*, gasoline *nAm*; **blyfri** ~ unleaded petrol

benzinpumpe (behn-*sin*-pom-ber) *c* petrol pump; fuel pump *Am;* gas pump *Am*

benzinstation (behn-*sin*-sdah-sᵛoan) *c* petrol station; gas station *Am*

benzintank (behn-*sin*-tahngg) *c* petrol tank

benægte (bay-*nehg*-der) *v* deny

benægtende (bay-*nehg*-der-ner) *adj* negative

benævnelse (bay-*nehᵒᵒ*-nerl-ser) *c* denomination

benådning (bay-*nodh*-nayng) *c* pardon

beordre (bay-*o*-dro) *v* order

berede (bay-*ræ*-dher) *v* prepare

beredt (bay-*ræd*) *adj* prepared

beregne (bay-*righ*-ner) *v* calculate

beregning (bay-*righ*-nayng) c calculation

beretning (bay-*ræd*-nayng) c account

berette (bay-*ræ*-der) v *tell, record, report

berettiget (bay-*ræ*-di-erdh) adj just; entitled

berolige (bay-roa-li-er) v calm down; reassure; **beroligende middel** tranquillizer

beruset (bay-*roo*-serdh) adj intoxicated

berygtet (bay-*rurg*-derdh) adj notorious

berømmelse (bay-*rurm*-erl-ser) c fame

berømt (bay-*rurmd*) adj famous; noted

berømthed (bay-*rurmd*-haydh) c celebrity

berøre (bay-*rur*-o) v touch; affect

berøring (bay-*rurr*-ayng) c touch; contact

besat (bay-*sahd*) adj occupied; possessed

besejle (bay-*sigh*-ler) v sail

besejre (bay-*sigh*-ro) v *beat, defeat, conquer

***besidde** (bay-*sidh*-er) v possess

besiddelse (bay-*sidh*-erl-ser) c possession

besindig (bay-*sayn*-di) adj sober, cool

beskadige (bay-*sgah*-dhi-er) v damage

beskatning (bay-*sgahd*-nayng) c taxation

beskatte (bay-*sgah*-der) v tax

besked (bay-*sgaydh*) c message; *give ~ inform

beskeden (bay-*sgay*-dhern) adj modest

beskedenhed (bay-*sgay*-dhern-haydh) c modesty

beskidt (bay-*sgid*) adj dirty, filthy

***beskrive** (bay-*sgri*-ver) v describe

beskrivelse (bay-*sgri*-verl-ser) c description

beskylde (bay-*sgewl*-er) v accuse

beskyldning (bay-*sgewl*-nayng) c accusation, charge

beskytte (bay-*sgur*-der) v protect

beskyttelse (bay-*sgur*-derl-ser) c protection

beskæftige (bay-*sgehf*-di-er) v employ; ~ **sig med** *be occupied with

beskæftigelse (bay-*sgehf*-di-erl-ser) c occupation; employment

***beslaglægge** (bay-*slou*-leh-ger) v confiscate; impound

beslutning (bay-*slood*-nayng) c decision

beslutsom (bay-*slood*-som) adj resolute

beslutte (bay-*sloo*-der) v decide

beslægtet (bay-*slehg*-derdh) adj related

bestanddel (bay-*sdahn*-dayl) c element; ingredient

bestemme (bay-*sdehm*-er) v decide; determine, destine; designate

bestemmelse (bay-*sdehm*-erl-ser) c stipulation; decision; decree

bestemmelsessted (bay-*sdehm*-erl-serss-sdehdh) nt destination

bestemt (bay-*sdehmd*) adj definite; **aldeles ~** without fail

***bestige** (bay-*sti*-i) v ascend

***bestikke** (bay-*sday*-ger) v bribe; corrupt

bestikkelse (bay-*sday*-gerl-ser) c bribery, corruption, bribe

bestille (bay-*sdayl*-er) v *do; order; engage, reserve

bestilling (bay-*sdayl*-ayng) c order; booking

***bestride** (bay-*sdri*-dher) v dispute, challenge

bestyre (bay-*sdew*-o) v manage

bestyrelse (bay-*sdew*-ol-ser) c board; direction

bestyrtet (bay-*sdewr*-derdh) *adj* upset

*****bestå** (ber-*sdo*) *v* exist, last; pass; ~ **af** consist of

besvare (bay-*svah*-ah) *v* answer, return

besvime (ber-*svi*-mer) *v* faint

besvær (bay-*svær*) *nt* trouble, nuisance; inconvenience

besværlig (bay-*svær*-li) *adj* troublesome, inconvenient

besynderlig (bay-*surn*-o-li) *adj* strange, curious, funny

*****besætte** (bay-*seh*-der) *v* occupy

besættelse (bay-*seh*-derl-ser) *c* occupation

besøg (bay-*sur*) *nt* (pl ~) call, visit

besøge (bay-*sur*-ur) *v* call on, visit

besøgende (bay-*sur*-ur-ner) *c* (pl ~) visitor

besøgstid (bay-*surs*-tidh) *c* visiting hours

betagende (bay-*tah*-er-ner) *adj* moving; impressive; glamorous

betale (bay-*tah*-ler) *v* *pay; ~ **sig** *pay; ~ **tilbage** reimburse, *pay back

betaling (bay-*tah*-layng) *c* payment

betalingsmodtager (bay-*tah*-layngs-moadh-tah-o) *c* payee

betegnelse (bay-*tigh*-nerl-ser) *c* denomination

betegnende (bay-*tigh*-ner-ner) *adj* characteristic, indicative

betingelse (bay-*tayng*-erl-ser) *c* condition

betingelsesløs (bay-*tayng*-erl-serss-lurs) *adj* unconditional

betinget (bay-*tayng*-erdh) *adj* conditional

betjene (bay-t*Yeh*-ner) *v* wait on

betjening (bay-t*Yeh*-nayng) *c* service

betjeningsafgift (bay-t*Yeh*-nayngs-ou-gifd) *c* service charge

beton (bay-*tong*) *c* concrete

betone (bay-*toa*-ner) *v* stress

betoning (bay-*toa*-nayng) *c* stress

betragte (bay-*trahg*-der) *v* consider, regard; view

betro (bay-*troa*) *v* entrust, confide

*****betræde** (bay-*træ*-dher) *v* enter

*****betrække** (bay-*træ*-ger) *v* upholster

betvivle (bay-*tvee*⁰⁰-ler) *v* doubt

*****betyde** (bay-*tew*-dher) *v* *mean; imply

betydelig (bay-*tew*-dher-li) *adj* considerable

betydende (bay-*tew*-dher-ner) *adj* big

betydning (bay-*tewdh*-nayng) *c* importance; meaning, sense; ***være af** ~ matter

betydningsfuld (bay-*tewdh*-nayngs-fool) *adj* significant

betydningsløs (bay-*tewdh*-nayngs-lurs) *adj* insignificant

betændelse (bay-*tehn*-erl-ser) *c* inflammation

betænkelig (bay-*tehng*-ger-li) *adj* alarming; uneasy; critical

beundre (bay-*on*-dro) *v* admire

beundrer (bay-*on*-dro) *c* admirer

beundring (bay-*on*-dræng) *c* admiration

bevare (bay-*vah*-ah) *v* *keep

bevidst (bay-*vaysd*) *adj* conscious, deliberate

bevidsthed (bay-*vaysd*-haydh) *c* consciousness

bevidstløs (bay-*vaysd*-lurs) *adj* unconscious

bevilge (bay-*vil*-Yer) *v* grant

bevilling (bay-*vil*-ayng) *c* licence, permission; ***give** ~ license

bevis (bay-*vis*) *nt* evidence, proof; token; certificate

bevise (bay-*vi*-ser) *v* prove; *show, demonstrate

bevogte (bay-*vog*-der) *v* guard

bevæbne (bay-*vehb*-ner) *v* arm; **bevæbnet** armed

bevæge (bay-*veh*-eh) *v* move; ~ **sig** move

bevægelig (bay-*veh*-eh-li) *adj* movable, mobile

bevægelse (bay-*veh*-ehl-ser) *c* motion, movement

beværte (bay-*vær*-der) *v* entertain

beværtning (bay-*værd*-nayng) *c* public house

beære (bay-*eh*-o) *v* honour

bh (bay-*ho*) *c* bra

bi (bi) *c* bee

bibel (*bi*-berl) *c* (pl bibler) bible

bibetydning (*bi*-bay-tewdh-nayng) *c* connotation

bibliotek (bib-li-oa-*tayg*) *nt* library

bid[1] (bidh) *c* (pl ~der) morsel; ~ **mad** snack

bid[2] (bidh) *nt* (pl ~) bite

*bide (*bee*-dher) *v* *bite

bidrag (*bi*-drou) *nt* (pl ~) contribution; allowance

bifald (*bi*-fahl) *nt* applause; approval

bifalde (*bi*-fahl-er) *v* consent, approve of

biflod (*bi*-floadh) *c* tributary

bil (bil) *c* car, automobile

bilag (*bi*-lah) *nt* (pl ~) enclosure, annex

bilde sig ind (*bi*-ler) imagine

bilist (*bi*-lisd) *c* motorist

bilkørsel (*beel*-kurr-serl) *c* motoring

billard (*bil*-Yahd) *nt* billiards pl

bille (*bi*-ler) *c* bug; beetle

billedbog (*bay*-lerdh-bo⁰⁰) *c* (pl -bøger) picture book

billede (*bay*-ler-dher) *nt* picture; image

billedhugger (*bay*-lerdh-ho-go) *c* sculptor

billedskærerarbejde (*bay*-lerdh-sgeh-o-aa-bigh-der) *nt* carving

billet (bi-*lehd*) *c* (pl ~ter) ticket

billetautomat (bi-*lehd*-ou-toa-mahd) *c* ticket machine

billetkontor (bi-*lehd*-koan-toar) *nt* box-office

billetkontrollør (bi-*lehd*-kon-troa-lurr) *c* ticket collector

billetluge (bi-*lehd*-lōō-oo) *c* box-office

billetpris (bi-*lehd*-pris) *c* fare

billig (*bi*-li) *adj* inexpensive, cheap

billigbog (*bi*-li-bo⁰⁰) *c* (pl -bøger) paperback

billigelse (*bi*-li-il-ser) *c* approval

biludlejning (*beel*-oodh-lahi-nayng) *c* car hire; car rental Am

bind (bayn) *nt* (pl ~) volume

*binde (*bay*-ner) *v* tie; *bind; ~ **sammen** bundle

bindestreg (*bay*-ner-sdrigh) *c* hyphen

biograf (bi-oa-*grahf*) *c* cinema; pictures; movie theater Am, movies Am

biologi (bi-oa-loa-*gi*) *c* biology

birk (beerg) *c* birch

biskop (*bi*-sgob) *c* (pl ~per) bishop

bistade (*bi*-sdaa-dher) *nt* beehive

bister (*bi*-sdo) *adj* fierce

*bistå (*bi*-sdo) *v* assist

bitter (*bay*-do) *adj* bitter

bjerg (bʸærg) *nt* mountain, mount

bjergbestigning (bʸærg-bay-sdi-nayng) *c* mountaineering

bjerghytte (bʸærg-hew-der) *c* chalet

bjergkløft (bʸærg-klurfd) *c* glen

bjergkæde (bʸærg-kai-dher) *c* mountain range

bjergrig (bʸærg-ri) *adj* mountainous

bjælke (bʸehl-ger) *c* beam

bjærge (bʸær-ger) *v* salvage; gather in

bjørn (bʸurrn) *c* bear

blad (blahdh) *nt* leaf; blade

bladguld (*blahdh*-gool) *nt* gold leaf

bladhandler (*blahdh*-hahn-lo) *c* newsagent

blaffe (*blah*-fer) *v* hitchhike

blaffer (*blah*-fo) *c* hitchhiker

blande (*blah*-ner) *v* mix; shuffle; ~ **sig i** interfere with; **blandet** mixed

blanding (*blah*-nayng) *c* mixture

blandt (blahnd) *prep* amid, among; ~ **andet** among other things; **midt** ~ amid

blank (blahngg) *adj* bright, shining; blank; broke

blanket (blahng-*kehd*) *c* (pl ~ter) form

ble (blay) *c* nappy; diaper *nAm*

bleg (bligh) *adj* pale

blege (*bligh*-er) *v* bleach

blegne (*bligh*-ner) *v* turn pale; fade

blid (blidh) *adj* gentle

blik (blayg) *nt* (pl ~ke) look; glance; **kaste et** ~ glance

blikkenslager (*blay*-gern-slah-o) *c* plumber

blind (blayn) *adj* blind

blindtarm (*blayn*-tahm) *c* appendix

blindtarmsbetændelse (*blayn*-tahms-bay-tehn-erl-ser) *c* appendicitis

blinklys (*blayngg*-lews) *nt* (pl ~) indicator; trafficator; directional signal *Am*

blitzpære (*blids*-pai-o) *c* flash-bulb

***blive** (*blee*-ver) *v* stay; *become; *grow, *go, *get; ~ **ved** continue; ~ **ved med** *keep on, *keep

blivende (*blee*-ver-ner) *adj* lasting, permanent

blod (bloadh) *nt* blood

blodforgiftning (*bloadh*-fo-gifd-nayng) *c* blood-poisoning

blodkar (*bloadh*-kah) *nt* (pl ~) blood-vessel

blodmangel (*bloadh*-mahng-erl) *c* anaemia

blodomløb (*bloadh*-om-lurb) *nt* circulation

blodtryk (*bloadh*-trurg) *nt* blood pressure

blokere (blo-*kay*-o) *v* block

blomkål (*blom*-kol) *c* cauliflower

blomme (*blo*-mer) *c* plum

blomst (blomsd) *c* flower

blomsterbed (*blom*-sdo-baydh) *nt* flowerbed

blomsterforretning (*blom*-sdo-fo-ræd-nayng) *c* flower-shop

blomsterhandler (*blom*-sdo-hahn-lo) *c* florist

blomsterløg (*blom*-sdo-loi) *nt* (pl ~) bulb

blomstre (*blom*-sdro) *v* blossom

blomstrende (*blom*-sdro-ner) *adj* flourishing, flowering; prosperous

blond (blond) *adj* fair

blondine (blon-*dee*-ner) *c* blonde

blot (blod) *adv* merely

blottet (*blo*-derdh) *adj* naked

bluse (*bloo*-ser) *c* blouse

bly (blew) *nt* lead

blyant (*blew*-ahnd) *c* pencil

blyantspidser (*blew*-ahnd-sbay-so) *c* pencil-sharpener

blæk (blehg) *nt* ink

blæksprutte (*blehg*-sproo-der) *c* octopus

blænde (*bleh*-ner) *v* blind; **blændende** glaring, dazzling

blære (*blai*-o) *c* blister; bladder

blærebetændelse (*blai*-o-bay-tehn-erl-ser) *c* cystitis

blæse (*blai*-ser) *v* *blow; **blæsende** windy, gusty

blød (blurdh) *adj* soft; smooth

bløde (*blūr*-dher) *v* *bleed

***blødgøre** (*blurdh*-gur-o) *v* soften

blødgøringsmiddel (*blurdh*-gurr-ayngs-midh-erl) *nt* (pl -midler) water-softener

blødning (*blurdh*-nayng) *c* bleeding; haemorrhage

blå (blo) *adj* blue

bo (boa) *v* live; reside, stay
boble (*bob*-ler) *c* bubble
bod (boadh) *c* stall; penance, booth
bog (boᵒᵒ) *c* (pl bøger) book
bogføre (*boᵒᵒ*-fur-o) *v* book
boghandel (*boᵒᵒ*-hahn-erl) *c* bookstore
boghandler (*boᵒᵒ*-hahn-lo) *c* bookseller
boglade (*boᵒᵒ*-laa-dher) *c* bookstore
boglig (*boᵒᵒ*-li) *adj* literary
bogreol (*boᵒᵒ*-ræ-oal) *c* bookstand
bogstav (*bog*-sdou) *nt* letter; **stort ~** capital letter
boks (bogs) *c* booth; safe
boksanlæg (*bogs*-ahn-lehg) *nt* (pl ~) vault
bokse (*bog*-ser) *v* box
boksekamp (*bog*-ser-kahmb) *c* boxing match
bold (bold) *c* ball
bolig (*boᴬᴬ*-li) *c* house
Bolivia (boa-*li*-vi-ah) Bolivia
bolivianer (boa-li-vi-*ah*-no) *c* Bolivian
boliviansk (boa-li-vi-*ahnsg*) *adj* Bolivian
bolle (*bo*-ler) *c* bun
bolsje (*bol*-sᵛer) *nt* sweet; candy *nAm*
bolt (bold) *c* bolt
bom (bom) *c* (pl ~me) barrier
bombardere (bom-bah-*day*-o) *v* bomb
bombe (*bom*-ber) *c* bomb
bomuld (*bo*-mool) *c* cotton; **bomulds-** cotton
bomuldsfløjl (*bo*-mools-floil) *nt* velveteen
bon (bong) *c* voucher; sales ticket
bonde (*bo*-ner) *c* (pl bønder) peasant
bondegård (*bo*-ner-go) *c* farm
bopæl (*boa*-pehl) *c* domicile; residence
bor (boar) *nt* (pl ~) drill
bord (boar) *nt* table; **gå fra borde* disembark; **gå om ~* embark;

koldt ~ buffet; **om ~** aboard
bordel (bo-*dehl*) *nt* (pl ~ler) brothel
bordtennis (*boar*-teh-niss) table tennis
bore (*boā*-o) *v* bore, drill
borg (boᵒᵒ) *c* castle; stronghold
borger (*bawoo*-o) *c* citizen; **borger-** civic
borgerlig (*bawoo*-o-li) *adj* middle-class; bourgeois; **~ ret** civil law
borgmester (bo-*mehss*-do) *c* (pl -mestre) mayor
borte (*baw*-der) *adv* gone
bortforklare (*bawd*-fo-klah-ah) *v* explain away
bortforpagte (*bawd*-fo-pahg-der) *v* lease
bortset fra (*bawd*-sayd) apart from
bosiddende (*boa*-saydh-er-ner) *adj* resident
botanik (boa-tah-*nig*) *c* botany
boutique (boo-*tig*) *c* boutique
brag (brahg) *nt* (pl ~) noise
brand (brahn) *c* fire
brandalarm (*brahn*-ah-lahm) *c* fire-alarm
brandfarlig (*brahn*-faa-li) *adj* inflammable
brandsikker (*brahn*-say-go) *adj* fire-proof
brandsår (*brahn*-so) *nt* (pl ~) burn
brandtrappe (*brahn*-trah-ber) *c* fire-escape
brandvæsen (*brahn*-veh-sern) *nt* fire-brigade
brase (*braa*-ser) *v* fry
brasen (*brah*-sern) *c* bream
brasilianer (brah-sil-*ᵛah*-no) *c* Brazilian
brasiliansk (brah-sil-*ᵛahnsg*) *adj* Brazilian
Brasilien (brah-*sil*-ᵛern) Brazil
brat (brahd) *adj* steep
breche (*bræ*-sher) *c* breach

bred¹ (brædh) c (pl ~der) shore, bank

bred² (brædh) adj broad, wide

bredde (bræ-der) c breadth, width

breddegrad (bræ-der-grahdh) c latitude

brede (brææ-dher) v *spread; ~ ud *spread out

bremse (bræm-ser) c brake; v slow down

bremsetromle (bræm-ser-troam-ler) c brake drum

brev (bræoo) nt letter

brevkasse (bræoo-kah-ser) c letter-box; mailbox nAm

brevkort (bræoo-kawd) nt (pl ~) post card, card

brevpapir (bræoo-pah-peer) nt note-paper

brevveksling (bræoo-vehgs-layng) c correspondence

brillant (bril-Yahnd) adj brilliant

briller (bræ-lo) pl spectacles, glasses

brillestel (bræ-ler-sdehl) nt (pl ~) spectacle frame

***bringe** (bræ-nger) v *bring; *take; ~ tilbage *bring back

brint (brænd) c hydrogen

brintoverilte (brænd-o⁰⁰-o-il-der) c peroxide

brise (bree-ser) c breeze

brist (bræsd) c (pl ~) flaw, defect; fault

briste (bræss-der) v *burst; crack

brite (bri-der) c Briton

britisk (bri-disg) adj British

bro (broa) c bridge

broche (bro-sYer) c brooch

brochure (broa-sYew-o) c brochure

brodere (broa-day-o) v embroider

broderi (broa-do-ri) nt embroidery

broderskab (brōa-dho-sgahb) nt fraternity

broget (braw-gerdh) adj colourful, motley; varied; confused

brok (brog) c (pl ~) hernia

***brolægge** (broa-leh-ger) v pave

brolægning (broa-lehg-nayng) c pavement

brombær (broam-bær) nt (pl ~) blackberry

bronkitis (brong-ki-diss) c bronchitis

bronze (brong-ser) c bronze; bronze-bronze

bror (broar) c (pl brødre) brother

brud¹ (broodh) c bride

brud² (broodh) nt (pl ~) fracture, break

brudgom (broodh-gom) c (pl ~me) bridegroom

brudsikker (broodh-say-go) adj unbreakable

brudstykke (broodh-sdur-ger) nt fragment

brug (broo) c use; custom, usage

brugbar (broo-bah) adj useful; fit

bruge (brōō-oo) v use; employ, *spend

bruger (brōō-o) c user

brugsanvisning (broos-ahn-vis-nayng) c directions for use

brugsgenstand (broos-gehn-sdahn) c utensil

brugt (brogd) adj second-hand

brumme (bro-mer) v growl

brun (broon) adj brown; tanned

brunette (broo-neh-der) c brunette

brus (broos) nt (pl ~) fizz

brusk (broosg) c cartilage

brutal (broo-tahl) adj brutal

brutto- (broo-toa) gross

***bryde** (brēw-dher) v *break; ~ ind burgle, *break in; ~ sammen collapse; ~ sig om care for

brygge (brur-ger) v brew

bryggeri (brur-go-ri) nt brewery

bryllup (brur-lob) nt (pl ~per) wedding

bryllupsrejse (*brur*-lobs-right-ser) c honeymoon

bryst (brursd) nt breast; chest

brystholder (*brursd*-ho-lo) c bra, brassiere

brystkasse (*brursd*-kah-ser) c chest

brystsvømning (*brursd*-svurm-nayng) c breaststroke

brækjern (bræg-ᵞærn) nt (pl ~) crowbar

brække (*bræ*-ger) v fracture; crack; ~ **sig** vomit

brænde (brah-ner) v *burn; ~ **på** *burn

brændeknude (*brah*-ner-knōō-dher) c log

brændemærke (*bræ*-ner-mær-ger) nt brand

brændpunkt (*brahn*-pongd) nt focus

brændsel (*brahn*-serl) nt fuel

brændselsolie (*brahn*-serls-oal-ᵞer) c fuel oil

bræt (brahd) nt (pl brædder) board

brød (brurdh) nt (pl ~) bread; loaf; **ristet** ~ toast

brøkdel (*brurg*-dayl) c fraction

brøl (brurl) nt (pl ~) roar

brøle (*brūr*-ler) v roar

brønd (brurn) c well

brøndkarse (*brurn*-kaa-ser) c watercress

budbringer (*boodh*-bræng-o) c messenger

budget (bew-sᵞehd) nt (pl ~ter) budget

budskab (*boodh*-sgahb) nt message

bue (*bōō*-oo) c bow; arch

bueformet (*bōō*-oo-fo-merdh) adj arched

buegang (*bōō*-oo-gahng) c arcade

buet (*bōō*-oodh) adj curved

bugserbåd (boog-*sayr*-bodh) c tug

bugt (bogd) c bay, gulf; creek

buket (boo-*kehd*) c (pl ~ter) bunch; bouquet

bukke (*bo*-ger) v bow; ~ **under** succumb

buksedragt (*bog*-ser-drahgd) c pantsuit

bukser (*bog*-so) pl trousers pl; pants plAm

bule (*bōō*-ler) c lump, bump; dent

bulgarer (bool-*gah*-ah) c Bulgarian

Bulgarien (bool-*gah*-ᵞern) Bulgaria

bulgarsk (bool-*gahsg*) adj Bulgarian

bumletog (*bom*-ler-to°°) nt (pl ~) stopping train

bund (bon) c bottom

bundfald (*bon*-fahl) nt deposit; dregs

bundt (bond) nt bundle

bundte (*bon*-der) v bundle

bunke (*bong*-ger) c lot

buntmager (*bond*-mah-o) c furrier

bur (boor) nt cage

***burde** (*boor*-der) v *ought to

bureau (bew-*roa*) nt agency

bureaukrati (bew-roa-krah-*ti*) nt bureaucracy

bus (booss) c (pl ~ser) coach, bus

busk (boosg) c bush

buskvækst (*boosg*-vehgsd) c shrub

buste (*bewss*-der) c bust

busteholder (*bewss*-der-ho-lo) c brassiere

butik (boo-*tig*) c (pl ~ker) shop

butiksindehaver (boo-*tigs*-ay-ner-hah-vo) c shopkeeper

butterfly (*bo*-do-fligh) c (pl -flies) bow tie; butterfly stroke

buttet (*boo*-derdh) adj plump

by (bew) c town, city

byboere (*bew*-boa-o-o) pl townspeople pl

byg (bewg) c barley

byge (*bēw*-ew) c shower

bygge (*bew*-ger) v *build; construct

byggeri (bew-go-*ri*) nt construction

bygning (*bewg*-nayng) c building;

construction

bygningskunst (*bewg*-nayngs-konsd) *c* architecture

byld (bewl) *c* abscess, boil; sore

bymidte (*bew*-may-der) *c* town centre

bymæssig (*bew*-meh-si) *adj* urban

byrde (*bewr*-der) *c* load, burden; charge

bytning (*bewd*-nayng) *c* exchange

bytte (*bew*-der) *v* exchange; swap; *nt* booty; prey

byttepenge (*bew*-der-pehng-er) *pl* change

bæger (*bai*-go) *nt* (pl bægre) cup; tumbler

bæk (behg) *c* (pl ~ke) stream, brook

bækken (*beh*-gern) *nt* basin; pelvis

bælte (*behl*-der) *nt* belt

bæltested (*behl*-der-sdehdh) *nt* waist

bændel (*behn*-erl) *nt* (pl -dler) tape

bænk (behngg) *c* bench

bær (bær) *nt* (pl ~) berry

*bære (*bai*-o) *v* carry; support, *bear; *wear; ~ **sig ad** proceed

bæver (*beh*-vo) *c* beaver

bøddel (*burdh*-erl) *c* (pl bødler) executioner

bøde (*būr*-dher) *c* penalty, fine; ticket

bøf (burf) *c* (pl ~fer) steak

bøg (bur) *c* beech

bøje (*boi*-er) *c* buoy; *v* *bend; ~ **sig** *bend down; **bøjet** curved

bøjelig (*boi*-er-li) *adj* flexible, supple

bøjle (*boi*-ler) *c* hanger, coat-hanger

bølge (*burl*-ger) *c* wave

bølgelængde (*burl*-ger-lehng-der) *c* wave-length

bølgende (*burl*-Ver-ner) *adj* undulating

bølget (*burl*-gerdh) *adj* wavy

bølleagtig (*bur*-ler-ahg-di) *adj* rowdy

bøn (burn) *c* (pl ~ner) prayer

*bønfalde (*burn*-fahl-er) *v* entreat, implore, beg

bønne (*bur*-ner) *c* bean

børnehave (*burr*-ner-haa-ver) *c* kindergarten

børnelammelse (*burr*-ner-lah-merl-ser) *c* polio

børneværelse (*burr*-ner-vai-ol-ser) *nt* nursery

børs (burrs) *c* stock exchange, exchange

børste (*burr*-sder) *c* brush; *v* brush

båd (bodh) *c* boat

både . . . og (*baw*-dher og) both ... and

bånd (bon) *nt* (pl ~) ribbon; band; tape

båndoptager (*bon*-ob-tah-o) *c* recorder, tape-recorder

C

café (kah-*fay*) *c* café

cafeteria (kah-fer-*tayr*-Vah) *nt* (pl -ier) cafeteria; self-service restaurant

campere (kahm-*pay*-o) *v* camp

campingplads (*kahm*-payng-plahss) *c* camping site

campingvogn (*kahm*-payng-vo^{oo}n) *c* caravan; trailer *nAm*

campist (kahm-*pisd*) *c* camper

Canada (*kah*-nah-dah) Canada

canadier (kah-*nah*-d^Yo) *c* Canadian

canadisk (kah-*nah*-disg) *adj* Canadian

CD (*say*-day) *c* compact disc; ~ **afspiller** compact disc player

celle (*seh*-ler) *c* cell

cellofan (seh-loa-*fahn*) *nt* cellophane

celsius (*sehl*-si-ooss) centigrade

cembalo (*t*Vehm-bah-loa) *nt* harpsichord

cement (say-*mehnd*) *c* cement

censur (sehn-*soor*) *c* censorship

centimeter (sehn-ti-*may*-do) *c* (pl ~) centimetre

central (sehn-*trahl*) *adj* central

centralisere (sehn-trah-li-*say*-o) *v* centralize

centralvarme (sehn-*trahl*-vaa-mer) *c* central heating

centrum (*sehn*-trom) *nt* (pl -trer) centre

ceremoni (sāy-o-moa-*ni*) *c* ceremony

ceremoniel (sāy-o-moa-ni-*ehl*) *adj* ceremonious, formal

certifikat (sær-ti-fi-*kahd*) *nt* certificate

champagne (sʸahm-*pahn*-ʸer) *c* champagne

champignon (sʸahm-pin-*ʸong*) *c* mushroom

chance (sʸahng-ser) *c* opportunity, chance

charlatan (sʸaa-lah-tahn) *c* quack

charme (sʸaa-mer) *c* charm; attraction

charmerende (sʸah-*may*-o-ner) *adj* charming

charterflyvning (sʸaa-do-flew⁰⁰-nayng) *c* charter flight

chassis (sʸah-si) *nt* chassis

chauffør (sʸoa-*furr*) *c* driver; chauffeur

check (sʸehg) *c* (pl ~s) cheque; check *nAm*

checke (tʸeh-ger) *v* check; ~ **ind** check in; ~ **ud** check out

checkhæfte (sʸehg-hehf-der) *nt* cheque-book; check-book *nAm*

chef (sʸehf) *c* boss, manager

Chile (tʸee-ler) Chile

chilener (tʸi-*lay*-no) *c* Chilean

chilensk (tʸi-*laynsg*) *adj* Chilean

chok (sʸog) *nt* (pl ~) shock

choker (sʸur⁰⁰-ko) *c* choke

chokere (sʸoa-*kay*-o) *v* shock; **chokerende** shocking

chokolade (sʸoa-goa-*laa*-dher) *c* chocolate

chokoladeforretning (sʸoa-goa-*laa*-dher-fo-ræd-nayng) *c* sweetshop; candy store *Am*

ciffer (*si*-fo) *nt* (pl cifre) digit; figure

cigar (si-*gah*) *c* cigar

cigaret (si-gah-*ræd*) *c* (pl ~ter) cigarette

cigaretetui (si-gah-*ræd*-ay-too-i) *nt* cigarette-case

cigarettobak (si-gah-*ræd*-toa-bahg) *c* (pl ~ker) cigarette tobacco

cigarettænder (si-gah-*ræd*-teh-no) *c* cigarette-lighter

cigarforretning (si-*gah*-fo-ræd-nayng) *c* cigar shop

cirka (*seer*-gah) *adv* about, approximately

cirkel (*seer*-gerl) *c* (pl -kler) circle

cirkus (*seer*-gooss) *c* (pl ~) circus

citat (si-*tahd*) *nt* quotation

citere (si-*tay*-o) *v* quote

citron (si-*troan*) *c* lemon; **grøn** ~ lime

civil (si-*vil*) *adj* civil; civilian

civilisation (si-vi-li-sah-sʸoan) *c* civilization

civiliseret (si-vi-li-*say*-odh) *adj* civilized

civilist (si-vi-*lisd*) *c* civilian

Colombia (koa-*loam*-bi-ah) Colombia

colombianer (koa-loam-bi-*ah*-no) *c* Colombian

colombiansk (koa-loam-bi-*ahnsg*) *adj* Colombian

coma (*kōa*-mah) *c* coma

computer (kom-*pju*-ter) *c* computer

conditioner (kon-*di*-sʸoa-ner) *c* conditioner

cowboybukser (ko⁰⁰-boi-bog-so) *pl* jeans, Levis *pl*

creme (kræm) *c* cream

Cuba (*kōo*-bah) Cuba

cubaner (koo-*bah*-no) *c* Cuban

cubansk (koo-*bahnsg*) *adj* Cuban

curlere (*kūr*-lo-o) *pl* hair rollers
cykel (*sew*-gerl) *c* (pl cykler) cycle, bicycle
cykelsti (*sew*-gerl-sdi) *c* cycle track
cykle (*sewg*-ler) *v* cycle
cyklist (sewg-*lisd*) *c* cyclist
cyklus (*sew*-klooss) *c* (pl -ler) cycle
cylinder (sew-*layn*-do) *c* (pl -dre) cylinder
cølibat (sur-li-*bahd*) *nt* celibacy

D

da (dah) *adv* then; *conj* when
daddel (*dah*-dherl) *c* (pl dadler) date
dadle (*dahdh*-ler) *v* blame
dag (dah) *c* day; **i ~** today; **om dagen** by day; **per ~** per day
dagblad (*dou*-blahdh) *nt* daily
dagbog (*dou*-bo⁰⁰) *c* (pl -bøger) diary
daggry (*dou*-grew) *nt* daybreak
daglig (*dou*-li) *adj* daily; everyday
dagligdags (*dou*-li-dahs) *adj* ordinary
dagligstue (*dou*-li-sdōō-oo) *c* living-room; sitting-room
dagslys (*douss*-lews) *nt* daylight
dagsorden (*douss*-o-dern) *c* agenda
dagtur (*dou*-toor) *c* day trip
dal (dahl) *c* valley
dam (dahm) *c* (pl ~me) pond
dambræt (*dahm*-bræd) *nt* (pl ~ter) draught-board
dame (*daa*-mer) *c* lady
dameskrædderinde (*daa*-mer-sgræ-dho-ay-ner) *c* dressmaker
dametoilet (*daa*-mer-toa-ah-lehd) *nt* (pl ~ter) ladies' room; powder-room
dameundertøj (*daa*-mer-o-no-toi) *pl* lingerie
damp (dahmb) *c* steam; vapour

dampskib (*dahmb*-sgib) *nt* steamer
damspil (*dahm*-sbayl) *nt* (pl ~) draughts; checkers *plAm*
Danmark (*dahn*-maag) Denmark
dans (dahns) *c* dance
danse (*dahn*-ser) *v* dance
dansk (dahnsg) *adj* Danish
dansker (*dahn*-sgo) *c* Dane
dase (*daa*-ser) *v* laze, loaf
dask (dahsg) *nt* (pl ~) smack
dato (*daa*-toa) *c* date
datter (*dah*-do) *c* (pl døtre) daughter
datterdatter (*dah*-do-dah-do) *c* (pl -døtre) granddaughter
dattersøn (*dah*-do-surn) *c* (pl ~ner) grandson
daværende (*day*-veh-o-ner) *adj* of that time, then
De (di) *pron* you
de (di) *pron* they; those; *art* those
debat (day-*bahd*) *c* (pl ~ter) debate, discussion
debattere (daybah-*tay*-o) *v* discuss
debet (*dāy*-bayd) *c* debit
december (day-*sehm*-bo) December
decimalsystem (day-si-*mahl*-sew-sdaym) *nt* decimal system
defekt (day-*fehgd*) *c* fault; *adj* faulty
definere (day-fi-*nay*-o) *v* define
definition (day-fi-ni-*sᵞoan*) *c* definition
dej (dahi) *c* dough; batter
dejlig (*digh*-li) *adj* nice, pleasant, good, delicious
deklaration (day-klah-rah-*sᵞoan*) *c* declaration
dekoration (day-koa-rah-*sᵞoan*) *c* decoration, ornament; set
dekort (day-*kawd*) *c* discount
del (dayl) *c* part
dele (*dāy*-ler) *v* share; divide; **~ sig** fork; **~ ud** *deal
delegation (day-lay-gah-*sᵞoan*) *c* delegation

delegeret (day-lay-*gay*-odh) *c* (pl -rede) delegate

delikat (day-li-*kahd*) *adj* delicate

delikatesse (day-li-kah-*teh*-ser) *c* delicatessen

deling (*day*-layng) *c* division

dels (dayls) *adv* partly

***deltage** (*dayl*-tah-ah) *v* participate, *take part

deltagende (*dayl*-tah-ah-ner) *adj* sympathetic

deltager (*dayl*-tah-o) *c* participant

delvis (*dayl*-vis) *adj* partial; *adv* partly

Dem (dehm) *pron* you

dem (dehm) *pron* them

demokrati (day-moa-krah-*ti*) *nt* democracy

demokratisk (day-moa-*krah*-disg) *adj* democratic

demonstration (day-moan-sdrah-sʸoan) *c* demonstration

demonstrere (day-moan-*sdræ*-o) *v* demonstrate

den (dehn) *pron* (nt det, pl de) that

denatureret sprit (day-nah-too-*ræ*-odh sbrid) methylated spirits

denne (*deh*-ner) *pron* (nt dette, pl disse) this

deodorant (day-oa-doa-*rahnd*) *c* deodorant

departement (day-pah-der-*mahng*) *nt* department

deponere (day-poa-*nay*-o) *v* bank, deposit

depot (day-*poad*) *nt* depot

depression (day-præ-sʸoan) *c* depression

deprimere (day-pri-*may*-o) *v* depress; **deprimerende** depressing

deprimeret (day-pri-*may*-odh) *adj* depressed

deputation (day-poo-tah-sʸoan) *c* delegation

deputeret (day-poo-*tay*-odh) *c* (pl -rede) deputy

der (dehr) *adv* there

derefter (*dehr*-ehf-do) *adv* then

Deres (*dai*-oss) *pron* your

deres (*dai*-oss) *pron* their

derfor (*dehr*-fo) *adv* therefore

derhen (*dehr*-hehn) *adv* there

derovre (*dehr*-oᵒᵒ-ro) *adv* over there

des . . . des (dehss) the ... the

desertere (day-sær-*tay*-o) *v* desert

desinfektionsmiddel (dayss-ayn-fehg-sʸoans-midh-erl) *nt* (pl -midler) disinfectant

desinficere (dayss-ayn-fi-*say*-o) *v* disinfect

desperat (dayss-bo-*rahd*) *adj* desperate

dessert (day-*sehrd*) *c* dessert; sweet

desuden (dayss-o̅o̅-dhern) *adv* also, besides

desværre (day-*sveh*-o) *adv* unfortunately

det (day) *pron* it; that

detailhandel (day-*tighl*-hahn-erl) *c* retail trade

detailhandler (day-*tighl*-hahn-lo) *c* retailer

detaillist (day-tigh-ᵞisd) *c* retailer

detalje (day-*tahl*-ᵞer) *c* detail

detaljeret (day-tahl-ᵞay-odh) *adj* detailed

detektiv (day-dehg-*tee*ᵒᵒ) *c* detective

devaluere (day-vah-loo-ay-o) *v* devalue

devaluering (day-vah-loo-ay-ræng) *c* devaluation

diabetes (di-ah-*ba̅y*-derss) *c* diabetes

diabetiker (di-ah-*bay*-ti-go) *c* diabetic

diagnose (di-ah-*no̅a*-ser) *c* diagnosis; **stille en ~** diagnose

diagonal (di-ah-goa-*nahl*) *c* diagonal; *adj* diagonal

diagram (di-ah-*grahm*) *nt* (pl ~mer)

chart
dialekt (di-ah-*lehgd*) c dialect
diamant (di-ah-*mahnd*) c diamond
diarré (di-ah-*ræ*) c diarrhoea
dieselmotor (*di*-serl-m$\overline{oa}$-to) c diesel
difteritis (dif-do-*ri*-diss) c diphtheria
dig (digh) *pron* you, yourself
digital (di-gi-*tahl*) *adj* digital
digt (daygd) *nt* poem
digter (*dayg*-do) c poet
dikkedarer (day-ger-*dah*-ah) *pl* fuss
diktafon (dig-tah-*foan*) c dictaphone
diktat (dig-*tahd*) c dictation
diktator (dig-*taa*-to) c dictator
diktere (dig-*tay*-o) v dictate
dille (*di*-ler) c craze
dimension (di-mehn-s^y*oan*) c size
din (din) *pron* (nt dit, pl dine) your
diplom (di-*ploam*) *nt* certificate
diplomat (di-ploa-*mahd*) c diplomat
direkte (*di*-ræg-der) *adj* direct; *adv* straight, directly
direktion (di-ræg-s^y*oan*) c direction
direktiv (di-ræg-*tee*^{oo}) *nt* directive
direktør (di-ræg-*turr*) c manager, director; executive
dirigent (di-ri-*gehnd*) c conductor
dirigere (di-ri-*gay*-o) v conduct
dis (dis) c mist, haze
disciplin (di-si-*plin*) c discipline
diset (*dee*-serdh) *adj* misty, hazy
disk (daysg) c counter
diskonto (dis-*kon*-toa) c bank-rate
diskusprolaps (*diss*-kooss-proa-lahbs) c slipped disc
diskussion (diss-goo-s^y*oan*) c discussion, argument
diskutere (diss-goo-*tay*-o) v discuss, argue
disponeret for (diss-boa-*nay*-odh) subject to
disponibel (diss-boa-*ni*-berl) *adj* available
disput (diss-*pewd*) c (pl ~ter) dispute

disse (*di*-ser) *pron* these
distrikt (di-*sdrægd*) *nt* district
divan (*dee*-vahn) c couch
diverse (di-*vær*-ser) *adj* miscellaneous
diæt (di-*ehd*) c diet
djævel (d^{y}ai-verl) c (pl -vle) devil
dobbelt (*do*-berld) *adj* double
dobbeltsenge (*do*-berld-sehng-er) *pl* twin beds
dog (do^{oo}) *adv* still, however; but, though, yet
dok (dog) c (pl ~ke) dock
doktor (*dog*-do) c doctor
dokument (doa-goo-*mehnd*) *nt* document; certificate
dokumentmappe (doa-goo-*mehnd*-mah-ber) c attaché case
dom (dom) c (pl ~me) judgment; verdict, sentence
domfælde (*dom*-fehl-er) v convict
domfældelse (*dom*-fehl-erl-ser) c conviction
domfældt (*dom*-fehld) c convict
domkirke (*dom*-keer-ger) c cathedral
dommer (*do*-mo) c judge; umpire; referee
domstol (*dom*-sdoal) c court; law court
donation (doa-nah-s^y*oan*) c donation
donkraft (*doan*-krahfd) c jack
dosis (d$\overline{oa}$-siss) c (pl doser) dose
doven (do^{oo}-ern) *adj* lazy; idle
drage (*draa*-ger) c dragon; kite
drager (*draa*-go) c porter
dragkiste (*drahg*-keess-der) c chest
drama (*draa*-mah) *nt* drama
dramatiker (drah-*mah*-ti-go) c dramatist
dramatisk (drah-*mah*-tisg) *adj* dramatic
dreje (*drigh*-er) v turn; ~ **af for** turn off; ~ **om** turn; ~ **op for** turn on
drejning (*drigh*-nayng) c turn; curve

dreng (dræng) c lad, boy

drengespejder (dræng-er-sbigh-do) c boy scout

dressere (dræ-say-o) v train

dreven (dræ*oo*-ern) adj skilled, shrewd

drik (dræg) c (pl ~ke) drink; beverage; **alkoholfri ~** soft drink; **stærke drikke** spirits

*****drikke** (dræ-ger) v *drink

drikkelig (dræ-ger-li) adj drinkable; for drinking

drikkepenge (dræ-ger-pehng-er) pl tip; gratuity

drikkevand (dræ-ger-vahn) nt drinking-water

drilagtig (dræl-ahg-di) adj mischievous

drille (dræ-ler) v tease; kid

dristig (dræss-di) adj bold

dristighed (dræss-di-haydh) c nerve

*****drive** (dree-ver) v *drive; *run; laze; **~ frem** propel

drivhus (dree*oo*-hoos) nt greenhouse

drivkraft (dree*oo*-krahfd) c (pl -kræfter) driving force

dronning (dro-nayng) c queen

drukne (drog-ner) v drown; *be drowned

dræbe (dræ-ber) v kill

dræne (dræ-ner) v drain

drøfte (drurf-der) v discuss, debate; argue

drøftelse (drurf-derl-ser) c deliberation, discussion, debate

drøm (drurm) c (pl ~me) dream

drømme (drur-mer) v *dream

drøn (drurn) nt (pl ~) roar

dråbe (draw-ber) c drop

du (doo) pron you

due (doo-oo) c pigeon

duelig (doo-oo-li) adj able

duft (dofd) c scent

dug¹ (doo) c table-cloth

dug² (doog) c dew

dukke (do-ger) c doll

dukketeater (do-ger-tay-ah-do) nt (pl -tre) puppet-show

dum (doam) adj stupid, silly; dumb

dumdristig (doam-dræss-di) adj daring

dumpe (dom-ber) v fail; flunk vAm

dun (doon) nt (pl ~) down

dundre (don-ro) v bump

dunke (dong-ger) v thump

dunkel (dong-gerl) adj dim; obscure

dusin (doo-sin) nt (pl ~) dozen

dværg (dværg) c dwarf

dyb (dewb) adj deep; low

dybde (dewb-der) c depth

dybfrost (dewb-frosd) frozen food

dybfryser (dewb-frew-so) c deep-freeze

dybsindig (dewb-sayn-di) adj profound

dyd (dewdh) c virtue

dygtig (durg-di) adj able, capable; skilful

dygtighed (durg-di-haydh) c ability; skill

dykke (dur-ger) v dive

dykkerbriller (dur-go-bræ-lo) pl goggles pl

dynamo (dew-naa-moa) c dynamo

dyne (dew-ner) c eiderdown

dynge (durng-er) c heap

dyppekoger (dur-ber-ko*oo*-o) c immersion heater

dyr¹ (dewr) nt (pl ~) animal, beast

dyr² (dewr) adj expensive, dear

dyrebar (dew-o-bah) adj precious, dear

dyrekreds (dew-o-kræss) c zodiac

dyrke (dewr-ger) v cultivate, till; *grow, raise

dyrlæge (dewr-lai-eh) c veterinary surgeon

dysenteri (dew-sehn-do-ri) c dysentery

dyster (*dewss*-do) *adj* gloomy

dæk (dehg) *nt* (pl ~) deck; tire, tyre

dække (*deh*-ger) *v* cover; ~ **bord** *lay the table

dækskahyt (*dehgs*-kah-*hewd*) *c* (pl ~ter) deck cabin

dæktryk (*dehg*-trurg) *nt* (pl ~) tyre pressure

dæmning (*dehm*-nayng) *c* dam

dæmpet (*dehm*-perdh) *adj* dim

dæmring (*dehm*-ræng) *c* dawn

***dø** (dur) *v* die

døbe (*dūr*ber) *v* baptize, christen

død (durdh) *c* death; *adj* dead

dødbider (*durdh*-bidh-o) *c* bore

dødbringende (*durdh*-bræng-er-ner) *adj* mortal

dødelig (*dūr*-dher-li) *adj* mortal; fatal

dødsstraf (*durdh*-sdrahf) *c* (pl ~fe) death penalty

døgn (doin) *nt* (pl ~) twenty-four hours

døgnflue (*doin*-flōō-oo) *c* fad

dømme (*dur*-mer) *v* judge; sentence

dør (durr) *c* door

dørklokke (*durr*-klo-ger) *c* doorbell

dørslag (*durr*-slah) *c* (pl ~) strainer

dørvogter (*durr*-vog-do) *c* doorman

døv (dur⁰⁰) *adj* deaf

dåb (dob) *c* baptism; christening

dåkalv (*do*-kahlv) *c* fawn

dårlig (*dawr*-li) *adj* bad, ill; sick

dåse (*daw*-ser) *c* canister; tin, can

dåseåbner (*dawser*-awb-no) *c* can opener, tin-opener

E

ebbe (*eh*-ber) *c* low tide

Ecuador (eh-kvah-*doar*) Ecuador

ecuadorianer (eh-kvah-do-i-*ah*-no) *c* Ecuadorian

ed (aydh) *c* oath; vow; curse

edderkop (*ehdh*-o-kob) *c* (pl ~per) spider

eddike (*ehdh*-ger) *c* vinegar

effektiv (eh-*fayg*-tee⁰⁰) *adj* effective, efficient

efter (*ehf*-do) *prep* after; ~ **at** after

efterforske (*ayf*-do-faw-sger) *v* investigate

***efterfølge** (*ehf*-do-furl-ᵞer) *v* succeed

***eftergøre** (*ehf*-do-gur-o) *v* imitate, ape; forge; copy

efterhånden (ehf-do-*hon*-ern) *adv* gradually, progressively

efterkommer (*ehf*-do-ko-mo) *c* descendant

***efterlade** (*ehf*-do-lah-dher) *v* *leave; *leave behind

efterligne (*ehf*-do-li-ner) *v* imitate

efterligning (*ehf*-do-li-nayng) *c* imitation

efterlysning (*ehf*-do-lews-nayng) *c* police message

eftermiddag (*ehf*-do-mi-dah) *c* afternoon; **i** ~ this afternoon

eftermiddagste (*ehf*-do-may-dahss-tay) *c* tea

efternavn (*ehf*-do-noun) *nt* surname, family name

***efterse** (*ehf*-do-say) *v* inspect

eftersende (*ehf*-do-sehn-er) *v* forward

eftersom (*ehf*-do-som) *conj* because, as

efterspore (*ehf*-do-sboa-o) *v* trace

efterspørgsel (*ehf*-do-sburr-serl) *c* (pl -sler) demand

eftersøgning (*ehf*-do-sur-nayng) *c* search

eftertanke (*ehf*-do-tahng-ger) *c* reflection, consideration

efterår (*ehf*-do-o) *nt* (pl ~) autumn; fall *nAm*

eg (ay) *c* oak

egal (ay-*gahl*) *adj* level, even

ege (*ay*-ay) c spoke

egen (*igh*-ern) *adj* own

egenskab (*ay*-ayn-sgahb) c quality; property

egentlig (ay-*ayn*-li) *adv* really, properly; *adj* real, proper, actual

egern (*ay*-on) *nt* (pl ~) squirrel

egn (ighn) c district; country

egne sig (*igh*-ner) *be fit for, qualify

egnet (*igh*-nerdh) *adj* convenient, appropriate

egoisme (ay-goa-*iss*-mer) c selfishness

egoistisk (ay-goa-*iss*-disg) *adj* egoistic

Egypten (eh-*gewb*-dern) Egypt

egypter (eh-*gewb*-do) c Egyptian

egyptisk (eh-*gewb*-disg) *adj* Egyptian

eje (*igh*-er) v own; *nt* possession

ejendele (*igh*-ern-dāy-ler) *pl* property, belongings *pl*

ejendom (*igh*-ern-dom) c (pl ~me) property; premises *pl*

ejendommelig (igh-ern-*dom*-li) *adj* peculiar, quaint

ejendomsmægler (*igh*-ern-doms-mai-lo) c house agent

ejer (*igh*-o) c owner; proprietor

ekko (*eh*-koa) *nt* echo

eksakt (ehg-*sahgd*) *adj* precise

eksamen (ehg-*saa*-mern) c (pl -miner) examination; *tage ~ graduate

eksamensbevis (ehg-*saa*-merns-bay-vis) *nt* diploma

eksem (ehg-*saym*) c eczema

eksempel (ehg-*sehm*-berl) *nt* (pl -pler) instance, example; **for ~** for instance, for example

eksemplar (ehg-serm-*plah*) *nt* copy, specimen

eksil (ehg-*sil*) *nt* exile

eksistens (ehg-si-*sdehns*) c existence

eksistere (ehg-si-*sday*-o) v exist

eksklusiv (*ehgs*-kloo-see⁰⁰) *adj* exclusive

eksotisk (ehg-*soa*-tisg) *adj* exotic

ekspedere (ehgs-bay-*day*-o) v dispatch; attend to, serve

ekspedient (ehg-sbay-di-*ehnd*) c shop assistant, salesman

ekspedition (ehg-sbay-di-sʸoan) c expedition

ekspeditrice (ehg-sbay-di-*tree*-ser) c salesgirl

eksperiment (ehgs-pæ-ri-*mehnd*) *nt* experiment

eksperimentere (ehgs-pæ-ri-mehn-*tay*-o) v experiment

ekspert (ehgs-*pærd*) c expert

eksplodere (ehgs-ploa-*day*-o) v explode

eksplosion (ehgs-ploa-sʸoan) c blast, explosion

eksplosiv (*ehgs*-ploa-see⁰⁰) *adj* explosive

eksponering (ehgs-poa-*nay*-ræng) c exposure

eksport (ehgs-*pawd*) c export, exportation; exports *pl*

eksportere (ehgs-po-*tay*-o) v export

ekspres (ehgs-*præss*) special delivery; **ekspres-** express

eksprestog (ehgs-*præss*-tooo) *nt* (pl ~) express train

ekstase (ehgs-*taa*-ser) c ecstasy

ekstra (*ehgs*-drah) *adj* extra; additional, spare

ekstravagant (ehgs-drah-vah-*gahnd*) *adj* extravagant

ekstrem (ehgs-*træm*) *adj* extreme

elasticitet (ay-lah-sdi-si-*tayd*) c elasticity

elastik (ay-lah-*sdig*) c (pl ~ker) rubber band, elastic band

elastisk (ay-*lah*-sdisg) *adj* elastic

elefant (ay-ler-*fahnd*) c elephant

elegance (ay-ler-*gahng*-ser) c elegance

elegant (ay-ler-*gahnd*) *adj* elegant

elektricitet (ay-lehg-træ-si-*tayd*) c

electricity

elektriker (ay-*lehg*-træ-go) *c* electrician

elektrisk (ay-*lehg*-træsg) *adj* electric

elektronisk (ay-lehg-*troa*-nisg) *adj* electronic; ~ **spil** electronic game

element (ay-ler-*mehnd*) *nt* element

elementær (ay-ler-mehn-*tær*) *adj* elementary; primary

elendig (ay-*lehn*-di) *adj* miserable

elendighed (ay-*lehn*-di-haydh) *c* misery

elev (ay-*lay*ᵒᵒ) *c* scholar, pupil; learner

elevator (ay-ler-*vaa*-to) *c* lift; elevator *nAm*

elfenben (*ehl*-fern-bayn) *nt* ivory

eliminere (ay-li-mi-*nay*-o) *v* eliminate

eller (*eh*-lo) *conj* or

ellers (*ehl*-oss) *adv* else; otherwise

elleve (*ehl*-ver) *num* eleven

ellevte (*ehlf*-der) *num* eleventh

elm (ehlm) *c* elm

elsdyr (*ehls*-dewr) *nt* (pl ~) moose

elshaver (*ehl*-sᵞay-vo) *c* shaver

elske (*ehl*-sger) *v* love; **elsket** beloved

elsker (*ehl*-sgo) *c* lover

elskerinde (ehl-sgo-*ay*-ner) *c* mistress

emalje (ay-*mahl*-ᵞer) *c* enamel

emaljeret (ay-mahl-ᵞay-odh) *adj* enamelled

embargo (ehm-*baa*-goa) *c* embargo

embede (ehm-*bay*-dher) *nt* office

emblem (ehm-*blaym*) *nt* emblem

emigrant (ay-mi-*grahnd*) *c* emigrant

emigration (ay-mi-grah-sᵞoan) *c* emigration

emigrere (ay-mi-*græ*-o) *v* emigrate

eminent (ay-mi-*nehnd*) *adj* outstanding

emne (*ehm*-ner) *nt* theme, topic

en (ayn) *art* (nt et) a *art*; *num* one; - **en** the *art*; ~ **til** another

enakter (*ayn*-ahg-do) *c* one-act play

end (ehn) *conj* than

ende (*eh*-ner) *c* bottom; end; *v* end

endefuld (*eh*-ner-fool) *c* spanking

endelig (*eh*-ner-li) *adj* final; eventual; *adv* at last

endeløs (*eh*-ner-lurs) *adj* endless, immense

endestation (*eh*-ner-sdah-sᵞoan) *c* terminal

endetarm (*eh*-ner-tahm) *c* rectum

endevende (*eh*-ner-vehn-er) *v* search

endnu (ay-*noo*) *adv* yet, still

endossere (ahng-doa-*say*-o) *v* endorse

endvidere (ehn-*vidh*-o-o) *adv* furthermore

eneforhandler (a̅y̅-ner-fo-hahn-lo) *c* distributor

energi (eh-nær-*gi*) *c* energy; power

energisk (eh-*nær*-gisg) *adj* energetic

eneste (a̅y̅-ner-sder) *adj* only; sole

enestue (a̅y̅-ner-sdo̅o̅-oo) *c* private room

enestående (a̅y̅-ner-sdo-o-ner) *adj* exceptional

eng (ehng) *c* meadow

engang (ayn-*gahng*) *adv* some time, some day

engangs- (a̅y̅n-gahngs) disposable

engel (*ehng*-erl) *c* (pl engle) angel

engelsk (*ehng*-erlsg) *adj* English; British

England (*ehng*-lahn) England, Britain

englænder (*ehng*-lehn-o) *c* Englishman; Briton

engroshandel (ahng-*groa*-hahn-erl) *c* wholesale

enhed (a̅y̅n-haydh) *c* unit; unity

enhver (ayn-*vær*) *pron* everybody, anyone, everyone

***være enig** (vai-o a̅y̅-ni) agree

enighed (a̅y̅-ni-haydh) *c* agreement

enke (*ehng*-ger) *c* widow

enkel (*ehng*-gerl) *adj* plain, simple

enkelt (*ehng*-gerld) *adj* individual,

single; *adv* simply

enkelthed (*ehng*-gerld-haydh) *c* detail

enkeltperson (*ehng*-gerld-pær-*soan*) *c* individual

enkeltværelse (*ehng*-gerld-vai-ol-ser) *nt* single room

enkemand (*ehng*-ger-mahn) *c* (pl -mænd) widower

enorm (ay-*nom*) *adj* immense, enormous

enquete (ahng-*kait*) *c* enquiry

ens (ayns) *adj* alike

ensartet (ayns-ah-derdh) *adj* uniform

ensidig (*āyn*-si-dhi) *adj* one-sided

ensom (*āyn*-som) *adj* lonely

enstemmig (*āyn*-sdehm-i) *adj* unanimous

ental (*āyn*-tahl) *nt* singular

enten ... eller (*ehn*-dern eh-lerr) either ... or

entertainer (ehn-to-tay-no) *c* entertainer

entré (ahng-*tray*) *c* entrance-hall; entrance-fee; appearence

entreprenør (ahng-tro-pro-*nurr*) *c* contractor

epidemi (ay-pi-day-*mi*) *c* epidemic

epilepsi (ay-pi-lehb-*si*) *c* epilepsy

epilog (ay-pi-*loa*) *c* epilogue

episk (*ay*-pisg) *adj* epic

episode (ay-pi-*sōā*-dher) *c* episode

epos (*āy*-poss) *nt* (pl ∼) epic

eremit (ay-ræ-*mit*) *c* (pl ∼ter) hermit

erfare (ær-*fah*-ah) *v* experience

erfaren (ær-*fah*-ahn) *adj* experienced

erfaring (ær-*fah*-ræng) *c* experience

erhverv (ær-*værv*) *nt* (pl ∼) business

erhverve (ær-*vær*-ver) *v* acquire

erhvervelse (ær-*vær*-verl-ser) *c* acquisition

erhvervsret (ær-*værvs*-ræd) *c* commercial law

erindre (ay-*ræn*-dro) *v* recall

erindring (ay-*ræn*-dræng) *c* remembrance

erkende (ær-*kehn*-er) *v* confess, acknowledge; admit

erklære (ær-*kleh*-o) *v* declare; state

erklæring (ær-*kleh*-ræng) *c* declaration; statement

erobre (ay-*roa*-bro) *v* conquer

erobrer (ay-*roa*-bro) *c* conqueror

erobring (ay-*roa*-bræng) *c* conquest; capture

erstatning (ær-*sdahd*-nayng) *c* substitute, replacement; compensation

erstatte (ær-*sdah*-der) *v* replace, substitute; compensate

eskadre (eh-*sgahdh*-ro) *c* squadron

eskorte (eh-*sgaw*-der) *c* escort

eskortere (ehss-go-*tay*-o) *v* escort

essay (*eh*-say) *nt* (pl ∼s) essay

essens (ay-*sehns*) *c* essence

etablere (ay-tahb-*lay*-o) *v* establish

etage (ay-*taa*-s^yer) *c* floor, storey; apartment *nAm*

etape (ay-*tah*-ber) *c* stage

etiket (ay-di-*kehd*) *c* (pl ∼ter) label

etikettere (ay-di-keh-*tay*-o) *v* label

Etiopien (eh-ti-*oa*-p^yern) Ethiopia

etiopier (eh-ti-*oa*-p^yo) *c* Ethiopian

etiopisk (eh-ti-*oa*-pisg) *adj* Ethiopian

etui (ay-too-*i*) *nt* case

Europa (ay°°-*rōā*-pah) Europe

europæer (ay°°-roa-*peh*-o) *c* European

europæisk (ay°°-roa-*peh*-isg) *adj* European

Europæisk Union (ay°°-roa-*peh*-isg-er oon-*Yoan*) European Union

evakuere (ay-vah-koo-*ay*-o) *v* evacuate

evangelium (ay-vahng-*gayl*-^yom) *nt* (pl -lier) gospel

eventuel (ay-vehn-too-*ehl*) *adj* possible

eventyr (*ai*-vern-tewr) *nt* (pl ∼) adventure; tale, fairytale

evig (*ǣyvi*) *adj* eternal

evighed (*ǣy-vi-haydh*) *c* eternity

evne (*ehᵒᵒ-ner*) *c* ability, faculty; gift

evolution (ay-voa-loo-s^yoan) *c* evolution

excentrisk (ehg-*sehn*-træsg) *adj* eccentric

F

fabel (*fah*-berl) *c* (pl fabler) fable

fabrik (fah-*bræg*) *c* (pl ~ker) works *pl*, factory; mill

fabrikant (fah-bri-*kahnd*) *c* manufacturer

fabrikere (fah-bri-*kay*-o) *v* manufacture

facade (fah-*saa*-dher) *c* façade

facon (fah-*song*) *c* way, manner; shape

fad¹ (fahdh) *nt* dish; cask

fad² (fahdh) *adj* tasteless

fag (fah) *nt* (pl ~) trade, discipline

fagforening (fou-fo-ay-nayng) *c* trade-union

faglært (fou-lærd) *adj* skilled

fagmand (fou-mahn) *c* (pl -mænd) expert

fajance (fah-^y*ahng*-ser) *c* faience

fakkel (*fah*-gerl) *c* (pl fakler) torch

faktisk (*fahg*-disg) *adj* actual, factual; substantial; *adv* actually, as a matter of fact, in effect

faktor (*fahg*-to) *c* factor

faktum (*fahg*-tom) *nt* (pl -ta) data *pl*

faktura (fahg-*tōō*-rah) *c* invoice

fakturere (fahg-too-*ræ*-o) *v* invoice

fakultet (fah-kool-*tayd*) *nt* faculty

fald (fahl) *nt* (pl ~) fall; **i hvert** ~ at any rate

*falde (*fah*-ler) *v* *fall; ~ **sammen** coincide; ~ **til ro** calm down

faldefærdig (*fah*-ler-fær-di) *adj* ramshackle

falk (fahlg) *c* hawk

fallit (fah-*lit*) *adj* bankrupt

falme (*fahl*-mer) *v* fade; discolour; **falmet** discoloured

falsk (fahlsg) *adj* false

familie (fah-*mil*-^yer) *c* family

familiær (fah-mil-^y*ær*) *adj* familiar; free

fanatisk (fah-*nah*-disg) *adj* fanatical

fange (*fahng*-er) *c* prisoner; *v* *catch; capture; ***tage til** ~ capture

fangenskab (*fahng*-ern-sgahb) *nt* imprisonment

fantasi (fahn-tah-*si*) *c* imagination; fancy, fantasy

fantastisk (fahn-*tahss*-disg) *adj* fantastic

far (faa) *c* (pl fædre) father; daddy, dad

farce (*faa*-ser) *c* farce

fare (*faaah*) *c* danger; peril, risk

*fare (*faaah*) *v* rush; **faret vild** lost

farfar (*fah*-fah) *c* (pl -fædre) grandfather

farlig (*faa*-li) *adj* dangerous; perilous

farmakologi (fah-mah-koa-loa-*gi*) *c* pharmacology

farmor (*fah*-moar) *c* (pl -mødre) grandmother

farseret (fah-*say*-odh) *adj* stuffed

fart (fahd) *c* speed; rate; ***sætte farten ned** slow down; ***sætte farten op** accelerate

fartplan (*fahd*-plahn) *c* timetable

fartøj (*faa*-toi) *nt* vessel

farve (*faa*-ver) *c* colour; dye; *v* dye

farveblind (*faaver*-blayn) *adj* colourblind

farvefilm (*faa*-ver-film) *c* (pl ~) colour film

farvel! (fah-*vehl*) good-bye!

farverig (*faaver*-ri) *adj* colourful

farvestof (*faa-ver-sdof*) *nt* (pl ~fer) colourant

farvestrålende (*faa-ver-sdrol-ner*) *adj* gay

farvet (*faa-verdh*) *adj* coloured

fasan (*fah-sahn*) *c* pheasant

fascinere (*fah-si-nay-o*) *v* fascinate

fascisme (*fah-siss-mer*) *c* fascism

fascist (*fah-sisd*) *c* fascist

fascistisk (*fah-siss-disg*) *adj* fascist

fase (*faa-ser*) *c* phase; stage

fast (*fahsd*) *adj* firm; fixed, permanent; *adv* tight

fastboende (*fahsd-boa-er-ner*) *c* (pl ~) resident

faste (*faa-sder*) *c* fast; lent

fastelavn (*fahss-der-loun*) *c* Shrovetide

***fastgøre** (*fahsd-gur-o*) *v* attach

***fastholde** (*fahsd-hol-er*) *v* *keep, *stick to; insist

fastland (*fahsd-lahn*) *nt* continent; mainland

***fastlægge** (*fahsd-leh-ger*) *v* define

***fastslå** (*fahsd-slo*) *v* establish; ascertain

***fastsætte** (*fahsd-seh-der*) *v* determine; stipulate

fatal (*fah-tahl*) *adj* fatal

fatning (*fahd-nayng*) *c* socket

fatte (*fah-der*) *v* *take; grasp, *understand

fattig (*fah-di*) *adj* poor

fattigdom (*fah-di-dom*) *c* poverty

favorisere (*fah-voa-ri-say-o*) *v* favour

favorit (*fah-voa-rit*) *c* (pl ~ter) favourite

fax (*fahgs*) *nt* fax; **sende en ~** send a fax

fe (*fay*) *c* fairy

feber (*fay-bo*) *c* (pl febre) fever

febril (*fay-bril*) *adj* feverish

febrilsk (*fay-brilsg*) *adj* feverish, agitated

februar (*fay-broo-ah*) February

fed (*faydh*) *adj* fat; corpulent

fedme (*faydh-mer*) *c* fatness

fedt (*fayd*) *nt* fat

fedtet (*fay-derdh*) *adj* greasy; slippery; stingy

fedtholdig (*fayd-hol-di*) *adj* fatty

feinschmecker (*fighn-smeh-go*) *c* gourmet

fej (*figh*) *adj* cowardly

feje (*figh-er*) *v* *sweep

fejl (*fighl*) *c* (pl ~) mistake, fault; ***tage ~** *be mistaken; err

fejlagtig (*fighl-ahg-di*) *adj* mistaken

fejle (*figh-ler*) *v* fail, miss, err

fejlfri (*fighl-fri*) *adj* faultless

fejltagelse (*fighl-tah-erl-ser*) *c* mistake

fejltrin (*fighl-trin*) *nt* (pl ~) slip

fejre (*figh-ro*) *v* celebrate

felt (*fehld*) *nt* field; check

feltkikkert (*fehld-ki-god*) *c* field glasses

feltråb (*fehld-rob*) *nt* (pl ~) password

feltseng (*fehld-sehng*) *c* camp-bed; cot *nAm*

fem (*fehm*) *num* five

feminin (*fay-mi-nin*) *adj* feminine

femte (*fehm-der*) *num* fifth

femten (*fehm-dern*) *num* fifteen

femtende (*fehm-der-ner*) *num* fifteenth

ferie (*fayr-Yer*) *c* holiday; vacation; **på ~** on holiday

feriekoloni (*fayr-Yer-koa-loa-ni*) *c* holiday camp

feriested (*fayr-Yer-stehdh*) *nt* holiday resort

ferm (*færm*) *adj* skilful

fernis (*fær-niss*) *c* (pl ~ser) varnish

fernisere (*fær-ni-say-o*) *v* varnish

fersken (*fær-sgern*) *c* peach

ferskvand (*færsg-vahn*) *nt* fresh water

fest (*fehsd*) *c* celebration; feast; par-

ty
festival (*fehss*-di-vahl) *c* festival
festlig (*fehsd*-li) *adj* festive
feudal (fur⁰⁰-*dahl*) *adj* feudal
fiasko (fi-*ahss*-goa) *c* failure
fiber (*fi*-bo) *c* (pl fibre) fibre
fidus (fi-*doos*) *c* trick; confidence
figen (*fee*-in) *c* (pl figner) fig
figur (fi-*goor*) *c* figure; diagram
fiktion (fig-sᵛoan) *c* fiction
fil (fil) *c* file
filial (fi-li-*ahl*) *c* branch
filipens (fi-li-*pehns*) *c* pimple; **filipenser** acne
filippiner (fi-li-*pi*-no) *c* Filipino
Filippinerne (fi-li-*pi*-no-ner) Philippines *pl*
filippinsk (fi-li-*pinsg*) *adj* Philippine
film (film) *c* (pl ~) film; movie
filme (*fil*-mer) *v* film
filmkamera (*film*-kah-may-rah) *nt* camera
filmlærred (*film*-lai-odh) *nt* screen
filosof (fi-loa-*sof*) *c* (pl ~fer) philosopher
filosofi (fi-loa-soa-*fi*) *c* philosophy
filt (fild) *c* felt
filter (*fil*-do) *nt* (pl -tre) filter
fin (fin) *adj* fine; **fint!** okay!, all right!
financier (fi-nahn-sᵛay) *c* investor
finanser (fi-*nahn*-so) *pl* finances *pl*
finansiel (fi-nahn-sᵛehl) *adj* financial
finansiere (fi-nahn-sᵛay-o) *v* finance
finansministerium (fi-*nahns*-mi-ni-sdayr-ᵛom) *nt* (pl -ier) treasury
*****finde** (*fay*-ner) *v* *find; *come across; *think
finger (*fayng*-o) *c* (pl -gre) finger
fingeraftryk (*fayng*-o-ou-trurg) *nt* (pl ~) fingerprint
fingerbøl (*fayng*-o-burl) *nt* (pl ~) thimble
fingernem (*fayng*-o-nehm) *adj* dexterous

finke (*fayng*-ger) *c* finch
Finland (*fayn*-lahn) Finland
finne (*fay*-ner) *c* Finn
finsk (faynsg) *adj* Finnish
firE (*fee*-o) *num* four
firma (*feer*-mah) *nt* firm, company
firs (feers) *num* eighty
fisk (faysg) *c* (pl ~) fish
fiske (*fayss*-ger) *v* fish; angle
fiskeben (*fayss*-ger-bayn) *nt* (pl ~) fishbone
fiskeforretning (*fayss*-ger-fo-rædnayng) *c* fish shop
fiskegrej (*fay*-sger-grigh) *nt* fishing tackle
fiskehandler (*fayss*-ger-hahn-lo) *c* fishmonger, fishdealer
fiskekrog (*fayss*-ger-kro⁰⁰) *c* fishing hook
fiskekutter (*fayss*-ger-koo-do) *c* fishing-vessel
fiskenet (*fayss*-ger-nehd) *nt* (pl ~) fishing net
fisker (*fayss*-go) *c* fisherman
fiskeredskaber (*fayss*-ger-rædh-sgahbo) *pl* fishing gear
fiskeri (fayss-go-*ri*) *nt* fishing industry
fiskerleje (*fay*-sgo-ligh-er) *nt* fishing-hamlet
fiskesnøre (*fayss*-ger-snūr-o) *c* fishing line
fiskestang (*fayss*-ger-sdahng) *c* (pl -stænger) fishing rod
fisketegn (*fayss*-ger-tighn) *nt* (pl ~) fishing licence
fjeder (*fᵛay*-dho) *c* (pl -dre) spring
fjende (*fᵛay*-ner) *c* enemy
fjendtlig (*fᵛaynd*-li) *adj* hostile
fjer (fᵛayr) *c* (pl ~) feather
fjerde (*fᵛai*-o) *num* fourth
fjerkræ (*fᵛayr*-kræ) *nt* poultry, fowl
fjern (fᵛærn) *adj* distant, remote; far, far-away, far-off; **fjernere** further;

fjernest furthest

fjerne (fᵛær-ner) v remove; *take away; *take out

fjernelse (fᵛær-nerl-ser) c removal

fjernskriver (fᵛærn-sgree-vo) c telex

fjernsyn (fᵛærn-sewn) nt television

fjernsynsapparat (fᵛærn-sewns-ah-bah-rahd) nt television set

fjollet (fᵛo-lerdh) adj foolish, silly

fjols (fᵛols) nt fool

fjord (fᵛoar) c fjord

fjorten (fᵛoar-dern) num fourteen

fjortende (fᵛoar-der-ner) num fourteenth

flad (flahdh) adj flat; level

flag (flahg) nt (pl ~) flag

flakke om (flah-ger) wander, roam

flakon (flah-kong) c flask

flamingo (flah-mayng-goa) c flamingo

flamme (flah-mer) c flame

flaske (flahss-ger) c bottle

flaskehals (flahss-ger-hahls) c bottle-neck

fleksibel (flehg-si-berl) adj flexible

flere (flay-o) adj more; several; **flest** most

flertal (flayr-tahl) nt majority; plural

flid (flidh) c diligence

flink (flayngg) adj kind

flis (fliss) c chip

flittig (fli-di) adj industrious, diligent

flod (floadh) c river; flood

flodbred (floadh-brædh) c (pl ~der) riverside, river bank

flodmunding (floadh-mo-nayng) c estuary

flok (flog) c (pl ~ke) flock; bunch

flonel (floa-nehl) c flannel

flot (flod) adj handsome

flue (floo-oo) c fly

flugt (flogd) c escape

fly (flew) nt (pl ~) aircraft

***flyde** (flew-dher) v flow; float

flydende (flew-dher-ner) adj liquid; fluid; adv fluent

flygel (flew-erl) nt (pl -gler) grand piano

flygte (flurg-der) v escape

flygtig (flurg-di) adj casual

flygtning (flurgd-nayng) c refugee; fugitive runaway

flystyrt (flew-sdewrd) nt (pl ~) plane crash

flytbar (flurd-bah) adj movable

flytning (flurd-nayng) c move

flytte (flur-der) v move; remove

***flyve** (flew-ver) v *fly

flyvemaskine (flew-ver-mah-sgee-ner) c aeroplane, plane, aircraft; airplane nAm

flyveplads (flew-ver-plahss) c airfield

flyvning (flew∞-nayng) c flight

flænge (flehng-er) v rip, *tear, scratch; c tear, scratch

fløde (flūr-dher) c cream

flødeagtig (flūr-dher-ahg-di) adj creamy

flødefarvet (flūr-dher-faa-vaydh) adj cream

fløjl (floil) nt velvet

fløjte (floi-der) c whistle, flute; v whistle

flåde (flaw-dher) c navy; fleet; **flåde-** naval

fnise (fnee-ser) v giggle

fod (foadh) c (pl fødder) foot; **til fods** on foot; walking

fodbold (foadh-bold) c football; soccer

fodboldhold (foadh-bold-hol) nt (pl ~) soccer team

fodboldkamp (foadh-bold-kahmb) c football match

fodbremse (foadh-bræm-ser) c foot-brake

fodgænger (foadh-gehng-o) c pedestrian

fodgængerovergang (foadh-gehng-o-o∞-o-gahng) c crossing, pedestrian crossing; crosswalk *nAm*

fodnote (*foadh*-nōa-der) *c* footnote

fodpleje (*foadh*-pligh-er) *c* pedicure

fodplejer (*foadh*-pligh-o) *c* chiropodist

fodpudder (*foadh*-poodh-o) *nt* foot powder

foged (*fōa*-oadh) *c* bailiff

fok (fog) *c* (pl ~ke) foresail

fold (fol) *c* fold; crease

folde (*fo*-ler) *v* fold; ~ **sammen** fold; ~ **ud** unfold

folk (folg) *nt* (pl ~) people *pl*; nation, people; folk; **folke**- national; popular

folkedans (*fol*-ger-dahns) *c* folk-dance

folkelig (*fol*-ger-li) *adj* popular, national; vulgar

folkerig (*fol*-ger-ri) *adj* populous

folkeskare (*fol*-ger-sgaaah) *c* crowd

folkeslag (*fol*-ger-slah) *nt* (pl ~) people

Folketinget (*fol*-ger-tayng-aydh) Danish parliament

folketingsmedlem (*fol*-ger-tayngs-mehdh-lehm) *nt* (pl ~mer) Member of Parliament

folkevise (*fol*-ger-vee-ser) *c* folk song

folklore (fol-*klōa*-o) *c* folklore

fond (fond) *nt* (pl ~s) fund

fondsbørs (*fons*-burrs) *c* stock exchange

fonetisk (foa-*nay*-tisg) *adj* phonetic

for¹ (fo) *prep* for; *conj* for; *adv* too; ~ **at** in order to, to

for² (foar) *nt* (pl ~) lining

foragt (fo-*ahgd*) *c* contempt, scorn, disdain

foragte (fo-*ahg*-der) *v* despise; scorn

foran (*faw*-ahn) *prep* before, ahead of, in front of; *adv* ahead

forandre (fo-*ahn*-dro) *v* alter, change

forandring (fo-*ahn*-dræng) *c* variation, change; alteration

foranstaltning (fo-ahn-*sdahld*-nayng) *c*

measure; arrangement

forargelse (fo-*ah*-erl-ser) *c* indignation, scandal

forbande (fo-*bahn*-er) *v* curse

forbavse (fo-*bou*-ser) *v* amaze, astonish; **forbavsende** astonishing, amazing

forbavselse (fo-*bahoo*-serl-ser) *c* amazement, astonishment

forbedre (fo-*behdh*-ro) *v* improve

forbedring (fo-*behdh*-ræng) *c* improvement

forbehold (*faw*-bay-hol) *nt* (pl ~) reservation

forberede (*faw*-bay-ræ-dher) *v* prepare

forberedelse (*faw*-bay-ræ-dherl-ser) *c* preparation

forberedende (*faw*-bay-ræ-dher-ner) *adj* preliminary

forbi (fo-*bi*) *prep* past; *adv* over

*****forbigå** (fo-*bi*-go) *v* pass over, pass by

*****forbinde** (fo-*bayn*-er) *v* connect; join, link; dress; bandage

forbindelse (fo-*bayn*-erl-ser) *c* connection; reference, link

forbinding (fo-*bayn*-ayng) *c* bandage

forbindskasse (fo-*bayns*-kah-ser) *c* first-aid kit

forbipasserende (fo-*bi*-pah-say-o-ner) *c* (pl ~) passer-by

forbjerg (*faw*-bᵛærg) *nt* headland

*****forblive** (fo-*bli*-ver) *v* stay, remain

forblæst (fo-*blehsd*) *adj* windy

forbløffe (fo-*blur*-fer) *v* amaze, astonish

forbløffende (fo-*blur*-fer-ner) *adj* striking

forbogstav (*faw*-bog-sdou) *nt* initial

forbruge (fo-*broo*-er) *v* use up, consume

forbruger (fo-*broo*-o) *c* consumer

forbrydelse (fo-*brew*-dherl-ser) *c*

crime

forbryder (fo-*brew*-dho) *c* criminal

forbryderisk (fo-*brew*-dho-risg) *adj* criminal

forbud (*faw*-boodh) *nt* (pl ~) prohibition, ban

forbudt (fo-*bood*) *adj* prohibited

forbund (*faw*-bon) *nt* (pl ~) league, union; federation; **forbunds-** federal

forbundsfælle (*faw*-bons-feh-ler) *c* associate; ally

*****forbyde** (fo-*bew*-dher) *v* prohibit, *****forbid**

forcere (fo-*say*-o) *v* strain; force

fordampe (fo-*dahm*-ber) *v* evaporate

fordel (*faw*-dayl) *c* benefit, advantage, profit; *****drage** ~ benefit

fordelagtig (fo-dayl-*ahg*-di) *adj* advantageous; cheap

fordele (fo-*day*-ler) *v* divide, distribute

fordi (fo-*di*) *conj* as, because

fordom (*faw*-dom) *c* (pl ~me) prejudice

fordre (*faw*-dro) *v* claim, demand

fordrejet (fo-*drigh*-erdh) *adj* distorted

fordring (*faw*-dræng) *c* claim

*****fordrive** (fo-*driver*) *v* chase

fordøje (fo-*doi*-er) *v* digest

fordøjelig (fo-*doi*-er-li) *adj* digestible

fordøjelse (fo-*doi*-erl-ser) *c* digestion

fordøjelsesbesvær (fo-*doi*-erl-serss-bay-*svær*) *nt* indigestion

forebygge (*faw*-o-bew-ger) *v* prevent; **forebyggende** preventive

foredrag (*faw*-o-drou) *nt* (pl ~) lecture

*****foregive** (*faw*-o-gi-ver) *v* pretend

*****foregribe** (*faw*-o-griber) *v* anticipate

foregående (*faw*-o-go-er-ner) *adj* preceding

*****forekomme** (*faw*-o-kom-er) *v* happen, occur; seem

forekommende (*faw*-o-kom-er-ner) *adj* thoughtful, courteous

forelsket (fo-*ehl*-sgerdh) *adj* in love

*****forelægge** (*faw*-o-leh-ger) *v* submit; present

forelæsning (*faw*-o-lehs-nayng) *c* lecture

foreløbig (*faw*-o-lur-bi) *adj* temporary; provisional

forene (fo-*ay*-ner) *v* unite; join; **forenet** joint

Forenede Stater (fo-*ay*-ner-dher *sdah*-do) the States, United States

forening (fo-*ay*-nayng) *c* union; association, club, society

*****foreskrive** (*faw*-o-sgri-ver) *v* prescribe

*****foreslå** (*faw*-o-slo) *v* propose, suggest

*****forespørge** (*faw*-o-sburr-o) *v* inquire, enquire, query

forespørgsel (*faw*-o-sburr-serl) *c* (pl -sler) inquiry, enquiry, query

forestille (*faw*-o-sdayl-er) *v* introduce, present; represent; ~ **sig** imagine, fancy, conceive

forestilling (*faw*-o-sdayl-ayng) *c* introduction; idea; conception; show, performance

*****foretage** (*faw*-o-tah-ah) *v* *****undertake**

foretagende (*faw*-o-tah-er-ner) *nt* undertaking; concern, enterprise

*****foretrække** (*faw*-o-træ-ger) *v* prefer

forevise (*faw*-o-vi-ser) *v* *****show, exhibit, *****show**

forevisning (*faw*-o-vis-nayng) *c* exhibition

forfader (*faw*-faa-dho) *c* (pl -fædre) ancestor

*****forfalde** (fo-*fahl*-er) *v* expire, *****fall due; *****fall into decay**

forfalden (fo-*fahl*-ern) *adj* dilapidated; due

forfalske (fo-*fahl*-sger) v forge; counterfeit

forfalskning (fo-*fahlsg*-nayng) c fake

forfatning (fo-*fahd*-nayng) c constitution

forfatter (fo-*fah*-do) c author, writer

forfremme (fo-*fræm*-er) v promote

forfremmelse (fo-*fræm*-erl-ser) c promotion

forfriske (fo-*fræss*-ger) v refresh

forfriskende (fo-*fræss*-ger-ner) adj refreshing

forfriskning (fo-*fræsg*-nayng) c refreshment, drink

forfængelig (fo-*fehng*-er-li) adj vain

forfærde (fo-*færder*) v terrify

forfærdelig (fo-*fær*-der-li) adj dreadful, terrible, frightful

****forfølge** (fo-*furl*-Yer) v chase; pursue

forføre (fo-*fur*-o) v seduce

forgifte (fo-*gif*-der) v poison

forgrund (*faw*-gron) c foreground

forgyldt (fo-*gewld*) adj gilt

forgænger (*faw*-gehng-o) c predecessor

forgæves (fo-*geh*-verss) adj vain; adv in vain

i forgårs (i *faw*-gos) the day before yesterday

forhandle (fo-*hahn*-ler) v negotiate

forhandler (fo-*hahn*-lo) c dealer

forhandling (fo-*hahn*-layng) c negotiation

forhastet (fo-*hahss*-derdh) adj premature

forhekse (fo-*hehg*-ser) v bewitch

forhen (*faw*-hehn) adv formerly

forhenværende (*faw*-hehn-veh-o-ner) adj former

forhindre (fo-*hayn*-dro) v prevent

forhindring (fo-*hayn*-dræng) c obstacle

forhold (*faw*-hol) nt (pl ~) relation; affair

forholdsvis (*faw*-hols-vis) adj relative

forhøje (fo-*hoi*-er) v raise

forhøjelse (fo-*hoi*-erl-ser) c increase, rise

forhøjning (fo-*hoi*-nayng) c rise

forhør (fo-*hurr*) nt (pl ~) examination, interrogation

forhøre (fo-*hur*-o) v interrogate; ~ sig inquire

forhåbningsfuld (fo-*hob*-nayngs-fool) adj hopeful

på forhånd (po *faw*-hon) in advance

forjaget (fo-*Yah*-erdh) adj hasty

forkaste (fo-*kahss*-der) v turn down, reject

forkert (fo-*kayrd*) adj false, wrong

forklare (fo-*klah*-ah) v explain; **forklarlig** explainable; accountable

forklaring (fo-*klah*-ayng) c explanation

forkludre (fo-*kloodh*-ro) v muddle

forklæde (*faw*-klai-dher) nt apron

forklæde sig (fo-*kleh*-dher) disguise

forklædning (fo-*klehdh*-nayng) c disguise

forkorte (fo-*kaw*-der) v shorten

forkortelse (fo-*kaw*-derl-ser) c abbreviation

forkæle (fo-*keh*-ler) v *spoil

forkæmper (*faw*-kehm-bo) c champion, advocate

forkærlighed (*faw*-kær-li-haydh) c preference

forkølelse (fo-*kur*-lerl-ser) c cold

****blive forkølet** (*blee*-ver fo-*kur*-lerdh) *catch a cold

forkørselsret (*faw*-kurr-serls-ræd) c right of way

****forlade** (fo-*lah*-dher) v *leave; desert; check out

forlange (fo-*lahng*-er) v ask, demand; charge

forlangende (fo-*lahng*-er-ner) nt demand

forleden (fo-*lay*-dhayn) *adv* recently

forlegen (fo-*ligh*-ern) *adj* embarrassed; *gøre ~ embarrass

forlig (fo-*li*) *nt* (pl ~) settlement

forlovede (fo-*lo*-ver-dher) *c* (pl ~) fiancé; fiancée

forlovelse (fo-*lo*-verl-ser) *c* engagement

forlovelsesring (fo-*lo*-verl-serss-ræng) *c* engagement ring

forlovet (fo-*lo*-verdh) *adj* engaged

forlygte (*faw*-lurgder) *c* headlamp, headlight

forlyste (fo-*lurss*-der) *v* entertain

forlystelse (fo-*lurss*-derl-ser) *c* entertainment

***forlægge** (fo-*leh*-ger) *v* *mislay

forlægger (*faw*-leh-go) *c* publisher

forlænge (fo-*lehng*-er) *v* extend; renew

forlængelse (fo-*lehng*-erl-ser) *c* extension

forlængerledning (fo-*lehng*-o-laydh-nayng) *c* extension cord

***forløbe** (fo-*lur*-ber) *v* pass; **forløben** past; **forløbet** past

form (fom) *c* shape, form

formalitet (fo-mah-li-*tayd*) *c* formality

formand (*faw*-mahn) *c* (pl -mænd) chairman, president

forme (*faw*-mer) *v* form, shape; model

formel (fo-*merl*) *c* (pl -mler) formula

formiddag (*faw*-mi-dah) *c* mid-morning, morning

formindske (fo-*mayn*-sger) *v* reduce, lessen, decrease

formode (fo-*moa*-dher) *v* suppose, assume

formodning (fo-*moadh*-nehng) *c* guess

formue (*faw*-mōō-oo) *c* fortune

formynder (*faw*-murn-o) *c* guardian

formynderskab (*faw*-mur-no-sgahb) *nt* custody, guardianship

formørkelse (fo-*murr*-gayl-ser) *c* eclipse

formål (*faw*-mol) *nt* (pl ~) object, purpose; objective

formålstjenlig (*faw*-mols-t ͮain-li) *adj* appropriate, suitable

fornavn (*faw*-noun) *nt* first name; Christian name

fornem (*faw*-nehm) *adj* distinguished

fornemme (fo-*nehm*-er) *v* *feel; perceive

fornemmelse (fo-*nehm*-erl-ser) *c* sensation, perception

fornuft (fo-*nofd*) *c* reason, sense

fornuftig (fo-*nof*-di) *adj* reasonable, sensible

forny (fo-*new*) *v* renew

fornægte (fo-*nehg*-der) *v* disown; deny

fornærme (fo-*nær*-mer) *v* offend; insult; **fornærmende** offensive

fornærmelse (fo-*nær*-merl-ser) *c* offence; insult

fornødenhed (fo-*nur*-dhern-haydh) *c* necessity, requirement

fornøjelse (fo-*noi*-erl-ser) *c* pleasure; amusement

fornøjet (fo-*noi*-erdh) *adj* glad; joyful

forpagtning (fo-*pahgd*-nayng) *c* lease

forpligte (fo-*playg*-der) *v* oblige; ~ **sig** engage; *være forpligtet til *be obliged to

forpligtelse (fo-*playg*-derl-ser) *c* obligation; engagement

forpurre (fo-*poo*-ro) *v* prevent; *upset

forrest (fo-*osd*) *adj* first, front-line; *adv* foremost

forret (*faw*-ræd) *c* (pl ~ter) hors-d'œuvre

forretning (fo-*ræd*-nayng) *c* store; deal, business; **forretninger** business; *gøre ~ med *deal with

forretningscenter (fo-*ræd*-naayngs-sehn-do) *nt* (pl -tre) shopping centre

forretningsmand (fo-*ræd*-nayngs-mahn) c (pl -mænd) businessman

forretningsmæssig (fo-*ræd*-nayngs-meh-si) adj business-like

forretningsrejse (fo-*ræd*-nayngs-righ-ser) c business trip

forretningstid (fo-*ræd*-nayngs-tidh) c business hours

forrige (*faw*-i-o) adj former, previous, last

forrykt (fo-*rewgd*) adj crazy, zany

forræder (fo-*rædh*-o) c traitor

forræderi (fo-ræ-dho-*ri*) nt treason

forråd (*faw*-rodh) nt (pl ~) supply

forråde (fo-*ro*-dher) v betray

forsamle (fo-*sahm*-ler) v assemble; ~ **sig** gather

forsamling (fo-*sahm*-layng) c assembly

forseelse (fo-*say*-erl-ser) c offence

forsende (fo-*sehn*-er) v despatch

forsendelse (fo-*sehn*-erl-ser) c expedition

***forse sig** (fo-*say*) offend

forside (*faw*-see-dher) c front; front page

forsigtig (fo-*sayg*-di) adj cautious, careful; wary

forsigtighed (fo-*sayg*-di-haydh) c caution; precaution

forsikre (fo-*sayg*-ro) v assure; insure

forsikring (fo-*sayg*-ræng) c insurance

forsikringspolice (fo-*sayg*-rængs-poa-lee-ser) c insurance policy

forsikringspræmie (fo-*sayg*-rængs-præm-ᵞer) c premium

forsinke (fo-*sayng*-ger) v delay

forsinkelse (fo-*sayng*-gerl-ser) c delay

forsinket (fo-*sayng*-gerdh) adj late; overdue

forskel (*faw*-sgehl) c (pl ~le) difference; distinction, contrast

forskellig (fo-*sgehl*-i) adj different; distinct, unlike; **forskellige** various; ***være** ~ differ; vary

forskning (*fawsg*-nayng) c research

forskrække (fo-*sgræ*-ger) v frighten; ***blive forskrækket** *be frightened

forskud (*faw*-sgoodh) nt (pl ~) advance; **betale i** ~ advance

forslag (*faw*-slah) nt (pl ~) proposition, suggestion, proposal; motion

forsoning (fo-*soa*-nayng) c reconciliation

forspring (*faw*-spræng) nt (pl ~) lead

forstad (*faw*-sdahdh) c (pl -stæder) suburb; **forstads**- suburban

forstand (fo-*sdahn*) c reason, brain; wits pl

forstavelse (*faw*-sdaa-verl-ser) c prefix

forstoppelse (fo-*sdob*-erl-ser) c constipation

forstuve (fo-*sdoo*-oo) v sprain

forstuvning (fo-*sdoo*-nayng) c sprain

forstyrre (fo-*sdew*-o) v interrupt, disturb

forstyrrelse (fo-*sdew*-ol-ser) c disturbance, interruption

forstørre (fo-*sdur*-o) v enlarge

forstørrelse (fo-*sdur*-ol-ser) c enlargement

forstørrelsesglas (fo-*sdur*-ol-serss-glahss) nt (pl ~) magnifying glass

forstøver (fo-*sdur*-vo) c atomizer

***forstå** (fo-*sdo*) v *understand; *see; *take

forståelse (fo-*sdo*-erl-ser) c understanding

forsvar (*faw*-svah) nt (pl ~) defence; plea

forsvare (fo-*svah*-ah) v defend

***forsvinde** (fo-*svayn*-er) v vanish, disappear

forsvundet (fo-*svon*-erdh) adj lost, disappeared

forsyne (fo-*sew*-ner) *v* supply; ∼
med furnish with

forsyning (fo-*sew*-nayng) *c* supply

forsøg (fo-*sur*) *nt* (pl ∼) try, attempt; experiment

forsøge (fo-*sur*-ur) *v* try; attempt

forsømme (fo-*surm*-er) *v* miss, neglect

forsømmelig (fo-*surm*-er-li) *adj* neglectful

forsømmelse (fo-*surm*-erl-ser) *c* neglect

fort (fawd) *nt* fort

fortaler (*faw*-taa-lo) *c* advocate

fortid (*faw*-tidh) *c* past

fortjene (fo-*t*ʸeh-ner) *v* merit, deserve

fortjeneste (fo-*t*ʸeh-nerss-der) *c* merit; gain

fortolde (fo-*tol*-er) *v* declare

fortov (faw-to⁰⁰) *nt* pavement; sidewalk *nAm*

fortrinsret (*faw*-trins-ræd) *c* priority

fortrolig (fo-*troa*-li) *adj* confidential

fortrylle (fo-*trewl*-er) *v* bewitch

fortryllelse (fo-*trewl*-erl-ser) *c* spell; glamour

fortryllende (fo-*trewl*-er-ner) *adj* enchanting, glamorous

fortræd (fo-*trædh*) *c* harm; mischief; ***gøre ∼** harm

fortræffelig (fo-*træ*-fer-li) *adj* first-rate

*fortsætte (*fawd*-seh-der) *v* continue; *go on, proceed, carry on

fortsættelse (*fawd*-seh-derl-ser) *c* continuation; sequel

fortvivle (fo-*tvee*⁰⁰-ler) *v* despair

fortvivlelse (fo-*tvee*⁰⁰-lerl-ser) *c* despair

fortynde (fo-*turn*-er) *v* dilute

*fortælle (fo-*tehl*-er) *v* *tell; relate

fortælling (fo-*tehl*-ayng) *c* story, tale

forud (*faw*-oodh) *adv* before

forudbetalt (*faw*-oodh-bay-tahld) *adj*
prepaid

foruden (fo-*ōō*-dhern) *prep* besides

forudgående (*faw*-oodh-go-o-ner) *adj* previous; prior

forudsat at (*faw*-oodh-sahd ahd) provided that, supposing that

*forudse (*faw*-oodh-say) *v* foresee

*forudsige (*faw*-oodh-si-i) *v* predict; forecast

forudsigelse (*faw*-oodh-si-erl-ser) *c* forecast

forundre (fo-*on*-dro) *v* surprise, astonish, amaze

forundring (fo-*on*-drayng) *c* wonder, surprise, astonishment

forurening (fo-oo-*ræ*-nayng) *c* pollution

forurolige (fo-oo-*roa*-li-er) *v* alarm

foruroligende (fo-oo-*roa*-lee-er-ner) *adj* scary

forvaltningsret (fo-*vahld*-nayngs-ræd) *c* administrative law

forvandle til (fo-*vahn*-ler) turn into

forvaring (fo-*vah*-ræng) *c* custody

forvask (*faw*-vahsk) *c* prewash

i forvejen (i *faw*-vigh-ern) in advance

forveksle (fo-*vehg*-sler) *v* *mistake, confuse

forvente (fo-*vehn*-der) *v* expect; anticipate

forventning (fo-*vehnd*-nayng) *c* expectation

forventningsfuld (fo-*vehnd*-nayngs-fool) *adj* expectant

forvirre (fo-*veer*-o) *v* embarrass, confuse; **forvirret** confused

forvirring (fo-*veer*-ayng) *c* confusion; disturbance, muddle

forvisse sig om (fo-*vay*-ser) ascertain

forvolde (fo-*vol*-er) *v* cause

*forvride (fo-*vri*-dher) *v* wrench, twist, sprain

forældet (fo-*ehl*-erdh) *adj* ancient; out of date

forældre (fo-*ehl*-dro) *pl* parents *pl*
forære (fo-æ-o) *v* *give, present
foræring (fo-æ-ræng) *c* gift, present
forøge (fo-*ur*-ur) *v* increase
forøgelse (fo-*ur*-url-ser) *c* increase
forår (*faw*-o) *nt* (pl ~) spring; springtime
forårsage (fo-o-*sah*-ah) *v* cause
fotoforretning (foa-toa-fo-ræd-nayng) *c* camera shop
fotograf (foa-doa-*grahf*) *c* photographer
fotografere (foa-doa-grah-*fay*-o) *v* photograph
fotografering (foa-doa-grah-*fay*-ræng) *c* photography
fotografi (foa-doa-grah-*fi*) *nt* photo, photograph
fotokopi (*foa*-toa-koa-pi) *c* photocopy
foyer (foi-*Yay*) *c* foyer; lobby
fra (frah) *prep* out of, off, as from, from; ~ **og med** as from, from
fradrag (*frah*-drou) *nt* (pl ~) rebate
fraflytte (*frah*-flur-der) *v* vacate
fragt (frahgd) *c* freight
frakke (*frah*-ger) *c* coat
frankere (frahng-*kay*-o) *v* stamp
franko (*frahng*-koa) post-paid
Frankrig (*frahng*-kri) France
fransk (frahnsg) *adj* French
franskmand (*frahnsg*-mahn) *c* (pl -mænd) Frenchman
fraråde (frah-*ro*-dher) *v* dissuade from
frastødende (frah-sdur-dher-ner) *adj* repellent, repulsive
*fratage (frah-tah-ah) *v* deprive of
*fratræde (frah-*træ*-dher) *v* resign
fratrædelse (frah-*træ*-dherl-ser) *c* resignation
*fratrække (frah-*træ*-ger) *v* deduct, subtract
fravær (*frah*-vær) *nt* (pl ~) absence
fraværende (*frah*-veh-o-ner) *adj* absent

fred (frædh) *c* peace
fredag (*fræ*-dah) *c* Friday
fredelig (*fræ*æ-dher-li) *adj* peaceful; restful
fredsommelig (frædh-*som*-er-li) *adj* peaceful
frekvens (fray-*kvehns*) *c* frequency
frelse (*fræl*-ser) *v* save, rescue; *c* rescue, salvation
frem (fræm) *adv* forward
fremad (*fræm*-ahdh) *adv* onwards
fremefter (fræm-*ayf*-do) *adv* forward
fremføre (*fræm*-fur-o) *v* adduce, advance; present; *bring up
fremgang (*fræm*-gahng) *c* advance, progress
fremgangsmåde (*fræm*-gahngs-*maw*-dher) *c* procedure, process; approach, method
*fremgå (*fræm*-go) *v* appear
fremhæve (*fræm*-heh-ver) *v* emphasize
fremkalde (*fræm*-kahl-er) *v* develop; cause
fremme (*fræ*-mer) *v* promote
fremmed (*fræ*-merdh) *c* stranger; *adj* foreign, strange
fremragende (*fræm*-rou-er-ner) *adj* splendid, excellent
fremskaffe (*fræm*-sgah-fer) *v* produce, furnish
fremskridt (*fræm*-sgrid) *nt* (pl ~) progress; *gøre ~ *get on
fremskridtsvenlig (*fræm*-sgrids-vehn-li) *adj* progressive
fremstamme (*fræm*-sdahm-er) *v* falter
fremstille (*fræm*-sdayl-er) *v* produce; manufacture
fremstilling (*fræm*-sdayl-ayng) *c* report, account; manufacture
fremstående (*fræm*-sdo-er-ner) *adj* outstanding
fremtid (*fræm*-tidh) *c* future
fremtidig (*fræm*-ti-dhi) *adj* future

fremtoning (*fræm-toa-nayng*) c appearance

*fremtræde (*fræm-træ-dher*) v appear

fremvise (*fræm-vi-ser*) v *show; display

fremvisning (*fræhm-vis-nayng*) c display

fri (*fri*) adj free

fribadestrand (*fri-baa-dher-sdrahn*) c nudist beach

fribillet (*fri-bi-lehd*) c (pl ~ter) free ticket

frifindelse (*fri-fayn-erl-ser*) c acquittal

frigørelse (*fri-gur-ol-ser*) c emancipation

frihed (*fri-haydh*) c freedom, liberty

friktion (*frig-sⁱoan*) c friction

frikvarter (*fri-kvah-tayr*) nt break

frimærke (*fri-mær-ger*) nt stamp, postage stamp

frimærkeautomat (*fri-mær-ger-ahoo-toa-mahd*) c stamp machine

frisk (*fræsg*) adj fresh; brisk

frist (*fræsd*) c respite, time; term

friste (*fræss-der*) v tempt

fristelse (*fræss-dayl-ser*) c temptation

frisure (*fri-sew-o*) c hair-do

frisør (*fri-surr*) c hairdresser

*fritage (*fri-tah-ah*) v exempt; ~ for discharge of; **fritaget** exempted

fritagelse (*fri-tah-ahl-ser*) c exemption

fritid (*fri-tidh*) c spare time, leisure

fritidscenter (*fri-tidhs-sehn-do*) nt (pl -centre) recreation centre

frivillig (*fri-vil-i*) c volunteer; adj voluntary

frokost (*fro-gosd*) c lunch; luncheon

from (*from*) adj pious

frossen (*fro-sern*) adj frozen

frost (*frosd*) c frost

frostknude (*frosd-knoo-dher*) c chilblain

frostvæske (*frosd-vehss-ger*) c anti-

freeze

frotté (*froa-tay*) c towelling

frue (*frōō-oo*) c madam; mistress

frugt (*frogd*) c fruit

frugtbar (*frogd-bah*) adj fertile

frugthave (*frogd-haa-ver*) c orchard

fryd (*frewdh*) c delight, joy

frygt (*frurgd*) c fear

frygte (*frurg-der*) v fear; dread

frygtelig (*frurg-der-li*) adj terrible, awful, dreadful

frygtindgydende (*frurgd-ayn-gew-dher-ner*) adj terrifying

frynse (*frurn-ser*) c fringe

*fryse (*frew-ser*) v *freeze

frysepunkt (*frew-ser-pongd*) nt freezing-point

fræk (*fræg*) adj insolent, impertinent; bold

frækhed (*fræg-haydh*) c impertinence

frø¹ (*frur*) c frog

frø² (*frur*) nt (pl ~) seed

frøken (*frur-gern*) c miss

fugl (*fool*) c bird

fugt (*fogd*) c damp

fugte (*fog-der*) v moisten, damp

fugtig (*fog-di*) adj humid, moist, damp; wet

fugtighed (*fog-di-haydh*) c humidity, moisture

fugtighedscreme (*fog-di-haydhs-kræm*) c moisturizing cream

fuld (*fool*) adj full; drunk

fuldblods (*fool-bloadhs*) adj thoroughbred

fuldbyrde (*fool-bewr-der*) v accomplish

fuldende (*fool-ehn-er*) v complete

fuldendthed (*fool-ehnd-haydh*) c perfection

fuldføre (*fool-fur-o*) v complete; accomplish

fuldkommen (*fool-kom-ern*) adj perfect; complete, adv perfectly, quite, absolutely

fuldkommenhed (*fool*-kom-ern-haydh) c perfection

fuldkornsbrød (*fool*-koarns-brurdh) nt (pl ~) wholemeal bread

fuldstændig (*fool*-sdehn-di) adj total, complete; **fuldstændigt** altogether, quite, completely

fundament (fon-dah-*mehnd*) nt base

fundamental (fon-dah-mehn-*tahl*) adj fundamental

fungere (fong-*gay*-o) v work

funklende (*fong*-gler-ner) adj sparkling

funktion (fong-*sYoan*) c function; operation

fusion (foo-*sYoan*) c merger

fy! (few) shame!

fyld (fewl) nt stuffing, filling

fylde (*few*-ler) v fill; ~ **op** fill up

fyldepen (*few*-ler-pehn) c (pl ~ne) fountain-pen

fyldestgørende (*fewl*-ersd-gur-o-ner) adj sufficient

fyr (fewr) c guy, fellow, chap; boy

fyrre (*fūr*-o) num forty

fyrste (*fewr*-sder) c prince

fyrtårn (*fewr*-ton) nt lighthouse

fysik (few-*sig*) c physics

fysiker (*few*-si-go) c physicist

fysiologi (few-sYoa-loa-*gi*) c physiology

fysisk (*few*-sisg) adj physical

fædreland (*fehdh*-ro-lahn) nt native country, fatherland

fægte (*fehg*-der) v fence

fælde (*feh*-ler) c trap

fælg (fehlg) c rim

fælles (*fehl*-erss) adj common; joint

i fællesskab (i *fehl*-erss-sgahb) jointly

fængsel (*fehng*-serl) nt (pl -sler) prison, jail; gaol

fængsle (*fehng*-sler) v imprison; captivate, fascinate

færdig (*fær*-di) adj finished; ***gøre** ~ finish

færdighed (*fær*-di-haydh) c skill

færdsel (*fær*-serl) c traffic; **ensrettet** ~ one-way traffic

færdselsåre (*fær*-serls-aw-o) c thoroughfare

færge (*fær*-ger) c ferry-boat

fæste (*feh*-sder) v fasten; ~ **med nål** pin

fæstne (*fehsd*-ner) v attach

fæstning (*fehsd*-nayng) c fortress

fætter (*fæ*-do) c (pl fætre) cousin

føde (*fūr*-dher) c food

føderation (fur-der-rah-*sYoan*) c federation

fødested (*fūr*-dher-sdehdh) nt place of birth

fødsel (*fur*-serl) c (pl -sler) birth; childbirth

fødselsdag (*fur*-serls-dah) c birthday

fødselsveer (*fur*-serls-vay-o) pl labour

født (furd) adj born

føl (furl) nt (pl ~) foal

føle (*fūr*-ler) v *feel; ~ **på** *feel

følelse (*fūr*-lerl-ser) c feeling; sensation

følelsesløs (*fūr*-lerl-serss-lurs) adj insensitive; numb

følesans (*fūr*-ler-sahns) c touch

følge (*furl*-Yer) c sequence; issue, result; **som** ~ **af** owing to

*følge (*furl*-Yer) v follow; accompany; ~ **med** *keep up with

følgelig (*furl*-Yer-li) adv consequently

følgende (*furl*-Yer-ner) adj following; subsequent, next

føljeton (*furl*-Yer-tong) c serial

følsom (*fūrl*-som) adj sensitive

før (furr) conj before; prep before; adv before

føre (*fūr*-o) v conduct, *drive; carry

førende (*fūr*-o-ner) adj leading

fører (*fūr*-o) c leader

førerbevis (fūr-o-bay-vis) *nt* driving licence

førerhund (fūr-o-hoon) *c* guide-dog

føring (fūr-ræng) *c* lead

førkrigs- (furr-kriss) pre-war

først (furrsd) *adj* foremost, initial; *adv* at first; **for det første** first of all; **~ og fremmest** especially, essentially

første (furr-sder) *num* first

førstehjælp (furr-sder-ᵞehlb) *c* first-aid

førstehjælpsstation (furr-sder-ᵞehlbs-sdah-sᵞoan) *c* first-aid post

førsteklasses (furr-sder-klah-serss) *adj* first-class

førsterangs (furr-sder-rahngs) *adj* first-rate

få (fo) *adj* few

***få** (fo) *v* receive, obtain, *get; *have; **~ til** at cause to

får (for) *nt* (pl ~) sheep

fårekylling (faw-o-kew-layng) *c* cricket

fårekød (faw-o-kurdh) *nt* mutton

fåresyge (faw-o-sēw-ew) *c* mumps

G

gab (gahb) *nt* (pl ~) mouth

gabe (gaa-ber) *v* yawn; gape

gade (gaa-dher) *c* street; road

gadedørsnøgle (gaa-dher-durrs-noi-ler) *c* latchkey

gadekryds (gaa-dher-krewss) *nt* (pl ~) crossroads

gadekær (gaa-dher-kær) *nt* (pl ~) village pond

gaffel (gah-ferl) *c* (pl gafler) fork

gage (gaa-sᵞer) *c* pay

gal (gahl) *adj* mad

galde (gah-ler) *c* bile, gall

galdeblære (gah-ler-blai-o) *c* gall bladder

galdesten (gah-ler-sdayn) *c* (pl ~) gallstone

galge (gahl-ᵞer) *c* gallows *pl*

galleri (gah-ler-ri) *nt* gallery

galop (gah-lob) *c* (pl ~per) gallop

gammel (gah-merl) *adj* old; ancient, aged; stale

gammeldags (gah-merl-dahs) *adj* old-fashioned; ancient, quaint

gane (gaa-ner) *c* palate

gang (gahng) *c* time; walk, gait; **en ~** once; **en ~ til** once more; **gang på gang** again and again

gangart (gahng-ahd) *c* gait, pace

gange (gah-nger) *v* multiply

gangsti (gahng-sdi) *c* footpath

ganske (gahn-sger) *adv* quite, fairly; rather

garage (gah-raa-sᵞer) *c* garage

garantere (gaa-ahn-tay-o) *v* guarantee

garanti (gaa-ahn-ti) *c* guarantee

garderobe (gah-der-rōa-ber) *c* cloakroom; wardrobe; checkroom *nAm*

garderobeskab (gah-der-rōa-ber-sgahb) *nt* closet *nAm*

gardin (gah-din) *nt* curtain

garn (gahn) *nt* (pl ~) yarn

gartner (gaad-no) *c* gardener

gas (gahss) *c* gas

gaskomfur (gahss-kom-foor) *nt* gas cooker

gasovn (gahss-oᵒᵒn) *c* gas stove

gasværk (gahss-værg) *nt* gasworks

gave (gaa-ver) *c* gift; present; donation

gavl (goul) *c* gable

gavmild (gou-mil) *adj* liberal, generous

gavmildhed (gou-mil-haydh) *c* generosity

gavn (goun) c benefit, advantage, profit

gaze (gaa-ser) c gauze

gear (gir) nt (pl ~) gear; **skifte ~** change gear

gearkasse (geer-kah-ser) c gear-box

gearstang (geer-sdahng) c (pl -stænger) gear lever

gebis (gay-biss) nt (pl ~ser) false teeth

gebyr (gay-bewr) nt charge

ged (gaydh) c goat

gedeskind (gāy-dher-sgayn) nt (pl ~) kid

gejst (gighsd) c soul

gelé (sʸay-lay) c jelly

gelænder (gay-lehn-o) nt rail

gemen (gay-mayn) adj mean

gemme (geh-mer) v *hide

gemytlig (gay-mewd-li) adj jolly

genbrug (gayn-broo) v recycle

genbrugelig (gayn-broo-er-li) adj recyclable

general (gay-ner-rahl) c general

generation (gay-ner-rah-sʸoan) c generation

generator (gay-ner-raa-to) c generator

genere (sʸay-nay-o) v bother

generel (gay-ner-ræl) adj general

genert (sʸay-nayrd) adj shy

generthed (sʸay-nayrd-haydh) c timidity, shyness

generøs (sʸay-ner-rurs) adj generous

*genfinde (gehn-fayn-er) v recover

genforene (gehn-fo-ay-ner) v reunite

geni (sʸay-ni) nt genius

genial (gay-ni-ahl) adj brilliant

genkende (gehn-kehn-er) v recognize

genlyd (gehn-lewdh) c echo

gennem (gehn-erm) prep through

gennembløde (geh-nerm-blur-dher) v soak

gennembore (geh-nerm-boa-o) v pierce

gennemføre (geh-nerm-fur-o) v carry out

gennemførlig (geh-nerm-furr-li) adj feasible

*gennemgå (geh-nerm-go) v *go through; suffer

gennemrejse (geh-nerm-righ-ser) c passage

gennemsigtig (geh-nerm-sayg-di) adj transparent; sheer

gennemslag (geh-nerm-slah) nt (pl ~) carbon copy

gennemsnit (geh-nerm-snid) nt (pl ~) average; profile; **i ~** on the average

gennemsnitlig (geh-nehm-snid-li) adj average; medium

gennemsøge (geh-nerm-sur-ur) v search

gennemtræk (geh-nerm-træg) c draught

gennemtrænge (geh-nerm-træng-er) v penetrate

gennemvæde (geh-nerm-veh-dher) v soak

genopblomstring (gehn-ob-blom-sdræng) c revival

*genoptage (gehn-ob-tah-ah) v resume

gensidig (gehn-si-dhi) adj mutual

genstand (gehn-sdahn) c article; object

genstridig (gehn-sdri-dhi) adj obstinate

*gentage (gehn-tah-ah) v repeat

gentagelse (gehn-tah-erl-ser) c repetition

geografi (gayᵒᵒ-grah-fi) c geography

geologi (gay-oa-loa-gi) c geology

geometri (gay-oa-may-tri) c geometry

gerne (gær-ner) adv gladly

gerning (gær-nayng) c deed

gerrig (gær-ri) adj avaricious

gespenst (gay-*sbehnsd*) *nt* phantom
gestikulere (gehss-di-koo-*lay*-o) *v* gesticulate
gestus (*gehss*-dooss) *c* (pl ~) sign
gevinst (gay-*vaynsd*) *c* winnings *pl*
gevir (gay-*veer*) *nt* antlers *pl*
gevær (gay-*vær*) *nt* rifle; gun
gidsel (*gi*-serl) *nt* (pl -sler) hostage
gift (gifd) *c* poison
gifte sig (*gif*-der) marry
giftig (*gif*-di) *adj* poisonous; toxic
gigantisk (gi-*gahn*-tisg) *adj* gigantic
gigt (gigd) *c* gout, rheumatism
gips (gibs) *c* plaster
gisne (*giss*-ner) *v* guess
gispe (*giss*-ber) *v* pant
***give** (*gee*-ver) *v* *give; ~ efter
  *give away, *give in; ~ ud
  *spend
giver (*gee*-vo) *c* donor
glad (glahdh) *adj* cheerful, glad;
  good-humoured
glamme (*glah*-mer) *v* bay
glans (glahns) *c* gloss
glansløs (*glahns*-lurs) *adj* mat
glas (glahss) *nt* (pl ~) glass; glas-
  glass; **kulørt** ~ stained glass
glasere (glah-*say*-o) *v* glaze
glat (glahd) *adj* even, smooth; slip-
  pery
glemme (*gleh*-mer) *v* *forget
glemsom (*glehm*-som) *adj* forgetful
gletscher (*glehd*-sʸo) *c* glacier
***glide** (*glee*-dher) *v* *slide, glide; slip,
  skid
glimt (glaymd) *nt* (pl ~) glimpse;
  flash
glippe (*glay*-ber) *v* fail
global (gloa-*bahl*) *adj* global
globus (*gloa*-booss) *c* (pl ~ser) globe
glæde (*glai*-dher) *c* joy, gladness;
  pleasure; **med** ~ gladly
glæde sig over (*glai*-dher) enjoy
glædelig (*glai*-dher-li) *adj* joyful

glød (glurdh) *c* glow
gløde (*glūr*-dher) *v* glow
gnaven (*gnaa*-vern) *adj* cross
***gnide** (*gnee*-dher) *v* rub
gnist (gnisd) *c* spark
gnubbe (*gnoo*-ber) *v* scratch, scour,
  scrub
gobelin (goa-ber-*lehng*) *c* tapestry
god (goadh) *adj* good, kind; **godt**
  well; **godt!** all right!
goddag! (goa-*dah*) hello!
godkende (*goadh*-kehn-er) *v* approve;
  approve of
godkendelse (*goadh*-kehn-erl-ser) *c*
  authorization
godmodig (goadh-*moa*-dhi) *adj* good-
  natured
gods (goss) *nt* estate; goods *pl*
***godskrive** (*goadh*-sgri-ver) *v* credit
godstog (*goss*-toˣ) *nt* (pl ~) goods
  train; freight-train *nAm*
godter (go-do) *pl* sweets; candy *nAm*
***godtgøre** (*god*-gur-o) *v* prove,
  *make good; reimburse
godtroende (*goadh*-troa-oa-ner) *adj*
  credulous
golf (golf) *golf*
golfbane (*golf*-baa-ner) *c* golf-links,
  golf-course
gondol (gon-*doal*) *c* gondola
graciøs (grah-si-*urs*) *adj* graceful
grad (grahdh) *c* degree; **i den** ~ so
gradvis (*grahdh*-vis) *adj* gradual; *adv*
  gradually
graf (grahf) *c* graph
grafisk (*grah*-fisg) *adj* graphic
gram (grahm) *nt* (pl ~) gram
grammatik (grah-mah-*tig*) *c* grammar
grammatisk (grah-*mah*-disg) *adj*
  grammatical
grammofonplade (grah-moa-*foan*-plaa-
  dher) *c* record; disc
gran (grahn) *c* fir-tree
granit (grah-*nid*) *c* (pl ~ter) granite

grapefrugt (*grææb*-frogd) *c* grape-fruit

gratis (*graa*-diss) *adj* gratis, free, free of charge

gratulation (grah-too-lah-sᵞoan) *c* congratulation

gratulere (grah-too-*lay*-o) *v* congratulate .

grav (grahoo) *c* pit; grave, tomb

grave (*graa*-ver) *v* *dig

gravere (grah-*vay*-o) *v* engrave

gravid (grah-*vidh*) *adj* pregnant

gravsten (*grou*-sdayn) *c* (pl ~) tombstone, gravestone

gravsætning (*grou*-sehd-nayng) *c* burial

gravør (grah-*vurr*) *c* engraver

greb (græb) *nt* (pl ~) grasp, clutch; grip

gren (græn) *c* branch; bough

greve (*grææ*-ver) *c* count; earl

grevinde (græoo-*ay*-ner) *c* countess

grevskab (*græoo*-sgahb) *nt* county

grib (grib) *c* (pl ~be) vulture

***gribe** (*gree*-ber) *v* *catch; *take, seize; grasp, grip; ~ **ind** intervene; interfere

grille (*gri*-ler) *c* whim

grillere (gril-*Yay*-o) *v* grill

grill-restaurant (gril-ræss-doa-rahng) *c* grill-room

grim (græm) *adj* ugly

grin (grin) *nt* (pl ~) grin; *gøre til ~ ridicule

grine (*gree*-ner) *v* grin

gris (gris) *c* pig

gros (gross) *nt* (pl ~) gross

grosserer (groa-*say*-o) *c* merchant

grossist (groa-*sisd*) *c* wholesale dealer

grotte (*gro*-der) *c* cave; grotto

grov (groo∞) *adj* coarse; gross

gru (groo) *c* horror; dread

grube (*grōō*-ber) *c* pit

grufuld (*groo*-fool) *adj* horrible

grund (gron) *c* grounds, ground; reason, cause; **på ~ af** for, because of; owing to, on account of

grundig (*gron*-di) *adj* thorough

grundlag (*gron*-lah) *nt* (pl ~) basis

***grundlægge** (*gron*-leh-ger) *v* found

grundlæggende (*gron*-leh-ger-ner) *adj* basic

grundsætning (*gron*-sehd-nayng) *c* principle

gruppe (*groo*-ber) *c* group, party; set

grus (groos) *nt* gravel; grit

grusom (*grōō*-som) *adj* cruel; harsh

gryde (*grēw*-dher) *c* pot

***græde** (*grææ*-dher) *v* *weep, cry

Grækenland (*græ*-gern-lahn) Greece

græker (*græ*-go) *c* Greek

græmmelse (*græ*-merl-ser) *c* sorrow

grænse (*græn*-ser) *c* boundary, frontier, border; limit, bound

grænseløs (*græn*-ser-lurs) *adj* unlimited

græs (græss) *nt* grass

græsgang (*græss*-gahng) *c* pasture

græshoppe (*græss*-ho-ber) *c* grasshopper

græsk (græsg) *adj* Greek

græsplæne (*græss*-plai-ner) *c* lawn

græsse (*græ*-ser) *v* graze

græsstrå (*græss*-sdro) *nt* (pl ~) blade of grass

grøft (grurfd) *c* ditch

grøn (grurn) *adj* green

grønthandler (*grurn*-hahn-lo) *c* greengrocer; vegetable merchant

grøntsag (*grurn*-sah) *c* vegetable; **grøntsager** greens *pl*

grå (gro) *adj* grey

grådig (*graw*-dhi) *adj* greedy

gud (goodh) *c* god

guddommelig (goodh-*dom*-er-li) *adj* divine

gudfar (*goodh*-faa) *c* (pl -fædre) god-

father
gudinde (*goodh-ay*-ner) *c* goddess
gudstjeneste (*goodhs*-tᵛeh-ner-sder) *c*
service
guide (gaayd) *c* guide; guidebook
guitar (*gi*-tah) *c* guitar
gul (gool) *adj* yellow
gulbrun (gool-broon) *adj* fawn
guld (gool) *nt* gold
guldmine (*gool*-mee-ner) *c* goldmine
guldsmed (*gool*-smaydh) *c* goldsmith
gulerod (*goo*-ler-roadh) *c* (pl -rødder)
carrot
gulsot (*gool*-soad) *c* jaundice
gulv (gol) *nt* floor
gulvtæppe (*gol*-teh-per) *nt* car-
pet
gummi (*go*-mi) *c* gum, rubber
gummisko (*go*-mi-sgoa) *pl* plimsolls
pl
gunstig (*gon*-sdi) *adj* favourable
gurgle (*goorg*-ler) *v* gargle
guvernante (goo-vær-*nahn*-der) *c* gov-
erness
guvernør (goo-vær-*nurr*) *c* governor
gyde (*gēw*-dher) *c* alley
gylden (*gewl*-ern) *adj* golden
gyldig (*gewl*-di) *adj* valid
gylp (gewlb) *c* fly
gymnasielærer (gewm-*nah*-sᵛer-lai-o)
c teacher
gymnast (gewm-*nahsd*) *c* gymnast
gymnastik (gewm-nah-*sdig*) *c* gym-
nastics *pl*
gymnastikbukser (gewm-nah-*sdig*-
bog-so) *pl* trunks *pl*
gymnastiksal (gewm-nah-*sdig*-sahl) *c*
gymnasium
gymnastiksko (gewm-nah-*sdig*-sgoa)
pl gym shoes; sneakers *plAm*
gynge (*gurng*-er) *c* swing; *v* rock,
*swing
gynækolog (gew-neh-koa-*loa*) *c*
gynaecologist

gysen (*gēw*-sern) *c* shudder
gæld (gehl) *c* debt
***gælde** (*geh*-ler) *v* *be worth; apply
gælle (*geh*-ler) *c* gill
gængs (gehngs) *adj* current
gær (gær) *c* yeast
gærde (*gai*-o) *nt* fence
gære (*gai*-o) *v* ferment
gæst (gehsd) *c* guest
gæsteværelse (*gehss*-der-vai-ol-ser) *nt*
spare room, guest-room
gæstfri (*gehsd*-fri) *adj* hospitable
gæstfrihed (*gehsd*-fri-haydh) *c* hospi-
tality
gætte (*geh*-der) *v* guess
gø (gur) *v* bark
gødning (*gurdh*-nayng) *c* dung, ma-
nure
gøg (gurg) *c* cuckoo
***gøre** (*gūr*-o) *v* *do
***gå** (go) *v* *go; walk; ~ **forbi** pass
by; ~ **forud for** precede; ~ **fra**
borde disembark; ~ **fremad** ad-
vance; ~ **igennem** *go through; ~
ind enter, *go in; ~ **ned** descend;
~ **om bord** embark; ~ **op ad**
mount; ~ **tilbage** return ~ **ud**
*go out; ~ **uden om** by-pass; ~
ud fra suppose, assume;
~ **videre** *go on, *go ahead
gåde (*gaw*-dher) *c* enigma, riddle,
puzzle
gådefuld (*gaw*-dher-fool) *adj* mysteri-
ous; enigmatic
i går (i gor) yesterday
gård (gor) *c* yard, court; farm
gårdejer (*gaw*-igh-o) *c* farmer
gårdmandskone (*gaw*-mahns-kōā-ner)
c farmer's wife
gås (gos) *c* (pl gæs) goose
gåsehud (*gaw*-ser-hoodh) *c* goose-
flesh

H

had (hahdh) *nt* hatred, hate

hade (*haa*-dher) *v* hate

hage (*haa*-ger) *c* chin

hagl (houl) *nt* (pl ~) hail

haj (high) *c* shark

hakke (*hah*-ger) *c* pick-axe; *v* chop, mince

hale (*haa*-ler) *c* tail; *v* haul

hals (hahls) *c* neck, throat; **ondt i halsen** sore throat

halsbrand (*hahls*-brahn) *c* heartburn

halsbånd (*hahls*-bon) *nt* (pl ~) collar

halssmykke (*hahls*-smur-ger) *nt* necklace

halstørklæde (*hahls*-turr-klai-dher) *nt* scarf

halt (hahld) *adj* lame

halte (*hahl*-der) *v* limp

halv (hahl) *adj* half; **halv-** semi-; **halvt** half

halvcirkel (*hahl*-seer-gerl) *c* (pl -kler) semicircle

halvdel (*hahl*-dayl) *c* half

halvere (hahl-*vay*-o) *v* halve

halvfems (hahl-*fehms*) *num* ninety

halvfjerds (hahl-*fYærs*) *num* seventy

halvleg (*hah*-ligh) *c* half-time

halvtreds (hahl-*træss*) *num* fifty

halvvejs (*hahl*-vighs) *adv* halfway

halvø (*hahl*-ur) *c* peninsula

ham (hahm) *pron* him

hammer (*hah*-mo) *c* (pl hamre) hammer

hamp (hahmb) *c* hemp

han (hahn) *pron* he; **han-** male

handel (*hahn*-erl) *c* business, trade; commerce; **handels-** commercial

handelsvare (*hahn*-erls-vaa-ah) *c* merchandise

handicappet (*hahn*-di-kah-berdh) *adj* disabled

handle (*hahn*-ler) *v* act; trade, shop

handlende (*hahn*-ler-ner) *c* (pl ~) dealer

handling (*hahn*-layng) *c* act, action; deed; plot

handske (*hahn*-sger) *c* glove

hane (*haa*-ner) *c* cock

hans (hahns) *pron* his

hare (*haa*-ah) *c* hare

harmoni (hah-moa-*ni*) *c* harmony

harpe (*haa*-ber) *c* harp

harpiks (*haa*-pigs) *c* resin

harsk (haasg) *adj* rancid

hasselnød (*hah*-serl-nurdh) *c* (pl ~der) hazelnut

hast (hahsd) *c* haste; **haste-** urgent; **i ~** in a hurry

hastig (*hahss*-di) *adj* rapid

hastighed (*hahss*-di-haydh) *c* speed

hastighedsbegrænsning (*hahss*-di-haydhs-bay-græns-nayng) *c* speed limit

hastighedsgrænse (*hahss*-di-haydhs-græn-ser) *c* speed limit

hastværk (*hahsd*-værg) *nt* hurry

hat (hahd) *c* (pl ~te) hat

hav (hou) *nt* sea

have (*haa*-ver) *c* garden; **zoologisk ~** zoological gardens

***have** (hah) *v* *have; **~ på** *wear

havedyrkning (*haa*-ver-dewrg-nayng) *c* horticulture

havfrue (hou-*frōō*-oo) *c* mermaid

havfugl (hou-fool) *c* sea-bird

havmåge (hou-maw-ger) *c* seagull

havn (houn) *c* port, harbour; seaport

havnearbejder (hou-ner-aa-bigh-do) *c* docker

havre (hou-ro) *c* oats *pl*

havvand (hou-vahn) *nt* sea-water

hebraisk (hay-*brah*-isg) *nt* Hebrew

hed (haydh) *adj* warm, hot

***hedde** (hay-dher) *v* *be called, *be named

hede (*hay*-dher) c heat; moor, heath

hedensk (*hay*-dhernsg) adj pagan, heathen

hedning (*haydh*-nayng) c pagan, heathen

heftig (*hehf*-di) adj fierce, intense, violent

hegn (highn) nt (pl ~) fence

hej! (high) hello!

hejre (*high*-ro) c heron

hejse (*high*-ser) v hoist

heks (hehgs) c witch

hel (hayl) adj whole, entire; **helt** completely, entirely; quite; **helt igennem** quite

helbred (*hehl*-brædh) nt health

helbrede (*hehl*-bræ-der) v cure, heal

helbredelse (*hehl*-bræ-dherl-ser) c cure; recovery

held (hehl) nt luck

heldig (*hehl*-di) adj lucky; fortunate

hele (*hay*-ler) nt whole, entity

helgen (*hehl*-Yern) c saint

helgenskrin (*hehl*-Yern-sgrin) nt (pl ~) shrine

helleflynder (*heh*-ler-flur-no) c halibut

hellere (*heh*-law-o) adv rather

hellig (*heh*-li) adj holy; sacred

helligbrøde (*heh*-li-brur-dher) c sacrilege

helligdag (*heh*-li-dah) c holiday

helligdom (*heh*-li-dom) c (pl ~me) shrine

hellige (*heh*-li-i) v dedicate; devote

helpension (*hayl*-pahng-s^Yoan) c full board, bed and board

helt (hehld) c hero

helvede (*hehl*-ver-dher) nt hell

hemmelig (*heh*-mer-li) adj secret

hemmelighed (*heh*-mer-li-haydh) c secret

hende (*hay*-ner) pron her

hendes (*hay*-nerss) pron her

hengiven (*hehn*-gi-vern) adj affection-ate

hengivenhed (hehn-*gi*-vern-haydh) c affection

i henhold til (i hehn-hol tayl) with reference to

henrette (*hehn*-ræ-der) v execute

henrettelse (*hehn*-ræ-derl-ser) c execution

henrivende (*hehn*-ri-ver-ner) adj adorable; delightful

henrykke (*hehn*-rur-ger) v delight; **henrykt** delighted

hensigt (*hehn*-saygd) c purpose, intention; design; *have til ~ intend

hensigtsmæssig (hehn-*saygds*-meh-si) adj adequate

henstand (*hehn*-sdahn) c respite

hensyn (*hehn*-sewn) nt (pl ~) consideration; **med ~ til** regarding

hensynsfuld (*hehn*-sewns-fool) adj considerate

hensynsløs (*hehn*-sewns-lurs) adj inconsiderate

hente (*hehn*-der) v fetch, *get; pick up, collect

hen til (hehn tayl) to

henvende sig til (*hehn*-vehn-er) turn to; address oneself to

henvise til (*hehn*-vi-ser) refer to

henvisning (*hehn*-vis-nayng) c reference

her (hayr) adv here

herberg (*hær*-bærg) nt hostel

herkomst (*hær*-komsd) c origin, birth

herlig (*hær*-li) adj wonderful, delightful

herre (*hær*-ro) c gentleman; master

herredømme (*hær*-ro-dur-mer) nt dominion, rule

herregård (*hær*-ro-gor) c manor, manor-house

herretoilet (*hær*-ro-toa-ah-*lehd*) nt (pl ~ter) men's room

herske (*hær*-sger) v rule

hersker (*hær*-sgo) *c* ruler
hertug (*hær*-too) *c* duke
hertuginde (hær-too-ay-ner) *c* duchess
hest (hehsd) *c* horse
hestekraft (hehss-der-krahfd) *c* (pl -kræfter) horsepower
hestesko (hehss-der-sgoa) *c* (pl ~) horseshoe
hestevæddeløb (hehss-der-vai-dher-lurb) *nt* (pl ~) horserace
heteroseksuel (hay-to-roa-sehg-soo-ehl) *adj* heterosexual
hidsig (*hi*-si) *adj* hot-tempered, quick-tempered
hidtil (hidh-tayl) *adv* so far
hierarki (hi-ay-rah-ki) *nt* hierarchy
hige efter (hee-i) aspire to, crave for
hikke (hay-ger) *c* hiccup
hilse (hil-ser) *v* greet; salute
hilsen (hil-sern) *c* greeting
himmel (hay-merl) *c* (pl himle) sky, heaven
hinanden (hin-ahn-ern) *pron* each other
hindbær (hayn-bær) *nt* (pl ~) raspberry
hinde (hay-ner) *c* membrane
hindre (hayn-dro) *v* impede, hinder
hindring (hayn-dræng) *c* impediment, obstacle
hinke (hayng-ger) *v* play hopscotsh
hinsides (hin-si-dherss) *prep* beyond
historie (hi-sdoar-Yer) *c* story; history
historiker (hi-sdoa-ri-go) *c* historian
historisk (hi-sdoa-risg) *adj* historic, historical
hittegods (hi-deh-goss) *nt* lost and found, lost property
hittegodskontor (hi-der-goss-koan-toar) *nt* lost property office
hjelm (Yehlm) *c* helmet
hjem¹ (Yehm) *nt* (pl ~) home
hjem² (Yehm) *adv* home; *tage ~ *go home

hjemme (Yeh-mer) *adv* home, at home
hjemmelavet (Yeh-mer-lah-verdh) *adj* home-made
hjemrejse (Yehm-righ-ser) *c* journey home; return journey
hjemve (Yehm-ver) *c* homesickness
hjerne (Yær-ner) *c* brain
hjernerystelse (Yær-ner-rurss-derl-ser) *c* concussion
hjerte (Yær-der) *nt* heart
hjerteanfald (Yær-der-ahn-fahl) *nt* (pl ~) heart attack
hjertebanken (Yær-der-bahng-gern) *c* palpitation
hjertelig (Yær-der-li) *adj* cordial; hearty
hjerteløs (Yær-der-lurs) *adj* heartless
hjord (Yod) *c* herd
hjort (Yawd) *c* deer
hjul (Yool) *nt* (pl ~) wheel
hjælp (Yehlb) *c* aid, assistance, help; relief
***hjælpe** (Yehl-ber) *v* help; aid, assist
hjælper (Yehl-bo) *c* helper
hjælpsom (Yehlb-som) *adj* helpful
hjørne (Yurr-ner) *nt* corner
hof (hof) *nt* (pl ~fer) court
hofte (hof-der) *c* hip
hofteholder (hof-der-ho-lo) *c* girdle
hold (hol) *nt* (pl ~) team
holdbar (hol-bah) *adj* durable; valid
***holde** (ho-ler) *v* *keep, *hold; pull up; ~ af love, like; fancy, *be fond of; ~ op cease; quit; ~ oppe *hold up; ~ på *hold; insist; ~ sig fast *hold on; ~ sig fra *keep off; ~ tilbage restrain; ~ ud *stand, endure; *keep up
holdning (hol-nayng) *c* attitude, position
Holland (ho-lahn) Holland
hollandsk (ho-lahnsg) *adj* Dutch
hollænder (ho-lehn-o) *c* Dutchman

homoseksuel (*hōa*-moa-sehg-soo-ehl) *adj* homosexual

honning (*ho*-nayng) *c* honey

honorar (hoa-noa-*rah*) *nt* fee

honorere (hoa-noa-*ræ*-o) *v* remunerate

hop (hob) *nt* (pl ~) hop

hoppe (*ho*-ber) *v* jump; *leap; hop; skip; *c* mare

horisont (hoa-ri-*sond*) *c* horizon

horn (hoarn) *nt* (pl ~) horn

hornorkester (*hoarn*-o-kehss-do) *nt* (pl -tre) brass band

hos (hoass) *prep* at

hospital (hoass-bi-*tahl*) *nt* hospital

hoste (*hōa*-sder) *c* cough; *v* cough

hotel (hoa-*tehl*) *nt* (pl ~ler) hotel

hov (ho^{oo}) *c* hoof

hoved (*hōa*-oadh) *nt* head; **hoved-** main, chief, principal, primary; capital, cardinal; **på hovedet** upside-down

hovedbanegård (*hōa*-oadh-baa-ner-go) *c* central station

hovedbrud (*hōa*-oadh-broodh) *nt* (pl ~) puzzle

hoveddæk (*hōa*-oadh-dehg) *nt* (pl ~) main deck

hovedgade (*hōa*-oadh-gaa-dher) *c* main street

hovedkvarter (*hōa*-oadh-kvah-tayr) *nt* headquarters *pl*

hovedledning (*hōa*-oadh-laydh-nayng) *c* mains *pl*

hovedlinje (*hōa*-oadh-lin-ᵞer) *c* main line

hovedpine (*hōa*-oadh-pee-ner) *c* headache

hovedpude (*hōa*-oadh-pōo-dher) *c* pillow

hovedsag (*hōa*-oadh-sah) *c* main thing

hovedsagelig (hōa-oadh-*sah*-er-li) *adv* mainly

hovedstad (*hōa*-oadh-sdahdh) *c* (pl -stæder) capital

hovedvej (*hōa*-oadh-vigh) *c* main road; thoroughfare

hovmester (ho^{oo}-mehss-do) *c* (pl -mestre) steward

hovmodig (ho^{oo}-*moa*-dhi) *adj* haughty

hud (hoodh) *c* skin; hide; **hård ~** callus

hudafskrabning (*hoodh*-ou-sgrahb-nayng) *c* graze, abrasion

hudcreme (*hoodh*-kræm) *c* skin cream

hue (*hōo*-oo) *c* cap

hukommelse (hoo-*kom*-erl-ser) *c* memory

hul¹ (hol) *nt* (pl ~ler) hole

hul² (hool) *adj* hollow

hule (*hōo*-ler) *c* cavern, cave

hulepindsvin (*hōo*-ler-payn-svin) *nt* (pl ~) porcupine

hulhed (*hōol*-haydh) *c* cavity

humle (*hom*-ler) *c* hop

humlebi (*hom*-ler-bi) *c* bumblebee

hummer (*hom*-o) *c* lobster

humor (*hōo*-mo) *c* humour

humoristisk (hoo-moa-*riss*-disg) *adj* humorous

humør (hoo-*murr*) *nt* mood; spirits, spirit; **i godt ~** good-tempered

hun (hoon) *pron* she; **hun-** female

hund (hoon) *c* dog

hundegalskab (*hoo*-ner-gahl-sgahb) *c* rabies

hundehus (*hoo*-ner-hoos) *nt* kennel

hundrede (*hoon*-ro-dher) *num* hundred

hurtig (*hoar*-di) *adj* quick, fast; swift, rapid; **hurtigt** soon, quickly

hurtighed (*hoar*-di-haydh) *c* speed

hus (hoos) *nt* house; home

husassistent (*hooss*-ah-si-sdehnd) *c* housemaid

husbåd (*hooss*-bodh) *c* houseboat

husdyr (*hooss*-dewr) *nt* (pl ~) domestic animal

huse (*hōō*-ser) *v* house; lodge

husejer (*hooss*-igh-o) *c* landlord

husholderske (*hooss*-hol-o-sger) *c* housekeeper

husholdning (*hooss*-hol-nayng) *c* housework, household, housekeeping

huske (*hooss*-ger) *v* remember

huslig (*hooss*-li) *adj* domestic

husly (*hooss*-lew) *nt* accommodation; **skaffe ~** accommodate

huslærer (*hooss*-lai-o) *c* tutor

husmor (*hooss*-moar) *c* (pl -mødre) housewife

hustru (*hooss*-droo) *c* wife

husvært (*hooss*-værd) *c* landlord

hvad (vahdh) *pron* what; **~ end** whatever; **~ som helst** anything

hval (vahl) *c* whale

hvede (*vāy*-dher) *c* wheat

hvedebrødsdage (*vāy*-dher-brurdhs-daa-ah) *pl* honeymoon

hvedemel (*vāy*-dher-mayl) *nt* flour

hvem (vehm) *pron* who; whom; **~ der end** whoever; **~ som helst** anybody

hveps (vehbs) *c* wasp

hver (vær) *pron* each, every

hverdag (*vær*-dah) *c* weekday

hverken ... eller (*vær*-gern eh-lo) neither ... nor

hvid (vidh) *adj* white

hvidløg (*vidh*-loi) *nt* (pl ~) garlic

hvile (*vee*-ler) *c* rest; *v* rest; **~ sig** rest; **~ ud** rest

hvilehjem (*vee*-ler-ᵞehm) *nt* (pl ~) rest-home

hvilken (*vayl*-gern) *pron* which; **~ som helst** whichever; any

hvilling (*vi*-layng) *c* whiting

hvin (vin) *nt* (pl ~) shriek

hvine (*vee*-ner) *v* shriek

hvis (vayss) *pron* whose; *conj* if

hviske (*vayss*-ger) *v* whisper

hvisken (*vayss*-gern) *c* whisper

hvor (vo) *adv* where; how; **~ end** wherever; **~ mange** how many; **~ meget** how much; **~ som helst** anywhere

hvordan (vo-*dahn*) *adv* how

hvorfor (vo-*fo*) *adv* why; what for

hvornår (vo-*no*) *adv* when

hvælving (*vehl*-vayng) *c* arch; vault

hyggelig (*hew*-ger-li) *adj* cosy; enjoyable

hygiejne (hew-gi-*igh*-ner) *c* hygiene

hygiejnebind (hew-gi-*igh*-ner-bayn) *nt* (pl ~) sanitary towel

hygiejnisk (hew-gi-*igh*-nisg) *adj* hygienic

hykler (*hewg*-lo) *c* hypocrite

hykleri (hewg-lo-*ri*) *nt* hypocrisy

hyklerisk (*hewg*-lo-risg) *adj* hypocritical

hyl (hewl) *nt* (pl ~) yell

hylde (*hew*-ler) *c* shelf; *v* cheer

hyldest (*hewl*-ersd) *c* tribute; homage

hyle (*hēw*-ler) *v* yell; roar

hymne (*hewm*-ner) *c* hymn

hyppig (*hew*-bi) *adj* frequent; **hyppigt** frequently

hyppighed (*hew*-bi-haydh) *c* frequency

hyrde (*hewr*-der) *c* shepherd

hyrevogn (*hēw*-o-voᵒᵒn) *c* taxi

hysterisk (hew-*sday*-risg) *adj* hysterical

hytte (*hew*-der) *c* cabin; hut

hæder (*heh*-dho) *c* glory

hædre (*hehdh*-ro) *v* honour

hæfteklamme (*hehf*-der-klah-mer) *c* staple

hæfteplaster (*hehf*-der-plahss-do) *nt* (pl -tre) adhesive tape, plaster

hæk (hehg) *c* (pl ~ke) hedge

hækle (*hehg*-ler) *v* crochet

hæl (hehl) *c* heel

hælde (heh-ler) *v* pour; ~ **til** tend to

hældning (hehl-nayng) *c* gradient

hæmme (heh-mer) *v* impede, restrain

hæmorroider (heh-moa-*ree*-dho) *pl* haemorrhoids *pl*, piles *pl*

hænde (heh-ner) *v* occur

hændelse (heh-nerl-ser) *c* happening, occurrence; event

hænge op (*hehng*-er) *hang

*hænge (*hehng*-er) *v* *hang

hængebro (*hehng*-er-broa) *c* suspension bridge

hængekøje (*hehng*-er-koi-er) *c* hammock

hængelås (*hehng*-er-los) *c* padlock

hængesmykke (*hehng*-er-smur-ger) *nt* pendant

hængsel (*hehng*-serl) *nt* (pl -sler) hinge

hær (hær) *c* army

hæs (hehs) *adj* hoarse

hæslig (hehss-li) *adj* hideous

hætte (heh-der) *c* hood

hævde (heh⁰⁰-der) *v* maintain; assert

hæve (hai-ver) *v* raise; *draw, cash

hævn (heh⁰⁰n) *c* revenge

hø (hur) *nt* hay

høfeber (hur-fay-bo) *c* hay fever

høflig (hurf-li) *adj* polite; civil

høg (hur) *c* hawk

høj (hoi) *adj* high, tall; loud; *c* hillock

højde (*hoi*-der) *c* height; altitude

højdepunkt (*hoi*-der-pongd) *nt* height; zenith

højderyg (*hoi*-der-rurg) *c* (pl ~ge) ridge

højere (*hoi*-o-o) *adj* superior; upper; taller, higher; louder

højest (*hoi*-ersd) *adj* extreme; tallest, highest; loudest; supreme

højhus (*hoi*-hoos) *nt* tower block

højland (*hoi*-lahn) *nt* uplands *pl*

højlydt (*hoi*-lewd) *adj* loud

højmesse (*hoi*-meh-ser) *c* morning service

højre (*hoi*-ro) *adj* right; right-hand

højrød (*hoi*-rurdh) *adj* crimson

højslette (*hoi*-sleh-der) *c* plateau

højst (hoisd) *adv* at most

højsæson (*hoi*-seh-song) *c* high season, peak season

højt (hoid) *adv* aloud

højtidelig (hoi-*ti*-dher-li) *adj* solemn

højttaler (*hoi*-taa-lo) *c* loud-speaker

højvande (*hoi*-vah-ner) *nt* high tide

høne (*hūr*-ner) *c* hen

høre (*hūr*-o) *v* *hear

hørelse (*hūr*-ol-ser) *c* hearing

hørlig (hurr-li) *adj* audible

høst (hursd) *c* harvest

høste (hurss-der) *v* reap, harvest

høvding (hur⁰⁰-dayng) *c* chief; chieftain

håb (hob) *nt* (pl ~) hope

håbe (haw-ber) *v* hope

håbløs (hawb-lurs) *adj* hopeless

hån (hon) *c* scorn

hånd (hon) *c* (pl hænder) hand; **for hånden** available; **hånd-** manual

håndarbejde (hon-aa-bigh-der) *nt* handicraft, handwork; needlework

håndbagage (hon-bah-gaa-s Ÿer) *c* hand luggage; hand baggage *Am*

håndbog (hon-bo⁰⁰) *c* (pl -bøger) handbook

håndbold (hon-bold) *c* hand-ball

håndbremse (hon-bræm-ser) *c* hand-brake

håndcreme (hon-kræm) *c* handcream, lotion

håndflade (hon-flaa-dher) *c* palm

håndfuld (hon-fool) *c* handful

håndgribelig (hon-*gri*-ber-li) *adj* tangible, palpable

håndjern (hon-Ÿærn) *pl* handcuffs *pl*

håndklæde (hon-klai-dher) *nt* towel

håndlavet (hon-lah-verdh) *adj* hand-made

håndled (*hon*-laydh) *nt* (pl ~) wrist

håndskrift (*hon*-sgræfd) *c* handwriting

håndtag (*hon*-tah) *nt* (pl ~) handle; knob; grip

håndtaske (*hon*-tahss-ger) *c* bag, handbag

håndtere (hon-*tay*-o) *v* handle

håndterlig (hon-*tayr*-li) *adj* manageable

håndtryk (*hon*-trurg) *nt* (pl ~) handshake

håndvask (*hon*-vahsg) *c* wash-basin

håne (*haw*-ner) *v* mock

hår (ho) *nt* (pl ~) hair

hårbørste (*haw*-burr-sder) *c* hairbrush

hårcreme (*haw*-kræm) *c* hair cream

hård (ho) *adj* hard

hårdnakket (*haw*-nah-gerdh) *adj* obstinate

håret (*haw*-odh) *adj* hairy

hårgelé (*haw*-s^Yay-lay) *c* hair gel

hårklemme (*haw*-kleh-mer) *c* hairgrip; bobby pin *Am*

hårlak (*haw*-lahg) *c* (pl ~ker) hairspray

hårnet (*haw*-nehd) *nt* (pl ~) hair-net

hårnål (*haw*-nol) *c* hairpin

hårnålesving (*haw*-no-ler-svayng) *nt* (pl ~) hairpin bend

hårrejsende (*haw*-righ-ser-ner) *adj* horrible

hårtørrer (*haw*-tūr-o) *c* hair-dryer

hårvand (*haw*-vahn) *nt* hair tonic

I

I (i) *pron* you

i (i) *prep* for, in, to, at

***iagttage** (i-*ahg*-tah-ah) *v* watch; observe

iagttagelse (i-*ahg*-tah-ahl-ser) *c* observation

ibenholt (*i*-bern-hold) *nt* ebony

idé (i-*day*) *c* idea; **lys ~** brain-wave

ideal (i-day-*ahl*) *nt* ideal

ideel (i-day-*ehl*) *adj* ideal

identificere (i-dehn-ti-fi-*say*-o) *v* identify

identifikation (i-dehn-ti-fi-kah-s^Yoan) *c* identification

identisk (i-*dehn*-tisg) *adj* identical

identitet (i-dehn-ti-*tayd*) *c* identity

idiom (i-di-*oam*) *nt* idiom

idiomatisk (i-di-oa-*mah*-tisg) *adj* idiomatic

idiot (i-di-*oad*) *c* idiot

idiotisk (i-di-*oa*-disg) *adj* idiotic

idol (i-*doal*) *nt* idol

idrætsmand (*i*-dræds-mahn) *c* (pl -mænd) athlete

ifølge (i-*furl*-^Yer) *prep* according to

igen (i-*gehn*) *adv* again

ignorere (in-^Yoa-*ræ*-o) *v* ignore

ihærdig (i-*hær*-di) *adj* energetic, diligent

ikke (*ay*-ger) not; **slet ~** by no means

ikon (i-*koan*) *c* icon

ild (il) *c* fire

ildelugtende (*i*-ler-log-der-ner) *adj* smelly, evil-smelling

ildeset (*i*-ler-sayd) *adj* unpopular

ildevarslende (*i*-ler-vaa-sler-ner) *adj* ominous

ildfast (*il*-fahsd) *adj* fireproof

ildslukker (*il*-slo-go) *c* fire-extinguisher

ildsted (*il*-sdehdh) *nt* hearth

ile (*ee*-ler) *v* hurry, hasten

illegal (*i*-ler-gahl) *adj* illegal

illumination (i-loo-mi-nah-s^Yoan) *c* illumination

illuminere (i-loo-mi-*nay*-o) *v* illuminate

illusion (i-loo-*s*Yoan) *c* illusion

illustration (i-loo-sdrah-*s*Yoan) *c* picture, illustration

illustrere (i-loo-*sdræ*-o) *v* illustrate

ilt (ild) *c* oxygen

imellem (i-*mehl*-erm) *prep* among

imens (i-*mehns*) *adv* meanwhile

imidlertid (i-*midh*-lo-tidh) *adv* however; yet

imitation (i-mi-tah-*s*Yoan) *c* imitation

imitere (i-mi-*tay*-o) *v* imitate

immunisere (i-moo-ni-*say*-o) *v* immunize

immunitet (i-moo-ni-*tayd*) *c* immunity

imod (i-*moadh*) *prep* towards

imperium (aym-*payr*-Yom) *nt* (pl -ier) empire

impliceret (aym-pli-*say*-odh) *adj* concerned

imponere (aym-poa-*nay*-o) *v* impress

imponerende (aym-poa-*nay*-o-ner) *adj* imposing, impressive

import (aym-*pawd*) *c* import

importafgift (aym-*pawd*-ou-gifd) *c* duty

importere (aym-po-*tay*-o) *v* import

importtold (aym-*pawd*-tol) *c* import duty

importvarer (aym-*pawd*-vaa-ah) *pl* import

importør (aym-po-*turr*) *c* importer

impotens (aym-poa-*tehns*) *c* impotence

impotent (aym-poa-*tehnd*) *adj* impotent

improvisere (aym-proa-vi-*say*-o) *v* improvise

impuls (aym-*pools*) *c* impulse

impulsiv (aym-pool-*see*°°) *adj* impulsive

imødekommende (i-*mūr*-dher-kom-er-ner) *adj* obliging; kind

ind (ayn) *adv* in; ~ **i** inside; ~ **imellem** in the meantime

indad (ayn-ahdh) *adv* inwards

indbefatte (ayn-bay-fah-der) *v* comprise

indbildsk (ayn-bilsg) *adj* conceited

indbildt (ayn-bild) *adj* imaginary

indbinding (ayn-bayn-ayng) *c* binding

indblandet (ayn-blahn-erdh) *adj* involved

indblanding (ayn-blahn-ayng) *c* interference

indblik (ayn-blayg) *nt* insight

indbringende (ayn-bræng-er-ner) *adj* profitable

indbrud (ayn-broodh) *nt* (pl ~) house-breaking; burglary

indbrudstyv (ayn-broodhs-tew°°) *c* burglar

*****indbyde** (ayn-bew-dher) *v* invite, ask

indbygger (ayn-bew-go) *c* inhabitant

indbyrdes (ayn-bewr-derss) *adj* mutual

inde (ay-ner) *adv* indoors, inside

*****indebære** (ay-ner-beh-o) *v* imply

indehaver (ay-ner-hah-vo) *c* owner

*****indeholde** (ay-ner-hol-er) *v* contain

indeks (ayn-dehgs) *nt* index

inden (ay-nern) *adv* before; ~ **for** within; ~ **længe** shortly, soon

indendørs (ay-nern-durrs) *adj* indoor

indeni (ay-nern-i) *adv* inside; **inden i** inside

indenrigs- (ay-nern-riss) domestic

inder (ayn-do) *c* Indian

inderside (ay-no-see-dher) *c* inside

indeslutte (ay-ner-sloo-der) *v* encircle

indespærre (ay-ner-sbær-o) *v* lock up

indeværende (ay-ner-veh-o-ner) *adj* current

indfald (ayn-fahl) *nt* (pl ~) invasion; idea

indflydelse (ayn-flew-dherl-ser) *c* influence

indflydelsesrig (ayn-flew-dherl-serss-ri) *adj* influential; powerful

indfri (ayn-fri) v redeem; *pay off

indfødt (ayn-furd) c native; adj native

indføje (ayn-foi-er) v insert

indføre (ayn-fur-o) v import; introduce; enter

indførsel (ayn-furr-serl) c (pl -sler) import

indgang (ayn-gahng) c entrance, entry; way in

indhold (ayn-hol) nt contents pl

indholdsfortegnelse (ayn-hols-fo-tigh-nerl-ser) c table of contents

indianer (ayn-di-ah-no) c Indian

indiansk (ayn-di-ahnsg) adj Indian

indicere (ayn-di-say-o) v indicate

Indien (ayn-dᵞern) India

indirekte (ayn-di-ræg-der) adj indirect

indisk (ayn-disg) adj Indian

individ (ayn-di-vidh) nt individual

individuel (ayn-di-vi-doo-ehl) adj individual

indkassere (ayn-kah-say-o) v cash

indkomst (ayn-komsd) c revenue, income

indkomstskat (ayn-komsd-sgahd) c (pl ~ter) income-tax

indkøbstaske (ayn-kurbs-tahss-ger) c shopping bag

indledende (ayn-lay-dher-ner) adj preliminary

indledning (ayn-laydh-nayng) c introduction, beginning, opening

indlysende (ayn-lew-ser-ner) adj obvious

indlæggelse (ayn-leh-gerl-ser) c hospitalization

indløse (ayn-lur-ser) v cash

indmeldelse (ayn-mehl-erl-ser) c registration

indmeldelsesblanket (ayn-mehl-erl-serss-blahng-kehd) c (pl ~ter) registration form

indoneser (ayn-doa-nay-so) c Indonesian

Indonesien (ayn-doa-nay-sᵞern) Indonesia

indonesisk (ayn-doa-nay-sisg) adj Indonesian

indpakning (ayn-pahg-nayng) c packing

indpakningspapir (ayn-pahg-nayngs-pah-peer) nt wrapping paper

indre (ayn-dro) nt interior; adj inside, inner, internal

indretning (ayn-ræd-nayng) c arrangement; apparatus, appliance

indrette (ayn-ræ-der) v arrange, furnish

indrømme (ayn-rurm-er) v admit; acknowledge

indrømmelse (ayn-rurm-erl-ser) c concession

indsamle (ayn-sahm-ler) v collect

indsamler (ayn-sahm-lo) c collector

indsat (ayn-sahd) c (pl ~te) prisoner

indsats (ayn-sahts) c bet

*indse (ayn-say) v *see, realize

indsigt (ayn-saygd) c insight

indskibning (ayn-sgib-nayng) c embarkation

*indskrive (ayn-sgri-ver) v book; register; inscribe; ~ sig check in, register

indskrænkning (ayn-sgrængg-nayng) c restriction

*indskyde (ayn-sgew-dher) v insert

indsprøjte (ayn-sbroi-der) v inject

indsprøjtning (ayn-sbroid-nayng) c injection; shot

indstille (ayn-sdayl-er) v adjust

*indtage (ayn-tah) v *take in; capture

indtil (ayn-tayl) prep till, until; conj till; ~ nu so far

indtryk (ayn-trurg) nt (pl ~) impression; *gøre ~ på impress

indtræden (ayn-træ-dhern) c entry, entrance

•indtræffe (*ayn*-træ-fer) *v* happen

indtægt (*ayn*-tehgd) *c* revenue; earnings *pl*

indtørre (*ayn*-tür-o) *v* dry up

industri (ayn-doo-*sdri*) *c* industry

industriel (ayn-doo-sdri-*ehl*) *adj* industrial

industriområde (ayn-doo-*sdri*-om-raw-dher) *nt* industrial area

industrivirksomhed (ayn-doo-*sdri*-veerg-som-haydh) *c* plant

indvandre (*ayn*-vahn-dro) *v* immigrate

indvandrer (*ayn*-vahn-dro) *c* immigrant

indvandring (*ayn*-vahn-dræng) *c* immigration

indvende (*ayn*-vehn-er) *v* object

indvendig (*ayn*-vehn-di) *adj* internal; inner; **indvendigt** within

indvending (*ayn*-vehn-ayng) *c* objection

indviklet (*ayn*-vayg-lerdh) *adj* complicated; complex

indvillige (*ayn*-vil-i-er) *v* agree; consent

indvilligelse (*ayn*-vil-i-erl-ser) *c* consent; approval

indvolde (*ayn*-vo-ler) *pl* bowels *pl*; insides, intestines

indånde (*ayn*-on-er) *v* inhale

infanteri (ayn-fahn-to-*ri*) *nt* infantry

infektion (ayn-fehg-s*Y*oan) *c* infection

infinitiv (ayn-*fi*-ni-tee°°) *c* infinitive

infirmeri (ayn-feer-mo-*ri*) *nt* infirmary

inflation (ayn-flah-s*Y*oan) *c* inflation

influenza (ayn-floo-*ehn*-sah) *c* flu, influenza

information (ayn-fo-mah-s*Y*oan) *c* information

informationskontor (ayn-fo-mah-s*Y*oans-koan-toar) *nt* information bureau

informere (ayn-fo-*may*-o) *v* inform

infrarød (*ayn*-frah-rurdh) *adj* infra-red

ingefær (*ayng*-er-fær) *c* ginger

ingen (*ayng*-ern) *pron* no; no one, nobody; none

ingeniør (ayn-s*Y*ayn-*Y*urr) *c* engineer

ingrediens (ayn-græ-di-*ehns*) *c* ingredient

initiativ (i-ni-ti-ah-*tee*°°) *nt* initiative

inkludere (ayn-kloo-*day*-o) *v* include; **inkluderet** included

inklusive (*ayn*-kloo-see°°) *adv* inclusive

inkompetent (*ayn*-kom-bay-tehnd) *adj* incompetent

insekt (ayn-*sehgd*) *nt* insect; bug *nAm*

insektmiddel (ayn-*sehgd*-midh-erl) *nt* (pl -midler) insect repellent

insistere (ayn-si-*sday*-o) *v* insist

inskription (ayn-sgræb-s*Y*oan) *c* inscription

inspektion (ayn-sbehg-s*Y*oan) *c* inspection

inspektør (ayn-sbehg-*turr*) *c* inspector

inspicere (ayn-sbi-*say*-o) *v* inspect

inspirere (ayn-sbi-*ray*-o) *v* inspire

installation (ayn-sdah-lah-s*Y*oan) *c* installation

installere (ayn-sdah-*lay*-o) *v* install

instinkt (ayn-*sdayngd*) *nt* instinct

institut (ayn-sdi-*tood*) *nt* (pl ~ter) institute

institution (ayn-sdi-too-s*Y*oan) *c* institution

instruere (ayn-sdroo-*ay*-o) *v* direct

instruktør (ayn-sdroog-*turr*) *c* director; instructor

instrument (ayn-sdroo-*mehnd*) *nt* instrument

instrumentbræt (ayn-sdroo-*mehnd*-bræd) *nt* (pl ~ter) dashboard

intakt (ayn-*tahgd*) *adj* intact; unbroken

intellekt (ayn-tay-*lehgd*) *c* intellect

intellektuel (ayn-tay-lehg-too-*ehl*) *adj*

intellectual

intelligens (ayn-tay-li-*gehns*) c intelligence

intelligent (ayn-tay-li-*gehnd*) adj clever, intelligent

interessant (ayn-træ-*sahnd*) adj interesting

interesse (ayn-to-ræ-ser) c interest

interessere (ayn-træ-*say*-o) v interest; **interesseret** interested

intern (ayn-*tærn*) adj internal

international (ayn-to-nah-sᵞoa-nahl) adj international

intet (ayn-derdh) nothing

intetkøns- (ayn-derdh-kurns) neuter

intetsigende (ayn-derdh-si-er-ner) adj insignificant

intetsteds (ayn-derdh-sdehdhs) adv nowhere

intim (ayn-*tim*) adj intimate

intrige (ayn-*tree*-er) c intrigue

introducere (ayn-troa-doo-*say*-o) v introduce

invadere (ayn-vah-*day*-o) v invade

invalid (ayn-vah-*lidh*) c invalid; adj crippled, disabled

invasion (ayn-vah-sᵞoan) c invasion

investere (ayn-veh-*sday*-o) v invest

investering (ayn-veh-*sday*-ræng) c investment

invitere (ayn-vi-*tay*-o) v invite; **invitation** c invitation

involvere (ayn-vol-*vay*-o) v involve

Irak (ee-rahg) Iraq

iraker (i-*rah*-ko) c Iraqi

irakisk (i-*rah*-kisg) adj Iraqi

Iran (ee-rahn) Iran

iraner (i-*rah*-no) c Iranian

iransk (i-*rahnsg*) adj Iranian

Irland (eer-lahn) Ireland

irlænder (eer-lehn-o) c Irishman

ironi (i-roa-*ni*) c irony

ironisk (i-*roa*-nisg) adj ironical

irritabel (eer-i-*tah*-berl) adj irritable

irritere (eer-i-*tay*-o) v annoy, irritate

irriterende (eer-i-*tay*-o-ner) adj annoying

irsk (eersg) adj Irish

is (iss) c ice; ice-cream

isenkram (i-sern-krahm) nt hardware

isenkramforretning (i-sern-krahm-fo-ræd-nayng) c hardware store

iskold (iss-kol) adj freezing

Island (iss-lahn) Iceland

islandsk (iss-lahnsg) adj Icelandic

islænding (iss-lehn-ayng) c Icelander

isolation (i-soa-lah-sᵞoan) c isolation

isolator (i-soa-*laa*-to) c insulator

isolere (i-soa-*lay*-o) v isolate; insulate; **isoleret** isolated

isolering (i-soa-*lay*-ræng) c isolation; insulation

ispose (iss-pōa-ser) c ice-bag

Israel (iss-rahl) Israel

israeler (iss-rah-ay-lo) c Israeli

israelsk (iss-rah-*aylsg*) adj Israeli

isskab (iss-sgahb) nt refrigerator

istap (iss-tahb) c (pl ~per) icicle

isvand (iss-vahn) nt iced water

især (i-*sær*) adv in particular, especially

Italien (i-*tahl*-ᵞern) Italy

italiener (i-tahl-ᵞeh-no) c Italian

italiensk (i-tahl-ᵞehnsg) adj Italian

iver (*i*-vo) c zeal; diligence

ivrig (eeᵒᵒ-ri) adj anxious, zealous; eager

*iværksætte (i-*værg*-seh-der) v *bring about; *put into effect

J

ja (ᵞah) yes

jade (ᵞaa-dher) c jade

jage (ᵞaa-ah) v hunt; ~ **bort** chase

jagt (ᵞahgd) c hunt; chase; hunting

jagthytte (*Yahgd*-hew-der) *c* lodge

jagttegn (*Yahgd*-tighn) *nt* (pl ~) game licence

jakke (*Yah*-ger) *c* jacket

jakkesæt (*Yah*-ger-sæd) *nt* (pl ~) suit

jalousi (s*Y*ah-loo-*si*) *c* jealousy; *nt* shutter

jaloux (s*Y*ah-*loo*) *adj* jealous

jammer (*Yahm*-o) *c* misery

jamre (*Yahm*-ro) *v* moan

januar (*Yah*-noo-ah) January

Japan (*Yaa*-pahn) Japan

japaner (*Yah-pah*-no) *c* Japanese

japansk (*Yah-pahnsg*) *adj* Japanese

jeg (*Yigh*) *pron* I

jer (*Yær*) *pron* you; yourselves

jeres (*Yai*-oss) *pron* your

jern (*Yærn*) *nt* (pl ~) iron; **jern-** iron

jernbane (*Yærn*-baa-ner) *c* railway; railroad *nAm*

jernbanefløjl (*Yærn*-baa-ner-floil) *nt* corduroy

jernbaneoverskæring (*Yærn*-baa-ner-o°°-o-sgeh-ræng) *c* level crossing, crossing

jernbanevogn (*Yærn*-baa-ner-vo°°n) *c* waggon, coach

jernstøberi (*Yærn*-sdur-bo-ri) *nt* iron-works

jetfly (*dYehd*-flew) *nt* (pl ~) jet

jeton (s*Y*eh-*tong*) *c* (pl ~s) chip

jod (*Yoadh*) *c* iodine

jolle (*Yo*-ler) *c* dinghy

jomfru (*Yom*-froo) *c* virgin

jord (*Yoar*) *c* earth; ground, soil

Jordan (*Yoar*-dahn) Jordan

jordaner (*Yoar-dah*-no) *c* Jordanian

jordansk (*Yoar-dahnsg*) *adj* Jordanian

jordbund (*Yoar*-bon) *c* soil

jordbunden (*Yoar*-bon-ern) *adj* down-to-earth

jordbær (*Yoar*-bær) *nt* (pl ~) strawberry

jordemoder (*Yoar*-moar) *c* (pl -mødre) midwife

jordnød (*Yoar*-nurdh) *c* (pl ~der) peanut

jordskælv (*Yoar*-sgehlv) *nt* (pl ~) earthquake

journalist (s*Y*oor-nah-*lisd*) *c* journalist; reporter

journalistik (s*Y*oor-nah-li-*sdig*) *c* journalism

jubilæum (*Y*oo-bi-*lai*-om) *nt* (pl -æer) jubilee

juble (*Y*oo-bler) *v* cheer, shout with joy

juks (*Y*oohgs) *c* kitsch

jul (*Y*ool) Christmas; Xmas

juli (*Y*oo-li) July

jumper (*dYom*-bo) *c* jersey

jungle (*dYong*-ler) *c* jungle

juni (*Y*oo-ni) June

junior (*Y*oon-*Y*o) *adj* junior

juridisk (*Y*oo-ri-*dhisg*) *adj* legal

jurist (*Y*oo-*risd*) *c* lawyer

jury (*Y*o͞o-ri) *c* jury

justere (*Y*oo-*stay*-o) *v* adjust

justits (*Y*oo-*sdids*) *c* justice

juvel (*Y*oo-*vayl*) *c* gem; **juveler** jewellery

juvelér (*Y*oo-ver-*layr*) *c* jeweller

jæger (*Y*ai-o) *c* hunter

jævn (*Y*eh°°n) *adj* level; flat; plain, simple

jævnbyrdighed (*Y*eh°°n-bewr-di-haydh) *c* equality

jævne (*Y*eh°°-ner) *v* thicken

jævnstrøm (*Y*eh°°n-sdrurm) *c* direct current

jøde (*Y*ūr-dher) *c* Jew

jødisk (*Y*ūr-dhisg) *adj* Jewish

jøkel (*Y*ūr-gel) *c* glacier

K

kabaret (kah-bah-*ræ*) c (pl ~ter) cabaret

kabel (*kah*-berl) nt (pl kabler) cable; ~ **tv** cable tv

kabine (kah-*bee*-ner) c cabin

kabinet (kah-bi-*nehd*) nt (pl ~ter) cabinet

kaffe (*kah*-fer) c coffee

kaffekande (*kah*-fer-kah-ner) c coffee pot

kaffekolbe (*kah*-fer-kol-ber) c percolator

kaffekop (*kah*-fer-kob) c (pl ~per) coffee cup

kage (*kaa*-ah) c cake

kahyt (kah-*hewd*) c (pl ~ter) cabin

kaj (kahi) c wharf, quay; dock

kaki (*kah*-gi) c khaki

kakkel (*kah*-gerl) c (pl kakler) tile

kalamitet (kah-lah-mi-*tayd*) c calamity

kalcium (*kahl*-sYom) nt calcium

kalde (kah-ler) v call

kalender (kah-*lehn*-o) c calendar; diary

kalk (kahlg) c lime

kalkun (kahl-*koon*) c turkey

kalorie (kah-*loar*-Yer) c calorie

kalv (kahlv) c calf

kalvekød (*kahl*-ver-kurdh) nt veal

kalveskind (*kahl*-ver-sgayn) nt (pl ~) calf skin

kam (kahm) c (pl ~me) comb

kamé (kah-*may*) c cameo

kamel (kah-*mayl*) c camel

kamera (*kah*-mo-rah) nt camera

kamin (kah-*min*) c fireplace

kammer (kahm-o) nt (pl kamre) chamber

kammerat (kah-mo-*rahd*) c comrade

kammertjener (*kahm*-o-t Yai-no) c valet

kamp (kahmb) c fight, combat; struggle, battle; match

kampagne (kahm-*pahn*-Yer) c campaign

kanal (kah-*nahl*) c canal; channel

kanariefugl (kah-*nah*-Yer-fool) c canary

kande (*kah*-ner) c jug, pitcher

kandelaber (kahn-der-*lah*-bo) c (pl -labre) candelabrum

kandidat (kahn-di-*dahd*) c candidate

kane (*kaa*-ner) c sleigh

kanel (kah-*nayl*) c cinnamon

kanin (kah-*nin*) c rabbit

kano (*kaa*-noa) c canoe

kanon (kah-*noan*) c gun

kant (kahnd) c edge; rim; verge

kantine (kahn-*tee*-ner) c canteen

kantsten (*kahnd*-sdayn) c (pl ~) curb

kaos (*kaa*-oss) nt chaos

kaotisk (kah-*oa*-tisg) adj chaotic

kap (kahb) nt (pl ~) cape

kapacitet (kah-pah-si-*tayd*) c capacity

kapel (kah-*pehl*) nt (pl ~ler) chapel

kapellan (kah-bay-*lahn*) c chaplain

kapital (kah-bi-*tahl*) c capital

kapitalanbringelse (kah-bi-*tahl*-ahn-bræng-erl-ser) c investment

kapitalisme (kah-bi-tah-*liss*-mer) c capitalism

kapitulation (kah-bi-too-lah-sYoan) c capitulation

kapløb (*kahb*-lurb) nt (pl ~) race

kappe (*kah*-ber) c cloak; robe

kappestrid (*kah*-ber-stridh) c competition

kapre (*kaa*-bro) v hijack

kaprer (*kaa*-bro) c hijacker

kapsel (*kahb*-serl) c (pl -sler) capsule

kaptajn (kahb-*tighn*) c captain

kar (kah) nt (pl ~) vessel

karaffel (kah-*rah*-ferl) c (pl karafler) carafe

karakter (kaa-ahg-*tayr*) c character;

mark

karakterisere (kaa-ahg-tayr-i-*say*-o) v characterize

karakteristisk (kaa-ahg-tay-*riss*-disg) adj typical, characteristic

karakterstyrke (kaa-ahg-*tayr*-sdewr-ger) c guts

karaktertræk (kaaahg-*tayr*-træg) nt (pl ~) characteristic

karamel (kaa-ah-*mehl*) c (pl ~ler) caramel, toffee

karantæne (kaa-ahn-*tai*-ner) c quarantine

karat (kah-*rahd*) c (pl ~) carat

karbonpapir (kah-*bong*-pah-peer) nt carbon paper

karburator (kah-boo-*raa*-to) c carburettor

kardinal (kah-di-*nahl*) c cardinal

karet (kah-*ræd*) c coach

karneval (*kaa*-ner-vahl) nt (pl ~ler) carnival

karosseri (kah-ro-so-*ri*) nt body-work; body nAm

karpe (*kaa*-ber) c carp

karré (kah-*ræ*) c house block Am

karriere (kah-i-*ai*-o) c career

karrosse (kah-*ro*-ser) c carriage

karrusel (kah-roo-*sehl*) c (pl ~ler) merry-go-round

karry (*kaa*-i) c curry

kartoffel (kah-*to*-ferl) c (pl -tofler) potato

karton (kah-*tong*) c cardboard; carton; **karton-** cardboard

kaserne (kah-*sær*-ner) c barracks pl

kashmir (*kahsh*-meer) c cashmere

kasino (kah-*see*-noa) nt casino

kasket (kah-*sgehd*) c (pl ~ter) cap

kasse (*kah*-ser) c pay-desk; cashier's office

kassere (kah-*say*-o) v discard; reject

kasserer (kah-*say*-o) c cashier; treasurer

kassererske (kah-*say*-o-sger) c cashier

kasserolle (kah-ser-*ro*-ler) c saucepan

kast (kahsd) nt (pl ~) throw, cast

kastanje (kah-*sdahn*-Yer) c chestnut

kastanjebrun (kah-*sdahn*-Yer-broon) adj auburn

kaste (*kahss*-der) v *throw; toss, *cast; ~ **op** vomit

kat (kahd) c (pl ~te) cat

katakombe (kah-tah-*koam*-ber) c catacomb

katalog (kah-tah-*loa*) nt catalogue

katar (kah-*tah*) c catarrh

katastrofal (kah-dah-sdroa-*fahl*) adj disastrous

katastrofe (kah-dah-*sdroā*-fer) c catastrophe, disaster

katedral (kah-der-*drahl*) c cathedral

kategori (kah-der-goa-*ri*) c category

katolsk (kah-*toalsg*) adj catholic

kaution (kou-s Yoan) c bail, security

kautionist (kou-s Yoa-*nisd*) c guarantor

kaviar (*kah*-vi-ah) c caviar

ked af det (kaydh ah day) sorry

kede (*kāy*-dher) v bore; ~ **sig** *be bored

kedel (*kay*-dherl) c (pl kedler) kettle

kedelig (*kāy*-dher-li) adj boring, unpleasant; dull

keglebane (*kigh*-ler-baa-ner) c bowling alley

kejser (*kigh*-so) c emperor

kejserdømme (*kigh*-so-dur-mer) nt empire

kejserinde (kigh-so-*ay*-ner) c empress

kejserlig (*kigh*-so-li) adj imperial

kejtet (*kigh*-derdh) adj awkward

kejthåndet (*kighd*-hon-erdh) adj left-handed

kemi (kay-*mi*) c chemistry

kemisk (*kay*-misg) adj chemical

kende (*keh*-ner) v *know

kendelse (*keh*-nerl-ser) *c* verdict

kendeord (*keh*-ner-oar) *nt* (pl ∼) article

kender (*keh*-no) *c* connoisseur

kendetegn (*keh*-ner-tighn) *nt* (pl ∼) characteristic

kendetegne (*keh*-ner-tigh-ner) *v* characterize; mark

kendsgerning (*kehns*-gær-nayng) *c* fact

kendskab (*kehn*-sgahb) *nt* knowledge

kendt (kehnd) *adj* well-known, famous

kennel (*kehn*-erl) *c* kennel

Kenya (*kehn*-ʸah) Kenya

keramik (kay-rah-*mig*) *c* pottery, ceramics *pl*

kerne (*kær*-ner) *c* nucleus; pip; core, heart, essence; **kerne-** nuclear

kernehus (*kær*-ner-hoos) *nt* core

ketsjer (*kehd*-sʸo) *c* racquet

kigge (*ki*-ger) *v* glance, look; peep

kighoste (*kee*-hōā-sder) *c* whooping cough

kikkert (*ki*-god) *c* binoculars *pl*

kilde (*ki*-ler) *c* spring, well; source, fountain; *v* tickle

kile (*kee*-ler) *c* wedge

kilo (*ki*-loa) *nt* (pl ∼) kilogram

kilometer (ki-loa-*may*-do) *c* (pl ∼) kilometre

kilometersten (ki-loa-*may*-do-sdayn) *c* (pl ∼) milestone

kilometertal (ki-loa-*may*-do-tahl) *nt* distance in kilometres

kim (kim) *c* (pl ∼) germ

Kina (*kee*-nah) China

kind (kayn) *c* cheek

kindben (*kayn*-bayn) *nt* (pl ∼) cheek-bone

kindtand (*kayn*-tahn) *c* (pl -tænder) molar

kineser (ki-*nay*-so) *c* Chinese

kinesisk (ki-*nay*-sisg) *adj* Chinese

kinin (ki-*nin*) *c* quinine

kiosk (kʸosg) *c* kiosk

kirke (*keer*-ger) *c* church; chapel

kirkegård (*keer*-ger-go) *c* cemetery; graveyard, churchyard

kirketjener (*keer*-ger-tʸai-no) *c* sexton

kirketårn (*keer*-ger-ton) *nt* steeple

kirsebær (*keer*-ser-bær) *nt* (pl ∼) cherry

kirtel (*keer*-derl) *c* (pl -tler) gland

kirurg (ki-*roorg*) *c* surgeon

kjole (kʸōā-ler) *c* dress; frock

klage (*klaa*-ah) *c* complaint; *v* complain

klagebog (*klaa*-ah-boᵒᵒ) *c* (pl -bøger) complaints book

klam (klahm) *adj* damp

klampe (*klahm*-ber) *c* clamp

klang (klahng) *c* sound; tone

klappe (*klah*-ber) *v* clap

klar (klah) *adj* clear; serene, bright; evident; ready

klare (*klaa*-ah) *v* manage, *make; ∼ sig med *make do with

***klargøre** (*klaa*-gur-o) *v* *make ready

***klarlægge** (*klaa*-leh-ger) explain, clarify

klarsyn (*klaa*-sewn) *nt* vision

klasse (*klah*-ser) *c* form, class

klassekammerat (*klah*-ser-kah-mo-rahd) *c* class-mate

klasseværelse (*klah*-ser-vai-ol-ser) *nt* classroom

klassificere (klah-si-fi-*say*-o) *v* classify

klassisk (*klah*-sisg) *adj* classical

klat (klahd) *c* (pl ∼ter) blot

klatre (*klahd*-ro) *v* climb

klatring (*klahd*-ræng) *c* climb

klausul (klou-*sool*) *c* clause

klaver (klah-*vayr*) *nt* piano

klenodie (klay-*noadh*-ʸer) *nt* gem

klient (kli-*aynd*) *c* client; customer

klima (*klee*-mah) *nt* climate

klimaanlæg (*klee*-mah-ahn-lehg) *nt* (pl

~) air-conditioning

klinik (kli-*nig*) c (pl ~ker) clinic

klint (klaynd) c cliff

klipning (*klayb*-nayng) c haircut

klippe (*klay*-ber) c rock; v *cut; ~ **af** *cut off

klippeblok (*klay*-ber-blog) c (pl ~ke) boulder

klipperig (*klay*-ber-ri) adj rocky

klippeskrænt (*klay*-ber-sgrænd) c cliff

klistre (*kliss*-dro) v paste; *stick

klit (klid) c (pl ~ter) dune

klo (kloa) c (pl kløer) claw

kloak (kloa-*aag*) c (pl ~ker) sewer

klode (*kloā*-dher) c globe

klods (kloss) c block

klodset (*klo*-serdh) adj clumsy

klog (klo^{oo}) adj clever

klokke (*klo*-ger) c bell; **klokken . . . at** . . . o'clock

klokkespil (*klo*-ger-sbayl) nt (pl ~) chimes pl

klor (kloar) c chlorine

kloster (*klo*-sdo) nt (pl -tre) convent, monastery; cloister

klovn (klo^{oo}n) c clown

klub (kloob) c (pl ~ber) club

klud (kloodh) c rag; cloth

klukke (*kloo*-ger) v chuckle

klump (klomb) c lump

klumpet (*klom*-berdh) adj lumpy

klæbe (*klai*-ber) v *stick

klæbestrimmel (*klai*-ber-sdræm-erl) c (pl -strimler) adhesive tape

klæbrig (*klaib*-ri) adj sticky

klæde (*klai*-dher) nt cloth; v suit, *become; ~ **på** dress; ~ **sig** dress; ~ **sig af** undress; ~ **sig om** change; ~ **sig på** dress

klædebørste (*klai*-dher-burrs-der) c clothes-brush

klæder (*klai*-dho) pl clothes pl

klædeskab (*klai*-dher-sgahb) nt wardrobe

kLø (klur) v itch; pl beating

kløe (*klūr*-ur) c itch

kløft (klurfd) c chasm

kløver (*klur*-vo) c clover

knage (*knaa*-ah) c peg

knagerække (*knaa*-ah-ræ-ger) c hat rack

knallert (*knahl*-od) c moped; motorbike nAm

knap^1 (knahb) c (pl ~per) button

knap^2 (knahb) adj scarce; barely

knaphed (*knahb*-haydh) c shortage, scarcity

knaphul (*knahb*-hol) nt (pl ~ler) buttonhole

knappe (*knah*-ber) v button; ~ **op** unbutton

knappenål (*knah*-ber-nol) c pin

knastaksel (*knahsd*-ahg-serl) c (pl -sler) camshaft

kneb (knayb) nt (pl ~) trick

knejpe (*knigh*-ber) c pub

***knibe** (*knee*-ber) v pinch

knibtang (*knee^{oo}*-tahng) c (pl -tænger) pincers pl

knipling (*knayb*-layng) c lace

knippel (*knay*-berl) c (pl -pler) club

knirke (*kneer*-ger) v creak

kniv (knee^{oo}) c knife

kno (knoa) c knuckle

knogle (*kno^{oo}*-ler) c bone

knop (knob) c (pl ~per) bud

knude (*knōō*-dher) c knot

knudepunkt (*knōō*-dher-pongd) nt junction

knurre (*knoā*-o) v grumble

knus (knoos) nt (pl ~) hug

knuse (*knōō*-ser) v crush, *break, smash; hug; cuddle

knust (knoosd) adj broken

knytnæve (*knewd*-nai-ver) c fist

knytte (*knew*-der) v tie, knot; **knyttet til** attached to

knæ (kneh) nt (pl ~) knee

knægt (knehgd) c lad; knave

knæle (knai-ler) v *kneel

knæskal (kneh-sgahl) c (pl ~ler) kneecap

ko (koa) c (pl køer) cow

koagulere (koa-ah-goo-lay-o) v coagulate

kobber (ko⁰⁰-o) nt copper

kobling (kob-layng) c clutch

kode (kōā-dher) c code

kofanger (koa-fahng-o) c bumper, fender

koffein (ko-fer-in) nt caffeine

koffeinfri (ko-fer-in-fri) adj decaffeinated

koge (kaw-ger) v boil

kogebog (kaw-ger-bo⁰⁰) c (pl -bøger) cookery-book; cookbook nAm

kok (kog) c (pl ~ke) cook

kokain (koa-kah-in) c cocaine

kokosnød (koa-goass-nurdh) c (pl ~der) coconut

kold (kol) adj cold

kollega (koa-lāy-gah) c (pl -ger) colleague

kollektiv (ko-layg-tee⁰⁰) adj collective

kollidere (koa-li-day-o) v collide

kollision (koa-li-sᵛoan) c crash, collision

koloni (koa-loa-ni) c colony

kolonialvarer (koa-loa-ni-ahl-vaa-ah) pl groceries pl

kolonne (koa-lo-ner) c column

kolossal (koa-loa-sahl) adj tremendous, enormous

kombination (kom-bi-nah-sᵛoan) c combination

kombinere (kom-bi-nay-o) v combine

komedie (koa-maydh-ᵛer) c comedy

komfort (kom-fawd) c comfort

komfortabel (kom-fo-tah-berl) adj comfortable

komfur (kom-foor) nt stove, cooker

komiker (koa-mi-go) c comedian

komisk (koa-misg) adj comic

komité (koa-mi-tay) c committee

komma (ko-mah) nt comma

kommandere (koa-mahn-day-o) v command

komme (ko-mer) nt arrival, coming

***komme** (ko-mer) v *come; **kommende** oncoming; following; ~ **sig** recover; ~ **tilbage** return

kommentar (koa-mehn-tah) c comment

kommentere (koa-mehn-tay-o) v comment

kommerciel (ko-mær-sᵛehl) adj commercial

kommission (koa-mi-sᵛoan) c commission

kommode (koa-mōā-dher) c chest of drawers; bureau nAm

kommunal (koa-moo-nahl) adj municipal

kommunalbestyrelse (koa-moo-nahl-bay-sdew-ol-ser) c town council; municipality

kommune (koa-mōō-ner) c commune

kommunikation (koa-moo-ni-kah-sᵛoan) c communication

kommunisme (koa-moo-niss-mer) c communism

kommunist (koa-moo-nisd) c communist

kompagnon (kom-pahn-ᵛong) c associate; partner

kompakt (kom-pahgd) adj compact

kompas (kom-pahss) nt (pl ~ser) compass

kompensation (kom-pehn-sah-sᵛoan) c compensation

kompensere (kom-pehn-say-o) v compensate

kompetence (kom-per-tahng-ser) c competence, capacity

kompetent (kom-per-tehnd) adj competent, qualified; capable

kompleks (kom-*plehgs*) *nt* complex

komplet (kom-*plehd*) *adj* utter, complete

kompliceret (kom-pli-*say*-odh) *adj* complicated

kompliment (kom-pli-*mahng*) *c* compliment

komplimentere (kom-pli-mayn-*tay*-o) *v* compliment

komplot (kom-*plod*) *nt* (pl ~ter) plot

komponist (koam-poa-*nisd*) *c* composer

komposition (koam-poa-si-*s^yoan*) *c* composition

kompromis (koam-proa-*mi*) *nt* compromise

koncentration (kon-sayn-trah-*s^yoan*) *c* concentration

koncentrere (kon-sehn-*træ*-o) *v* concentrate

koncern (kon-*surn*) *c* concern

koncert (kon-*særd*) *c* concert

koncertsal (kon-*særd*-sahl) *c* concert hall

koncession (kon-seh-*s^yoan*) *c* concession

koncis (kon-*sis*) *adj* concise

kondition (kon-di-*s^yoan*) *c* condition

konditor (kon-*di*-do) *c* confectioner

konditori (kon-di-do-*ri*) *nt* pastry shop

kondom (kon-*dom*) *nt* condom

konduktør (kon-doag-*turr*) *c* conductor

kone (*kōa*-ner) *c* wife

konfekt (kon-*fehgd*) *c* chocolates *pl*

konfektionssyet (kon-fehg-*s^yoans*-sew-erdh) *adj* ready-made

konference (kon-fer-*rahng*-ser) *c* conference

konfiskere (kon-fi-*sgay*-o) *v* confiscate

konflikt (kon-*fligd*) *c* conflict

konge (*kong*-er) *c* king

kongelig (*kong*-er-li) *adj* royal

kongregation (kong-græ-gah-*s^yoan*) *c* congregation

kongres (kong-*græss*) *c* (pl ~ser) congress

konklusion (kong-kloo-*s^yoan*) *c* conclusion

konkret (kong-*kræd*) *adj* concrete

konkurrence (kong-goo-*rahng*-ser) *c* contest, competition; rivalry

konkurrent (kong-goo-*rænd*) *c* competitor, rival

konkurrere (kong-goo-*ræ*-o) *v* compete

konkurs (kon-*koors*) *adj* bankrupt

konsekvens (kon-ser-*kvehns*) *c* consequence

konservativ (kon-*sær*-vah-tee^{oo}) *adj* conservative

konservatorium (kon-sær-vah-*toar*-^yom) *nt* (pl -ier) music academy

konservere (kon-sær-*vay*-o) *v* preserve

konservering (kon-sær-*vayr*-ayng) *c* preservation

konserves (kon-*sær*-verss) *pl* tinned food

konstant (kon-*sdahnd*) *adj* constant; even

konstatere (kon-sdah-*tay*-o) *v* *find; note, ascertain; diagnose

konstruere (kon-sdroo-*ay*-o) *v* construct

konstruktion (kon-sdroog-*s^yoan*) *c* construction

konsul (*kon*-sool) *c* consul

konsulat (kon-soo-*lahd*) *nt* consulate

konsultation (kon-sool-tah-*s^yoan*) *c* consultation

konsultationscenter (kon-sool-tah-*s^yoans*-sehn-do) *nt* (pl -tre) health centre

konsultationstid (kon-sool-tah-*s^yoans*-tidh) *c* consultation hours, surgery hours

konsultationsværelse (kon-sool-tah-s^Yoans-vai-ol-ser) *nt* surgery

konsultere (kon-sool-*tay*-o) *v* consult

konsument (kon-soo-*mehnd*) *c* consumer

kontakt (kon-*tahgd*) *c* contact

kontakte (kon-*tahg*-der) *v* contact

kontaktlinser (kon-*tahgd*-layn-so) *pl* contact lenses

kontanten (kon-*tahn*-dern) *c* cash dispenser, ATM

kontanter (kon-*tahn*-do) *pl* cash

kontinent (kon-ti-*nehnd*) *nt* continent

kontinental (kon-ti-nehn-*tahl*) *adj* continental

kontingent (kon-tayng-*gehnd*) *nt* subscription; contingency

kontinuerlig (kon-ti-noo-*ayr*-li) *adj* continuous

konto (*kon*-toa) *c* (pl -ti) account

kontor (koan-*toar*) *nt* office

kontorist (kon-toa-*risd*) *c* clerk

kontra (*kon*-trah) *prep* versus

kontrakt (kon-*trahgd*) *c* agreement, contract

kontrast (kon-*trahsd*) *c* contrast

kontrol (koan-*trol*) *c* (pl ~ler) inspection, control; supervision; **føre ~ med** supervise

kontrollere (kon-troa-*lay*-o) *v* control, check

kontrollør (kon-troa-*lurr*) *c* supervisor; usher

kontroversiel (kon-troa-vær-s^Yehl) *adj* controversial

kontusion (kon-too-s^Yoan) *c* bruise

konversation (kon-vær-sah-s^Yoan) *c* conversation

konvolut (kon-voa-*lood*) *c* (pl ~ter) envelope

koordination (kōa-o-di-nah-s^Yoan) *c* co-ordination

koordinere (kōa-o-di-*nay*-o) *v* co-ordinate

kop (kob) *c* (pl ~per) cup

kopi (koa-*pi*) *c* copy

kopiere (koa-*p^Yay*-o) *v* copy

kopper (*ko*-bo) *pl* smallpox

kor (koar) *nt* (pl ~) choir

koral (koa-*rahl*) *c* (pl ~ler) coral

korend (koa-*ræn*) *c* currant

korn (koarn) *nt* (pl ~) grain, corn

kornmark (*koarn*-maag) *c* cornfield

korpulent (ko-boo-*lehnd*) *adj* stout, corpulent

korrekt (ko-*rægd*) *adj* correct; right

korrespondance (kaw-o-sbon-*dahng*-ser) *c* correspondence

korrespondent (kaw-o-sbon-*dehnd*) *c* correspondent

korrespondere (kaw-oss-bon-*day*-o) *v* correspond

korridor (ko-i-*doar*) *c* corridor

korrigere (ko-i-*gay*-o) *v* correct

korrupt (ko-*roobd*) *adj* corrupt

korruption (koa-roob-s^Yoan) *c* corruption

kors (kawss) *nt* (pl ~) cross

korset (ko-*sehd*) *nt* (pl ~ter) corset

korsfæste (*kawss*-fehss-der) *v* crucify

korsfæstelse (*kawss*-fehss-derl-ser) *c* crucifixion

korstog (*kawss*-to^{oo}) *nt* (pl ~) crusade

korsvej (*kawss*-vigh) *c* road fork

kort (kawd) *nt* (pl ~) map; card; *adj* short, brief; **grønt ~** green card

kortfattet (*kawd*-fah-derdh) *adj* brief

kortslutning (*kawd*-slood-nayng) *c* short circuit

kosmetik (koss-mer-*tig*) *c* cosmetics *pl*

kost¹ (kosd) *c* food; fare; **~ og logi** room and board, board and lodging, bed and board

kost² (koast) *c* broom

kostbar (*kosd*-bah) *adj* expensive; precious

koste (*koss*-der) *v* *cost

kostskole (*kosd*-sgōā-ler) *c* boarding-school

kotelet (koa-der-*lehd*) *c* (pl ~ter) cutlet, chop

kovending (*koa*-veh-nayng) *c* veering; volte-face

koøje (*koa*-oi-er) *nt* porthole

krabbe (*krah*-ber) *c* crab

kradse (*krah*-ser) *v* scratch

kraft (krahfd) *c* (pl kræfter) force, power; energy

kraftig (*krahf*-di) *adj* strong; powerful; stout

kraftværk (*krahfd*-værg) *nt* power-station

krage (*kraa*-ger) *c* crow

krampe (*krahm*-ber) *c* cramp; convulsion

kran (krahn) *c* crane

kranium (*krahn*-yom) *nt* (pl -ier) skull

krat (krahd) *nt* (pl ~) scrub

krater (*krah*-do) *nt* crater

krav (krou) *nt* (pl ~) claim; requirement

krave (*kraa*-ver) *c* collar

kraveben (*kraa*-ver-bayn) *nt* (pl ~) collarbone

kraveknap (*kraa*-ver-knahb) *c* (pl ~per) collar stud

kravle (*krou*-ler) *v* crawl

kredit (kræ-*did*) *c* (pl ~ter) credit

kreditkort (*kræ*-did-kawd) *nt* (pl ~) credit card; charge plate *Am*

kreditor (*kræ*-di-to) *c* creditor

kreds (kræs) *c* circle; ring; district; sphere

kredsløb (*krææss*-lurb) *nt* (pl ~) circulation; cycle

kreere (kræ-*ay*-o) *v* create

kridt (krid) *nt* chalk

krig (kri) *c* war

krigsfange (*kriss*-fah-nger) *c* prisoner of war

krigsmagt (*kriss*-mahgd) *c* military force

krigsskib (*kriss*-sgib) *nt* man-of-war

kriminalitet (kri-mi-nah-li-*tayd*) *c* criminality

kriminalroman (kri-mi-*nahl*-roa-mahn) *c* detective story

kriminel (kri-mi-*nehl*) *adj* criminal

krise (*kree*-ser) *c* crisis

kristen[1] (*kræss*-dern) *c* (pl -tne) Christian

kristen[2] (*kræss*-dern) *adj* Christian

Kristus (*kræss*-dooss) Christ

kritik (kri-*tig*) *c* (pl ~ker) criticism

kritiker (*kri*-ti-go) *c* critic

kritisere (kri-ti-*say*-o) *v* criticize

kritisk (*kri*-tisg) *adj* critical

kro (kroa) *c* inn; tavern

krog (kro⁰⁰) *c* hook; corner

kroget (*kro⁰⁰*-erdh) *adj* crooked

krokodille (kro-ger-*di*-ler) *c* crocodile

krom (kroam) *nt* chromium

kronblad (*krōān*-blahdh) *nt* petal

krone (*krōā*-ner) *c* crown; *v* crown

kronisk (*kroa*-nisg) *adj* chronic

kronologisk (kroa-noa-*loa*-isg) *adj* chronological

krop (krob) *c* (pl ~pe) body

krovært (*kroa*-værd) *c* inn-keeper

krucifiks (kroo-si-*figs*) *nt* crucifix

krudt (krood) *nt* gunpowder

krukke (*kro*-ger) *c* jar; ham

krum (krom) *adj* bent

krumme (*kro*-mer) *c* crumb

krumning (*krom*-nayng) *c* bend

krumtapaksel (*krom*-tahb-ahg-serl) *c* (pl -sler) crankshaft

krumtaphus (*krom*-tahb-hoos) *nt* crankcase

krus (kroos) *nt* (pl ~) mug

krybbe (*krew*-ber) *c* manger

krybdyr (*krewb*-dewr) *nt* (pl ~) reptile

*krybe (*krēw*-ber) *v* *creep; *shrink

krydderi (krur-dho-*ri*) *nt* spice

krydret (krurdh-rodh) *adj* spiced; spicy

krydse (krew-ser) *v* cross; ~ **af** tick off

krydsning (krewss-nayng) *c* crossing

krydstogt (krewss-togd) *nt* cruise

krykke (krur-ger) *c* crutch

krympefri (krurm-ber-fri) *adj* shrink-proof

krystal (krew-*sdahl*) *nt* (pl ~ler) crystal; **krystal-** crystal

kræft (kræfd) *c* cancer

krænke (kræng-ger) *v* violate; insult; injure

krænkelse (kræng-gerl-ser) *c* violation

kræsen (krææ-sern) *adj* particular

kræve (krææ-ver) *v* claim; require, ask for, demand

krølle (krur-ler) *c* curl; *v* curl; crease; **krøllet** curly

krøllejern (krur-ler-ʸærn) *nt* (pl ~) curling-tongs *pl*

kuffert (ko-fod) *c* trunk; case, suitcase; bag

kugle (kōō-ler) *c* bullet; sphere

kuglepen (kōō-ler-pehn) *c* (pl ~ne) ballpoint-pen, Biro

kujon (koo-ʸoan) *c* coward

kul (kol) *nt* (pl ~) coal

kuld (kool) *nt* (pl ~) litter

kulde (kool-er) *c* cold

kuldegysning (koo-ler-gewss-nayng) *c* chill, shiver

kuller (kool-o) *c* haddock

kultiveret (kool-ti-vay-odh) *adj* cultured

kultur (kool-toor) *c* culture

kun (kon) *adv* only

kunde (kon-ner) *c* customer; client

•**kundgøre** (kon-gur-o) *v* announce; proclaim

kundgørelse (kon-gur-ol-ser) *c* announcement

•**kunne** (koo-ner) *v* *can, *be able to; *may; *might

kunst (konsd) *c* art; **de skønne kunster** fine arts

kunstakademi (konsd-ah-kah-der-mi) *nt* art school

kunstgalleri (konsd-gah-lo-ri) *nt* gallery, art gallery

kunsthistorie (konsd-hi-stoar-ʸay) *c* art history

kunsthåndværk (konsd-hon-værg) *nt* (pl ~) handicraft

kunstig (kon-sdi) *adj* artificial

kunstindustri (konsd-ayn-doo-sdri) *c* arts and crafts

kunstner (konsd-no) *c* artist

kunstnerinde (konsd-no-ay-ner) *c* artist

kunstnerisk (konsd-no-risg) *adj* artistic

kunstsamling (konsd-sahm-layng) *c* art collection

kunstudstilling (konsd-oodh-sdayl-ayng) *c* art exhibition

kunstværk (konsd-værg) *nt* work of art

kupé (koo-*pay*) *c* compartment

kupon (koo-*pong*) *c* coupon

kuppel (koo-berl) *c* (pl kupler) dome

kur (koor) *c* cure

kurere (koo-ræ-o) *v* cure

kuriositet (koo-ri-oa-si-*tayd*) *c* curio, curiosity

kurs (koors) *c* course

kursiv (koor-see*ōō*) *c* italics *pl*

kursted (koor-sdehdh) *nt* spa

kursus (koor-sooss) *nt* (pl kurser) course

kurv (koorv) *c* basket; hamper

kurve (koor-ver) *c* curve; bend

kusine (koo-*see*-ner) *c* cousin

kustode (koo-st*ōā*-dher) *c* custodian; attendant

kuvertafgift (koo-*værd*-ou-gifd) *c* cover charge

kvadrat (kvah-drahd) nt square

kvadratisk (kvah-drah-disg) adj square

kvaksalver (kvahg-sahl-vo) c quack

kvalificeret (kvah-li-fi-say-odh) adj qualified

kvalifikation (kvah-li-fi-kah-sᵞoan) c qualification

kvalitet (kvah-li-tayd) c quality

kvalme (kvahl-mer) c nausea; sickness

kvantitet (kvahn-ti-tayd) c quantity

kvart (kvaad) c quarter

kvartal (kvah-tahl) nt quarter

kvarter (kvah-tayr) nt quarter of an hour; district, quarter

kvartårlig (kvaad-aw-li) adj quarterly

kviksølv (kvig-surl) nt mercury

kvinde (kvay-ner) c woman

kvindelæge (kvay-ner-lai-eh) c gynaecologist

kvist (kvaysd) c twig

kvittering (kvi-tay-ræng) c receipt

kvota (kvōa-tah) c quota

kvæg (kvehg) nt (pl ~) cattle pl

***kvæle** (kvai-ler) v strangle, choke

***kvæles** (kvai-lerss) v choke

kvælstof (kvail-sdof) nt nitrogen

kvæste (kvehss-der) v injure; **kvæstet** injured

kvæstelse (kvehss-derl-ser) c injury

kylling (kew-layng) c chicken

kys (kurss) nt (pl ~) kiss

kysk (kewsg) adj chaste

kysse (kur-ser) v kiss

kyst (kursd) c coast; sea-coast, seaside

kæbe (kai-ber) c jaw

kæde (kai-dher) c chain

kæk (kehg) adj brave; plucky

kælder (keh-lo) c (pl -dre) cellar, basement

kæledyr (kai-ler-dewr) nt (pl ~) pet

kæledægge (kai-ler-deh-ger) c pet, darling

kælk (kehlg) c sledge

kæmpe (kehm-ber) c giant; v *fight, struggle, battle; combat

kæmpehøj (kehm-ber-hoi) c barrow, tumulus

kæmpemæssig (kehm-ber-meh-si) adj enormous

kæmpestor (kehm-ber-sdoar) adj huge

kænguru (kehng-gōō-roo) c kangaroo

kæp (kehb) c (pl ~pe) stick

kæphest (kehb-hehsd) c hobby-horse; fad

kær (kær) adj dear

kæreste (kai-o-sder) c sweetheart, darling

kærlig (kær-li) adj affectionate

kærlighed (kær-li-haydh) c love

kærlighedshistorie (kær-li-haydhs-hi-sdoar-ᵞer) c love-story

kærre (kær-ro) c cart

kærtegn (kær-tighn) nt (pl ~) caress

kø (kur) c queue; *stå i ~ queue; stand in line Am

køb (kurb) nt (pl ~) purchase

købe (kūr-ber) v *buy; purchase

købekraft (kūr-ber-krahfd) c purchasing power

køber (kūr-bo) c buyer; purchaser

købesum (kur-ber-som) c (pl ~mer) purchase price

købmand (kur-mahn) c (pl -mænd) grocer; merchant, tradesman

købmandsforretning (kur-mahns-fo-ræd-nayng) c grocer's

***købslå** (kurb-slo) v bargain

kød (kurdh) nt flesh; meat

køje (koi-er) c berth, bunk

køkken (kur-gern) nt kitchen

køkkenchef (kur-gern-sᵞehf) c chef

køkkenhave (kur-gern-haa-ver) c kitchen garden

køl (kurl) c keel

køleskab (*kūr*-ler-sgahb) *nt* refrigerator; fridge

kølesystem (*kūr*-ler-sew-*sdaym*) *nt* cooling system

kølig (*kūr*-li) *adj* chilly, cool

kølle (*kur*-ler) *c* club

køn[1] (kurn) *nt* (pl ~) gender, sex; **køns-** genital

køn[2] (kurn) *adj* good-looking, pretty

kønssygdom (*kurns*-sēw-dom) *c* (pl ~me) venereal disease

køre (*kūr*-o) *v* *drive; *ride; ~ **i bil** motor

kørebane (*kūr*-o-baa-ner) *c* carriageway; roadway *nAm*

køreplan (*kūr*-o-plahn) *c* schedule

kørestol (*kūr*-o-sdoal) *c* wheelchair

køretur (*kūr*-o-toor) *c* drive

køretøj (*kūr*-o-toi) *nt* vehicle

kål (kol) *c* cabbage

L

laboratorium (lah-boa-rah-*toar*-Yom) *nt* (pl -ier) laboratory

labyrint (lah-bew-*rænd*) *c* labyrinth; maze

lade (*laa*-dher) *c* barn

*lade (*laa*-dher) *v* *let; allow to; ~ **ligge** *leave; ~ **som om** pretend; ~ **til** seem

ladning (*lahdh*-nayng) *c* cargo; charge

lag (lah) *nt* (pl ~) layer

lagen (*lah*-ern) *nt* sheet

lager (*lah*-o) *nt* (pl lagre) store, stock; ***have på ~** stock

lagerbygning (*lah*-o-bewg-nayng) *c* warehouse

lageropgørelse (*lah*-o-ob-gur-ol-ser) *c* inventory

lagkage (*lou*-kaa-ah) *c* layer cake

lagune (lah-*gōō*-ner) *c* lagoon

lak (lahg) *c* (pl ~ker) lacquer; varnish

lakrids (lah-*kriss*) *c* liquorice

laks (lahgs) *c* (pl ~) salmon

lam[1] (lahm) *nt* (pl ~) lamb

lam[2] (lahm) *adj* lame

lamme (*lah*-mer) *v* paralyse

lammekød (*lah*-mer-kurdh) *nt* lamb

lampe (*lahm*-ber) *c* lamp

lampeskærm (*lahm*-ber-sgærm) *c* lampshade

land (lahn) *nt* country; land; ***gå i ~ land; i ~** ashore; **landet** country; countryside

landbrug (*lahn*-broo) *nt* agriculture; **landbrugs-** agrarian

lande (*lah*-ner) *v* land

landevej (*lah*-ner-vigh) *c* highway

landevejskro (*lah*-ner-vighss-kroa) *c* roadhouse; roadside restaurant

landflygtig (lahn-*flurg*-di) *c* exile

landgangsbro (*lahn*-gahngs-broa) *c* gangway

landlig (*lahn*-li) *adj* rural; rustic

landmand (*lahn*-mahn) *c* (pl -mænd) farmer

landmærke (*lahn*-mær-ger) *nt* landmark

landsby (*lahns*-bew) *c* village

landskab (*lahn*-sgahb) *nt* landscape, scenery

landsmand (*lahns*-mahn) *c* (pl -mænd) countryman

landsted (*lahn*-sdehdh) *nt* country house

landstryger (*lahn*-sdrēw-o) *c* tramp

landtange (*lahn*-tah-nger) *c* isthmus

lang (lahng) *adj* long; **langt** by far

langs (lahngs) *prep* along, past; **på ~** lengthways

langsom (*lahng*-som) *adj* slow

langsynet (*lahng*-sew-nerdh) *adj* long-sighted

langvarig (lahng-*vah*-i) *adj* long; prolonged

lappe (*lah*-ber) *v* patch

large (lahrsh) *adj* liberal

last (lahsd) *c* cargo; vice

lastbil (lahsd-bil) *c* lorry; truck *nAm*

laste (*lahss*-der) *v* charge

lastrum (*lahsd*-rom) *nt* (pl ~) hold

Latinamerika (lah-*tin*-ah-may-ri-kah) Latin America

latinamerikansk (lah-*tin*-ah-may-ri-kahnsg) *adj* Latin-American

latter (*lah*-do) *c* laugh, laughter

latterlig (*lah*-do-li) *adj* ridiculous; ludicrous

•**latterliggøre** (*lah*-do-li-gur-o) *v* ridicule

lav (lahv) *adj* low

lave (*laa*-ver) *v* *make; fix

lavine (lah-*vee*-ner) *c* avalanche

lavland (*lou*-lahn) *nt* lowlands *pl*

lavsæson (*lou*-seh-song) *c* low season

lavtryk (*lou*-trurg) *nt* (pl ~) depression; low pressure

lavvande (*lou*-vah-ner) *nt* low tide

lavvandet (*lou*-vah-nerdh) *adj* shallow

•**le** (lay) *v* laugh

led (laydh) *nt* (pl ~) joint; link

lede (*lay*-dher) *v* direct; head; ~ **efter** look for; hunt for

ledelse (*lay*-dherl-ser) *c* leadership, management, administration

ledende (*lay*-dher-ner) *adj* leading

ledig (*lay*-dhi) *adj* vacant; unoccupied

ledning (*laydh*-nayng) *c* flex; electric cord

ledsage (*laydh*-sah-ah) *v* accompany; conduct

ledsager (*laydh*-sah-o) *c* companion

leg (ligh) *c* play

legal (lay-*gahl*) *adj* legal

legalisering (lay-gah-li-*say*-ræng) *c* legalization

legat (lay-*gahd*) *nt* scholarship, grant

legation (lay-gah-*s*ʸoan) *c* legation

lege (*ligh*-er) *v* play

legeme (*lai*-eh-mer) *nt* body

legeplads (*ligh*-er-plahss) *c* recreation ground, playground

legetøj (*ligh*-er-toi) *pl* toy

legetøjsforretning (*ligh*-er-toiss-foræd-nayng) *c* toyshop

legitimationskort (lay-gi-ti-mah-sʸoans-kawd) *nt* (pl ~) identity card

leje (*ligh*-er) *c* rent; *v* hire, rent; lease; **til ~** for hire

lejekontrakt (*ligh*-er-kon-trahgd) *c* lease

lejer (*ligh*-o) *c* tenant

lejlighed (*ligh*-li-haydh) *c* opportunity, occasion, chance; flat; apartment *nAm*

lejlighedskøb (*ligh*-li-haydhs-kurb) *nt* (pl ~) bargain

lejr (ligho) *c* camp

leksikon (*lehg*-si-kon) *nt* (pl -ka) encyclopaedia

lektie (*lehg*-sʸer) *c* lesson

lektor (*lehg*-to) *c* master

lem (lehm) *nt* (pl ~mer) limb

ler (layr) *nt* clay

lertøj (*layr*-toi) *c* crockery

lervarer (*layr*-vaa-ah) *pl* ceramics *pl*

let (lehd) *adj* light, easy; gentle

letfordærvelig (*lehd*-fo-dær-ver-li) *adj* perishable

lethed (*lehd*-haydh) *c* ease

lettelse (*leh*-derl-ser) *c* relief

leve (*lay*-ver) *v* live

levebrød (*lay*-ver-brurdh) *nt* (pl ~) livelihood; job

levende (*lay*-ver-ner) *adj* alive, live

lever (*lay*-vo) *c* liver

levere (lay-*vay*-o) *v* provide, furnish; deliver

levering (lay-*vay*-ræng) *c* delivery

levestandard (*lay*-ver-stahn-dahd) *c* standard of living

levetid (*lay*-ver-tidh) *c* lifetime

levning (*leh*ꝏ-nayng) *c* remnant, remains *pl*

libaneser (li-bah-*nayso*) *c* Lebanese

libanesisk (li-bah-*nay*-sisg) *adj* Lebanese

Libanon (*libah*-non) Lebanon

liberal (li-ber-*rahl*) *adj* liberal

Liberia (li-*bayr*-Yah) Liberia

liberianer (li-bay-ri-*Yah*-no) *c* Liberian

liberiansk (li-bay-ri-*Yahnsg*) *adj* Liberian

licens (li-*sehns*) *c* licence

*****lide** (*lee*-dher) *v* suffer

lidelse (*lee*-dherl-ser) *c* suffering; ailment

liden (*li*-dhern) *adj* (nt lidet) little

lidenskab (*lee*-dhern-sgahb) *c* passion

lidenskabelig (lee-dhern-*sgahb*-li) *adj* passionate

lig[1] (li) *nt* (pl ~) corpse

lig[2] (li) *adj* alike, like

ligbrænde (*lee*-bræ-ner) *v* cremate

ligbrænding (*lee*-bræ-nayng) *c* cremation

lige (*lee*-i) *adj* even, straight; level; *adv* equally; ~ **så** as; ~ **så meget** as much

ligeglad (*lee*-i-glahdh) *adj* careless, indifferent

ligeledes (*lee*-i-*lay*-dherss) *adv* likewise, also

ligesindet (*lee*-i-*sayn*-erdh) *adj* likeminded

ligesom (*lee*-i-som) *conj* as

ligeså (*lee*-i-so) *adv* likewise

ligetil (*lee*-i-*tayl*) *adj* simple

ligeud (*lee*-i-oodh) *adv* straight ahead, straight on

ligevægt (*lee*-i-vehgd) *c* balance

*****ligge** (*lay*-ger) *v* *lie

liggestol (*lay*-ger-sdoal) *c* deck chair

lighed (*lee*-haydh) *c* similarity, resemblance

lighter (*ligh*-to) *c* lighter

ligne (*lee*-ner) *v* resemble

lignende (*lee*-ner-ner) *adj* similar

ligtorn (*lee*-toarn) *c* corn

likør (li-*kurr*) *c* liqueur

lilje (*lil*-Yer) *c* lily

lille (*li*-ler) *adj* (pl små) small, little; short, minor; petty; ~ **bitte** tiny, minute

lillefinger (*li*-ler-fayng-o) *c* (pl -gre) little finger

lim (lim) *c* glue; gum

lind (layn) *c* lime

lindetræ (*lay*-ner-træ) *nt* limetree

lindre (*layn*-dro) *v* relieve, alleviate

lindring (*layn*-dræng) *c* relief

line (*lee*-ner) *c* line

lineal (li-nay-*ahl*) *c* ruler

linje (*lin*-Yer) *c* line

linned (*lay*-nerdh) *nt* linen

linse (*layn*-ser) *c* lens

lirekasse (*lee*-o-kah-ser) *c* street-organ

list (laysd) *c* ruse, trick

liste (*layss*-der) *c* list

liter (*li*-do) *c* (pl ~) litre

litteratur (li-der-rah-*toor*) *c* literature

litterær (li-der-*rær*) *adj* literary

liv (leeꝏ) *nt* (pl ~) life; **i live** alive

livlig (*lee*ꝏ-li) *adj* lively; vivid

livmoder (*lee*ꝏ-*mōa*-dho) *c* womb

livsforsikring (*lee*ꝏss-fo-sayg-ræng) *c* life insurance

livsvigtig (*lee*ꝏss-vayg-di) *adj* vital

livvagt (*lee*ꝏ-vahgd) *c* bodyguard

lod[1] (lodh) *nt* (pl ~der) lot; *****trække** ~ draw lots

lod[2] (lodh) *c* (pl ~der) lot, destiny

lodde (*lo*-dher) *v* solder

loddekolbe (*lo*-dher-kol-ber) *c* soldering-iron

lodret (*lodh*-ræd) *adj* vertical, perpendicular

lods (loas) *c* pilot

lodseddel (*lodh*-sehdh-erl) *c* (pl -sedler) lottery ticket

lodtrækning (*lodh*-træg-nayng) *c* draw

loft (lofd) *nt* ceiling; attic

logerende (loa-sᵞay-o-ner) *c* (pl ~) lodger

logi (loa-sᵞi) *nt* accommodation, lodgings *pl*

logik (loa-*gig*) *c* logic

logisk (loa-gisg) *adj* logical

lokal (loa-*kahl*) *adj* local

lokalisere (loa-kah-li-*say*-o) *v* locate

lokalitet (loa-kah-li-*tayd*) *c* locality

lokalsamtale (loa-*kahl*-sahm-taa-ler) *c* local call

lokaltelefon (loa-*kahl*-tay-ler-foan) *c* extension

lokaltog (loa-*kahl*-tooo) *nt* (pl ~) local train

lokkemad (*lo*-ger-mahdh) *c* bait

lokomotiv (loa-goa-moa-*tee*ᵒᵒ) *nt* locomotive, engine

lomme (*lo*-mer) *c* pocket

lommekam (*lo*-mer-kahm) *c* (pl ~me) pocket-comb

lommekniv (*lo*-mer-kneeᵒᵒ) *c* penknife, pocket-knife

lommelygte (*lo*-mer-lurg-der) *c* flashlight, torch

lommeregner (*lo*-mer-righ-ner) *c* calculator

lommetørklæde (*lo*-mer-turr-klai-dher) *nt* handkerchief

losse (*lo*-ser) *v* discharge, unload

lotteri (lo-do-*ri*) *nt* lottery

lov (looᵒ) *c* law; permission; ***give** ~ **til** permit; ***have** ~ **til** *be allowed to

love (*law*-ver) *v* promise

lovlig (*loo*ᵒ-li) *adj* lawful

lovmæssig (*loo*ᵒ-meh-si) *adj* legal

lovprisning (*loo*ᵒ-priss-nayng) *c* praise, glory

loyal (loi-ᵞahl) *adj* loyal

LP plade (*ehl*-pay-plaa-dher) *c* long-playing record; album *nAm*

luder (*loodh*-o) *c* whore

luft (lofd) *c* air; sky

lufte (*lof*-der) *v* air; ~ **ud** ventilate

luftfartsselskab (*lofd*-fahds-sehl-sgahb) *nt* airline

luftfilter *nt* (pl -tre) air-filter

lufthavn (*lofd*-houn) *c* airport

luftig (*lof*-di) *adj* airy

luftkaptajn (*lofd*-kahb-tighn) *c* captain

luftkonditioneret (*lofd*-kon-di-sᵞoa-nay-odh) *adj* air-conditioned

luftmadras (*lofd*-mah-drahss) *c* (pl ~ser) air mattress

luftpost (*lofd*-posd) *c* airmail

luftsyge (*lofd*-sēw-ew) *c* air-sickness

lufttryk (*lofd*-trurg) *nt* (pl ~) atmospheric pressure

lufttæt (*lofd*-tæd) *adj* airtight

luge (*lōō*-oo) *c* hatch

lugt (logd) *c* smell; odour

lugte (*log*-der) *v* *smell

lukke (*lo*-ger) *v* close, *shut; fasten; ~ **for** *cut off; ~ **inde** *shut in; ~ **op** unlock; ~ **op for** turn on; **lukket** shut, closed

lukketøj (*lo*-ger-toi) *nt* fastener

luksuriøs (log-soor-ᵞurs) *adj* luxurious

luksus (*log*-sooss) *c* luxury

lumbago (lom-*baa*-goa) *c* lumbago

lund (lon) *c* grove

lune (*lōō*-ner) *nt* humour, mood; whim; *v* warm

lunge (*long*-er) *c* lung

lungebetændelse (*long*-er-bay-tehn-erl-ser) *c* pneumonia

lunken (*long*-gern) *adj* tepid, lukewarm

luns (lons) *c* chunk

lunte (*lon*-der) *c* fuse

lur (loor) *c* nap

lus (loos) *c* (pl ~) louse

luvslidt (*leev*-slid) *adj* threadbare

ly (lew) *nt* shelter

lyd (lewdh) *c* sound; noise

lydbånd (*lewdh*-bon) *nt* (pl ~) tape; sound track

*****lyde** (*lēw*-dher) *v* sound

lydig (*lēw*-dhi) *adj* obedient

lydighed (*lēw*-dhi-haydh) *c* obedience

lydpotte (*lewdh*-po-der) *c* silencer; muffler *nAm*

lydt (lewd) *adj* noisy

lydtæt (*lewdh*-tehd) *adj* soundproof

lygte (*lurg*-der) *c* lantern; lamp

lygtepæl (*lurg*-der-pehl) *c* lamp-post

lykke (*lur*-ger) *c* happiness; fortune

lykkelig (*lur*-ger-li) *adj* happy

lykkes (*lur*-gerss) *v* manage, succeed

lykønske (lurg-*urn*-sger) *v* congratulate; compliment

lykønskning (lurg-*urnsg*-nayng) *c* congratulation

lyn (lewn) *nt* (pl ~) lightning

lyng (lurng) *c* heather

lynghede (*lurng*-hāy-dher) *c* moor

lynkursus (*lēwn*-koor-sooss) *nt* (pl -kurser) intensive course

lynlås (*lewn*-los) *c* zip, zipper

lys¹ (lews) *nt* (pl ~) light; **skarpt** ~ glare

lys² (lews) *adj* light; pale

lysbillede (*lewss*-bay-ler-dher) *nt* slide

lysende (*lēw*-ser-ner) *adj* shining; luminous

lyserød (*lew*-ser-rurdh) *adj* pink

lyshåret (*lewss*-ho-odh) *adj* fair

lyske (*lewss*-ger) *c* groin

lysning (*lewss*-nayng) *c* clearing

lyst (lursd) *c* desire; *****have** ~ **til** *****feel like, fancy

lystig (*lurss*-di) *adj* merry, gay, jolly; humorous

lystighed (*lurss*-di-haydh) *c* gaiety

lystspil (*lursd*-spayl) *nt* (pl ~) comedy

lytte (*lew*-der) *v* listen

lytter (*lew*-do) *c* listener

*****lyve** (*lēw*-ver) *v* lie

læ (leh) *nt* cover

læbe (*lai*-ber) *c* lip

læbepomade (*lai*-ber-poa-maa-dher) *c* lipsalve

læbestift (*lai*-ber-sdayfd) *c* lipstick

læder (lehdh-o) *nt* leather; **læder-** leather

læg¹ (lehg) *nt* (pl ~) pleat, tuck

læg² (lehg) *c* (pl ~ge) calf

læge (*lai*-eh) *c* doctor, physician; *v* heal; **praktiserende** ~ general practitioner

lægeerklæring (*lai*-eh-ær-kleh-ræng) *c* health certificate

lægelig (*lai*-eh-li) *adj* medical

lægemiddel (*lai*-eh-midh-erl) *nt* (pl -midler) remedy, medicament

lægevidenskab (*laieh*-vi-dhern-sgahb) *c* medicine

*****lægge** (*leh*-ger) *v* *put, *lay; ~ **i blød** soak; ~ **ned** lengthen; ~ **sammen** add; ~ **sig ned** *lie down; ~ **til** dock

lægmand (*lehg*-mahn) *c* (pl -mænd) layman

læk (lehg) *c* leak; *adj* leaky

lække (*leh*-ger) *v* leak

lækker (*leh*-go) *adj* delicious; enjoyable

lækkeri (leh-go-*ri*) *nt* delicacy

læne sig (*lai*-ner) *****lean

lænestol (*lai*-ner-sdoal) *c* armchair; easy chair

længde (*lehng*-der) *c* length

længdegrad (*lehng*-der-grahdh) *c* longitude

længe (*lehng*-er) *c* wing

længes efter (*lehng*-erss) long for

længsel (*lehng*-serl) *c* (pl -sler) longing

lærd (lærd) *c* scholar; *adj* learned

lære (lai-o) c teachings pl; v *learn; *teach; ~ **udenad** memorize

lærebog (lai-o-bo⁰⁰) c (pl -bøger) textbook

lærer (lai-o) c schoolteacher, teacher; master

lærerig (lai-o-ri) adj instructive

lærerinde (lai-o-ay-ner) c teacher

læresætning (lai-o-sehd-nayng) c thesis

lærke (lær-ger) c lark

lærred (lær-odh) nt linen; canvas

læs (lehss) nt (pl ~) load

læse (lai-ser) v *read

læselampe (lai-ser-lahm-ber) c reading-lamp

læselig (lai-ser-li) adj legible

læsepult (lai-ser-poold) c desk

læser (lai-so) c reader

læsesal (lai-ser-sahl) c reading-room

læsion (leh-sʸoan) c injury

læsning (laiss-nayng) c reading

læsse (leh-ser) v load; ~ **af** unload

løb (lurb) nt (pl ~) course, run, race

*****løbe** (lūr-ber) v *run

løbebane (lūr-ber-baa-ner) c career

løbehjul (lūr-ber-ʸool) nt (pl ~) scooter

løfte (lurf-der) nt promise; vow; v lift

løftestang (lurf-der-sdahng) c (pl -stænger) lever

løg (loi) nt (pl ~) onion; bulb

løgn (loin) c lie

løjerlig (lo-ʸo-li) adj queer, odd, funny

løkke (lur-ger) c loop

løn (lurn) c pay, salary, wages pl

lønforhøjelse (lurn-fo-hoi-erl-ser) c rise; raise nAm

lønmodtager (lurn-moadh-tah-o) c employee

lønstigning (lurn-sdee-nayng) c increase of salary; rise; raise nAm

lørdag (lurr-dah) c Saturday

løs (lurs) adj loose, detachable

løse (lūr-ser) v solve; ~ **op** *undo, untie, loose, *let loose, loosen, release

løsesum (lūr-ser-som) c (pl ~mer) ransom

løsne (lurss-ner) v loosen; detach, unfasten

løsning (lūrss-nayng) c solution

løve (lūr-ver) c lion

låg (log) nt (pl ~) cover, lid; top

låge (law-ger) c gate

lån (lon) nt (pl ~) loan

låne (law-ner) v borrow; ~ **ud** *lend

lår (lor) nt (pl ~) thigh

lås (los) c lock

låse (law-ser) v lock; ~ **inde** lock up; ~ **op** unlock

M

mad (mahdh) c fare; **lave** ~ cook

made (maa-dher) v *feed

madforgiftning (mahdh-fo-gifd-nayng) c food poisoning

mading (mah-dhayng) c bait

madlyst (mahdh-lursd) c appetite

madolie (mahdh-oal-ʸer) c salad-oil

madras (mah-drahss) c (pl ~ser) mattress

mager (mah-o) adj lean

magi (mah-gi) c magic

magisk (mah-gisg) adj magic

magnet (mou-nayd) c magneto

magnetisk (mou-nay-disg) adj magnetic

magt (mahgd) c power; might; **udø-vende** ~ executive power

magtesløs (mahg-derss-lurs) adj powerless

maj (migh) May

major (mah-ʸoar) c major

majs (mighs) c maize

majskolbe (mighs-kol-ber) c corn on the cob

makrel (mah-krǽl) c (pl ~) mackerel

malaria (mah-lah-ri-ah) c malaria

Malaysia (mah-ligh-sYah) Malaysia

malaysier (mah-ligh-sYo) c Malaysian

malaysisk (mah-ligh-sisg) nt Malay; adj Malaysian

male (maa-ler) v paint; *grind

maler (maa-lo) c painter

maleri (maa-lo-ri) nt picture, painting

malerisk (maa-lo-risg) adj picturesque

malerkasse (maa-lo-kah-ser) c paint-box

maling (maa-layng) c paint

malm (mahlm) c ore

malplaceret (mahl-plah-say-odh) adj misplaced

mammut (mah-mood) c (pl ~ter) mammoth

man (mahn) pron one; you; we

manchet (mahng-sYehd) c (pl ~ter) cuff

manchetknapper (mahng-sYehd-knah-bo) pl cuff-links pl

mand (mahn) c (pl mænd) man; husband

mandag (mahn-dah) c Monday

mandarin (mahn-dah-rin) c mandarin; tangerine

mandat (mahn-daht) nt mandate

mandel (mahn-erl) c (pl -dler) almond; **(hals)mandler** tonsils pl

mandskab (mahn-sgahb) nt crew

manege (mah-nāy-sher) c ring

manerer (mah-nay-o) pl manners pl, ways pl

mange (mahng-er) adj many; much

mangel (mahng-erl) c (pl -gler) shortage, lack; want; deficiency

mangelfuld (mahng-erl-fool) adj faulty, defective

mangle (mahng-ler) v lack; fail;

manglende missing

manicure (mah-ni-kēw-o) c manicure

manicurere (mah-ni-kew-ræ-o) v manicure

mannequin (mah-ner-kehng) c model

manufakturhandler (mah-noo-fahg-toor-hahn-lo) c draper

manufakturvarer (mah-noo-fahg-toor-vaa-ah) pl drapery

manuskript (mah-noo-sgræbd) nt manuscript

mappe (mah-ber) c briefcase

march (maash) c march

marchere (mah-shay-o) v march

marchhastighed (maash-hahss-di-haydh) c pace; cruising speed

margarine (mah-gah-ree-ner) c margarine

margen (mou-ern) c margin

marinebillede (mah-ree-ner-bay-ler-dher) nt seascape

maritim (maa-i-tim) adj maritime

mark (maag) c field

markblomst (maag-blomsd) c wild flower

marked (maa-gerdh) nt market, fair

markere (mah-kay-o) v indicate, mark; stress

marmelade (mah-mer-laa-dher) c marmalade

marmor (mah-mo) nt marble

marmorkugle (mah-mo-kōō-ler) c marble

marokkaner (mah-roa-kah-no) c Moroccan

marokkansk (mah-roa-kahnsg) adj Moroccan

Marokko (mah-ro-koa) Morocco

marsvin (maa-svin) nt (pl ~) guinea-pig

marts (maads) March

martyr (maa-tewr) c martyr

marv (mahoo) c marrow

mascara (mah-sgaa-ah) c mascara

mase (*maa*-ser) *v* toil; mash, pulp, crush; smash

maske (*mahss*-er) *c* mask; mesh

maskine (mah-*sgee*-ner) *c* engine, machine

maskineri (mah-sgi-no-*ri*) *nt* machinery

maskinskrevet (mah-*sgeen*-sgræ-verdh) *adj* typewritten

*maskinskrive (mah-*sgeen*-sgree-ver) *v* type

maskinskriverske (mah-*sgeen*-sgri-vo-sger) *c* typist

maskulin (*mah*-sgoo-lin) *adj* masculine

massage (mah-*saa*-sher) *c* massage

masse (*mah*-ser) *c* mass; bulk; heap, lot

masseproduktion (*mah*-ser-proa-doogsᵞoan) *c* mass production

massere (mah-*say*-o) *v* massage

massiv (mah-*see*ᵒᵒ) *adj* solid, massive

massør (mah-*surr*) *c* masseur

mast (mahsd) *c* mast

mat (mahd) *adj* dull, mat; faint

matematik (mah-der-mah-*tig*) *c* mathematics

matematisk (mah-der-*mah*-disg) *adj* mathematical

materiale (mah-tri-*aa*-ler) *nt* material

materialhandel (mah-tri-*ahl*-hahn-erl) *c* pharmacy, chemist's; drugstore *nAm*

materiel (mah-tri-*ehl*) *adj* material

mausoleum (mou-soa-*lai*-om) *nt* (pl -eer) mausoleum

mave (*maa*-ver) *c* stomach; belly; **mave-** gastric

mavepine (*maa*-ver-pee-ner) *c* stomach-ache

mavesmerter (*maa*-ver-smær-do) *pl* stomach-ache

mavesår (*maa*-ver-so) *nt* (pl ~) gastric ulcer

med (mehdh) *prep* with; by

medalje (may-*dahl*-Yer) *c* medal

*medbringe (*mehdh*-bræng-er) *v* *bring, *bring along

meddele (*mehdh*-day-ler) *v* inform; communicate, notify

meddelelse (*mehdh*-day-lerl-ser) *c* information; communication

medejer (*mehdh*-igh-o) *c* partner, associate

medens (*may*-dherns) *conj* whilst

medfødt (*mehdh*-furd) *adj* natural

medfølelse (*mehdh*-fur-lerl-ser) *c* sympathy

medfølende (*mehdh*-fur-ler-ner) *adj* sympathetic

medgang (*mehdh*-gahng) *c* success; good fortune; prosperity

medicin (may-di-*sin*) *c* medicine; drug

medicinsk (may-di-*sinsg*) *adj* medical

meditere (may-di-*tay*-o) *v* meditate

medlem (*mehdh*-lehm) *nt* (pl ~mer) associate, member

medlemskab (*mehdh*-lehm-sgahb) *nt* membership

medlidenhed (may-*li*-dhern-haydh) *c* pity; ***have ~ med** pity

medmindre (meh-*mayn*-dro) *conj* unless

medregne (*mehdh*-right-ner) *v* include, count

medskyldig (*mehdh*-sgewl-di) *c* accessary

medvirken (*mehdh*-veer-gern) *c* co-operation, assistance

megen (*migh*-ern) *adj* (nt meget) much

meget (*migh*-erdh) *adv* very, much; far

mejeri (migh-o-*ri*) *nt* dairy

mejsel (*mahi*-serl) *c* (pl -sler) chisel

mekaniker (may-*kah*-ni-go) *c* mechanic

mekanisk (may-*kah*-nisg) *adj* mechanical

mekanisme (may-kah-niss-mer) c
mechanism

mel (mayl) nt flour

melankoli (may-lahng-koa-li) c melancholy

melankolsk (may-lahng-koalsg) adj
melancholic

melde (meh-ler) v report; ~ **sig** report; ~ **sig ind i** join

mellem (mehl-erm) prep between,
among

mellemmand (meh-lerm-mahn) c (pl
-mænd) intermediary

mellemmåltid (meh-lerm-mol-tidh) nt
snack

mellemrum (meh-lerm-rom) nt (pl ~)
interval, space

mellemsokkel (mehl-erm-sog-gerl) c
adaptor

mellemspil (meh-lerm-spayl) nt (pl
~) interlude

mellemste (mehl-erm-sder) adj middle

mellemtid (meh-lerm-tidh) c interim; **i
mellemtiden** meanwhile, in the
meantime

melodi (may-loa-di) c tune, melody

melodisk (may-loa-disg) adj tuneful

melon (may-loan) c melon

membran (mehm-brahn) c membrane;
diaphragm

memo (māy-moa) nt memo

men (mehn) conj but; only

mene (māy-ner) v *mean, *think;
consider

mened (māyn-aydh) c perjury

menighed (māy-ni-haydh) c congregation; community; Church

mening (māy-nayng) c opinion, meaning; sense

meningsløs (māy-nayngs-lurs) adj
meaningless; senseless

menneske (meh-ner-sger) nt human

being; man

menneskehed (meh-ner-sger-haydh) c
humanity, mankind

menneskelig (meh-ner-sger-li) adj human, humane

menneskemængde (meh-ner-sger-mehng-der) c crowd

mens (mehns) conj while

menstruation (mehn-sdroo-ah-sᵛoan)
c menstruation

mental (mehn-tahl) adj mental

menukort (may-new-kawd) nt (pl ~)
menu

messe (meh-ser) c Mass; fair

messing (meh-sayng) nt brass

messingtøj (meh-sayng-toi) pl brassware

mester (mehss-do) c (pl mestre)
champion; master

mesterværk (mehss-do-værg) nt masterpiece

mestre (mehss-dro) v master

metal (may-tahl) nt (pl ~ler) metal;
metal- metal

meter (may-do) c (pl ~) metre

metode (may-tōā-dher) c method

metodisk (may-toa-dhisg) adj methodical

metrisk (may-træsg) adj metric

mexicaner (mehg-si-kah-no) c Mexican

mexicansk (mehg-si-kahnsg) adj
Mexican

Mexico (mehg-si-koa) Mexico

mezzanin (meh-sah-nin) c mezzanine

middag (may-dah) c noon, midday;
dinner

middagsmad (may-dahss-mahdh) c
dinner

middel (midh-erl) nt (pl midler)
means; remedy; **antiseptisk** ~
antiseptic; **beroligende** ~ sedative; **insektdræbende** ~ insecticide; **narkotisk** ~ narcotic; **styr-**

kende ~ tonic
middel- (*midh*-erl) medium
middelalder (*midh*-erl-ahl-o) *c* Middle Ages
middelalderlig (*midh*-erl-ahl-o-li) *adj* mediaeval
Middelhavet (*midh*-erl-hah-verdh) the Mediterranean
middelklasse (*midh*-erl-klah-ser) *c* middle class
middelmådig (*midh*-erl-mo-dhi) *adj* mediocre, moderate
midlertidig (*midh*-lo-ti-dhi) *adj* provisional, temporary
midnat (*midh*-nahd) midnight
midsommer (*midh*-so-mo) midsummer
midte (*may*-der) *c* middle; midst
midtergang (*may*-do-gahng) *c* aisle
midt i (mayd) amid
midtpunkt (*mayd*-pongd) *nt* centre
mig (migh) *pron* me; myself
migræne (mi-*græ-æ*-ner) *c* migraine
mikrobølgeovn (*mi*-kroa-burl-ger-o°°n) *c* microwave oven
mikrofon (mi-kroa-*foan*) *c* microphone
mild (mil) *adj* gentle, mild
militær (mi-li-*tær*) *adj* military
miljø (mil-*Yur*) *nt* environment, milieu
million (mil-*Yoan*) *c* million
millionær (mil-*Yoa-nær*) *c* millionaire
min (min) *pron* (nt mit, pl mine) my
minde (*may*-ner) *nt* memory; remembrance
minde om (*may*-ner) remind
mindes (*may*-ness) *v* recall, recollect
mindesmærke (*may*-nerss-mær-ger) *nt* memorial, monument
mindeværdig (*may*-ner-vær-di) *adj* memorable
mindre (*mayn*-dro) *adj* minor; *adv* less; **ikke desto ~** nevertheless
mindretal (*mayn*-dro-tahl) *nt* (pl ~)

minority
mindreværdskompleks (*mayn*-dro-værs-kom-plehgs) *nt* inferiority complex
mindreårig (*mayn*-dro-o-i) *c* minor; *adj* under age
mindske (*mayn*-sger) *v* lessen, decrease
mindst (maynsd) *adj* least; *adv* at least; **i det mindste** at least
mine (*mee*-ner) *c* air, look; mine
minearbejder (*mee*-ner-aa-bigh-do) *c* miner
minedrift (*mee*-ner-dræfd) *c* mining
mineral (mi-ner-*rahl*) *nt* mineral
mineralvand (mi-ner-*rahl*-vahn) *c* soda-water, mineral water
miniature (min-*Yah*-tewr) *c* miniature
minimum (*mi*-ni-mom) *nt* (pl -ma) minimum
minister (mi-*niss*-do) *c* (pl -tre) minister
ministerium (mi-ni-*sdayr*-Yom) *nt* (pl -ier) ministry
mink (maynng) *c* mink
minus (*mee*-nooss) *nt* drawback; minus; *adv* minus
minut (mi-*nood*) *nt* (pl ~ter) minute
mirakel (mi-*rah*-gerl) *nt* (pl -kler) miracle
mirakuløs (mi-rah-goo-*lurs*) *adj* miraculous
misbillige (*miss*-bi-li-er) *v* disapprove
misbrug (*miss*-broo) *nt* (pl ~) misuse; abuse
misdannet (*miss*-dah-nerdh) *adj* deformed
***misforstå** (*miss*-fo-sdo) *v* *misunderstand
misforståelse (*miss*-fo-sdo-erl-ser) *c* misunderstanding
mishage (*miss*-hah-ah) *v* displease
miskredit (*miss*-kræ-did) *c* discredit
mislyd (*miss*-lewdh) *c* dissonance, dis-

cord

mislykkes (*miss*-lur-gerss) *v* fail

mislykket (*miss*-lur-gerdh) *adj* unsuccessful

mistanke (*miss*-tahng-ger) *c* suspicion

miste (*mayss*-der) *v* *lose

mistro (*miss*-troa) *c* suspicion; **nære ~ til** mistrust

mistroisk (*miss*-troa-isg) *adj* suspicious

mistænke (*miss*-tehng-ger) *v* suspect

mistænkelig (miss-*tehng*-ger-li) *adj* suspicious

mistænksom (miss-*tehngg*-som) *adj* suspicious

mistænkt (*miss*-tehngd) *c* suspect

misunde (*miss*-on-er) *v* envy; grudge

misundelig (miss-*on*-er-li) *adj* envious

misundelse (miss-*on*-erl-ser) *c* envy

mobil (moa-*bil*) *adj* mobile

mod¹ (moadh) *nt* courage

mod² (moadh) *prep* against

modbydelig (moadh-*bew*-dher-li) *adj* revolting, repellent

mode (*mōa*-dher) *c* fashion

modehandler (*mōa*-dher-hahn-lo) *c* milliner

model (moa-*dehl*) *c* (pl ~ler) model

modellere (moa-der-*lay*-o) *v* model

moden (*moa*-dhern) *adj* mature, ripe

modenhed (*moa*-dhern-haydh) *c* maturity

moderat (moa-der-*rahd*) *adj* moderate

modermærke (*mōa*-dho-mær-ger) *nt* birthmark

moderne (moa-*dær*-ner) *adj* modern; fashionable

modernisere (moa-dær-ni-*say*-o) *v* modernize; renovate

modersmål (*mōa*-dhoss-mol) *nt* (pl ~) mother tongue, native language

modgang (*moadh*-gahng) *c* bad luck, reverse

modgående (*moadh*-go-o-ner) *adj* oncoming

modificere (moa-di-fi-*say*-o) *v* modify

modig (*mōa*-dhi) *adj* courageous, brave

modsat (*moadh*-sahd) *adj* opposite; reverse, contrary

*modsige (*moadh*-si-i) *v* contradict

modstand (*moadh*-sdahn) *c* resistance; opposition

modstander (*moadh*-sdahn-o) *c* opponent

modstridende (*moadh*-sdri-dher-ner) *adj* contradictory

modstående (*moadh*-sdo-o-ner) *adj* opposite

modsætning (*moadh*-sehd-nayng) *c* contrast; difference

*modsætte sig (*moadh*-seh-der) resist, oppose

*modtage (*moadh*-tah-ah) *v* receive, accept

modtagelig for (moadh-*tah*-ah-li fo) susceptible; amenable

modtagelse (moadh-*tah*-ahl-ser) *c* reception, receipt

modtagelsesbevis (*moadh*-tah-ahl-serss-bay-vis) *nt* receipt

modvilje (*moadh*-vil-Yer) *c* dislike; antipathy

mohair (moa-*hæær*) *c* mohair

mole (*mōa*-ler) *c* jetty, pier

moment (moa-*mehnd*) *nt* factor

momentan (moa-mehn-*tahn*) *adj* momentary

monark (moa-*naag*) *c* monarch

monarki (moa-nah-*ki*) *nt* monarchy

monetær (moa-nay-*tær*) *adj* monetary

monolog (moa-noa-*loa*) *c* monologue

monopol (moa-noa-*poal*) *nt* monopoly

monoton (moa-noa-*toan*) *adj* monotonous

montere (moan-*tay*-o) *v* mount, install

montre (*mong*-tro) *c* show-case
montør (*moan*-*turr*) *c* mechanic
monument (*moa*-noo-*mehnd*) *nt* monument
mor (moar) *c* (pl mødre) mother
moral (moa-*rahl*) *c* morals, moral
moralitet (moa-rah-li-*tayd*) *c* morality
moralsk (moa-*rahlsg*) *adj* moral
morbær (*moar*-bær) *nt* (pl ~) mulberry
mord (moar) *nt* (pl ~) murder; assassination
morder (*moar*-do) *c* murderer
more (*mōā*-o) *v* amuse
morfar (*mo*-fah) *c* (pl -fædre) grandfather
morfin (mo-*fin*) *c* morphine, morphia
morgen (*maw*-on) *c* morning; **i** ~ tomorrow; **i morges** this morning
morgenavis (*maw*-on-ah-vis) *c* morning paper
morgendæmring (*maw*-on-dehm-ræng) *c* dawn
morgenkåbe (*maw*-on-kaw-ber) *c* dressing-gown
morgenmad (*maw*-on-mahdh) *c* breakfast
morgensko (*maw*-on-sgoa) *c* (pl ~) slipper
morgenudgave (*maw*-on-oodh-gaa-ver) *c* morning edition
mormor (*mo*-moar) *c* (pl -mødre) grandmother
morskab (*moar*-sgahb) *c* fun, amusement
morsom (*moar*-som) *adj* amusing; entertaining, enjoyable
mos (moass) *nt* (pl ~ser) moss
mosaik (moa-sah-*ig*) *c* (pl ~ker) mosaic
mose (*mōā*-ser) *c* bog; swamp
moské (moa-*sgay*) *c* mosque
moskito (moa-*sgi*-toa) *c* mosquito
moskitonet (moa-*sgi*-toa-nehd) *nt* (pl ~) mosquito-net

motiv (moa-*tee⁰⁰*) *nt* motive; motif, theme; subject
motor (*mōā*-to) *c* engine; motor
motorbåd (*mōā*-to-bodh) *c* motorboat
motorcykel (*mōā*-to-sew-gerl) *c* (pl -kler) motor-cycle
motorhjelm (*mōā*-to-ᵞehlm) *c* bonnet; hood *nAm*
motorskade (*mōā*-to-sgaa-dher) *c* breakdown
motorskib (*mōā*-to-sgib) *nt* launch
motorstop (*mōā*-to-sdob) *nt* (pl ~) engine failure, breakdown; ***få** ~ *break down
motorvej (*mōā*-to-vigh) *c* motorway; highway *nAm*; **afgiftsbelagt** ~ turnpike *nAm*
motto (*mo*-toa) *nt* motto
mousserende (moo-*say*-o-ner) *adj* fizzy, sparkling
mudder (*moodh*-o) *nt* mud
mudret (*moodh*-rodh) *adj* muddy
muldyr (*mool*-dewr) *nt* (pl ~) mule
mulig (*mōō*-li) *adj* possible; eventual, probable
mulighed (*mōō*-li-haydh) *c* possibility, chance
muligvis (*mōō*-li-vis) *adv* perhaps
mulle (*moo*-ler) *c* mullet
multiplicere (mool-ti-pli-*say*-o) *v* multiply
multiplikation (mool-ti-pli-gah-s ᵞoan) *c* multiplication
mund (mon) *c* mouth
mundfuld (*mon*-fool) *c* bite
munding (*mo*-nayng) *c* mouth
mundtlig (*mond*-li) *adj* oral, verbal
mundvand (*mon*-vahn) *nt* mouthwash
munk (mongg) *c* monk
munter (*mon*-do) *adj* gay, cheerful; merry
munterhed (*mon*-do-haydh) *c* gaiety,

cheerfulness

mur (moor) c wall

mure (mōō-o) v *build; *lay bricks

murer (mōō-o) c bricklayer

mursten (moor-sdayn) c (pl ~) brick

mus (moos) c (pl ~) mouse

museum (moo-sai-om) nt (pl -eer) museum

musical (m^yoo-si-kahl) c (pl ~s) musical comedy

musik (moo-sig) c music

musikalsk (moo-si-kahlsg) adj musical

musiker (moo-si-go) c musician

musikinstrument (moo-sig-ayn-sdroo-mehnd) nt musical instrument

muskat (moo-sgahd) c nutmeg

muskel (mooss-gerl) c (pl -kler) muscle

muskuløs (mooss-goo-lurs) adj muscular

musling (mooss-layng) c mussel

muslingeskal (mooss-layng-er-sgahl) c (pl ~ler) sea-shell

musselin (moo-ser-lin) nt muslin

myg (mewg) c (pl ~) mosquito

myldretid (mewl-ro-tidh) c peak hour, rush-hour

mynde (mur-ner) c greyhound

myndig (murn-di) adj of age

myndighed (murn-di-haydh) c authority; **myndigheder** authorities pl

mynte (murn-der) c mint

myrde (mewr-der) v murder

myre (mēw-o) c ant

mysterium (mew-sdayr-^yom) nt (pl -ier) mystery

mystisk (mewss-disg) adj mysterious

myte (mēw-ter) c myth

mytteri (mew-do-ri) nt mutiny

mægle (mai-ler) v mediate

mægler (mai-lo) c mediator; broker

mægtig (mehg-di) adj powerful; mighty

mælk (mehlg) c milk

mælkebøtte (mehl-ger-bur-der) c dandelion

mælkemand (mehl-ger-mahn) c (pl -mænd) milkman

mælket (mehl-gerdh) adj milky

mængde (mehng-der) c lot, amount

mærkbar (mærg-bah) adj perceptible; noticeable

mærke (mær-ger) nt brand, sign, mark; v mark; *feel, notice, sense; **blåt ~** bruise; mark; ***lægge ~ til** *pay attention to, notice; ***sætte ~ ved** mark

mærkelig (mærg-li) adj odd, strange; queer; curious

mærkepæl (mær-ger-pehl) c landmark

mærkeseddel (mær-ger-sehdh-erl) c (pl -sedler) tag

mærkværdig (mærg-vær-di) adj singular, strange

mæslinger (mehss-layng-o) pl measles

møbler (murb-lo) pl furniture

møblere (murb-lay-o) v furnish

mødding (murdh-ayng) c dunghill

møde (mūr-dher) nt encounter, meeting; appointment; v encounter, *meet

mødested (mūr-dher-sdehdh) nt meeting-place

møg (moi) nt muck

møje (moi-er) c difficulty, trouble, pains pl

møl (murl) nt (pl ~) moth

mølle (mur-ler) c mill

møller (mur-lo) c miller

mønster nt (pl -tre) pattern

mønt (murnd) c coin

møntenhed (murnd-ayn-haydh) c monetary unit

møntindkast (murnd-ayn-kahsd) nt (pl ~) slot

møntvaskeri (murnd-vahss-go-ri) nt launderette

mør (murr) adj tender

mørk (murrg) *adj* dark; obscure

mørke (murr-ger) *nt* dark; gloom

møtrik (*mur*-træg) *c* (pl ~ker) nut

måde (*maw*-dher) *c* way, manner; fashion; **på ingen ~** by no means; **på samme ~** alike

mådeholdende (*maw*-dher-hol-er-ner) *adj* moderate

måge (*maw*-ger) *c* gull

mål (mol) *nt* (pl ~) measure; goal; aim, target

målbevidst (mawl-bay-vaysd) *adj* determined

måle (*maw*-ler) *v* measure

målebånd (*maw*-ler-bon) *nt* (pl ~) tape-measure

måleenhed (*maw*-ler-āyn-haydh) *c* standard

måler (*maw*-lo) *c* gauge

målestok (*maw*-ler-sdog) *c* (pl ~ke) scale

målløs (*mo*-lurs) *adj* speechless

målmand (*mawl*-mahn) *c* (pl -mænd) goalkeeper

målstreg (*mawl*-sdrigh) *c* finish

måltid (*mol*-tidh) *nt* meal

måne (*maw*-ner) *c* moon

måned (*maw*-nerdh) *c* month

månedlig (*maw*-nerdh-li) *adj* monthly

månedsblad (*maw*-nerdhs-blahdh) *nt* monthly magazine

måneskin (*maw*-ner-sgayn) *nt* moonlight

måske (mo-*sgay*) *adv* maybe, perhaps

måtte (*mo*-der) *c* mat

•måtte (*mo*-der) *v* *may

N

nabo (*naa*-boa) *c* neighbour

nabolag (*naa*-boa-lah) *nt* (pl ~)

neighbourhood; vicinity

naiv (nah-ee°°) *adj* naïve

nakke (*nah*-ger) *c* nape of the neck

nar (nah) *c* (pl ~re) fool

narkose (nah-*kōā*-ser) *c* narcosis

narkotikum (nah-*koa*-ti-kom) *nt* (pl -ka) drug

narre (*naa*-ah) *v* fool

nat (nahd) *c* (pl nætter) night; **i ~** tonight; **natten over** overnight; **om natten** by night

natcreme (*nahd*-kræm) *c* night-cream

natfly (*nahd*-flew) *nt* (pl ~) night flight

nation (nah-s^yoan) *c* nation

national (nah-s^yoa-*nahl*) *adj* national

nationaldragt (nah-s^yoa-*nahl*-drahgd) *c* national dress

nationalisere (nah-s^yoa-nah-li-*say*-o) *v* nationalize

nationalitet (nah-s^yoa-nah-li-*tayd*) *c* nationality

nationalpark (nah-s^yoa-*nahl*-paag) *c* national park

nationalsang (nah-s^yoa-*nahl*-sahng) *c* national anthem

natkjole (*nahd*-k^yōā-ler) *c* nightdress

natklub (*nahd*-kloob) *c* (pl ~ber) nightclub

natlig (*nahd*-li) *adj* nightly

natmad (*nahd*-mahdh) *c* midnight snack

nattakst (*nahd*-tahgsd) *c* night rate

nattergal (*nah*-do-gahl) *c* nightingale

nattog (*nahd*-tooo) *nt* (pl ~) night train

natur (nah-*toor*) *c* nature

naturalisere (nah-too-rah-li-*say*-o) *v* naturalize

naturlig (nah-*toor*-li) *adj* natural

naturligvis (nah-*toor*-li-vis) *adv* of course, naturally

natursilke (nah-*toor*-sayl-ger) *c* real silk

naturskøn (nah-*toor*-sgurn) *adj* scenic, beautiful

naturvidenskab (nah-*toor*-vidh-ern-sgahb) *c* natural science

navigation (nah-vi-gah-sᵞoan) *c* navigation

navigere (nah-vi-*gay*-o) *v* navigate

navle (nou-ler) *c* navel

navn (noun) *nt* name; **i . . . ~** on behalf of, in the name of

navneord (nou-ner-oar) *nt* (pl ~) noun

*****navngive** (noun-gi-ver) *v* name

ned (naydh) *adv* down

nedad (naydh-ahdh) *adv* downwards

nedarvet (naydh-ah-verdh) *adj* hereditary

nedbør (naydh-burr) *c* fall of rain; precipitation

nede (nāy-dher) *adv* below

nedefter (naydh-ehf-do) *adv* downwards, down

nedenfor (nāy-dhern-fo) *adv* beneath

nedenunder (nāy-dhern-on-o) *adv* downstairs; under

nederdel (nāy-dho-dayl) *c* skirt

nederdrægtig (nay-dho-*dræg*-di) *adj* infamous, foul

nederlag (nāy-dho-lah) *nt* (pl ~) defeat

Nederland (nāy-dho-lahn) the Netherlands

nederlandsk (nāy-dho-lahnsg) *adj* Dutch

nedgang (naydh-gahng) *c* decrease

nedkomst (naydh-komsd) *c* delivery, confinement

*****nedlægge** (naydh-leh-ger) *v* discontinue

nedre (naydh-ro) *adj* inferior; **nederst** bottom

*****nedrive** (naydh-ri-ver) *v* demolish, pull down

nedrivning (naydh-ree⁰⁰-nayng) *c* demolition

*****nedskære** (naydh-sgeh-o) *v* *cut, *cut down, reduce

nedslået (naydh-slo-odh) *adj* depressed, down

nedstamning (naydh-sdahm-nayng) *c* origin

nedstigning (naydh-sdi-nayng) *c* descent

*****nedsætte** (naydh-seh-der) *v* lower, reduce

nedtrykt (naydh-trurgd) *adj* depressed, blue

negativ (nay-gah-tee⁰⁰) *nt* negative; *adj* negative

neger (nāy-o) *c* (pl negre) Negro

negl (nighl) *c* nail

neglebørste (nigh-ler-burrs-der) *c* nailbrush

neglefil (nigh-ler-fil) *c* nail-file

neglelak (nigh-ler-lahg) *c* nail-polish

neglesaks (nigh-ler-sahgs) *c* nail-scissors *pl*

negligé (nay-gli-*shay*) *nt* negligee

nej (nigh) no

nemlig (*nehm*-li) *adv* namely

neon (nāy-on) *nt* neon

nerve (*nær*-ver) *c* nerve

nervøs (nær-*vurs*) *adj* nervous

net¹ (nehd) *nt* (pl ~) net

net² (nehd) *adj* neat

nethinde (*nehd*-hay-ner) *c* retina

netop (*nehd*-ob) *adv* just, exactly

netto- (*neh*-toa) net

netværk (*nehd*-værg) *nt* network

neuralgi (nur⁰⁰-rahl-*gi*) *c* neuralgia

neurose (nur⁰⁰-*rōa*-ser) *c* neurosis

neutral (nur⁰⁰-*trahl*) *adj* neutral

nevø (neh-*vur*) *c* nephew

New Zealand (nᵞoo-*sāy*-lahn) New Zealand

ni (ni) *num* nine

niece (ni-*ai*-ser) *c* niece

niende (*ni*-i-ner) *num* ninth

Nigeria (ni-*gayr*-Yah) Nigeria
nigerianer (ni-gayr-Yah-no) c Nigerian
nigeriansk (ni-gayr-Yahnsg) adj Nigerian
nik (nayg) nt (pl ~) nod
nikke (*nay*-ger) v nod
nikkel (*nay*-gerl) nt nickel
nikotin (nay-goa-*tin*) c nicotine
nip (nayb) nt (pl ~) sip
nitten (*nay*-dern) num nineteen
nittende (*nay*-der-ner) num nineteenth
niveau (ni-*voa*) nt level
nivellere (ni-ver-*lay*-o) v level
nogen (*nōā*-oan) pron someone, somebody; ~ **sinde** ever
noget (*naw*-odh) pron something, some; adv somewhat
nogle (*nōā*-ler) pron some
nok (nog) adv enough; *være ~ *do
nominel (noa-mi-*nehl*) adj nominal
nominere (noa-mi-*nay*-o) v nominate
nominering (noa-mi-*nayr*-ayng) c nomination
nonne (*no*-ner) c nun
nonnekloster (*no*-ner-kloss-do) nt (pl -tre) nunnery, convent
nord (noar) north
nordlig (*noar*-li) adj northerly, north, northern
nordmand (*noar*-mahn) c (pl -mænd) Norwegian
nordpol (*noar*-poal) c North Pole
nordvest (noar-*vehsd*) north-west
nordøst (noar-*ursd*) north-east
Norge (*naw*-ger) Norway
norm (nom) c standard
normal (no-*mahl*) adj regular, normal
norsk (nawsg) adj Norwegian
nota (*nōā*-tah) c bill
notar (noa-*tah*) c notary
notat (noa-*tahd*) nt note
note (*nōā*-der) c note
notere (noa-*tay*-o) v note; list

notesblok (*nōā*-derss-blog) c (pl ~ke) pad
notesbog (*nōā*-derss-bo°°) c (pl -bøger) notebook
notits (noa-*tids*) c notice
nougat (*noo*-gah) c nougat
novelle (noa-*veh*-ler) c short story
november (noa-*vehm*-bo) November
nu (noo) adv now; **fra ~ af** henceforth; ~ **og da** now and then, occasionally
nuance (new-*ahng*-ser) c nuance, shade
nul (nol) nt (pl ~ler) nought; zero
nummer (*nom*-o) nt (pl numre) number; act
nummerplade (*nom*-o-plaa-dher) c registration plate; licence plate *Am*
nutid (*noo*-tidh) c present
nutidig (*noo*-ti-dhi) adj present, modern, contemporary
nutildags (*noo*-tay-dahs) adv nowadays
nuværende (*noo*-veh-o-ner) adj present
ny (new) adj new
nybegynder (*new*-bay-gurn-o) c beginner, learner
nybygger (*new*-bew-go) c pioneer, settler
nyde (*new*-dher) v enjoy; indulge in; ~ **godt** profit
nydelse (*new*-dherl-ser) c pleasure; delight, enjoyment
nyhed (*new*-haydh) c news; **nyheder** tidings pl
nykke (*nur*-ger) c whim, fancy
nylig (*new*-li) adj recent; adv lately; **for ~** recently, lately
nynne (*nur*-ner) v hum
nyre (*new*-o) c kidney
nyse (*new*-ser) v sneeze
nysgerrig (*newss*-gær-i) adj inquisi-

tive, curious

nysgerrighed (*newss*-gær-i-haydh) *c* curiosity

nytte (*nur*-der) *c* use, utility; benefit; *v* *be of use

nyttig (*nur*-di) *adj* useful

nytår (*newd*-o) New Year

næb (nehb) *nt* (pl ~) beak

nægte (*nehg*-der) *v* deny

næh (nai) no

nænsom (*nehn*-som) *adj* gentle

næppe (*neh*-ber) *adv* hardly, scarcely

nær (nær) *adj* near, close; ~ **ved** near

nærende (*nai*-o-ner) *adj* nutritious, nourishing

nærhed (*nær*-haydh) *c* vicinity

næring (*nai*-ræng) *c* food

næringsmidler (*nai*-rængs-midh-lo) *pl* foodstuffs *pl*

nærliggende (*nær*-lay-ger-ner) *adj* neighbouring; nearby

nærme sig (*nær*-mer) approach

nærsynet (*nær*-sew-nerdh) *adj* short-sighted

nærværelse (*nær*-veh-ol-ser) *c* presence

næse (*nai*-ser) *c* nose

næseblod (*nai*-ser-bloadh) *nt* nosebleed

næsebor (*nai*-ser-boar) *nt* (pl ~) nostril

næsehorn (*nai*-ser-hoarn) *nt* (pl ~) rhinoceros

næste (*neh*-sder) *adj* next

næsten (*nehss*-dern) *adv* almost, nearly

næsvis (*naiss*-vis) *adj* impertinent

nævestød (*nai*-ver-sdurdh) *nt* (pl ~) punch

nævne (*neh*oo-ner) *v* mention

nød[1] (nurdh) *c* misery, distress

nød[2] (nurdh) *c* (pl ~der) nut

nøddeknækker (*nur*-dher-kneh-go) *c*

nutcrackers *pl*

nøddeskal (*nur*-dher-sgahl) *c* (pl ~ler) nutshell

nødsignal (*nurdh*-si-nahl) *nt* distress signal

nødsituation (*nurdh*-si-doo-ah-s^yoan) *c* emergency

nødstilfælde (*nurdhs*-tayl-fehl-er) *nt* (pl ~) emergency

nødtvungent (*nurdh*-tvong-ernd) *adv* reluctantly; by force

nødudgang (*nurdh*-oodh-gahng) *c* emergency exit

nødvendig (nurdh-*vehn*-di) *adj* necessary

nødvendighed (nurdh-*vehn*-di-haydh) *c* need, necessity

nøgen (*noi*-ern) *adj* naked; nude, bare

nøgenstudie (*noi*-ern-sdoo-d^yer) *c* nude

nøgle (*noi*-ler) *c* key

nøglehul (*noi*-ler-hol) *nt* (pl ~ler) keyhole

nøgtern (*nurg*-don) *adj* matter-of-fact; down-to-earth

nøjagtig (noi-*ahg*-di) *adj* precise, exact

nå (no) *v* attain, reach; achieve; *catch

nåde (*naw*-dher) *c* grace; mercy

nål (nol) *c* needle

nåletræ (*naw*-ler-træ) *nt* fir-tree

når (no) *conj* when; ~ **som helst** whenever

O

oase (oa-*aa*-ser) *c* oasis

obduktion (ob-doog-s^yoan) *c* autopsy

oberst (*oa*-bosd) *c* colonel

objekt (ob-^yehgd) *nt* object

objektiv (*ob*-^yehg-tee oo) *adj* objective

obligation (oab-li-gah-*s^yoan*) *c* bond
obligatorisk (oab-li-gah-*toa*-risg) *adj* compulsory; obligatory
observation (ob-sær-vah-*s^yoan*) *c* observation
observatorium (ob-sær-vah-*toar*-^yom) *nt* (pl -ier) observatory
observere (ob-sær-*vay*-o) *v* observe
ocean (oa-say-*ahn*) *nt* ocean
offensiv (o-fern-see°°) *c* offensive; *adj* offensive
offentlig (o-fern-li) *adj* public
*****offentliggøre** (o-fern-li-gur-o) *v* publish
offer (o-fo) *nt* (pl ofre) sacrifice; victim, casualty
officer (o-fi-*sayr*) *c* officer
officiel (o-fi-*s^yehl*) *adj* official
ofre (of-ro) *v* sacrifice
ofte (of-der) *adv* often
og (og) *conj* and; ~ **så videre** etcetera, and so on
også (o-ser) *adv* also, too, as well
okse (og-ser) *c* ox
oksehud (og-ser-hoodh) *c* cow-hide
oksekød (og-ser-kurdh) *nt* beef
oktober (oag-*toa*-bo) October
oldtid (ol-tidh) *c* antiquity; **oldtids-** ancient
olie (oal-^yer) *c* oil
olieagtig (oal-^yer-ahg-di) *adj* oily
oliefilter (oal-^yer-fil-do) *nt* (pl -tre) oil filter
oliekilde (oal-^yer-ki-ler) *c* oil-well
oliemaleri (oal-^yer-mah-lo-ri) *nt* oil-painting
olieraffinaderi (oal-^yer-rah-fi-nah-dho-ri) *nt* oil-refinery
olietryk (oal-^yer-trurg) *nt* (pl ~) oil pressure
oliven (oa-*li*-vern) *c* (pl ~) olive
olivenolie (oa-*li*-vern-oal-^yer) *c* olive oil
om (om) *prep* about, round, around,

in; *conj* whether; **om ... eller** whether ... or; ~ **end** though
omdanne (om-*dahn*-er) *v* change, re-shape, transform
omdrejning (om-*drigh*-nayng) *c* rotation
omegn (om-ighn) *c* surroundings *pl*
omelet (oa-mer-*lehd*) *c* (pl ~ter) omelette
omfang (om-fahng) *nt* circumference; extent; bulk
omfangsrig (om-fahngs-ri) *adj* extensive, big; bulky
omfatte (om-*fah*-der) *v* comprise, include
omfattende (om-*fah*-der-ner) *adj* extensive; comprehensive
omfavne (om-*fou*-ner) *v* hug, embrace
omfavnelse (om-*fou*-nerl-ser) *c* embrace
*****omgive** (om-*gi*-ver) *v* surround; circle
omgivelser (om-*gi*-verl-so) *pl* environment
omgående (om-*go*-o-ner) *adj* prompt; *adv* instantly, at once, immediately
*****omgås** (om-*gos*) *v* mix with, associate with
omhyggelig (om-*hew*-ger-li) *adj* careful; thorough
*****omkomme** (om-*kom*-er) *v* perish
omkostning (om-*kosd*-nayng) *c* cost; **omkostninger** expenses *pl*
omkostningsfri (om-*kosd*-nayngs-fri) *adj* free of charge
omkring (om-*kræng*) *prep* around, round; *adv* around, about
omkuld (om-*kool*) *adv* down, over
omkørsel (om-*kurr*-serl) *c* (pl -sler) diversion, detour
omliggende (om-*lay*-ger-ner) *adj* surrounding
omløb (om-*lurb*) *nt* circulation
omregne (om-*righ*-ner) *v* convert

omregningstabel (*om*-righ-nayngs-tah-behl) *c* (pl ∼ler) conversion chart

omrejsende (*om*-righ-ser-ner) *adj* travelling; itinerant

omrids (*om*-riss) *nt* (pl ∼) outline, contour

omringe (*om*-ræng-er) *v* surround, encircle; circle

område (*om*-raw-dher) *nt* area; region, zone; sphere

områdenummer (*om*-raw-dher-nom-o) *nt* (pl -numre) area code

omsider (om-*si*-dho) *adv* at length, finally

omslag (*om*-slah) *nt* (pl ∼) jacket, cover; sleeve

omslutte (*om*-sloo-der) *v* encircle

omsorg (*om*-sog) *c* care

omstillingsbord (*om*-sdayl-ayngs-boar) *nt* switchboard

omstridt (*om*-sdrid) *adj* controversial

omstændighed (om-*sdehn*-di-haydh) *c* condition, circumstance

omsving (*om*-svayng) *nt* (pl ∼) revulsion

omsætning (*om*-sehd-nayng) *c* trade, business, sale; turnover

omsætningsafgift (*om*-sehd-nayngs-ou-gifd) *c* sales tax

omsætningsskat (*om*-sehd-nayngs-sgahd) *c* turnover tax

omtale (*om*-taa-ler) *c* mention; *v* mention; mention, refer to

omtrent (om-*trænd*) *adv* about, approximately; practically

omtrentlig (om-*trænd*-li) *adj* approximate

omvej (*om*-vigh) *c* detour

omvende (*om*-vehn-er) *v* convert

omvendelse (*om*-vehn-erl-ser) *c* conversion

omvendt (*om*-vehnd) *adj* reverse, opposite, contrary

ond (on) *adj* wicked; bad; ill; *∗gøre*

ondt *∗hurt; ache

ondartet (*on*-ah-derdh) *adj* malignant

onde (*o*-ner) *nt* evil, nuisance

ondskabsfuld (*on*-sgahbs-fool) *adj* bad, malicious; spiteful; vicious

onkel (*ong*-gerl) *c* (pl onkler) uncle

onsdag (*ons*-dah) *c* Wednesday

onyks (o͞a-newgs) *c* onyx

op (ob) *adv* up

opad (*ob*-ahdh) *adv* upwards

opal (oa-*pahl*) *c* opal

opbevare (*ob*-bay-vah-ah) *v* ∗keep

opdage (*ob*-dah-ah) *v* discover; notice, detect

opdagelse (*ob*-dah-ahl-ser) *c* discovery

opdele (*ob*-day-ler) *v* divide down; ∗break down

opdigte (*ob*-dayg-der) *v* invent

opdrage (*ob*-drou-er) *v* educate, ∗bring up

opdragelse (*ob*-drou-erl-ser) *c* education; upbringing

opdrætte (*ob*-dræ-der) *v* ∗breed; raise

opdyrke (*ob*-dewr-ger) *v* cultivate, till

opefter (*ob*-ehf-do) *adv* up

opera (*oa*-ber-rah) *c* opera

operahus (*oa*-ber-rah-hoos) *nt* opera house

operation (oa-ber-rah-sʸoan) *c* operation; surgery

operere (oa-ber-*ræ*-o) *v* operate

operette (oa-ber-*ræ*-der) *c* operetta

opfarende (*ob*-fah-ah-ner) *adj* hot-tempered, irascible

opfatte (*ob*-fah-der) *v* perceive; conceive; ∗take

opfattelse (*ob*-fah-derl-ser) *c* perception; understanding, view, opinion

opfattelsesevne (*ob*-fah-derl-serss-eh^(oo)-ner) *c* perception, intellect

∗opfinde (*ob*-fayn-er) *v* invent

opfindelse (*ob*-fayn-erl-ser) *c* invention

opfinder (ob-fayn-o) c inventor

opfindsom (ob-fayn-som) adj inventive

opfordre (ob-fo-dro) v invite, ask, call on

opfostre (ob-foss-dro) v rear, raise

opføre (ob-fur-o) v erect; ~ sig behave; act

opførelse (ob-fur-ol-ser) c building, erection; performance, show

opførsel (ob-furr-serl) c behaviour, conduct

opgave (ob-gaa-ver) c assignment, duty, task; exercise

***opgive** (ob-gi-ver) v *give up

opgør (ob-gurr) nt (pl ~) settlement, scene; dispute

ophidse (ob-hi-ser) v excite

ophidselse (ob-hi-serl-ser) c excitement

ophold (ob-hol) nt (pl ~) stay

***opholde sig** (ob-hol-er) stay

opholdstilladelse (ob-hols-tay-lah-dherl-ser) c residence permit

ophøre (ob-hur-o) v finish; end, quit

opkalde (ob-kahl-er) v name

opkræve (ob-kræ-ver) v collect

oplag (ob-lah) nt (pl ~) issue; impression, edition; stock, store

oplagre (ob-lahg-ro) v store

oplagring (ob-lahg-ræng) c storage

oplagthed (ob-lahgd-haydh) c zest

opleve (ob-lay-ver) v experience; witness

oplukker (ob-lo-go) c bottle opener

oplyse (ob-lew-ser) v illuminate

oplysning (ob-lews-nayng) c information; *give ~ inform

oplysningskontor (ob-lews-nayngs-koan-toar) nt inquiry office

opløse (ob-lur-ser) v dissolve; ~ sig dissolve

opløselig (ob-lur-ser-li) adj soluble

opløsning (ob-lurs-nayng) c dissolution

opmuntre (ob-mon-dro) v encourage, cheer up

opmærksom (ob-mærg-som) adj attentive; *være ~ *pay attention; *være ~ på attend to

opmærksomhed (ob-mærg-som-haydh) c notice, attention

opnå (ob-no) v obtain; gain

opnåelig (ob-no-o-li) adj attainable

oppe (o-ber) adv above

opposition (oa-poa-si-sᵞoan) c opposition

oppustelig (ob-poos-der-li) adj inflatable

opret (ob-ræd) adj erect

***opretholde** (ob-rehd-ho-ler) v maintain; *keep up

opretstående (ob-rahd-sdo-o-ner) adj upright

oprette (ob-ræ-der) v found

oprigtig (ob-ræg-di) adj sincere, honest

oprindelig (ob-ræn-er-li) adj original; **oprindeligt** adv originally

oprindelse (ob-ræn-erl-ser) c origin

oprør (ob-rurr) nt (pl ~) rebellion; revolt; *gøre ~ revolt

oprørende (ob-rur-o-ner) adj revolting

***opsige** (ob-see-i) v *give notice; cancel

opsigtsvækkende (ob-saygds-veh-ger-ner) adj sensational

opskrift (ob-sgræfd) c recipe

opslag (ob-slah) nt (pl ~) placard, poster, bill; cuff, lapel

opspore (ob-sboa-o) v trace

opspæde (ob-sbeh-dher) v dilute

opstand (ob-sdahn) c revolt, rebellion

opstemthed (ob-sdehmd-haydh) c excitement, elevation

opstigning (ob-sdi-nayng) c ascent

opstille (ob-sdayl-er) v *put up, nominate; place; erect

*opstå (*ob-*sdo) *v* *arise

opsving (*ob-*svayng) *nt* (pl ~) rise

opsvulmning (*ob-*svoolm-nayng) *c* swelling

opsyn (*ob-*sewn) *nt* supervision; ***have ~ med** supervise

opsynsmand (*ob-*sewns-mahn) *c* (pl -mænd) warden

*optage (*ob-*tah-ah) *v* *take up; occupy; tape; admit

optagelse (*ob-*tah-ahl-ser) *c* recording; admission

optaget (*ob-*tah-ahdh) *adj* busy; engaged

optegne (*ob-*tigh-ner) *v* record

optiker (*ob-*ti-go) *c* optician

optimisme (*ob-*ti-*miss*-mer) *c* optimism

optimist (*ob-*ti-*misd*) *c* optimist

optimistisk (*ob-*ti-*miss*-disg) *adj* optimistic

optog (*ob-*to⁰⁰) *nt* (pl ~) procession

*optræde (*ob-*treh-dher) *v* act

opvakt (*ob-*vahgd) *adj* bright

opvarme (*ob-*vah-mer) *v* heat

opvarmning (*ob-*vahm-nayng) *c* heating

opvarte (*ob-*vah-der) *v* attend on

orange (oa-*rahng*-sʸer) *adj* orange

ord (oar) *nt* (pl ~) word; **med andre ~** in other words

ordbog (*oar-*bo⁰⁰) *c* (pl -bøger) dictionary

orden (*o-*dern) *c* order, method; congregation; **i ~** in order

ordentlig (*o-*dern-li) *adj* correct; regular; neat, tidy

ordforråd (*oar-*faw-rodh) *nt* (pl ~) vocabulary

ordinere (aw-di-*nay*-o) *v* prescribe

ordinær (aw-di-*nær*) *adj* vulgar

ordliste (*oar-*layss-der) *c* vocabulary

ordne (*awd-*ner) *v* arrange; settle, sort

ordning (*awd-*nayng) *c* arrangement; settlement

ordre (*o-*dro) *c* order, command

ordreseddel (*o-*dro-sehdh-erl) *c* (pl -sedler) order-form

ordsprog (*oar-*sbro⁰⁰) *nt* (pl ~) proverb

ordveksling (*oar-*vehg-slayng) *c* argument

organ (o-*gahn*) *nt* organ

organisation (aw-gah-ni-sah-sʸoan) *c* organization

organisere (aw-gah-ni-*say*-o) *v* organize

organisk (o-*gah*-nisg) *adj* organic

orgel (*o-*gerl) *nt* (pl orgler) organ

orientalsk (o-ri-ern-*tahlsg*) *adj* oriental

Orienten (o-ri-*ehn*-dern) the Orient

orientere sig (o-ri-ehn-*tay*-o) orientate, *find one's bearings

original (o-ri-gi-*nahl*) *adj* original

orkan (o-*kahn*) *c* hurricane

orkester (o-*kehss*-do) *nt* (pl -tre) orchestra; band

orkesterplads (o-*kehss*-do-plahss) *c* orchestra seat *Am*

orlov (aw-lo⁰⁰) *c* leave

orm (oarm) *c* worm

ornament (aw-nah-*mehnd*) *nt* ornament

ornamental (aw-nah-mehn-*tahl*) *adj* ornamental

ortodoks (aw-toa-*dogs*) *adj* orthodox

os (oss) *pron* us; ourselves

ost (osd) *c* cheese

otte (*aw-*der) *num* eight

ottende (*o-*der-ner) *num* eighth

ouverture (oa-vær-*tēw*-o) *c* overture

oval (oa-*vahl*) *adj* oval

oven for (o⁰⁰-ern fo) over

ovenover (o⁰⁰-ern-o⁰⁰-o) *adv* overhead; **oven over** above

ovenpå (o⁰⁰-ern-po) *adv* upstairs;

oven på on top of

over (*o^oo*-o) *prep* over, across; *adv* over; **over-** chief; ~ **for** facing, opposite

overall (*o^oo*-o-awl) *c* (pl ~s) overalls *pl*

overalt (*o^oo*-o-*ahld*) *adv* everywhere, throughout

overanstrenge sig (*o^oo*-o-ahn-sdræng-er) overwork

overbevise (*o^oo*-o-bay-vi-ser) *v* convince; persuade

overbevisning (*o^oo*-o-bay-vis-nayng) *c* conviction; persuasion

overdreven (*o^oo*-o-dræ-vern) *adj* exaggerated, excessive; extravagant

***overdrive** (*o^oo*-o-dri-ver) *v* exaggerate

overenskomst (o^oo-o-*ayns*-komsd) *c* settlement, agreement

i overensstemmelse med (o^oo-o-*ayn*-sdehm-erl-ser) in agreement with, in accordance with

overfald (*o^oo*-o-fahl) *nt* (pl ~) attack, assault; hold-up

***overfalde** (*o^oo*-o-fahl-er) *v* attack, assault

overfart (*o^oo*-o-fahd) *c* passage, crossing

overflade (*o^oo*-o-flaa-dher) *c* surface

overfladisk (*o^oo*-o-flah-dhisg) *adj* superficial

overflod (*o^oo*-o-floadh) *c* abundance; plenty

overflødig (*o^oo*-o-*flur*-dhi) *adj* superfluous, redundant

overfrakke (*o^oo*-o-frah-ger) *c* overcoat, greatcoat

overfyldt (*o^oo*-o-fewld) *adj* crowded

overføre (*o^oo*-o-fur-o) *v* transfer

overgang (*o^oo*-o-gahng) *c* transition

overgivelse (*o^oo*-o-gi-verl-ser) *c* surrender

***overgive sig** (*o^oo*-o-gi-ver) surrender

overgroet (*o^oo*-o-groa-erdh) *adj* overgrown

***overgå** (*o^oo*-o-go) *v* exceed, *outdo

overhale (*o^oo*-o-hah-ler) *v* overhaul; *overtake; pass *vAm*

overhaling forbudt (*o^oo*-o-hah-layng fo-*bood*) no overtaking; no passing *Am*

overherredømme (*o^oo*-o-hær-ro-dur-mer) *nt* supremacy, domination

overhoved (*o^oo*-o-hōā-oadh) *nt* head; chief

overhovedet (*o^oo*-o-*hōā*-erdh) *adv* at all

overilet (*oaoo*-o-i-lerdh) *adj* rash

***overlade** (*o^oo*-o-lah-dher) *v* *let have, hand over, commit

overlagt (*o^oo*-o-lahgd) *adj* premeditated, deliberate

overlegen (*o^oo*-o-lay-ern) *adj* superior

overleve (*o^oo*-o-lay-ver) *v* survive

overmodig (*o^oo*-o-moa-dhi) *adj* reckless

overordentlig (o^oo-o-o-dern-li) *adj* extraordinary

overraske (*o^oo*-o-rahss-ger) *v* surprise

overraskelse (*o^oo*-o-rahss-gerl-ser) *c* surprise

***overrække** (*o^oo*-o-ræ-ger) *v* hand, present; *give

***overse** (*o^oo*-o-say) *v* overlook

overside (*o^oo*-o-see-dher) *c* top side, top

oversigt (*o^oo*-o-saygd) *c* survey

***overskride** (*o^oo*-o-sgri-dher) *v* exceed

overskrift (*o^oo*-o-sgræfd) *c* heading; headline

overskud (*o^oo*-o-sgoodh) *nt* (pl ~) surplus; profit

overskyet (*o^oo*-o-sgew-erdh) *adj* overcast, cloudy

overskæg (*o^oo*-o-sgeh-g) *nt* (pl ~) moustache

overslag (*o^{oo}-o-slah*) *nt* (pl ~) estimate

overspændt (*o^{oo}-o-sbehnd*) *adj* overstrung

overstrømmende (*o^{oo}-o-sdrurm-er-ner*) *adj* exuberant

oversvømmelse (*o^{oo}-o-svurm-erl-ser*) *c* flood

*****oversætte** (*o^{oo}-o-seh-der*) *v* translate

oversættelse (*o^{oo}-o-seh-derl-ser*) *c* translation; version

oversøisk (*o^{oo}-o-sur-isg*) *adj* overseas

*****overtage** (*o^{oo}-o-tah-ah*) *v* *take over

overtale (*o^{oo}-o-tah-ler*) *v* persuade

overtjener (*o^{oo}-o-t^yai-no*) *c* headwaiter

overtro (*o^{oo}-o-troa*) *c* superstition

*****overtræde** (*o^{oo}-o-træ-dher*) *v* infringe, violate

overtræt (*o^{oo}-o-træd*) *adj* over-tired

overveje (*o^{oo}-o-vigh-er*) *v* consider

overvejelse (*o^{oo}-o-vigh-erl-ser*) *c* consideration

*****overvinde** (*o^{oo}-o-vayn-er*) *v* defeat, *beat, *overcome

overvægt (*o^{oo}-o-vehgd*) *c* overweight

overvælde (*o^{oo}-o-vehl-er*) *v* overwhelm

overvære (*o^{oo}-o-veh-o*) *v* witness, attend

overvåge (*o^{oo}-o-vo-ger*) *v* patrol, watch

ovn (*o^{oo}n*) *c* oven; stove; furnace

P

pacifisme (*pah-si-fiss-mer*) *c* pacifism

pacifist (*pah-si-fisd*) *c* pacifist

pacifistisk (*pah-si-fiss-disg*) *adj* pacifist

padleåre (*pahdh-ler-aw-o*) *c* paddle

pagina (*pah-gi-nah*) *c* page

pakhus (*pahg-hoos*) *nt* store-house, warehouse

Pakistan (*pah-gi-sdahn*) Pakistan

pakistaner (*pah-gi-sdah-no*) *c* Pakistani

pakistansk (*pah-gi-sdahnsg*) *adj* Pakistani

pakke¹ (*pah-ger*) *c* parcel, package; packet

pakke² (*pah-ger*) *v* pack; ~ **ind** wrap; ~ **op** unwrap; ~ **sammen** pack up; ~ **ud** unpack

palads (*pah-lahss*) *nt* palace

palme (*pahl-mer*) *c* palm

palæ (*pah-leh*) *nt* mansion

pande (*pah-ner*) *c* forehead; pan

pandehule (*pah-ner-hōō-ler*) *c* frontal sinus

panel (*pah-nayl*) *nt* panel

panelering (*pah-nay-layr-ayng*) *c* panelling

panik (*pah-nig*) *c* panic

pant (*pahnd*) *nt* deposit

pantelåner (*pahn-der-law-no*) *c* pawnbroker

*****pantsætte** (*pahnd-seh-der*) *v* pawn

papegøje (*pah-ber-goi-er*) *c* parrot; parakeet

papillot (*pah-pi-lod*) *c* (pl ~ter) curler

papir (*pah-peer*) *nt* paper; **papir-** paper

papirhandel (*pah-peer-hahn-erl*) *c* stationer's

papirkniv (*pah-peer-knee^{oo}*) *c* paperknife

papirkurv (*pah-peer-koorv*) *c* wastepaper-basket

papirlommetørklæde (*pah-peer-lommer-turr-klai-dher*) *nt* tissue

papirspose (*pah-peers-pōā-ser*) *c* paper bag

papirsserviet (*pah-peer-sær-v^yehd*) *c*

(pl ~ter) paper napkin

papirvarer (pah-*peer*-vaa-ah) *pl* stationery

par (pah) *nt* (pl ~) couple, pair

parade (pah-*raa*-dher) *c* parade

paradoks (paa-ah-*dogs*) *nt* paradox

paradoksal (paa-ah-dog-*sahl*) *adj* paradoxical

paragraf (paa-ah-*grahf*) *c* (pl ~fer) paragraph

parallel[1] (paa-ah-*lehl*) *c* (pl ~ler) parallel

parallel[2] (paa-ah-*lehl*) *adj* parallel

paraply (paa-ah-*plew*) *c* umbrella

parat (pah-*rahd*) *adj* ready

parcel (pah-*sehl*) *c* (pl ~ler) plot, lot

parfume (pah-*fēw*-mer) *c* perfume

park (paag) *c* park

parkanlæg (*paag*-ahn-lehg) *nt* (pl ~) public garden

parkere (pah-*kay*-o) *v* park

parkering (pah-*kayr*-ayng) *c* parking; ~ **forbudt** no parking

parkeringsafgift (pah-*kayr*-ayngs-ou-gifd) *c* parking fee

parkeringsplads (pah-*kayr*-ayngs-plahss) *c* car park; parking lot *Am*

parkeringszone (pah-*kayr*-ayngs-sōā-ner) *c* parking zone

parketplads (pah-*kehd*-plahss) *c* stall

parkometer (pah-goa-*may*-do) *nt* (pl -tre) parking meter

parlament (paa-lah-*mehnd*) *nt* parliament

parlamentarisk (paa-lah-mehn-*tah*-isg) *adj* parliamentary

parlør (pah-*lūrr*) *c* phrase-book

part (pahd) *c* part

parti (pah-*ti*) *nt* side, party; batch; match

partisk (pah-*tisg*) *adj* partial

partner (*paad*-no) *c* partner

paryk (pah-*rurg*) *c* (pl ~ker) wig

pas[1] (pahss) *nt* (pl ~) passport

pas[2] (pahss) *nt* (pl ~ser) mountain pass

pasfoto (*pahss*-foa-toa) *nt* (pl ~s) passport photograph

paskontrol (*pahss*-koan-trol) *c* (pl ~ler) passport control

passage (pah-*saa*-sᵉer) *c* passage

passager (pah-sah-*sᵉayr*) *c* passenger

passe (*pah*-ser) *v* suit, fit; *take care of, look after; tend; ~ **på** mind, look out, watch out; beware; ~ **til** match

passende (*pah*-ser-ner) *adj* appropriate, adequate, suitable; proper

passere (pah-*say*-o) *v* pass; ~ **igennem** pass through

passiv (*pah*-see°°) *adj* passive

pasta (*pahss*-dah) *c* paste

patent (pah-*tehnd*) *nt* patent

pater (*pah*-do) *c* father

patient (pah-sᵉ*ehnd*) *c* patient

patriot (pah-tri-*oad*) *c* patriot

patron (pah-*troan*) *c* cartridge

patrulje (pah-*trool*-ᵉer) *c* patrol

patruljere (pah-trool-ᵉ*ay*-o) *v* patrol

pattedyr (*pah*-der-dewr) *nt* (pl ~) mammal

pause (*pou*-ser) *c* pause; interval, intermission

pausere (pou-*say*-o) *v* pause

pave (*paa*-ver) *c* pope

pavillon (pah-vil-*ᵉong*) *c* pavilion

peber (*pay*°°-o) *nt* pepper

pebermynte (pay°°-o-*murn*-der) *c* peppermint

pebermø (pay°°-o-mur) *c* spinster

peberrod (pay°°-o-roadh) *c* (pl -rød-der) horseradish

pedal (pay-*dahl*) *c* pedal

peddigrør (*peh*-di-rurr) *nt* (pl ~) rattan

pedicurist (peh-di-kew-*risd*) *c* pedicurist

pege (*pigh*-er) *v* point

pegefinger (*pigh*-er-fayng-o) *c* (pl -gre) index finger

pelikan (pay-li-*kahn*) *c* pelican

pels (pehls) *c* fur; fur coat

pelsværk (*pehls*-værg) *nt* furs

pen (pehn) *c* (pl ~ne) pen

penge (*pehng*-er) *pl* money

pengeafpresning (*pehng*-er-ou-præss-nayng) *c* blackmail; **øve ~** blackmail

pengeanbringelse (*pehng*-er-ahn-bræng-erl-ser) *c* investment

pengeseddel (*pehng*-er-sehdh-erl) *c* (pl -sedler) banknote

pengeskab (*pehng*-er-sgahb) *nt* safe

penicillin (peh-ni-si-*lin*) *nt* penicillin

pensel (*pehn*-serl) *c* (pl -sler) paint-brush, brush

pension (pahng-sʸoan) *c* pension; board; **fuld ~** board and lodging

pensionat (pahng-sʸoa-*nahd*) *nt* guest-house, boarding-house; pension

pensioneret (pahng-sʸoa-*nay*-odh) *adj* retired

pensionær (pahng-sʸoa-*nær*) *c* boarder

perfekt (pær-*fehgd*) *adj* perfect

periode (pæ-ri-*oa*-dher) *c* term, period

periodisk (pær-i-*oa*-dhisg) *adj* periodical

perle (*pær*-ler) *c* bead, pearl

perlekæde (*pær*-ler-kai-dher) *c* beads *pl*

perlemor (*pær*-ler-moar) *nt* mother-of-pearl

permanent (pær-mah-*nehnd*) *c* permanent wave; *adj* permanent

perron (pæ-*rong*) *c* platform

perronbillet (pæ-*rong*-bi-*lehd*) *c* (pl ~ter) platform ticket

perser (*pær*-so) *c* Persian

Persien (*pær*-sʸern) Persia

persienne (pær-si-*eh*-ner) *c* blind

persille (pær-*sayl*-er) *c* parsley

persisk (*pær*-sisg) *adj* Persian

person (pær-*soan*) *c* person

personale (pær-soa-*naa*-ler) *nt* staff; personnel

personlig (pær-*soan*-li) *adj* private, personal

personlighed (pær-*soan*-li-haydh) *c* personality

persontog (pær-*soan*-tooo) *nt* (pl ~) passenger train

personvogn (pær-*soan*-voᵒᵒn) *c* carriage; passenger car *Am*

perspektiv (pær-sbehg-*tee*ᵒᵒ) *nt* perspective

pertentlig (pær-*tehnd*-li) *adj* precise

pessimisme (pay-si-*miss*-mer) *c* pessimism

pessimist (pay-si-*misd*) *c* pessimist

pessimistisk (pay-si-*miss*-disg) *adj* pessimistic

petroleum (pay-*troal*-ʸom) *c* kerosene; paraffin

pianist (pi-ah-*nisd*) *c* pianist

pibe (*pee*-ber) *c* pipe

piberenser (*pee*-ber-ræn-so) *c* pipe cleaner

pibetobak (*pee*-ber-toa-bahg) *c* (pl ~ker) pipe tobacco

piccolo (*pi*-koa-loa) *c* bellboy; pageboy

pige (*pee*-i) *c* girl

pigenavn (*pee*-i-noun) *nt* maiden name

pigespejder (*pee*-i-sbigh-do) *c* girl guide

pikant (pi-*kahnd*) *adj* savoury, spicy

pil (pil) *c* arrow

pilgrim (*peel*-græm) *c* (pl ~me) pilgrim

pilgrimsrejse (*peel*-græms-righ-ser) *c* pilgrimage

pille (*pay*-ler) *c* pill; column, pillar

pilot (pi-*load*) *c* pilot

pimpsten (*paymb*-sdayn) *c* (pl ~) pumice stone

pincet (pin-*sehd*) *c* (pl ~ter) tweezers *pl*

pindsvin (*payn*-svin) *nt* (pl ~) hedgehog

pine (*pee*-ner) *c* torment; *v* torment

pingvin (payng-*vin*) *c* penguin

pinlig (*peen*-li) *adj* embarrassing, awkward

pinse (*payn*-ser) Whitsun

pisk (pisg) *c* whip

piske (*piss*-ger) *v* whip

pistol (pi-*sdoal*) *c* pistol

pittoresk (pi-toa-*ræsg*) *adj* picturesque

placere (plah-*say*-o) *v* place; *put; *lay

plade (*plaa*-dher) *c* plate; record, sheet

pladespiller (*plaa*-dher-sbay-lo) *c* record-player

plads (plahss) *c* seat; space, room; square

plage (*plaa*-ah) *c* plague; *v* bother, torture

plakat (plah-*kahd*) *c* poster

plan (plahn) *c* plan; project, scheme; map; *adj* plane, level, even

planet (plah-*nayd*) *c* planet

planetarium (plah-ner-*tah*-Yom) *nt* (pl -ier) planetarium

planke (*plahng*-ger) *c* plank

***planlægge** (*plaan*-leh-ger) *v* plan; *make plans

plantage (plahn-*taa*-sYer) *c* plantation

plante (*plahn*-der) *c* plant; *v* plant

planteskole (*plahn*-der-sgoā-ler) *c* nursery

plaster (*plahss*-do) *nt* (pl -tre) plaster

plastic- (*plah*-sdig) plastic

platin (plah-*tin*) *nt* platinum

pleje (*pligh*-er) *v* nurse

plejeforældre (*pligh*-er-fo-ehl-dro) *pl* foster-parents *pl*

plejehjem (*pligh*-er-Yehm) *nt* (pl ~) home; asylum

plet (plehd) *c* (pl ~ter) spot, stain; blot, speck

pletfjerner (*plehd*-fYær-no) *c* stain remover

pletfri (*plehd*-fri) *adj* spotless, stainless

plette (*pleh*-der) *v* stain; plettet spotted

pligt (playgd) *c* duty

plombe (*plom*-ber) *c* filling

plov (plo⁰⁰) *c* plough

pludselig (*plooss*-li) *adj* sudden; pludseligt suddenly

plukke (*plo*-ger) *v* pick, gather

plus (plooss) *adv* plus

plyndre (*plurn*-ro) *v* plunder

plædere (pleh-*day*-o) *v* plead

plæne (*plai*-ner) *c* lawn

pløje (*ploi*-er) *v* plough

pneumatisk (pnur⁰⁰-*mah*-tisg) *adj* pneumatic

poesi (poa-eh-*si*) *c* poetry

poetisk (poa-*ay*-disg) *adj* poetic

pointantal (poa-*ehng*-ahn-tahl) *nt* score

pokal (poa-*kahl*) *c* cup

polak (poa-*lahg*) *c* (pl ~ker) Pole

Polen (*poa*-lern) Poland

polere (poa-*lay*-o) *v* polish

polet (poa-*lehd*) *c* (pl ~ter) token

police (poa-*lee*-ser) *c* policy

polio (*poal*-Yoa) *c* polio

politi (poa-li-*ti*) *nt* police

politibetjent (poa-li-*ti*-bay-tYehnd) *c* policeman

politik (poa-li-*tig*) *c* politics; policy

politiker (poa-*li*-ti-go) *c* politician

politimand (poa-li-*ti*-mahn) *c* (pl -mænd) policeman

politisk (poa-*li*-disg) *adj* political

politistation (poa-li-*ti*-sdah-sYoan) *c*

police-station

polsk (poalsg) adj Polish

polstre (pol-sdro) v upholster

pommes frites (pom-frid) chips

pony (po-ni) c pony

poplin (pob-lehng) nt poplin

popmusik (pob-moo-sig) c pop music

populær (poa-boo-lær) adj popular

porcelæn (po-ser-lehn) nt china; porcelain

port (poard) c gate

portier (po-tʸay) c porter

portion (po-sʸoan) c portion; helping

portner (poard-no) c door-keeper; caretaker

porto (paw-toa) c postage

portofri (paw-toa-fri) adj postage paid, free of postage

portræt (po-træd) nt (pl ~ter) portrait

Portugal (paw-too-gahl) Portugal

portugiser (po-toa-gi-so) c Portuguese

portugisisk (po-toa-gi-sisg) adj Portuguese

pose (pōā-ser) c bag

position (poa-si-sʸoan) c position; station

positionslys (poa-si-sʸoans-lews) nt (pl ~) parking light

positiv (pōā-si-teeoo) nt positive; adj positive

post (posd) c mail, post; item

postanvisning (posd-ahn-vis-nayng) c postal order, money order; mail order Am

postbud (posd-boodh) nt postman

poste (poss-der) v mail, post

poste restante (poass-der ræ-sdahng-ter) poste restante

postering (po-sdayr-ayng) c entry

postkasse (posd-kah-ser) c pillar-box

postkontor (posd-koan-toar) nt post-office

postkort (posd-kawd) nt (pl ~) postcard; picture postcard

postnummer (posd-nom-o) nt (pl -numre) zip code Am

postvæsen (posd-veh-sern) nt postal authority

postyr (po-sdewr) nt fuss

pote (pōā-der) c paw

pottemagervarer (po-der-mah-o-vaa-ah) pl pottery

pragt (prahgd) c splendour; **pragt-** magnificent

pragtfuld (prahgd-fool) adj magnificent, lovely, splendid

praksis (prahg-siss) c practice

praktisere (prahg-ti-say-o) v practise

praktisk (prahg-disg) adj practical

prale (praa-ler) v boast

prekær (præ-kær) adj precarious

pres (præss) nt (pl ~) pressure

presenning (præ-seh-nayng) c tarpaulin

presse (præ-ser) c press; v press

pressekonference (præ-ser-kon-fer-rahng-ser) c press conference

presserende (præ-say-o-ner) adj pressing, urgent

prestige (præ-sdeesh) c prestige

prikke (præ-ger) v prick

primær (pree-mær) adj primary

princip (præn-sib) nt (pl ~per) principle

prins (præns) c prince

prinsesse (præn-seh-ser) c princess

prioritet (pri-o-i-tayd) c priority; mortgage

prioritetslån (pri-o-i-tayds-lon) nt (pl ~) mortgage

pris (pris) c cost, price; rate; award

prisfald (priss-fahl) nt (pl ~) slump

prisliste (priss-layss-der) c price-list

***prissætte** (priss-seh-der) v price

privat (pri-vahd) adj private

privatliv (pri-vahd-leeoo) privacy

privilegere (pri-vi-li-*gay*-o) v favour

privilegium (pri-vi-*lay*-gᵞom) nt (pl -ier) privilege

problem (proa-*blaym*) nt problem; question

procent (proa-*sehnd*) c percent

procentdel (proa-*sehnd*-dayl) c percentage

proces (proa-*sehss*) c (pl ~ser) process; lawsuit

procession (proa-seh-*sᵞoan*) c procession

producent (proa-doo-*sehnd*) c producer

produkt (proa-*dogd*) nt product; produce

produktion (proa-doog-*sᵞoan*) c production; output

profession (proa-fer-*sᵞoan*) c profession

professionel (proa-*feh*-sᵞoa-nehl) adj professional

professor (proa-*feh*-so) c professor

profet (proa-*fayd*) c prophet

profit (proa-*fid*) c (pl ~ter) profit

program (proa-*grahm*) nt (pl ~mer) programme

progressiv (proa-græ-see°°) adj progressive

projekt (proa-*sᵞehgd*) nt project

projektør (proa-sᵞehg-*turr*) c spotlight; searchlight

proklamere (proa-klah-*may*-o) v proclaim

promenade (proa-mer-*naa*-dher) c promenade

prop (prob) c (pl ~per) cork; stopper

propaganda (proa-bah-*gahn*-dah) c propaganda

propel (proa-*pehl*) c (pl ~ler) propeller

pro persona (proa pær-*sōā*-nah) per person

propfuld (*prob*-fool) adj packed

proportion (proa-bo-*sᵞoan*) c proportion

proportional (proa-bo-*sᵞoa*-nahl) adj proportional

proptrækker (*prob*-træ-go) c corkscrew

prospekt (proa-*sbehgd*) nt prospectus

prospektkort (proa-*sbehgd*-kawd) nt (pl ~) picture postcard

prostitueret (proa-sdi-too-ay-raydh) c (pl -ede) prostitute

protein (proa-ter-*in*) nt protein

protest (proa-*tehsd*) c protest

protestantisk (proa-der-*sdahn*-disg) adj Protestant

protestere (proa-der-*sday*-o) v protest; ~ **imod** object to

protokol (proa-doa-*kol*) c (pl ~ler) record

proviant (proa-vi-*ahnd*) c provisions pl

provins (proa-*vayns*) c province

provinsiel (proa-vayn-*sᵞehl*) adj provincial

præcis (præ-*sis*) adj very, precise, punctual; **præcist** just

prædike (*prædh*-ger) v preach

prædiken (*prædh*-gern) c sermon

prædikestol (*prædh*-ger-sdoal) c pulpit

prægtig (*præg*-di) adj superb, gorgeous; swell

præmie (*præm*-ᵞer) c prize

præposition (præ-boa-si-*sᵞoan*) c preposition

præsentation (præ-sern-tah-*sᵞoan*) c introduction

præsentere (præ-sern-*tay*-o) v present, introduce

præservativ (præ-sær-vah-tee°°) nt contraceptive

præsident (præ-si-*dehnd*) c president, chairman

præst (prahsd) c clergyman; parson, rector, vicar, minister; **katolsk** ~

priest

præstation (præ-sdah-s^Yoan) c
achievement

præstebolig (prahss-day-bōā-li) c
vicarage

præstegård (prahss-der-go) c parson-
age, rectory

præstere (præ-sday-o) v achieve

præventionsmiddel (præ-vern-s^Yoans-
midh-erl) nt (pl -midler) contracep-
tive

prøve[1] (prūr-ver) c rehearsal; trial;
*holde ~ på rehearse; på ~ on
approval

prøve[2] (prūr-ver) v try, attempt; try
on

prøveværelse (prūr-ver-vai-ol-ser) nt
fitting room

psykiater (sew-gi-ah-do) c psychia-
trist

psykisk (sew-gisg) adj psychic

psykoanalytiker (sew-goa-ah-nah-lew-
ti-go) c analyst, psychoanalyst

psykolog (sew-goa-loa) c psychologist

psykologi (sew-goa-loa-gi) c psychol-
ogy

psykologisk (sew-goa-loa-isg) adj psy-
chological

publikation (poob-li-kah-s^Yoan) c pub-
lication

publikum (poob-li-kom) nt audience,
public

pudder (poodh-o) nt powder

pudderdåse (poodh-o-daw-ser) c pow-
der compact

pudderkvast (poodh-o-kvahsd) c pow-
der-puff

pudderunderlag (poodh-o-o-no-lah) nt
(pl ~) foundation cream

pude (pōō-dher) c pillow, cushion;
pad

pudebetræk (pōō-dher-ber-træg) nt
(pl ~) pillow-case

puds (pooss) c plaster

pudse (poo-ser) v polish; brush up;
cheat

pudsig (poo-si) adj droll, funny

puf (pof) nt (pl ~) push

puffe (po-fer) v push

pukle (pog-ler) v swot, slog; labour

puls (pools) c pulse

pulsåre (pools-aw-o) c artery

pulverisere (pol-vo-i-say-o) v pulver-
ize, *grind

pumpe (pom-ber) c pump; v pump

pund (poon) nt (pl ~) pound

pung (pong) c purse; pouch

punkt (pongd) nt item, point; issue;
dot

punkteret (pong-tay-odh) adj punc-
tured

punktering (pong-tayr-ayng) c punc-
ture; blow-out, flat tyre

punktlig (pongd-li) adj punctual

punktum (pong-tom) nt (pl ~mer)
full stop, period

pupil (poo-pil) c (pl ~ler) pupil

pure (pōō-o) adj sheer; adv com-
pletely

purløg (poor-loi) nt (pl ~) chives pl

purpurfarvet (poor-bo-fah-verdh) adj
purple

pus[1] (pooss) nt (pl ~) tot

pus[2] (pooss) nt pus

puslespil (pooss-ler-sbayl) nt (pl ~)
jigsaw puzzle

puste (pōō-sder) v *blow, puff; ~ op
inflate

pyjamas (pew-^Yaa-mahss) c (pl ~)
pyjamas pl

pyt (pewd) c (pl ~ter) puddle

pæl (pehl) c pole, stake

pæn (pehn) adj nice

pære (pai-o) c pear; elektrisk ~
light bulb

pøl (purl) c pool

pølse (purl-ser) c sausage

på (po) prep on, upon; at, in

påbud (po-boodh) nt (pl ~) direction

*pådrage sig (po-drou-er) contract, incur, *catch

påfaldende (po-fahl-er-ner) adj striking, remarkable

påfugl (po-fool) c peacock

pågribelse (po-gri-berl-ser) c capture, apprehension

påklædningsværelse (po-klehdh-nayngs-vai-ol-ser) nt dressing-room

påkrævet (po-kræ-verdh) adj required, necessary

pålidelig (po-li-dher-li) adj reliable, trustworthy

påpasselig (po-pah-ser-li) adj careful

påske (paw-sger) Easter

påskelilje (paw-sger-lil-Yer) c daffodil

påskud (po-sgoodh) nt (pl ~) pretext, pretence

påskønne (po-sgurn-er) v appreciate

*påstå (po-sdo) v claim, assert

*påtage sig (po-tah-ah) v *take charge of

påvirke (po-veer-ger) v influence, affect

påvise (po-vi-ser) v prove

Q

R

rabalder (rah-bahl-o) nt noise; row; racket

rabarber (rah-bah-bo) c (pl ~) rhubarb

rabat (rah-bahd) c (pl ~ter) discount; rebate

race (raa-ser) c race, breed; race-racial

radering (rah-dayr-ayng) c etching; engraving

radiator (rah-di-aa-to) c radiator

radikal (rah-di-kahl) adj radical

radio (rah-dVoa) c wireless, radio

radise (rah-di-ser) c radish

radius (rah-dVooss) c (pl -ier) radius

raffinaderi (rah-fi-nah-dho-ri) nt refinery

raket (rah-kæd) c (pl ~ter) rocket

ramme (rah-mer) c frame; setting; v *hit; *strike

rampe (rahm-ber) c ramp, slope

rand (rahn) c border; brim, margin

rang (rahng) c rank; grade

rangordne (rahng-od-ner) v grade

rank (rahngg) adj upright

ransel (rahn-serl) c (pl -sler) knapsack

rapport (rah-pawd) c report

rapportere (rah-po-tay-o) v report

rar (rah) adj nice

rase (raa-ser) v rage

rasende (raa-ser-ner) adj furious

raseri (raa-so-ri) nt rage, anger

rask (rahsg) adj well, healthy; fast; *blive ~ recover

rastløs (rahsd-lurs) adj restless

rat (rahd) nt (pl ~) steering-wheel

ration (rah-sYoan) c ration

ratstamme (rahd-sdah-mer) c steering-column

rav (rou) nt amber

ravn (roun) c raven

rayon (rah-Yon) c rayon

reaktion (ræ-ahg-sYoan) c reaction

realisabel (ræ-ah-li-sah-berl) adj realizable, feasible

realisere (ræ-ah-li-say-o) v carry out, realize

reb (ræb) nt (pl ~) rope

recept (ræ-sehbd) c prescription

reception (ræ-sehb-sYoan) c reception office

receptionsdame (ræ-sehb-s*Y*oans-daa-mer) *c* receptionist

redaktør (ræ-dahg-*turr*) *c* editor

redde (rædh-er) *v* save, rescue

rede (*rææ*-dher) *c* nest; *v* comb; *adj* ready; ~ **seng** *make a bed

redegørelse (*rææ*-dher-gur-ol-ser) *c* explanation

redning (rædh-nayng) *c* rescue, saving; salvation

redningsbælte (*rædh*-nayngs-behl-der) *nt* life buoy, lifebelt

redningsmand (*rædh*-nayngs-mahn) *c* (pl -mænd) saviour

redskab (*rædh*-sgahb) *nt* utensil, implement

reducere (ræ-doo-*say*-o) *v* reduce

reduktion (ræ-doog-s*Y*oan) *c* reduction

reel (ræ-*ehl*) *adj* real, genuine; fair

referat (ræ-fer-*rahd*) *nt* report; account; summary

reference (ræ-fer-*rahng*-ser) *c* reference

refleks (ræ-*flehgs*) *c* reflection

reflektere (ræ-flehg-*tay*-o) *v* reflect

reflektor (ræ-*flehg*-to) *c* reflector

reformationen (ræ-fo-mah-s*Y*oa-nern) the Reformation

refundere (ræ-fon-*day*-o) *v* refund

refundering (ræ-fon-*dayr*-ayng) *c* refund

regatta (ræ-*gah*-tah) *c* regatta

regel (*ræ*-erl) *c* (pl regler) rule; regulation; **som** ~ as a rule

regelmæssig (ræ-erl-meh-si) *adj* regular

regere (ræ-*gay*-o) *v* govern; reign, rule

regering (ræ-*gayr*-ayng) *c* government

regeringstid (ræ-*gayr*-ayngs-tidh) *c* reign

regie (ræ-s*Y*i) *c* direction

regime (ræ-s*Y*ee-mer) *nt* régime

region (ræ-gi-*oan*) *c* region

regional (ræ-gi-oa-*nahl*) *adj* regional

register (ræ-*giss*-do) *nt* (pl -tre) index

registreringsnummer (ræ-gi-*sdrær*-ayngs-nom-o) *nt* (pl -numre) registration number; licence number *Am*

reglement (ræ-ler-*mahng*) *nt* regulations *pl*

regn (righn) *c* rain

regnbue (*righn*-bōō-oo) *c* rainbow

regnbyge (*righn*-bew-ew) *c* shower

regne[1] (*righ*-ner) *v* rain

regne[2] (*righ*-ner) *v* reckon; ~ **for** count; reckon; ~ **med** reckon

regnemaskine (*righ*-ner-mah-sgee-ner) *c* adding-machine; calculating machine; calculator

regnfrakke (*righn*-frah-ger) *c* raincoat, mackintosh

regnfuld (*righn*-fool) *adj* rainy

regning (*righ*-nayng) *c* bill; check *nAm*; arithmetic

regnskab (*righn*-sgahb) *nt* accounting

regntæt (*righn*-tehd) *adj* rainproof

regulere (ræ-goo-*lay*-o) *v* regulate, adjust

regulering (ræ-goo-*layr*-ayng) *c* regulation

reje (*righ*-er) *c* shrimp; prawn

rejse (*righ*-ser) *c* journey, voyage, trip; *v* travel; erect; ~ **bort** depart; ~ **sig** *rise

rejsearrangør (*righ*-ser-aa-ahn-s*Y*urr) *c* travel agent

rejsebureau (*righ*-ser-bew-roa) *nt* travel agency

rejsecheck (*righ*-ser-s*Y*ehg) *c* (pl ~s) traveller's cheque

rejseforsikring (*righ*-ser-fo-sayg-ræng) *c* travel insurance

rejsegodsvogn (*rahi*-ser-goss-vo*oo*n) *c* luggage van

rejsende (*righ*-ser-ner) *c* (pl ~) traveller

rejseplan (*righ*-ser-plahn) *c* itinerary

rejserute (*righ*-ser-rōō-der) *c* itinerary

rejseudgifter (*righ*-ser-oodh-gif-do) *pl* travelling expenses

rejsning (*righss*-nayng) *c* rising; erection

reklame (ræ-*klaa*-mer) *c* advertising; commercial

rekord (ræ-*kawd*) *c* record

rekreation (ræ-kræ-ah-s*Y*oan) *c* recreation

rekrut (ræ-*krood*) *c* (pl ~ter) recruit

rektangel (*rægd*-ahng-erl) *nt* (pl -gler) rectangle; oblong

rektangulær (*rægd*-ahng-goo-lær) *adj* rectangular

rektor (*ræg*-to) *c* principal, headmaster, head

relation (ræ-lah-s*Y*oan) *c* relation

relativ (ræ-lah-tee°°) *adj* relative; comparative

relief (ræ-li-*ehf*) *nt* (pl ~fer) relief

religion (ræ-li-gi-*oan*) *c* religion

religiøs (ræ-li-gi-*urs*) *adj* religious

relikvie (ræ-*li*-kvi-er) *c* relic

rem (ræm) *c* (pl ~me) strap

ren (ræn) *adj* clean; pure; ***gøre rent** clean

rendesten (*ræ*-ner-sdayn) *c* gutter

***rengøre** (*ræ*æn-gur-o) *v* clean

rengøring (*ræ*æn-gurr-ayng) *c* cleaning

rengøringsmiddel (*ræ*æn-gurr-ayngs-midh-erl) *nt* (pl -midler) detergent, cleaning fluid

renommé (ræ-noa-*may*) *nt* reputation

rensdyr (*ræns*-dewr) *nt* (pl ~) reindeer

rense (*ræn*-ser) *v* clean; **kemisk** ~ dry-clean

renseri (*ræn*-so-*ri*) *nt* dry-cleaner's

rentabel (ræn-*tah*-berl) *adj* profitable; paying

rente (*ræn*-der) *c* interest

reparation (ræ-bo-rah-*shoan*) *c* repair, reparation

reparere (ræ-bo-*ræ*-o) *v* repair; mend, fix

repertoire (ræ-*pær*-toa-*aa*-ah) *nt* repertory

reproducere (ræ-proa-doo-*say*-o) *v* reproduce

reproduktion (ræ-proa-doog-s*Y*oan) *c* reproduction

repræsentant (ræ-præ-sern-*tahnd*) *c* agent

repræsentation (ræ-præ-sern-tah-s*Y*oan) *c* representation

repræsentativ (*ræ*-præ-sern-tah-tee°°) *adj* representative

repræsentere (ræ-præ-sern-*tay*-o) *v* represent

republik (ræ-poo-*blig*) *c* (pl ~ker) republic

republikansk (ræ-poo-bli-*kahnsg*) *adj* republican

reservation (ræ-sær-vah-s*Y*oan) *c* booking, reservation

reserve (ræ-*sær*-ver) *c* reserve; **reserve-** spare

reservedel (ræ-*sær*-ver-dayl) *c* spare part

reservedæk (ræ-*sær*-ver-dehg) *nt* (pl ~) spare tyre

reservehjul (ræ-*sær*-ver-*Y*ool) *nt* (pl ~) spare wheel

reservere (ræ-sær-*vay*-o) *v* reserve; book

reserveret (ræ-sær-*vay*-odh) *adj* reserved

reservoir (ræ-sær-voa-*aa*) *nt* reservoir

resolut (ræ-soa-*lood*) *adj* resolute

respekt (ræ-*sbehgd*) *c* esteem, respect

respektabel (ræ-sbehg-*tah*-behl) *adj* respectable

respektere (ræ-sbehg-*tay*-o) v respect

respektiv (ræ-sbehg-tee°°) adj respective

rest (ræsd) c rest; remainder, remnant; **for resten** by the way, besides

restaurant (ræ-sdoa-*rahng*) c restaurant

restere (ræ-*sday*-o) v remain; **resterende** remaining

restparti (ræsd-*pah*-ti) nt remainder

restriktion (ræ-sdræg-sᵞoan) c restriction

resultat (ræ-sool-*tahd*) nt result; issue, outcome

resultere (ræ-sool-*tay*-o) v result

resumé (ræ-sew-*may*) nt summary

ret¹ (ræd) c right; justice, law; *have ~ * be right; **med rette** rightly

ret² (ræd) c (pl ~ter) course, dish

ret³ (ræd) adj right; proper; adv fairly

retfærdig (ræd-*fær*-di) adj just, right, fair

retfærdighed (ræd-*fær*-di-haydh) c justice

retmæssig (ræd-meh-si) adj legitimate

retning (*ræd*-nayng) c direction, way

retskaffen (ræd-sgah-fern) adj honourable; righteous

retssag (ræd-sah) c trial, lawsuit

rette¹ (ræ-der) v direct, aim; level *~ imod* aim at

rette² (ræ-der) v straighten; correct; level

rettelse (ræ-*derl*-ser) c correction

rettighed (ræ-di-haydh) c right

returnere (ræ-toor-*nay*-o) v return; *send back

reumatisme (roi-mah-*tiss*-mer) c rheumatism

rev (ræoo) nt (pl ~) reef

revalidere (ræ-vah-li-*day*-o) v rehabilitate

revalidering (ræ-vah-li-*dayr*-ayng) c rehabilitation

revers (ræ-*værs*) c lapel

revidere (ræ-vi-*day*-o) v revise

revision (ræ-vi-sᵞoan) c revision

revne (ræoo-ner) c crack; chink; crevice; flaw; v crack

revolution (ræ-voa-loo-sᵞoan) c revolution

revolutionær (ræ-voa-loo-sᵞoa-*nær*) adj revolutionary

revolver (ræ-*vol*-vo) c gun, revolver

revy (ræ-vew) c revue

revyteater nt (pl -tre) music-hall

ribben (*ri*-bayn) nt (pl ~) rib

ribs (ræbs) nt (pl ~) currant

ridder (*ridh*-o) c knight

*ride (*ree*-dher) v *ride

rideskole (*ree*-dher-sgōa-ler) c riding-school

ridning (*ridh*-nayng) c riding

rift (ræfd) c scratch; tear, cut

rig (ri) adj wealthy, rich

rigdom (*ree*-dom) c (pl ~me) wealth, riches pl

rige (*ree*-i) nt empire; kingdom

rigelig (*ree*-i-li) adj absurd, plentiful

rigs- (riss) imperial

rigstelefonsamtale (riss-tay-ler-foan-sahm-taa-ler) c trunk-call

rigtig (*ræg*-di) adj just, right, correct; proper; **rigtigt** rather, exactly

rigtighed *ræg*-di-haydh) c correctness, accuracy

rille (*ri*-ler) c groove

rim (rim) nt (pl ~) rhyme

rimelig (*ree*-mer-li) adj reasonable, fair

ring (ræng) c ring

ringe¹ (*ræng*-er) v *ring; *~ op* call; ring up; call up Am; chime

ringe² (*ræng*-er) adj small, minor; **ringere** inferior; **ringest** least

ringeagtelse (ræng-er-ahg-derl-ser) c contempt; disdain

ringvej (ræng-vigh) c ring road, circular road

ris (ris) c (pl ~) rice

risikabel (ræ-si-kah-berl) adj risky; critical

risikere (ræ-si-kay-o) v risk

risiko (ri-si-koa) c (pl risici) risk; chance

rist (ræsd) c grating; grate

riste (ræss-der) v roast, grill

ristet brød (ræss-dedh brurdh) toast

rival (ri-vahl) c rival

rivalisere (ri-vah-li-say-o) v rival

rivalisering (ri-vah-li-sayr-ayng) c rivalry

rive (ree-ver) c rake

*rive (ree-ver) v grate; scratch; rake; ~ itu *tear

rivejern (ree-ver-Ꞵærn) nt (pl ~) grater

ro (roa) c quiet; v row; *falde til ~ calm down

robust (roa-boosd) adj robust

robåd (roa-bodh) c rowing-boat

rod¹ (roadh) nt mess; muddle

rod² (roadh) c (pl rødder) root

roderi (roa-dho-ri) nt mess

rogn (roᵒᵒn) c roe

rolig (rōa-li) adj quiet, calm; tranquil, serene

rolling (ro-layng) c toddler

roman (roa-mahn) c novel

romance (roa-mahng-ser) c romance

romanforfatter (roa-mahn-fo-fah-do) c novelist

romantisk (roa-mahn-tisg) adj romantic

romersk-katolsk (roa-mosg-kah-toalsg) adj Roman Catholic

ror (roar) nt (pl ~) helm, rudder

rorgænger (roar-gehng-o) c steersman, helmsman

ros (roas) c praise

rosa (rōa-sah) adj rose

rose (rōa-ser) c rose; v praise

rosenkrans (rōa-sern-krahns) c rosary; beads pl

rosenkål (rōa-sern-kol) c sprouts pl

rosin (roa-sin) c raisin

rotte (ro-der) c rat

rouge (rōōsh) c rouge

roulet (roo-lehd) c (pl ~ter) roulette

rovdyr (roᵒᵒ-dewr) nt (pl ~) beast of prey

ru (roo) adj harsh

rubin (roo-bin) c ruby

rubrik (roo-bræg) c (pl ~ker) column, article

rude (rōō-dher) c pane

ruin (roo-in) c ruin

ruinere (roo-i-nay-o) v ruin

rulle (roo-ler) c roll; v roll

rullegardin (roo-ler-gah-din) nt blind

rulleskøjteløb (roo-ler-sgoi-der-lurb) nt roller-skating

rullesten (roo-ler-sdayn) c (pl ~) pebble

rulletrappe (roo-ler-trah-ber) c escalator

rum (rom) nt (pl ~) room

rumme (ro-mer) v contain

rummelig (ro-mer-li) adj roomy, spacious; large

rumæner (roo-meh-no) c Rumanian

Rumænien (roo-mehn-Ꞵern) Rumania

rumænsk (roo-mehnsg) adj Rumanian

rund (ron) adj round

runde (ron-der) c round

rundhåndet (ron-hon-erdh) adj liberal, generous

rundkørsel (ron-kurr-serl) c (pl -kørsler) roundabout

rundrejse (ron-righ-ser) c tour

rundspørge (ron-sbūr-o) nt poll

rundstykke (ron-sdur-ger) nt roll

ruskind (*roo*-sgayn) *nt* suede

Rusland (*rooss*-lahn) Russia

russer (*roo*-so) *c* Russian

russisk (*roo*-sisg) *adj* Russian

rust (rosd) *c* rust

rusten (*ross*-dern) *adj* rusty

rustning (*rosd*-nayng) *c* armour

rute (*rōō*-der) *c* route

rutebåd (*rōō*-der-bodh) *c* liner

rutine (roo-*tee*-ner) *c* routine

rutschebane (*rood*-sher-baa-ner) *c* slide

ry (rew) *nt* glory

rydde op (*rew*-dher) tidy up

ryg (rurg) *c* (pl ~ge) back

***ryge** (*rēw*-ew) *v* smoke

rygekupé (*rēw*-ew-koo-*pay*) *c* smoking-compartment; smoker

ryger (*rēw*-o) *c* smoker

rygeværelse (*rēw*-ew-vai-ol-ser) *nt* smoking-room

rygning forbudt (*rēw*-nayng fo-*bood*) no smoking

rygrad (*rurg*-rahdh) *c* backbone

rygsmerter (*rurg*-smær-do) *pl* backache

rygsæk (*rurg*-sehg) *c* (pl ~ke) rucksack

rygsøjle (*rurg*-soi-ler) *c* spine

rygte (*rurg*-der) *nt* rumour; fame, reputation

ryk (rurg) *nt* (pl ~) tug; jerk, pull; wrench

rynke (*rurng*-ger) *c* wrinkle; crease

ryste (*rurss*-der) *v* *shake; tremble, shiver

rytme (*rewd*-mer) *c* rhythm

rytter (*rew*-do) *c* horseman, rider

rædsel (*rædh*-serl) *c* (pl -sler) terror, horror

rædselsfuld (*rædh*-serls-fool) *adj* awful, horrible, dreadful

rædselsvækkende (*rædh*-serls-veh-ger-ner) *adj* creepy

rædsom (*rædh*-som) *adj* terrible

række (*ræ*-ger) *c* row, line, rank; series, file

***række** (*ræ*-ger) *v* pass

rækkefølge (*ræ*-ger-furl-Yer) *c* order; succession

rækkevidde (*ræ*-ger-vi-der) *c* reach; range; scope

rækværk (*ræg*-værg) *nt* (pl ~) railing

ræsonnere (*ræ*-soa-*nay*-o) *v* reason

ræv (ræoo) *c* fox

røbe (*rūr*-ber) *v* betray, disclose; *give away

rød (rurdh) *adj* red

rødbede (roa-*bāy*-dher) *c* beetroot

rødkælk (*rurdh*-kehlg) *c* robin

rødme (*rurdh*-mer) *v* blush

rødspætte (*rurdh*-sbeh-der) *c* plaice

røg (roi) *c* smoke

røgelse (*rūr*-url-ser) *c* incense

røntgenbillede (*rurng*-gern-bay-ler-dher) *nt* X-ray

røntgenfotografere (*rurng*-gern-foa-doa-grah-*fay*-o) *v* X-ray

rør (rurr) *nt* (pl ~) tube, pipe; cane

røre (*rūr*-o) *v* stir; ~ **sig** stir; ~ **ved** touch

rørende (*rūr*-o-ner) *adj* touching

røve (*rūr*-ver) *v* rob

røver (*rūr*-vo) *c* robber

røveri (*rūr*-vo-*ri*) *nt* robbery

rå (ro) *adj* raw

råb (rob) *nt* (pl ~) call, shout, cry

råbe (*raw*-ber) *v* shout, call, cry

råd (rodh) *nt* (pl ~) counsel, advice; council; *have ~ til afford

rådden (*rodh*-ern) *adj* rotten

råde (*raw*-dher) *v* advise; ~ **over** dispose of

***rådgive** (*rodh*-gi-ver) *v* advise

rådgiver (*rodh*-gi-vo) *c* counsellor

rådhus (*rodh*-hoos) *nt* town hall

rådighed (*raw*-dhi-haydh) *c* disposal;

command

rådslagning (*rodh*-slah-nayng) *c* deliberation; consultation

*rådslå (*rodh*-slo) *v* deliberate; consult

rådsmedlem (*rodhs*-mehdh-lehm) *nt* (pl ~mer) councillor

rålam (*ro*-lahm) *nt* (pl ~) fawn

rålie (*ro*-oal-ᵛer) *c* petroleum

råstof (*ro*-sdof) *nt* (pl ~fer) raw material

S

sadel (*sah*-dherl) *c* (pl sadler) saddle

safir (sah-*feer*) *c* sapphire

saft (sahfd) *c* juice; syrup; sap

saftig (*sahf*-di) *adj* juicy

sag (sah) *c* matter; cause; case

sagkyndig (*sou*-kurn-di) *adj* expert

sakkarin (sah-gah-*rin*) *nt* saccharin

saks (sahgs) *c* scissors *pl*

sal (sahl) *c* hall; floor, storey

salat (sah-*lahd*) *c* salad; **grøn** ~ lettuce

saldo (*sahl*-doa) *c* balance

salg (sahl) *nt* (pl ~) sale; **til** ~ for sale

salgbar (*sahl*-bah) *adj* saleable

salme (*sahl*-mer) *c* hymn; psalm

salmiakspiritus (sahl-mi-*ahg*-sbeer-i-tooss) *c* ammonia

salon (sah-*long*) *c* drawing-room; salon, lounge

salt (sahld) *nt* salt; *adj* salty

saltkar (*sahld*-kah) *nt* (pl ~) salt-cellar

salve (*sahl*-ver) *c* ointment, salve

samarbejde (*sahm*-aa-bigh-der) *nt* co-operation, collaboration; *v* cooperate, collaborate

samarbejdsvillig (*sahm*-aa-bighds-vil-i)

adj co-operative

samfund (*sahm*-fon) *nt* (pl ~) society; community; **samfunds-** social

samkvem (*sahm*-kvehm) *nt* intercourse, communication

samle (*sahm*-ler) *v* gather, collect; assemble; ~ **op** pick up

samler (*sahm*-lo) *c* collector

samles (*sahm*-lerss) *v* gather

samlet (*sahm*-lerdh) *adj* total, whole, overall

samling (*sahm*-layng) *c* collection; session

samme (*sah*-mer) *adj* same; equal

sammen (*sahm*-ern) *adv* together

sammendrag (*sahm*-ern-drou) *nt* (pl ~) résumé

sammenfatning (*sahm*-ern-fahd-nayng) *c* summary

sammenføje (*sahm*-ern-foi-er) *v* join

sammenhæng (*sahm*-ern-hehng) *c* connection; coherence

sammenkomst (*sahm*-ern-komsd) *c* assembly; meeting

sammenligne (*sahm*-ern-li-ner) *v* compare

sammenligning (*sahm*-ern-li-nayng) *c* comparison

sammenstykke (*sahm*-ern-sdur-ger) *v* compile

sammenstød (*sahm*-ern-sdurdh) *nt* (pl ~) collision, clash; quarrel

sammensværgelse (*sahm*-ern-svær-gerl-ser) *c* plot, conspiracy

*sammensværge sig (*sahm*-ern-svær-ger) conspire

sammensætning (*sahm*-ern-sehd-nayng) *c* composition

*sammensætte (*sahm*-ern-seh-der) *v* compose, *put together

sammentræf (*sahm*-ern-træf) *nt* (pl ~) coincidence

samtale (*sahm*-taa-ler) *c* talk, conversation

samtidig (*sahm*-tidh-i) *adj* simultaneous, contemporary; *c* contemporary; **samtidigt** simultaneously

samtids- (*sahm*-tidhs) contemporary

samtykke (*sahm*-tew-ger) *nt* consent; *v* consent

samvittighed (sahm-*vi*-di-haydh) *c* conscience

sanatorium (sah-nah-*toar*-Yom) *nt* (pl -ier) sanatorium

sand (sahn) *nt* sand; *adj* true; real, regular; correct

sandal (sahn-*dahl*) *c* sandal

sandelig (sah-ner-li) *adv* indeed

sandet (*sah*-nerdh) *adj* sandy

sandfærdig (sahn-*fær*-di) *adj* truthful

sandhed (*sahn*-herdh) *c* truth

sandpapir (*sahn*-pah-peer) *nt* sandpaper

sandsynlig (sahn-*sewn*-li) *adj* likely; probable

sandsynligvis (sahn-*sewn*-li-viss) *adv* probably

sang (sahng) *c* song

sanger (*sahng*-o) *c* singer, vocalist

sangerinde (sahng-o-*ay*-ner) *c* singer

sanitær (sah-ni-*tær*) *adj* sanitary

sans (sahns) *c* sense

sardin (sah-*din*) *c* sardine

sart (sahd) *adj* tender, delicate

satellit (sah-der-*lid*) *c* (pl ~ter) satellite; ~ **tv** satellite tv

Saudi-Arabien (sou-di ah-*rahb*-Yern) Saudi Arabia

saudiarabisk (*sou*-di-ah-rah-bisg) *adj* Saudi Arabian

sauna (*sou*-nah) *c* sauna

sav (sahoo) *c* saw

savn (soun) *nt* (pl ~) lack, need, want

savsmuld (*sou*-smool) *nt* sawdust

savværk (*sou*-værg) *nt* saw-mill

scene (*say*-ner) *c* scene; stage

Schweiz (svighds) Switzerland

schweizer (*svighd*-so) *c* Swiss

schweizisk (*svighd*-sisg) *adj* Swiss

score (*sgoa*-o) *v* score

scrapbog (*sgrahb*-bo⁰⁰) *c* (pl -bøger) scrap-book

*se (say) *v* look, *see; notice; ~ **efter** look after; ~ **på** look at; ~ **sig for** look out; ~ **ud** look; ~ **ud til** appear, seem

seer (*say*-o) *c* spectator, viewer

segl (sighl) *nt* (pl ~) seal

sej (sigh) *adj* tough

sejl (sighl) *nt* (pl ~) sail

sejlads (sigh-*lahs*) *c* sailing

sejlbar (*sighl*-bah) *adj* navigable

sejlbåd (*sighl*-bodh) *c* sailing-boat

sejldug (*sighl*-doo) *c* canvas

sejle (*sigh*-ler) *v* sail

sejlgarn (*sighl*-gahn) *nt* string; twine

sejlklub (*sighl*-kloob) *c* (pl ~ber) yacht-club

sejlsport (*sighl*-sbawd) *c* yachting

sejr (sighr) *c* victory

sekretær (say-grah-*tær*) *c* secretary, clerk

seks (sehgs) *num* six

seksten (*sigh*-sdern) *num* sixteen

sekstende (*sigh*-sder-ner) *num* sixteenth

seksualitet (sehg-soo-ah-li-*tayd*) *c* sexuality

seksuel (sehg-soo-*ehl*) *adj* sexual

sektion (sehg-s^Yoan) *c* section

sekund (say-*kond*) *nt* second

sekundær (say-kon-*dær*) *adj* subordinate, secondary

seler (*say*-lo) *pl* braces *pl*; suspenders *plAm*

selleri (*say*-lo-ri) *c* celery

selskab (*sehl*-sgahb) *nt* company; society; association; party

selskabskjole (*sehl*-sgahbs-k^Yoa-ler) *c* robe

selskabstøj (*sehl*-sgahbs-toi) *pl* evening dress

selv (sehl) *pron* myself; yourself; himself; herself; oneself; ourselves; yourselves; themselves; *adv* even; ~ **om** although, though

***selvangive** (*sehl*-ahn-gi-ver) *v* declare

selvangivelse (*sehl*-ahn-gi-verl-ser) *c* tax return

selvbetjening (*sehl*-bay-t^yeh-nayng) *c* self-service

selvfølgelig (sehl-*furl*-^yer-li) *adv* of course

selvindlysende (*sehl*-ayn-lew-ser-ner) *adj* self-evident

selvisk (*sehl*-visg) *adj* selfish

selvmord (*sehl*-moar) *nt* (pl ~) suicide

selvoptaget (*sehl*-ob-tah-ahdh) *adj* self-centred

selvrådig (*sehl*-ro-dhi) *adj* headstrong

selvstyre (*sehl*-sdew-o) *nt* self-government

selvstændig (*sehl*-sdehn-di) *adj* independent, self-employed

semikolon (say-mi-*kōā*-lon) *nt* semicolon

sen (sayn) *adj* late

senat (say-*nahd*) *nt* senate

senator (say-*naa*-to) *c* senator

sende (*seh*-ner) *v* *send; transmit; ~ **af sted** dispatch; ~ **bort** dismiss; ~ **bud efter** *send for; ~ **tilbage** *send back

sender (*seh*-no) *c* transmitter

sending (*seh*-nayng) *c* consignment; shipment

sene (*sāy*-ner) *c* sinew, tendon

senere (*sāy*-naw-o) *adv* afterwards

seng (sehng) *c* bed

sengetæppe (*sehng*-er-teh-ber) *nt* counterpane

sengetøj (*sehng*-er-toi) *pl* bedding

senil (say-*nil*) *adj* senile

sennep (*seh*-nob) *c* mustard

sensation (sehn-sah-*s^yoan*) *c* sensation

sensationel (sehn-sah-s^yoa-*nehl*) *adj* sensational

sentimental (sehn-ti-mehn-*tahl*) *adj* sentimental

separat (say-bah-*rahd*) *adv* separately; apart

september (sayb-*tehm*-bo) September

septisk (*sehb*-tisg) *adj* septic

serie (*sayr*-^yer) *c* series; sequence

seriøs (sayr-i-*urs*) *adj* serious

serum (*sāy*-rom) *nt* (pl sera) serum

servere (sær-*vay*-o) *v* serve

service[1] (*surr*-viss) *c* service

service[2] (sær-*vee*-ser) *nt* crockery; tableware

servicestation (*surr*-viss-sdah-s^yoan) *c* service station

serviet (sær-vi-*ehd*) *c* (pl ~ter) napkin; serviette

servitrice (sær-vi-*tree*-ser) *c* waitress

seværdighed (say-*vær*-di-haydh) *c* sight

si (si) *c* sieve; *v* strain, sift

Siam (*see*-ahm) Siam

siameser (see-ah-*may*-so) *c* Siamese

siamesisk (see-ah-*may*-sisg) *adj* Siamese

***sidde** (*say*-dher) *v* *sit; ~ **fast** *stick

siddeplads (*sāy*-dher-plahss) *c* seat

side (*see*-dher) *c* side; page; **til** ~ aside; **ved siden af** next to, beside; next-door

sidegade (*see*-dher-gaa-dher) *c* side-street

sidelys (see-dher-lews) *nt* sidelight

sidelæns (*see*-dher-lehns) *adv* sideways

sideløbende (*see*-dher-lur-ber-ner) *adj* parallel

sidemand (*see*-dher-mahn) *c* (pl -mænd) neighbour

siden (*sidh*-ern) *adv* since; *prep* since; *conj* since; **for ... siden** ago

sideskib (*see*-dher-sgib) *nt* aisle

sidst (sisd) *adj* last; past, ultimate; **til ~** at last

sifon (si-*fong*) *c* syphon, siphon

sig (sigh) *pron* herself, himself; themselves

*****sige** (*see*-i) *v* *say; *tell

signal (si-*nahl*) *nt* signal

signalement (si-nah-ler-*mahng*) *nt* description

signalere (si-nah-*lay*-o) *v* signal

sigtbarhed (*saygd*-bah-haydh) *c* visibility

sigte (*sayg*-der) *v* sieve; **~ mod** aim at; **~ på** aim at

sigøjner (si-*goi*-no) *c* gipsy

sikker (*say*-go) *adj* secure, sure, safe; certain; **sikkert** surely

sikkerhed (*say*-go-haydh) *c* security, safety; guarantee

sikkerhedsbælte (*say*-go-haydhs-behl-der) *nt* seat-belt

sikkerhedsforanstaltning (*say*-go-haydhs-fo-ahn-*sdahld*-nayng) *c* precaution

sikkerhedsnål (*say*-go-haydhs-nol) *c* safety-pin

sikkerhedssele (*say*-go-haydhs-*sāy*-ler) *c* safety-belt

sikre sig (*sayg*-ro) secure

sikring (*sayg*-ræng) *c* fuse

sild (sil) *c* (pl ~) herring

silke (*sayl*-ger) *c* silk; **silke-** silken

silkeblød (*sayl*-ger-blurdh) *adj* mellow

simpelt hen (*saym*-berld hehn) simply

simulere (si-moo-*lay*-o) *v* simulate

sind (sayn) *nt* (pl ~) mind; ***have i sinde** intend

sindig (*sayn*-di) *adj* sedate; steady

sindsbevægelse (*sayns*-bay-veh-erl-ser) *c* emotion, excitement

sindssyg (*sayns*-sew) *c* lunatic; *adj* insane, lunatic

sindssyge (*sayns*-sēw-ew) *c* lunacy

sirene (si-ræ**æ**-ner) *c* siren

situation (si-doo-ah-s**Yoan**) *c* situation, position

siv (see∘∘) *nt* (pl ~) rush; reed

sjak (s**Y**ahg) *nt* (pl ~) gang

sjal (s**Y**ahl) *nt* shawl

sjap (s**Y**ahb) *nt* slush

sjette (s**Y**ai-der) *num* sixth

sjofel (s**Y**oa-ferl) *adj* obscene

sjov (s**Y**o∘∘) *nt* fun; *adj* funny

sjusket (s**Y**ooss-gerdh) *adj* sloven, sloppy

sjæl (s**Y**ehl) *c* soul

sjælden (s**Y**eh-lern) *adj* rare; infrequent; **sjældent** seldom, rarely

skab (sgahb) *nt* closet, cupboard

skabe (*sgaa*-ber) *v* create; **~ sig** *be affected

skabning (*sgaab*-nayng) *c* creature

skade (*sgaa*-dher) *c* mischief, damage; harm; magpie; *v* *hurt, harm

skadelig (*sgaa*-dher-li) *adj* harmful; hurtful

skadeserstatning (*sgaa*-dherss-ær-sdahd-nayng) *c* compensation, indemnity

skadesløsholdelse (*sgaa*-dherss-lurss-hol-erl-ser) *c* indemnity

skaffe (*sgah*-fer) *v* supply, provide

skaft (sgahfd) *nt* handle; shaft; stick

skak (sgahg) chess; **skak!** check!

skakbræt (*sgahg*-bræd) *nt* (pl ~ter) checkerboard *nAm*

skal (sgahl) *c* (pl ~ler) shell; skin

skala (*sgaa*-lah) *c* scale

skaldet (*sgah*-lerdh) *adj* bald

skaldyr (*sgahl*-dewr) *nt* (pl ~) shellfish

skalle (sgah-ler) c roach

skam (sgahm) c shame, disgrace

skamfuld (sgahm-fool) adj ashamed

skamme sig (sgah-mer) *be ashamed

skandale (sgahn-daa-ler) c scandal

skandinav (sgahn-di-nahoo) c Scandinavian

Skandinavien (sgahn-di-nah-vᵛern) Scandinavia

skandinavisk (sgahn-di-nah-visg) adj Scandinavian

skarlagen (sgaa-lah-ahn) adj scarlet

skarp (sgaab) adj keen, sharp

skarpsindig (sgahb-sayn-di) adj shrewd

skat¹ (sgahd) c (pl ~te) treasure; darling; sweetheart

skat² (sgahd) c (pl ~ter) tax

skatte (sgah-der) v estimate, appreciate

skattefri (sgah-der-fri) adj tax-free

ske (sgay) c spoon; v occur, happen

skefuld (sgay-fool) c spoonful

skelet (sgay-lehd) nt (pl ~ter) skeleton

skelne (sgehl-ner) v discern, distinguish

skelnen (sgehl-nern) c discrimination, distinction

skeløjet (sgayl-oi-erdh) adj cross-eyed

skema (sgāy-mah) nt scheme

ski (sgi) c (pl ~) ski; *stå på ~ ski

skib (sgib) nt boat, ship

skibsfart (sgibs-fahd) c navigation

skibsreder (sgibs-ræ-dho) c shipowner

skibsrute (sgibs-rōō-der) c shipping route

skibsværft (sgibs-værfd) nt shipyard

skibukser (sgi-bog-so) pl ski pants

skifer (sgi-fo) c slate

skift (sgifd) nt (pl ~) shift

skifte (sgif-der) v change; switch

skihop (sgi-hob) nt (pl ~) ski-jump

skik (sgig) c (pl ~ke) custom

skikkelig (sgi-ger-li) adj harmless

skikkelse (sgi-gerl-ser) c figure

skikket (sgi-gerdh) adj convenient, fit, qualified

skildpadde (sgayl-pah-dher) c turtle

skilift (sgi-lifd) c ski-lift

skille (sgay-ler) v part, separate; divide

skilles (sgay-lerss) v divorce

skillevæg (sgay-ler-vehg) c (pl ~ge) partition

skilning (sgayl-nayng) c parting

skilsmisse (sgayls-mi-ser) c divorce

skiløb (sgi-lurb) nt (pl ~) skiing

skiløber (sgi-lūr-bo) c skier

skimlet (sgaym-lerdh) adj mouldy

skimmel (sgaym-erl) c mildew

skimte (sgaym-der) v glimpse

skin (sgayn) nt light, glare; semblance; appearance

skind (sgayn) nt (pl ~) skin; **skind**-leather

skinhellig (sgayn-heh-li) adj hypocritical

skinke (sgayng-ger) c ham

skinne (sgay-ner) v *shine; **skinnende** glossy

skinsyg (sgayn-sew) adj envious

skistave (sgi-sdaa-ver) pl ski sticks; ski poles Am

skistøvler (sgi-sdur°°-lo) pl ski boots

skitse (sgid-ser) c sketch

skitsebog (sgid-ser-bo°°) c (pl -bøger) sketch-book

skitsere (sgid-say-o) v sketch

skive (sgee-ver) c slice; disc

skjorte (sgᵛoar-der) c shirt

skjul (sgᵛool) nt (pl ~) cover, shelter; hiding-place

skjule (sgᵛōō-ler) v *hide; conceal

sko (sgoa) c (pl ~) shoe

skocreme (sgoa-kræm) c shoe polish

skodde (sgo-dher) c shutter

skoforretning (*sgoa*-fo-ræd-nayng) *c* shoe-shop

skoldkopper (*sgol*-ko-bo) *pl* chickenpox

skole (*sgōā*-ler) *c* school; college

skolebænk (*sgōā*-ler-behngg) *c* desk

skoledreng (*sgōā*-ler-dræng) *c* schoolboy

skoleinspektør (*sgōā*-ler-ayn-sbehg-turr) *c* headmaster, head teacher

skolelærer (*sgōā*-ler-lai-o) *c* teacher, schoolmaster

skolepige (*sgōā*-ler-pee-i) *c* schoolgirl

skoletaske (*sgōā*-ler-tahss-ger) *c* satchel

skomager (*sgoa*-mah-o) *c* shoemaker

skorpe (*sgaw*-ber) *c* crust

skorsten (*sgaw*-sdayn) *c* chimney

Skotland (*sgod*-lahn) Scotland

skotsk (sgodsg) *adj* Scottish, Scotch

skotte (*sgo*-der) *c* Scot

skotøj (*sgoa*-toi) *pl* footwear

skov (sgo⁰⁰) *c* wood, forest

skovfoged (*sgo⁰⁰*-fōā-oadh) *c* forester

skovklædt (*sgo⁰⁰*-klehd) *adj* wooded

skovl (sgo⁰⁰l) *c* shovel

skovstrækning (*sgo⁰⁰*-sdræg-nayng) *c* woodland

skovtur (*sgo⁰⁰*-toor) *c* picnic; **tage på ~* picnic

skrabe (*sgraa*-ber) *v* scrape

skrald (sgrahl) *nt* garbage

skraldespand (*sgrah*-ler-sbahn) *c* rubbish-bin

skramme (*sgrah*-mer) *c* scratch; *v* bruise

skrammel (*sgrahm*-erl) *nt* junk; trash

skranke (*sgrahng*-ger) *c* counter

*skride (*sgree*-dher) *v* slip, skid; stalk, *stride

skridt (sgrid) *nt* (pl ~) step; move, pace

skrifte (*sgræf*-der) *v* confess

skriftemål (*sgræf*-der-mol) *nt* (pl ~) confession

skriftlig (*sgræfd*-li) *adj* written; *skriftligt* in writing

skrig (sgri) *nt* (pl ~) scream, cry

*skrige (*sgree*-i) *v* cry, scream

*skrive (*sgree*-ver) *v* *write; *~ bag på* endorse; *~ ned* *write down; *~ op* list; *~ under* sign

skriveblok (*sgree*-ver-blog) *c* (pl ~ke) writing-pad

skrivebord (*sgree*-ver-boar) *nt* desk; bureau

skrivemaskine (*sgree*-ver-mah-sgee-ner) *c* typewriter

skrivemaskinepapir (*sgree*-ver-mah-sgee-ner-pah-peer) *nt* typing paper

skrivepapir (*sgree*-ver-pah-peer) *nt* writing-paper

skrot (sgrod) *nt* scrap-iron

skrubbe (*sgro*-ber) *v* scrub

skrue (*sgrōō*-oo) *c* screw; propeller; *v* screw; *~ af* unscrew

skruenøgle (*sgrōō*-oo-noi-ler) *c* spanner, wrench

skruetrækker (*sgrōō*-oo-træ-go) *c* screw-driver

skruetvinge (*sgrōō*-oo-tvayng-er) *c* clamp

skrædder (*sgrædh*-o) *c* tailor

skræddersyet (*sgrædh*-o-sew-ewdh) *adj* tailor-made

skræk (sgræg) *c* fright; scare

skrækindjagende (*sgræg*-ayn-Yah-er-ner) *adj* terrifying; horrible

skrækkelig (*sgræ*-ger-li) *adj* frightful, horrible

skræl (sgrahl) *c* (pl ~ler) peel

skrælle (*sgrah*-ler) *v* peel

skræmme (*sgræ*-mer) *v* scare

skræmt (sgræmd) *adj* frightened

skrænt (sgrænd) *c* slope

skrøbelig (*sgrūr*-ber-li) *adj* fragile

skrå (sgro) *adj* slanting

skrål (sgrol) *nt* (pl ~) shout, bawl

skråle (*sgraw*-ler) v shout, bawl

skråne (*sgraw*-ner) v slope; slant;
 skrånende sloping, slanting

skråning (*sgro*-nayng) c hillside, in-
cline

skub (sgob) nt (pl ~) push

skubbe (*sgo*-ber) v push

skud (sgoodh) nt (pl ~) shot

skudår (*sgoodh*-o) nt (pl ~) leap-
year

skuespil (*sgōō*-oo-sbayl) nt (pl ~)
play; spectacle

skuespilforfatter (*sgōō*-oo-sbayl-fo-
fah-do) c playwright

skuespiller (*sgōō*-oo-sbay-lo) c actor;
comedian

skuespillerinde (sgōō-oo-sbay-lo-*ay*-
ner) c actress

skuffe (*sgo*-fer) c drawer; v disap-
point; *be disappointing

skuffelse (*sgo*-ferl-ser) c disappoint-
ment

skulder (*sgoo*-lo) c (pl -dre) shoulder

*skulle (*sgoo*-ler) v *shall; *should,
 *must; *be obliged to, *be bound
to

skulptur (sgoolb-*toor*) c sculpture

skum (sgom) nt foam; froth; lather

skumgummi (*sgom*-go-mi) nt foam-
rubber

skumme (*sgo*-mer) v foam

skummel (*sgom*-erl) adj sombre

skumring (*sgom*-ræng) c dusk

skur (sgoor) nt shed

skurk (sgoorg) c villain

skurrende (*sgoor*-o-ner) adj hoarse

sky (sgew) c cloud; adj timid, shy

skybrud (*sgew*-broodh) nt (pl ~)
cloud-burst

*skyde (*sgēw*-dher) v fire, *shoot

skydedør (*sgēw*-dher-durr) c sliding
door

skydeskive (*sgēw*-dher-sgee-ver) c
mark, target

skyet (*sgēw*-ewdh) adj cloudy

skygge (*sgew*-ger) c shade, shadow

skyggefuld (*sgew*-ger-fool) adj shady

skyld (sgewl) c guilt, fault; debt;
blame; *lægge skylden på blame

skylde (*sgew*-ler) v owe

skyldig (*sgewl*-di) adj guilty; due

skylle (*sgur*-ler) v rinse

skylning (*sgurl*-nayng) c rinse

skyskraber (*sgew*-sgraa-bo) c sky-
scraper

skæbne (*sgaib*-ner) c fate; destiny,
fortune; luck

skæbnesvanger (*sgehb*-ner-svahng-o)
adj fatal

skæg (sgehg) nt (pl ~) beard

skæl (sgehl) nt (pl ~) scale; dan-
druff

skælde ud (*sgeh*-ler) scold; call
names

skælm (sgehlm) c rascal

skælve (*sgehl*-ver) v shiver, tremble

skænderi (sgeh-no-*ri*) nt quarrel; row

skændes (*sgeh*-nerss) v quarrel

skænke (*sgehng*-ger) v pour; donate

*skære (*sgai*-o) v *cut; carve; ~ af
 *cut off; ~ ud carve

skærm (sgærm) c screen

skærme (*sgær*-mer) v shelter

skærmydsel (sgær-*mew*-serl) c (pl
-sler) quarrel

skøjte (*sgoi*-der) c skate; *løbe på
 skøjter skate

skøjtebane (*sgoi*-der-baa-ner) c
skating-rink

skøjteløb (*sgoi*-der-lurb) nt skating

skøn¹ (sgurn) nt (pl ~) judgment

skøn² (sgurn) adj lovely, glorious

skønhed (*sgurn*-haydh) c beauty

skønhedsmidler (*sgurn*-haydhs-midh-
lo) pl cosmetics pl

skønhedspleje (*sgurn*-haydhs-pligh-er)
c beauty treatment

skønhedssalon (*sgurn*-haydhs-sah-long) *c* beauty salon, beauty parlour

skønt (sgurnd) *conj* although, though

skør (sgurr) *adj* fragile; crazy

skål (sgol) *c* bowl, basin, dish; toast

sladder (*slahdh*-o) *c* gossip

sladre (*slahdh*-ro) *v* gossip

slag (slah) *nt* (pl ~) blow; slap; battle

slager (*slaa*-o) *c* hit

slagord (*slou*-oar) *nt* (pl ~) slogan

slags (slahgs) *c* (pl ~) kind, sort; **flere ~** all sorts of

slagter (*slahg*-do) *c* butcher

slagtilfælde (*slou*-tayl-fehl-er) *nt* (pl ~) stroke

slange (*slahng*-er) *c* snake; inner tube

slank (slahngg) *adj* slender, slim

slanke sig (*slahng*-ger) slim

slap (slahb) *adj* limp

slappe af (*slah*-ber) relax

slave (*slaa*-ver) *c* slave

slem (slehm) *adj* bad; **værre** worse; **værst** worst

slentre (*slehn*-dro) *v* stroll

slentretur (*slehn*-dro-toor) *c* stroll

slet (slehd) *adj* evil

slethvar (*slehd*-vah) *c* (pl ~re) brill

slette (*sleh*-der) *c* plain

***slibe** (*slee*-ber) *v* sharpen

***slide** (*slee*-dher) *v* wear out; **slidt** worn

slik (slayg) *nt* (pl ~) sweets; candy *nAm*

slikke (*slay*-ger) *v* lick

slips (slaybs) *nt* (pl ~) necktie, tie

slogan (*sloa*-gahn) *nt* (pl ~s) slogan

slot (slod) *nt* (pl ~te) castle

sludder (*sloodh*-o) *nt* rubbish; *c* chat

sludre (*sloodh*-ro) *v* chat

sludrechatol (*sloodh*-ro-sᵛah-tol) *nt* (pl ~ler) chatterbox

sluge (*sloo*-oo) *v* swallow, devour

slugt (sloogd) *c* gorge

slukke (*slo*-ger) *v* extinguish, *put out; disconnect; ~ **for** switch off

slum (slom) *c* (pl ~s) slum

sluse (*sloo*-ser) *c* sluice; lock

slutning (*slood*-nayng) *c* finish, end; conclusion, ending; *drage en ~ infer, *draw a conclusion

slutte (*sloo*-der) *v* finish, end; **slut** finished

slynge (*slurng*-er) *v* *throw

slyngel (*slurng*-erl) *c* (pl -gler) rascal

slæbe (*slai*-ber) *v* drag; tug, tow

slæde (*slai*-dher) *c* sleigh; sledge

slægt (slehgd) *c* family

slægtning (*slehgd*-nayng) *c* relative; relation

slør (slurr) *nt* (pl ~) veil

sløret (*slūr*-odh) *adj* dim

sløset (*slūr*-serdh) *adj* careless

sløv (slurᵒᵒ) *adj* dull, blunt; apathetic

slå (slo) *c* bolt

***slå** (slo) *v* *strike, *beat, *hit, slap; ~ **efter** look up; **slående** striking; ~ **ihjel** kill; ~ **ned** knock down; ~ **op** look up; ~ **sig ned** settle down

***slås** (sloss) *v* *fight; struggle

smag (smah) *c* flavour, taste

smage (*smaa*-ah) *v* taste; ~ **til** flavour

smal (smahl) *adj* narrow

smaragd (smah-*rahd*) *c* emerald

smart (smahd) *adj* smart

smattet (*smah*-derdh) *adj* slippery; greasy

smed (smaydh) *c* blacksmith, smith

smelte (*smehl*-der) *v* melt

smerte (*smær*-der) *c* ache, pain; grief, sorrow

smertefri (*smær*-der-fri) *adj* painless

smertefuld (*smær*-der-fool) *adj* painful

***smide** (*smee*-dher) *v* *fling, pitch,

*throw, *cast

smidig (*smee*-dhi) *adj* supple

smil (smil) *nt* (pl ~) smile

smile (*smee*-ler) *v* smile

smitsom (*smid*-som) *adj* contagious, infectious

smitte (*smi*-der) *v* infect; ~ **af** rub off; **smittende** contagious

smoking (*smoa*-kayng) *c* dinnerjacket; tuxedo *nAm*

smudsig (*smoo*-si) *adj* filthy

smugle (*smoo*-ler) *v* smuggle

smuk (smog) *adj* beautiful; fair, fine

smul (smool) *adj* smooth

smule (*smoo*-ler) *c* bit

smutte fra (*smoo*-der) slip

smykke (*smur*-ger) *nt* jewel; **smykker** jewellery

smækfuld (*smehg*-fool) *adj* packed

smække (*smeh*-ger) *v* slam; smack

smæld (smehl) *nt* (pl ~) crack

smælde (*smeh*-ler) *v* crack

smør (smurr) *nt* butter

*smøre (*smur*-o) *v* smear, rub into; butter; lubricate; grease

smørelse (*smur*-ol-ser) *c* grease

smøreolie (*smur*-o-oal-Yer) *c* lubrication oil

smøring (*smurr*-ayng) *c* lubrication

smøringssystem (*smurr*-ayngs-sewsdaym) *nt* lubrication system

småborgerlig (*smo*-bawoo-o-li) *adj* bourgeois

småfisk (*smo*-faysg) *pl* whitebait

småkage (*smo*-kaa-ah) *c* biscuit; cookie *nAm*; cracker *nAm*

smålig (*smo*-li) *adj* stingy; petty

småpenge (*smo*-pehng-er) *pl* change; petty cash

snak (snahg) *c* chat

snakke (*snah*-ger) *v* talk; chat

snakkesalig (snah-ger-*sah*-li) *adj* talkative

snarere (*snaa*-o-o) *adv* sooner

snarligt (*snaa*-lid) *adv* soon

snart (snahd) *adv* shortly, presently, soon; **så ~ som** as soon as

snavs (snous) *nt* dirt, filth

snavset (*snou*-serdh) *adj* dirty, filthy

sne (snay) *c* snow; *v* snow

snedrive (*snay*-dreever) *c* snowdrift

snedækket (*snay*-deh-gerdh) *adj* snowy

snegl (snighl) *c* snail

snestorm (*snay*-sdom) *c* blizzard, snowstorm

snigskytte (*snee*-sgur-der) *c* sniper

snit (snid) *nt* (pl ~) cut

snitsår (*snid*-so) *nt* (pl ~) cut

snitte (*sni*-der) *v* chip; carve

sno (snoa) *v* twist; ~ **sig** *wind

snoet (*snoa*-erdh) *adj* winding

snor (snoar) *c* string, cord; leash, lead

snorke (*snaw*-ger) *v* snore

snorkel (*snaw*-gerl) *c* (pl -kler) snorkel

snu (snoo) *adj* sly, cunning, bright

snuble (*snoob*-ler) *v* stumble

snude (*snoo*-dher) *c* snout

snurre (*snoar*-o) *v* *spin

snusket (*snoo*-sgerdh) *adj* foul

*snyde (*snew*-dher) *v* cheat

snæver (*sneh*-o) *adj* tight

snæversynet (*sneh*-o-sew-nerdh) *adj* narrow-minded

snørebånd (*snur*-o-bon) *nt* (pl ~) shoe-lace, lace

social (soa-s^Yahl) *adj* social

socialisme (soa-s^Yah-*liss*-mer) *c* socialism

socialist (soa-s^Yah-*lisd*) *c* socialist

socialistisk (soa-s^Yah-*liss*-disg) *adj* socialist

sofa (*soa*-fah) *c* sofa

sogn (so^oon) *nt* parish

sok (sog) *c* (pl ~ker) sock

sol (soal) *c* sun

solbade (sōāl-baa-dher) v sunbathe

solbriller (sōāl-bræ-lo) pl sun-glasses pl

solbrændt (sōāl-brænd) adj tanned

solbær (sōāl-bær) nt (pl ~) black-currant

soldat (soal-dahd) c soldier

solid (soa-lidh) adj firm, solid

solistkoncert (soa-lisd-kon-særd) c recital

sollys (sōāl-lews) nt sunlight

solnedgang (sōāl-naydh-gahng) c sunset

sololie (sōāl-oal-Yer) c suntan oil

solopgang (sōāl-ob-gahng) c sunrise

solrig (sōāl-ri) adj sunny

solsejl (sōāl-sighl) nt (pl ~) awning

solskin (sōāl-sgayn) nt sunshine

solskoldning (sōāl-sgol-nayng) c sunburn

solskærm (sōāl-sgærm) c sunshade

solsort (soal-soard) c blackbird

solstik (sōāl-sdayg) nt (pl ~) sun-stroke

som (som) pron who, that, which; conj like, as; ~ **om** as if

sommer (so-mo) c (pl somre) summer

sommerfugl (so-mo-fool) c butterfly

sommerhus (so-mo-hoos) nt cottage

sommertid (so-mo-tidh) c summer time

somme tider (so-mer tee-dho) sometimes

sorg (sog) c sorrow, affliction; grief

sort (soard) adj black

sortbørshandel (soard-burrs-hahn-erl) c black market

sortere (so-tay-o) v sort, assort

sortiment (so-ti-mahng) nt assortment

souvenir (soo-ver-neer) c (pl ~s) souvenir

***sove** (so⁰⁰-er) v *sleep; **sovende**

asleep; ~ **over sig** *oversleep

sovepille (so⁰⁰-er-pay-ler) c sleeping-pill

sovepose (so⁰⁰-er-pōā-ser) c sleeping-bag

sovesal (so⁰⁰-er-sahl) c dormitory

sovevogn (so⁰⁰-er-vo⁰n) c sleeping-car; Pullman

soveværelse (so⁰⁰-er-vai-ol-ser) nt bedroom

sovjetisk (so⁰⁰-Yeh-disg) adj Soviet

sovs (so⁰⁰s) c gravy, sauce

spade (sbaa-dher) c spade

spadsere (sbah-say-o) v walk

spadseredragt (sbah-say-o-drahgd) c suit

spadserestok (sbah-say-o-sdog) c (pl ~ke) walking-stick

spadseretur (sbah-say-o-toor) c walk

spalte (sbahl-der) c cleft; column; v *split

spand (sbahn) c bucket, pail

Spanien (sbah-ni-ern) Spain

spanier (sbahn-Yo) c Spaniard

spanke (sbahn-ger) v strut, swagger

spansk (sbahnsg) adj Spanish

spare (sbaa-ah) v save; economize, spare

sparekasse (sbaa-ah-kah-ser) c savings bank

sparepenge (sbaa-ah-pehng-er) pl savings pl

spark (sbaag) nt (pl ~) kick

sparke (sbaa-ger) v kick

sparsommelig (sbah-som-er-li) adj thrifty, economical

specialisere sig (sbay-sYah-li-say-o) specialize

specialist (sbay-sYah-lisd) c specialist

specialitet (sbay-sYah-li-tayd) c speciality

speciel (sbay-sYehl) adj special; peculiar, particular

specifik (sbay-si-*fig*) *adj* specific

spedalskhed (sbay-*dahlsg*-haydh) *c* leprosy

speeder (*sbee*-do) *c* accelerator

speedometer (sbi-doa-*may*-do) *nt* (pl -metre) speedometer

spejde efter (*sbigh*-der) watch for

spejder (*sbigh*-do) *c* scout

spejl (sbighl) *nt* mirror; looking-glass

spejlbillede (*sbighl*-bay-ler-dher) *nt* reflection

spektakel (sbay-*tah*-gerl) *nt* (pl -kler) noise

spekulere (sbay-goo-*lay*-o) *v* speculate; ~ **på** consider

spendere (sbayn-*day*-o) *v* *spend

spid (sbidh) *nt* (pl ~) spit

spids (sbayss) *c* tip, point; *adj* pointed

spidse (*sbay*-ser) *v* sharpen

spil (spayl) *nt* (pl ~) game, play

spild (sbil) *nt* waste

spilde (*sbi*-ler) *v* *spill; waste

spille (*sbay*-ler) *v* act; gamble, play

spillekort (*sbay*-le-kawd) *nt* (pl ~) playing-card

spiller (*sbay*-lo) *c* player

spilopper (sbi-*lo*-bo) *pl* mischief

spinat (sbi-*nahd*) *c* spinach

***spinde** (*sbay*-ner) *v* *spin; purr

spindelvæv (*sbayn*-erl-vehoo) *nt* (pl ~) cobweb, spider's web

spion (sbi-*oan*) *c* spy

spir (sbeer) *nt* (pl ~) spire

spirituosa (sbeer-i-too-*ōā*-sah) *pl* spirits

spiritus (*sbeer*-i-tooss) *c* liquor

spiritusforretning (*sbeer*-i-tooss-for-ræd-nayng) *c* off-licence

spise (*sbee*-ser) *v* *eat; ~ **morgenmad** *have breakfast; ~ **til middag** dine

spisebestik (*sbee*-ser-bay-sdayg) *nt* (pl ~) cutlery

spisekammer (*sbee*-ser-kahm-o) *nt* (pl -kamre) larder

spisekort (*sbee*-ser-kawd) *nt* (pl ~) menu

spiselig (*sbee*-ser-li) *adj* edible

spisesal (*sbee*-ser-sahl) *c* dining-room

spiseske (*sbee*-ser-sgay) *c* tablespoon

spisestel (*sbee*-ser-sdehl) *nt* (pl ~) dinner-service

spisestue (*sbee*-ser-sdōō-oo) *c* dining-room

spisevogn (*sbee*-ser-vo⁰⁰n) *c* dining-car

splint (sblaynd) *c* splinter

splinterny (*sblayn*-do-new) *adj* brand-new

spole (*sbōā*-ler) *c* spool; reel

spolere (sboa-*lay*-o) *v* spoil, mess up

spor (sboar) *nt* (pl ~) footprint, footmark; track; trace; trail

sport (sbawd) *c* sport

sportsjakke (*sbawds*-ᵞah-ger) *c* sports-jacket

sportsmand (*sbawds*-mahn) *c* (pl -mænd) sportsman

sportstøj (*sbawds*-toi) *pl* sportswear

sportsvogn (*sbawds*-vo⁰⁰n) *c* sports-car

sporvogn (*sboar*-vo⁰⁰n) *c* tram; streetcar *nAm*

spot (sbod) *c* mockery

spray (sbray) *c* (pl ~) atomizer

sprede (*sbræ*-dher) *v* scatter

spring (sbræng) *nt* (pl ~) jump

***springe** (*sbræng*-er) *v* jump; *leap; ~ **over** skip

springvand (*sbræng*-vahn) *nt* (pl ~) fountain

spritapparat (*sbrid*-ah-bah-rahd) *nt* spirit stove

sprog (sbrooo) *nt* (pl ~) language

sproglaboratorium (sbro⁰⁰-lah-boa-rah-toar-ᵞom) *nt* (pl -ier) language laboratory

*sprække (sbræ-ger) v *burst

sprængstof (sbræng-sdof) nt (pl ~fer) explosive

sprød (sbrurdh) adj crisp

sprøjt (sbroid) nt (pl ~) splash, squirt; spout

sprøjte (sbroi-der) c syringe; v splash; squirt; inject

spurv (sboorv) c sparrow

spyd (sbewdh) nt (pl ~) spear

spyt (sburd) nt spit

spytte (sbur-der) v *spit

spædbarn (sbehdh-bahn) nt (pl -børn) infant, baby

spænde¹ (sbeh-ner) nt buckle

spænde² (sbeh-ner) v tighten; ~ fast fasten

spændende (sbeh-ner-ner) adj exciting

spænding (sbeh-nayng) c tension; voltage

spændt (sbehnd) adj tense, tight; eager

spærre (sbai-o) v block

spøg (sboi) c joke

spøgefuld (sbūr-ul-fool) adj humorous

spøgelse (sbūr-url-ser) nt spirit, ghost; spook

*spørge (sbūr-o) v ask; spørgende interrogative; ~ sig selv wonder

spørgsmål (sburrs-mol) nt (pl ~) question; problem, matter; issue

spørgsmålstegn (sburrs-mols-tighn) nt (pl ~) question mark

stabel (sdah-berl) c (pl -bler) stack; pile

stabil (sdah-bil) adj stable

stable (sdaa-bler) v pile

stade (sdaa-dher) nt stand; level

stadion (sdah-dYon) nt stadium

stadium (sdah-dYom) nt (pl -ier) stage

stak (sdahg) c (pl ~ke) heap

stakit (sdah-kid) nt (pl ~ter) fence

stald (sdahl) c stable

stamme (sdah-mer) c trunk; tribe; v stutter

stampe (sdahm-ber) v stamp

i stand til (i sdahn tayl) able; *være i stand til *be able to

standhaftig (sdahn-hahf-di) adj steadfast

standpunkt (stahn-pongd) nt point of view

standse (sdahn-ser) v halt, stop; discontinue

stang (sdahng) c (pl stænger) bar; rod

stanniol (sdahn-Yoal) nt tinfoil

start (sdahd) c beginning, start; take-off

startbane (sdahd-baa-ner) c runway

starte (sdaa-der) v start, *begin; *take off

startmotor (sdahd-mōā-to) c starter motor

stat (sdahd) c state; stats- national

station (sdah-sYoan) c station; depot nAm

stationsforstander (sdah-sYoans-fo-sdahn-o) c station-master

stationær (sdah-sYoa-nær) adj stationary

statistik (sdah-di-sdig) c (pl ~ker) statistics pl

statsborger (sdahds-bawoo-o) c subject

statsborgerskab (sdahds-boºº-o-sgahb) nt citizenship

statsmand (sdahds-mahn) c (pl -mænd) statesman

statsminister (sdahds-mi-niss-do) c (pl -tre) Prime Minister; premier

statsoverhoved (sdahds-oºº-o-hōā-oadh) nt head of state

statstjenestemand (sdahds-tYai-ner-sder-mahn) c (pl -mænd) civil servant

statue (sdah-tōō-oo) c statue

stave (sdaa-ver) v *spell

stavelse (sdaa-verl-ser) c syllable

stavemåde (sdaa-ver-maw-dher) c spelling

stearinlys (sday-rin-lews) nt (pl ~) candle

sted (sdehdh) nt spot, place; site; **et eller andet ~** somewhere; *finde ~ *take place; **i stedet for** instead of; *tage af ~ *leave; depart

stedbarn (sdehdh-bahn) nt (pl -børn) stepchild

stedfar (sdehdh-faa) c (pl -fædre) stepfather

stedfortræder (sdehdh-fo-trædh-o) c substitute; deputy

stedlig (sdehdh-li) adj local

stedmor (sday-moar) c (pl -mødre) stepmother

stedord (sdehdh-oar) nt (pl ~) pronoun

stege (sdigh-er) v roast, fry

stegeovn (sdigh-er-o⁰⁰n) c oven

stegepande (sdigh-er-pah-ner) c frying-pan

stejl (sdighl) adj steep

stemme (sdeh-mer) c voice; vote; v tune, vote; **~ overens** correspond, agree

stemmeret (sdeh-mer-ræd) c suffrage; franchise

stemning (sdehm-nayng) c atmosphere

stempel (sdehm-berl) nt (pl -pler) stamp; piston

stempelring (sdehm-berl-ræng) c piston ring

stempelstang (sdehm-berl-sdahng) c (pl -stænger) piston-rod

sten (sdayn) c (pl ~) stone; **stenstone**

stenbrud (sdāyn-broodh) nt (pl ~) quarry

stenograf (sday-noa-grahf) c stenographer

stenografi (sday-noa-grah-fi) c shorthand

stentøj (sdāyn-toi) pl stoneware

steril (sday-ril) adj sterile

sterilisere (sdayr-i-li-say-o) v sterilize

stewardesse (sdᵛoo-ah-deh-ser) c stewardess

sti (sdi) c path; trail

stifte (sdayf-der) v found; institute

stiftelse (sdayf-derl-ser) c foundation

stigbøjle (sdee-boi-ler) c stirrup

stige (sdee-i) c ladder

*stige (sdee-i) v *rise, climb; **~ op** ascend; **~ på** *get on

stigning (sdee-nayng) c rise, ascent

stik (sdayg) nt (pl ~) sting; engraving, picture

*stikke (sday-ger) v *sting

stikkelsbær (sday-gerls-bær) nt (pl ~) gooseberry

stikkontakt (sdayg-koan-tahgd) c plug

stikord (sdayg-oar) nt (pl ~) cue; catchword

stikpille (sdayg-pay-ler) c suppository

stil (sdil) c style; essay

stilfærdig (sdayl-fær-di) adj quiet

stilhed (sdayl-haydh) c silence, quiet; stillness

stilk (sdaylg) c stem

stillads (sdi-lahs) nt scaffolding

stille¹ (sday-ler) v *put; place; **~ ind** tune in; **~ på plads** *put away

stille² (sday-ler) adj still, calm, quiet; silent

Stillehavet (sday-ler-hah-verdh) the Pacific Ocean

stilling (sday-layng) c position, job, situation

stimulans (sdi-moo-lahns) c stimulant

stimulere (sdi-moo-lay-o) v stimulate

sting (sdayng) nt (pl ~) stitch

*stinke (sdayng-ger) v *smell, *stink

stipendium (sdi-*pehn*-d^yom) *nt* (pl -ier) grant, scholarship

stipulere (sdi-poo-*lay*-o) *v* stipulate

stirre (*sdee*-o) *v* stare, gaze

stiv (sdee^{oo}) *adj* stiff, rigid; starched

stive (*sdee*-ver) *v* starch

stivelse (*sdee*-verl-ser) *c* starch

stivsindet (*sdee*^{oo}-sayn-erdh) *adj* pigheaded

stjerne (sd^y*ær*-ner) *c* star

*****stjæle** (sd^y*ai*-ler) *v* *steal

stof (sdof) *nt* (pl ~fer) fabric, material; matter; **fast ~** solid

stok (sdog) *c* (pl ~ke) cane

stol (sdoal) *c* chair

stola (*sdoa*-lah) *c* stole

stole på (*sdoa*-ler) trust; rely on

stolpe (*sdol*-ber) *c* post

stolt (sdold) *adj* proud

stolthed (*sdold*-haydh) *c* pride

stop! (sdob) stop!

stoplys (*sdob*-lews) *pl* brake lights

stoppe (*sdo*-ber) *v* stop; *put; darn

stoppegarn (*sto*-ber-gahn) *nt* darning wool

stoppested (*sdo*-ber-sdehdh) *nt* stop

stor (sdoar) *adj* big, great; large

storartet (*sdoar*-ah-derdh) *adj* terrific, splendid, great

Storbritannien (*sdoar*-bri-tahn-^yern) Great Britain

stork (sdawg) *c* stork

storm (sdom) *c* gale, storm; tempest

stormagasin (*sdoar*-mah-gah-sin) *nt* department store

stormflod (*sdawm*-floadh) *c* flood

stormfuld (*sdawm*-fool) *adj* stormy

stormlampe (*sdawm*-lahm-ber) *c* hurricane lamp

stormmåge (*sdawm*-maw-ger) *c* seagull, common gull

storslået (*sdoar*-slo-odh) *adj* magnificent, superb, grand

storsnudet (*sdoar*-snoo-dherdh) *adj* snooty; arrogant

straf (sdrahf) *c* (pl ~fe) punishment; penalty

straffe (*sdrah*-fer) *v* punish

strafferet (*sdrah*-fer-ræd) *c* criminal law

straffespark (*sdrah*-fer-sbaag) *nt* (pl ~) penalty kick

straks (sdrahgs) *adv* instantly, straight away, immediately, at once

stram (sdrahm) *adj* tight, narrow

stramme (*sdrah*-mer) *v* tighten

strammes (*sdrah*-merss) *v* tighten

strand (sdrahn) *c* beach; seashore, shore

strandsnegl (*sdrahn*-snighl) *c* winkle

streg (sdrigh) *c* line

strejfe om (*sdrigh*-fer) wander, roam

strejke (*sdrigh*-ger) *c* strike; *v* *strike

streng (sdræng) *adj* severe, harsh, strict; *c* string

stribe (*sdree*-ber) *c* stripe

stribet (*sdree*-berdh) *adj* striped

strid (sdridh) *c* contest, strife, fight; struggle, battle

*****strides** (*sdree*-dherss) *v* dispute

strikke (*sdræ*-ger) *v* *knit

strikketøj (*sdræ*-ger-toi) *nt* knitting

striks (sdrægs) *adj* strict

strimmel (*sdræm*-erl) *c* (pl strimler) strip

strofe (*sdroa*-fer) *c* stanza

strube (*sdroo*-ber) *c* throat

strubehovedkatar (*sdroo*-ber-hoa-oadh-kah-tah) *c* laryngitis

struds (sdrooss) *c* ostrich

struktur (sdroog-*toor*) *c* texture, structure; fabric

*****stryge** (*sdrew*-ew) *v* iron; *strike, *sweep

strygefri (*sdrew*-ew-fri) *adj* wash and wear, drip-dry

strygejern (*sdrew*-ew-^yærn) *nt* (pl ~)

iron
stræbe (*sdrææ*-ber) *v* aspire; ~ **efter** pursue, *strive for
stræde (*sdrææ*-dher) *nt* lane
***strække** (*sdræ*-ger) *v* stretch
strækning (*sdræg*-nayng) *c* stretch
strøm (sdrurm) *c* (pl ~me) current; **med strømmen** downstream; **mod strømmen** upstream
strømfald (*sdrurm*-fahl) *nt* (pl ~) rapids *pl*
strømfordeler (*sdrurm*-fo-day-lo) *c* distributor
strømme (*sdrur*-mer) *v* stream, pour, flow
strømpe (*sdrurm*-ber) *c* stocking
strømpebukser (*sdrurm*-ber-bog-so) *pl* panty-hose, tights *pl*
strømpeholder (*sdrurm*-ber-ho-lo) *c* suspender belt; garter belt *Am*
strå (sdro) *nt* (pl ~) straw
stråle (*sdraw*-ler) *c* ray, beam; jet; *v* *shine, beam
strålende (*sdraw*-ler-ner) *adj* radiant, beaming; brilliant; bright
stråtag (*sdro*-tah) *nt* thatched roof
stråtækt (*sdro*-tehgd) *adj* thatched
student (sdoo-*dehnd*) *c* student
studere (sdoo-*day*-o) *v* study
studium (*sdoo*-dʸom) *nt* (pl -ier) study
studse (*sdoo*-ser) *v* trim; *be startled
stueetage (*sdōō*-oo-ay-*taa*-sʸer) *c* ground floor
stuehus (*sdōō*-oo-hoos) *nt* farmhouse
stuepige (*sdōō*-oo-pee-i) *c* chambermaid
stuetemperatur (*sdōō*-oo-tehm-brah-toor) *c* room temperature
stum (sdom) *adj* dumb; mute
stump (sdomb) *c* scrap, bit; *adj* blunt
stund (sdon) *c* while
stupid (sdoo-*pidh*) *adj* dumb
stykke (*sdur*-ger) *nt* piece, part;

lump; **i stykker** broken; ***slå i stykker** *break
styrbord (*sdewr*-boar) *nt* starboard
styre (*sdēw*-o) *nt* rule; *v* *lead; restrain
styrke (*sdewr*-ger) *c* strength, force; power; **væbnede styrker** armed forces
styrte (*sdewr*-der) *v* dash; rush; *fall down, drop; ~ **ned** crash
styrtebad (*sdewr*-der-bahdh) *nt* shower
stædig (*sdai*-dhi) *adj* stubborn; dogged
stænkeskærm (*sdehng*-ger-sgærm) *c* mud-guard
stær (sdær) *c* starling
stærk (sdærg) *adj* strong; powerful, severe
stævne (*sdeh*ᵒᵒ-ner) *nt* rally, meeting
stævning (*sdeh*ᵒᵒ-nayng) *c* summons, writ
støbejern (*sdūr*-ber-ʸærn) *nt* cast iron
stød (sdurdh) *nt* (pl ~) bump, push; stab
støddæmper (*sdurdh*-dehm-bo) *c* shock absorber
støde (*sdūr*-dher) *v* bump; punch; offend; *hurt; ~ **imod** knock against; ~ **på** *come across; ~ **sammen** crash, collide; bump
støj (sdoi) *c* noise
støjende (*sdoi*-er-ner) *adj* noisy
stønne (*sdur*-ner) *v* groan
størkne (*sdurrg*-ner) *v* coagulate
større (*sdūr*-o) *adj* bigger; major; superior; **størst** biggest; main
størrelse (*sdūr*-ol-ser) *c* size; **stor ~** outsize
størstedel (*sdurr*-sder-dayl) *c* the greater part, majority; bulk
støt (sdurd) *adj* steady
støtte (*sdur*-der) *c* support; *v* support
støttestrømpe (*sdur*-der-sdrurm-ber) *c*

support hose
støv (sdur⁰⁰) *nt* dust
støvet (sdū̄-verdh) *adj* dusty
støvle (sdur⁰⁰-ler) *c* boot
støvregn (sdur⁰⁰-rahin) *c* drizzle
støvsuge (sdur⁰⁰-sōō-oo) *v* hoover; vacuum *vAm*
støvsuger (sdur⁰⁰-sōō-o) *c* vacuum cleaner
•**stå** (sdo) *v* *stand; ~ **af** *get off; **stående** erect; ~ **op** *rise, *get up
ståhej (sdo-*high*) *c* fuss, bustle
stål (sdol) *nt* steel; **rustfrit** ~ stainless steel
ståltråd (sdol-trodh) *c* wire
subjekt (soob-Yehgd) *nt* subject
substans (soob-sdahns) *c* substance
substantiv (soob-sdahn-tee⁰⁰) *nt* noun
subtil (soob-til) *adj* subtle
succes (sewg-say) *c* success
suge (sōō-oo) *v* suck
suite (svee-der) *c* suite
sukker (so-go) *nt* sugar; **stykke** ~ lump of sugar
sukkerlage (so-go-laa-ah) *c* syrup
sukkersyge (so-go-sēw-ew) *c* diabetes
sukkersygepatient (so-go-sēw-ew-pah-sYehnd) *c* diabetic
sult (soold) *c* hunger
sulten (sool-dern) *adj* hungry
sum (som) *c* (pl ~mer) amount, sum
sump (somb) *c* marsh
sumpet (som-berdh) *adj* marshy
sund (son) *adj* sound, healthy; wholesome
superlativ (soo-*pær*-lah-tee⁰⁰) *c* superlative; *adj* superlative
supermarked (soo-bo-maa-gerdh) *nt* supermarket
suppe (so-ber) *c* soup
suppeske (so-ber-sgay) *c* soup-spoon
suppetallerken (so-ber-tah-*lær*-gern) *c* soup-plate

sur (soor) *adj* sour; acid
suspendere (sooss-behn-*day*-o) *v* suspend
svag (svah) *adj* weak, feeble; faint, slight
svaghed (svaa-haydh) *c* weakness
svale (svaa-ler) *c* swallow
svamp (svahmb) *c* sponge; mushroom, toadstool
svane (svaa-ner) *c* swan
svanger (svahng-o) *adj* pregnant
svar (svah) *nt* (pl ~) answer, reply; **som** ~ in reply
svare (svaa-ah) *v* answer, reply; ~ **til** correspond
sved (svaydh) *c* sweat; perspiration
svede (svāȳ-dher) *v* sweat; perspire
svejse (svigh-ser) *v* weld
svejsesøm (svigh-ser-surm) *c* (pl ~) joint
svensk (svehnsg) *adj* Swedish
svensker (svehn-sgo) *c* Swede
Sverige (svær-i) Sweden
sveske (svayss-ger) *c* prune
svigerdatter (svi-o-dah-do) *c* (pl -døtre) daughter-in-law
svigerfar (svi-o-faa) *c* (pl -fædre) father-in-law
svigerforældre (svi-o-fo-ehl-dro) *pl* parents-in-law *pl*
svigerinde (svi-o-ay-ner) *c* sister-in-law
svigermor (svi-o-moar) *c* (pl -mødre) mother-in-law
svigersøn (svi-o-surn) *c* (pl ~ner) son-in-law
svigte (svayg-der) *v* *let down, fail, desert
svimmel (svaym-erl) *adj* dizzy; giddy
svimmelhed (svaym-erl-haydh) *c* dizziness; vertigo, giddiness
svin (svin) *nt* (pl ~) pig
svindel (svayn-erl) *c* swindle

svindle (*svayn*-ler) v swindle
svindler (*svayn*-lo) c swindler
svinekød (*svee*-ner-kurdh) nt pork
svinelæder (*svee*-ner-lehdh-o) nt pig-skin
sving (svayng) nt (pl ~) turn, swing; bend, turning
svingdør (*svayng*-durr) c revolving door
*svinge (*svay*-nger) v *swing, turn
svoger (svo⁰⁰-o) c (pl -gre) brother-in-law
svulme (*svool*-mer) v *swell
svulst (svoolsd) c tumour; growth
svær (svær) adj difficult, hard; corpulent, stout
sværd (svær) nt (pl ~) sword
*sværge (*svær*-ger) v vow, *swear
svævefly (*svææ*-ver-flew) nt (pl ~) glider
svømme (*svur*-mer) v *swim
svømmebassin (*svur*-mer-bah-sehng) nt swimming pool
svømmer (*svur*-mo) c swimmer; float
svømning (svurm-nayng) c swimming
swahili (svah-*hee*-li) nt Swahili
sy (sew) v *sew; ~ sammen *sew up
syd (sewdh) south
Sydafrika (*sewdh*-ah-fri-kah) South Africa
sydlig (*sewdh*-li) adj southern; southerly
sydpol (*sewdh*-poal) c South Pole
sydvest (sewdh-*vehsd*) south-west
sydøst (sewdh-*ursd*) south-east
syg (sew) adj sick, ill
sygdom (*sew*-dom) c (pl ~me) disease, illness; sickness; ailment
sygehus (*sew*-ew-hoos) nt hospital
sygeplejerske (*sew*ew-pligh-o-sger) c nurse
syltetøj (*sewl*-der-toi) nt jam
symaskine (sew-mah-sgee-ner) c sewing-machine

symbol (sewm-*boal*) nt symbol
symfoni (sewm-foa-*ni*) c symphony
sympati (sewm-pah-*ti*) c sympathy
sympatisk (sewm-*pah*-disg) adj nice
symptom (sewm-*toam*) nt symptom
syn (sewn) nt (pl ~) sight; outlook
synagoge (sew-nah-*goa*-oa) c synagogue
synd (surn) c sin
syndebuk (*sur*-ner-bog) c (pl ~ke) scapegoat
*synes (*sew*-nerss) v *think; appear; ~ om like
*synge (*surng*-er) v *sing
*synke (*surng*-ger) v *sink; swallow
synlig (*sew*-n-li) adj visible
synonym (sew-noa-*newm*) nt synonym
synspunkt (sewns-pongd) nt view
synsvinkel (sewns-vayng-gerl) c (pl -kler) point-of-view
syntetisk (sewn-*tay*-disg) adj synthetic
syre (*sew*-o) c acid
syrer (sew-o) c Syrian
Syrien (*sewr*-Yern) Syria
syrisk (*sewr*-isg) adj Syrian
system (sew-*sdaym*) nt system
systematisk (sewss-der-*mah*-disg) adj systematic
sytilbehørsforretning (sew-tayl-bay-hurrs-fo-ræd-nayng) c haberdashery
sytråd (*sew*-trodh) c thread
sytten (*sur*-dern) num seventeen
syttende (*sur*-der-ner) num seventeenth
syv (sew⁰⁰) num seven
syvende (sew⁰⁰-er-ner) num seventh
sæbe (*sai*-ber) c soap
sæbepulver (*sai*-ber-pol-vo) nt soap powder
sæd (sehdh) c seed, grain; corn; sperm; custom
sæde (*sai*-dher) nt seat

sædelig (*sai*-dher-li) *adj* moral

sædvane (*sehdh*-vaa-ner) *c* usage

sædvanemæssig (*sehdh*-vaa-ner-meh-si) *adj* customary

sædvanlig (sehdh-*vahn*-li) *adj* usual; customary; ordinary; **sædvanligvis** usually, as a rule

sæk (sehg) *c* (pl ~ke) sack

sæl (sehl) *c* seal

*****sælge** (*sehl*-ger) *v* *sell

sælsom (*sail*-som) *adj* queer

sænke (*sehng*-ger) *v* lower; *sink; devalue

sær (sær) *adj* odd

særdeles (sær-*day*-lerss) *adv* quite; **i særdeleshed** specially

særegenhed (*sær*-ay-ayn-haydh) *c* peculiarity

særlig (*sær*-li) *adj* particular, special

særskilt (*sær*-sgayld) *adj* separate

sæson (seh-*song*) *c* season

sæsonkort (seh-*song*-kawd) *nt* (pl ~) season-ticket

sæt (sehd) *nt* (pl ~) set

sætning (*sehd*-nayng) *c* sentence

*****sætte** (*seh*-der) *v* place, *lay, *set, *put; ~ **i gang** launch; ~ **i stand** enable; ~ **sig** *sit down

sø (sur) *c* lake

sød (surdh) *adj* sweet; good

søde (*sūr*-dher) *v* sweeten

søfart (*sur*-fahd) *c* navigation

søge (*sūr*-ur) *v* search, *seek

søger (*sūr*-o) *c* view-finder

søjle (*soi*-ler) *c* column; pillar

søkort (*sur*-kawd) *nt* (pl ~) chart

sølle (*sur*-ler) *adj* poor

sølv (surl) *nt* silver; **sølv-** silver

sølvsmed (*surl*-smaydh) *c* silversmith

sølvtøj (*surl*-toi) *pl* silverware

søm¹ (surm) *nt* (pl ~) nail

søm² (surm) *c* (pl ~me) seam; hem

sømand (*sur*-mahn) *c* (pl ~mænd) sailor; seaman

sømløs (*surm*-lurs) *adj* seamless

sømmelig (*sur*-mer-li) *adj* proper

søn (surn) *c* (pl ~ner) son

søndag (*surn*-dah) *c* Sunday

sønnedatter (*sur*-ner-dah-do) *c* (pl -døtre) granddaughter

sønnesøn (*sur*-ner-surn) *c* (pl ~ner) grandson

søpindsvin (*sur*-payn-svin) *nt* (pl ~) sea-urchin

sørge (*surr*-ger) *v* grieve; ~ **for** see to, attend to

sørgelig (*surr*-ger-li) *adj* sad; grievous; lamentable

sørgespil (*surr*-ger-spayl) *nt* (pl ~) drama

sørgetid (*surr*-ger-tidh) *c* mourning

sørøver (*sur*-rūr-vo) *c* pirate

søster (*surss*-do) *c* (pl -tre) sister

søsyg (*sur*-sew) *adj* seasick

søsyge (*sur*-sēw-ew) *c* seasickness

søsætning (*sur*-sehd-nayng) *c* launching

søtunge (*sur*-tong-er) *c* sole

søvn (sur°°n) *c* sleep

søvnig (sur°°-ni) *adj* sleepy

søvnløs (sur°°n-lurs) *adj* sleepless

søvnløshed (sur°°n-lurss-haydh) *c* insomnia

så¹ (so) *adv* so, then; *conj* so that; ~ **at** so that

så² (so) *v* *sow

sådan (*so*-dahn) *adj* such; *adv* so, such; ~ **som** like, such as

såfremt (so-*fræmd*) *conj* in case, if

såkaldt (*so*-kahld) *adj* so-called

sål (sol) *c* sole

således (so-*lāy*-dherss) *adv* thus

sår (sor) *nt* (pl ~) wound; ulcer

sårbar (*saw*-bah) *adj* vulnerable

såre (*saw*-o) *v* injure, wound; offend

såvel som (so-*vehl* som) as well as

tab 292 tegn

T

tab (tahb) *nt* (pl ~) loss

tabe (taa-ber) *v* drop, *lose

tabel (tah-*behl*) *c* (pl ~ler) table; chart

tablet (tah-*blehd*) *c* (pl ~ter) tablet

tabu (taa-boo) *nt* (pl ~) taboo

tag[1] (tah) *nt* roof

tag[2] (tah) *nt* (pl ~) grip

***tage** (taa-ah) *v* *get, *take; ~ af sted *leave; ~ bort *go away; ~ ilde op resent; ~ imod accept; ~ på *put on; ~ sig af *take care of; mind; ~ væk *take away

tagsten (tou-sdayn) *c* (pl ~) tile

tak (tahg) thank you

takke (tah-ger) *v* thank; *have at ~ for owe

taknemmelig (tahg-*nehm*-li) *adj* grateful, thankful

taknemmelighed (tahg-*nehm*-li-haydh) *c* gratitude

taksere (tahg-*say*-o) *v* estimate, value

takst (tahgsd) *c* fare

taktik (tahg-*tig*) *c* tactics *pl*

tal (tahl) *nt* (pl ~) number

tale (taa-ler) *c* speech; *v* talk, *speak; **talens brug** speech

talent (tah-*lehnd*) *nt* talent; faculty

talerstol (taa-lo-sdoal) *c* platform; pulpit

talje (tahl-Yer) *c* waist

talkum (tahl-kom) *nt* talc powder

tallerken (tah-*lær*-gern) *c* plate; dish

talon (tah-*long*) *c* counterfoil, stub

talord (tahl-oar) *nt* (pl ~) numeral

talrig (tahl-ri) *adj* numerous

tam (tahm) *adj* tame

tampon (tahm-*poang*) *c* tampon

tand (tahn) *c* (pl tænder) tooth

tandbørste (tahn-burr-sder) *c* toothbrush

tandkød (tahn-kurdh) *nt* gum

tandlæge (tahn-lai-eh) *c* dentist

tandpasta (tahn-pahss-dah) *c* toothpaste

tandpine (tahn-pee-ner) *c* toothache

tandprotese (tahn-proa-*tay*-ser) *c* denture

tandpulver (tahn-pol-vo) *nt* toothpowder

tandstikker (tahn-sday-go) *c* toothpick

tang (tahng) *c* (pl tænger) tongs *pl*; pliers *pl*

tank (tahngg) *c* tank

tanke (tahng-ger) *c* idea, thought

tankeløs (tahng-ger-lurs) *adj* thoughtless, careless

tankestreg (tahng-ger-sdrigh) *c* dash

tankskib (tahngg-sgib) *nt* tanker

tankstation (tahngg-sdah-sYoan) *c* filling station

tante (tahn-der) *c* aunt

tape (tayb) *c* adhesive tape

tapet (tah-*payd*) *nt* wallpaper

tapper (tah-bo) *adj* courageous, brave

tapperhed (tah-bo-haydh) *c* courage

tarif (tah-*rif*) *c* (pl ~fer) tariff, rate

tarm (tahm) *c* gut, intestine

tarvelig (taa-ver-li) *adj* common

taske (tahss-ger) *c* bag

tavle (tou-ler) *c* blackboard; board

tavs (tous) *adj* silent

taxameter (tahg-sah-*may*-do) *nt* (pl -tre) taxi-meter

taxi (tahg-si) *c* cab, taxi

taxichauffør (tahg-si-sYoa-furr) *c* cab-driver, taxi-driver

taxiholdeplads (tahg-si-ho-ler-plahss) *c* taxi rank; taxi stand *Am*

te (tay) *c* tea

teater (tay-ah-do) *nt* (pl -tre) theatre

tegn (tighn) *nt* (pl ~) sign; token, indication, signal; *gøre ~ signal

tegne (*tigh*-ner) v *draw; sketch

tegnebog (*tigh*-ner-bo^{oo}) c (pl -bøger) wallet; pocket-book

tegnefilm (*tigh*-ner-film) c (pl ~) cartoon

tegneserie (*tigh*-ner-sayr-^{y}er) c comics pl

tegnestift (*tigh*-ner-sdayfd) c drawing-pin; thumbtack nAm

tegning (*tigh*-nayng) c drawing; sketch; **skematisk** ~ diagram

teint (tehng) c complexion

teknik (tehg-*nig*) c (pl ~ker) technique

tekniker (*tehg*-ni-go) c technician

teknisk (*tehg*-nisg) adj technical

teknologi (tehg-noa-loa-*gi*) c technology

tekop (*tay*-kob) c (pl ~per) teacup

tekst (tehgsd) c text

tekstil (tehgs-*til*) nt textile

telefon (tay-ler-*foan*) c telephone, phone

telefonbog (tay-ler-*foan*-bo^{oo}) c (pl -bøger) telephone directory; telephone book Am

telefonboks (tay-ler-*foan*-bogs) c telephone booth

telefoncentral (tay-ler-*foan*-sehn-trahl) c telephone exchange

telefondame (tay-ler-*foan*-daa-mer) c telephone operator; operator, telephonist

telefonere (tay-ler-foa-*nay*-o) v phone

telefonopringning (tay-ler-*foan*-ob-ræng-nayng) c call, telephone call

telefonrør (tay-ler-*foan*-rurr) nt (pl ~) receiver

telefonsamtale (tay-ler-*foan*-sahm-taa-ler) c telephone call

telegrafere (tay-ler-grah-*fay*-o) v cable, telegraph

telegram (tay-ler-*grahm*) nt (pl ~mer) cable, telegram

teleobjektiv (*tay*-ler-ob-^{y}ehg-tee^{oo}) nt telephoto lens

telepati (tay-ler-pah-*ti*) c telepathy

telt (tehld) nt tent

tema (*tay*-mah) nt theme

temmelig (*teh*-mer-li) adv pretty, rather, quite

tempel (*tehm*-berl) nt (pl -pler) temple

temperatur (tehm-brah-*toor*) c temperature

tempo (*tehm*-boa) nt (pl -pi) pace

tendens (tehn-*dehns*) c tendency

tennis (*teh*-niss) tennis

tennisbane (*teh*-niss-baa-ner) c tennis-court

tennissko (*teh*-niss-sgoa) pl tennis shoes

teologi (tay-oa-loa-*gi*) c theology

teoretisk (tay-oa-*ræ*-disg) adj theoretical

teori (tay-oa-*ri*) c theory

tepotte (*tay*-po-der) c teapot

terapi (tay-ah-*pi*) c therapy

termoflaske (*tær*-moa-flahss-ger) c vacuum flask, thermos flask

termometer (*tær*-moa-*may*-do) nt (pl -tre) thermometer

termostat (*tær*-moa-*sdahd*) c thermostat

ternet (*tær*-nerdh) adj chequered; checked

terning (*tær*-nayng) c cube

terpentin (tær-bern-*tin*) c turpentine

terrasse (tah-*rah*-ser) c terrace

territorium (tær-i-*toar*-^{y}om) nt (pl -ier) territory

terror (*tær*-o) c terrorism

terrorisme (tær-o-*riss*-mer) c terrorism

terrorist (tær-o-*risd*) c terrorist

terræn (tah-*ræng*) nt terrain

tesalon (*tay*-sah-long) c tea-shop

teske (*tay*-sgay) c teaspoon

teskefuld (*tay*-sgay-fool) *c* teaspoonful

testamente (tay-sdah-*mehn*-der) *nt* will

teste (*tehss*-der) *v* test

testel (*tay*-sdehl) *nt* (pl ~) tea-set

Thailand (*tigh*-lahn) Thailand

thailandsk (*tigh*-lahnsg) *adj* Thai

thailænder (*tigh*-lehn-o) *c* Thai

ti (ti) *num* ten

tid (tidh) *c* time; hour; moment; **hele tiden** all the time; **i den sidste ~** lately; **i tide** in time

tidevand (*tee*-dher-vahn) *nt* tide

tidlig (*tidh*-li) *adj* early

tidligere (*tidh*-li-aw-o) *adj* former, earlier; late; previous; *adv* before, formerly

tidsbesparende (*tidhs*-bay-sbah-ah-ner) *adj* time-saving

tidsel (*ti*-serl) *c* (pl -sler) thistle

tidsskrift (*tidhs*-sgræfd) *nt* periodical; journal, magazine, review

*tie (*tee*-i) *v* *be silent; **~ stille** *keep quiet

tiende (*ti*-i-ner) *num* tenth

tiger (*tee*-o) *c* (pl tigre) tiger

tigge (*tay*-ger) *v* beg

tigger (*tay*-go) *c* beggar

til (tayl) *prep* for, to, until

tilbage (tay-*baa*-ah) *adv* back

tilbagebetale (tay-*baa*-ah-bay-tah-ler) *v* *repay

tilbagebetaling (tay-*baa*-ah-bay-tah-layng) *c* repayment

tilbageflyvning (tay-*baa*-ah-flew^oo-nayng) *c* return flight

tilbagekalde (tay-*baa*-ah-kahl-er) *v* recall, call back

tilbagekomst (tay-*baa*-ah-komsd) *c* return

tilbagerejse (tay-*baa*-ah-righ-ser) *c* return journey, journey home

tilbagestående (tay-*baa*-ah-sdo-o-ner) *adj* underdeveloped; overdue

tilbagevej (tay-*baa*-ah-vigh) *c* way back

*tilbede (*tayl*-bay-dher) *v* worship

tilbehør (*tayl*-bay-hurr) *nt* accessories *pl*

tilberede (*tayl*-bay-reh-dher) *v* cook; prepare

*tilbringe (*tayl*-bræng-er) *v* *spend

tilbud (*tayl*-boodh) *nt* (pl ~) offer

*tilbyde (*tayl*-bew-dher) *v* offer

tilbøjelig (tay-*boi*-li) *adj* inclined; ***være ~** *be inclined to

tilbøjelighed (tay-*boi*-li-haydh) *c* tendency; inclination; disposition; ***have ~ til** tend

tildele (*tayl*-day-ler) *v* assign to, allot; award

tildragelse (*tayl*-drou-erl-ser) *c* incident

tildække (*tayl*-deh-ger) *v* cover; bury

tilegne sig (*tayl*-igh-ner) acquire

*tilendebringe (tay-*ehn*-er-bræng-er) *v* finish

tilflugtssted (*tayl*-flogds-sdehdh) *nt* shelter, refuge

tilforladelig (tayl-fo-*lah*-dher-li) *adj* sound

tilfreds (tay-*fræss*) *adj* pleased, contented, satisfied, content; happy

tilfredshed (tay-*fræss*-haydh) *c* satisfaction; contentment

tilfredsstille (tay-*fræss*-sdayl-er) *v* satisfy

tilfredsstillelse (tay-*fræss*-sdayl-erl-ser) *c* satisfaction

tilfælde (*tayl*-fehl-er) *nt* (pl ~) case, instance; chance; **i ~ af** in case of

tilfældig (tay-*fehl*-di) *adj* accidental; casual, incidental; **tilfældigvis** by chance

tilføje (*tayl*-foi-er) *v* add; inflict on; cause

tilføjelse (*tayl*-foi-erl-ser) *c* addition

tilførsel (*tayl*-furr-serl) *c* (pl -sler) supply

***tilgive** (*tayl*-gi-ver) *v* *forgive

tilgivelse (*tayl*-gi-verl-ser) *c* forgiveness, pardon

tilgængelig (tay-*gehng*-er-li) *adj* accessible

tilhænger (*tayl*-hehng-o) *c* supporter

tilhøre (*tayl*-hur-o) *v* belong to, belong

tilhører (*tayl*-hūr-o) *c* auditor

***tilintetgøre** (tay-*ayn*-derdh-gur-o) *v* destroy

tilintetgørelse (tay-*ayn*-derdh-gur-ol-ser) *c* destruction

tiljuble (*tayl*-Yoob-ler) *v* cheer

tilkendegivelse (tay-*keh*-ner-gi-verl-ser) *c* manifestation, demonstration

***tillade** (tay-*lah*-dher) *v* permit, allow; *være tilladt *be allowed

tilladelse (tay-*lah*-dherl-ser) *c* permission; permit

tillid (*tay*-lidh) *c* trust, confidence

tillidsfuld (*tay*-lidhs-fool) *adj* confident

tillige (tay-*lee*-i) *adv* as well, in addition

tillæg (*tay*-lehg) *nt* (pl ~) supplement; surcharge

tillægsord (*tay*-lehgs-oar) *nt* (pl ~) adjective

tilmed (*tayl*-mehdh) *adv* moreover

tilnavn (*tayl*-noun) *nt* nickname

tilpasse (*tayl*-pah-ser) *v* adapt, adjust; suit

tilrettevise (tay-*ræ*-der-vi-ser) *v* reprimand

tilråde (*tayl*-ro-dher) *v* string; twine

***tilskrive** (*tayl*-sgri-ver) *v* assign to

tilskud (*tayl*-sgoodh) *nt* (pl ~) contribution; grant, subsidy

tilskuer (*tayl*-sgoo-o) *c* spectator

tilskynde (*tayl*-sgurn-er) *v* urge

tilslutning (*tayl*-slood-nayng) *c* consent; approval; attendance

tilslutte (*tayl*-sloo-der) *v* connect; plug in; ~ **sig** join

tilsluttet (*tayl*-sloo-derdh) *adj* connected; affiliated

tilstand (*tayl*-sdahn) *c* state, condition

tilstedeværelse (tay-*sdai*-dher-veh-ol-ser) *c* presence

tilstedeværende (tay-*sdai*-dher-veh-o-ner) *adj* present

tilstrækkelig (tay-*sdræ*-ger-li) *adj* sufficient, enough; adequate; *være ~ suffice

tilstødende (*tayl*-sdur-dher-ner) *adj* neighbouring

tilsvarende (*tayl*-svah-ah-ner) *adj* corresponding; equivalent

tilsyneladende (tay-*sēw*-ner-lah-dher-ner) *adj* apparent; *adv* apparently

tilsynsførende (*tayl*-sewns-fūr-o-ner) *c* (pl ~) supervisor

tilsølet (*tayl*-sur-lerdh) *adj* soiled

***tiltage** (*tayl*-tah-ah) *v* increase; *grow; **tiltagende** progressive

tiltalende (*tayl*-tah-ler-ner) *adj* pleasant

tiltro (*tayl*-troa) *c* faith

***tiltrække** (*tayl*-træ-ger) *v* attract; **tiltrækkende** attractive

tiltrækning (*tayl*-træg-nayng) *c* attraction

tilværelse (*tayl*-veh-ol-ser) *c* existence, life

time (*teé*-mer) *c* hour; lesson; class; **hver ~** hourly

timeplan (*tee*-mer-plahn) *c* schedule

timian (*ti*-mi-ahn) *c* thyme

tin (tayn) *nt* tin; pewter

tinde (*tay*-ner) *c* peak

tinding (*tay*-nayng) *c* temple

ting (tayng) *c* (pl ~) thing

tingest (*tay*-ngersd) *c* gadget

tirre (*tee*-o) *v* irritate

tirsdag (*teers*-dah) *c* Tuesday

tit (tid) *adv* often

titel (*ti*-derl) *c* (pl titler) title

titte (*ti*-der) *v* look at, peek, peep

tjene (*t*^y*ai*-ner) *v* earn; *make; ~ **på** profit by

tjener (*t*^y*ai*-no) *c* waiter; domestic, servant; valet

tjeneste (*t*^y*ai*-nerss-der) *c* favour

tjenestepige (*t*^y*ai*-nerss-der-pee-i) *c* maid, servant

tjenlig (*t*^y*ain*-li) *adj* useable; workable; reasonable

tjære (*t*^y*ai*-o) *c* tar

tjørn (t^y*urn*) *c* thornbush

to (toa) *num* two

tobak (toa-*bahg*) *c* (pl ~ker) tobacco

tobakshandel (toa-*bahgs*-hahn-erl) *c* tobacconist's

tobakshandler (toa-*bahgs*-hahn-lo) *c* tobacconist

tobakspung (toa-*bahgs*-pong) *c* tobacco pouch

todelt (*toa*-dayld) *adj* two-piece

tog (tooo) *nt* (pl ~) train; **gennemgående** ~ through train

togfærge (*too*^{oo}-fær-ger) *c* train ferry

togt (to^{oo}gd) *nt* journey

toilet (toa-ah-*lehd*) *nt* (pl ~ter) toilet, lavatory; bathroom; washroom *nAm*

toiletbord (toa-ah-*lehd*-boar) *nt* dressing-table

toiletpapir (toa-ah-*lehd*-pah-peer) *nt* toilet-paper

toiletsager (toa-ah-*lehd*-saa-o) *pl* toiletry

toilettaske (toa-ah-*lehd*-tahss-ger) *c* toilet case

told (tol) *c* Customs duty

toldafgift (*tol*-ou-gifd) *c* Customs duty

tolder (*to*-lo) *c* Customs officer

toldfri (*tol*-fri) *adj* duty-free

toldpligtig (*tol*-playg-di) *adj* dutiable

toldvæsen (*tol*-veh-sern) *nt* Customs *pl*

tolk (tolg) *c* interpreter

tolke (*tol*-ger) *v* interpret

tolv (tol) *num* twelve

tolvte (*tol*-der) *num* twelfth

tom (tom) *adj* empty

tomat (toa-*mahd*) *c* tomato

tommelfinger (*to*-merl-fayng-o) *c* (pl -fingre) thumb

ton (ton) *c* (pl ~s) ton

tone (*tōa*-ner) *c* note, tone

top (tob) *c* (pl ~pe) summit, top; peak

toppunkt (*tob*-pongd) *nt* height

topstykke (*tob*-sdur-ger) *nt* cylinder head

torden (*toar*-dern) *c* thunder

tordenvejr (*toar*-dern-vær) *nt* thunderstorm

tordne (*toard*-ner) *v* thunder

torn (toarn) *c* thorn

torsdag (*tors*-dah) *c* Thursday

torsk (tawsg) *c* (pl ~) cod

tortere (to-*tay*-o) *v* torture

tortur (to-*toor*) *c* torture

torv (tooo) *nt* market-place; square

tosproget (*toa*-sbro^{oo}-erdh) *adj* bilingual

tosset (*to*-serd) *adj* foolish, zany; estimate, appreciate

total (toa-*tahl*) *c* total; *adj* total; **totalt** completely

totalisator (toa-tah-li-*saa*-to) *c* totalizator; bookmaker

totalitær (toa-tah-li-*tær*) *adj* totalitarian

toupet (too-*pay*) *c* hair piece

tov (to^{oo}) *nt* rope, cord

tradition (trah-di-s^y*oan*) *c* tradition

traditionel (trah-di-s^y*oa*-nehl) *adj* traditional

trafik (trah-*fig*) *c* traffic

trafiklys (trah-*fig*-lews) *nt* (pl ~) traffic light

trafikprop (trah-*fig*-prob) *c* (pl ~per) jam, traffic jam

tragedie (trah-*gaydh*-Yer) *c* tragedy

tragisk (*trah*-gisg) *adj* tragic, sad

tragt (trahgd) *c* funnel

traktat (trahg-*tahd*) *c* treaty

traktor (*trahg*-to) *c* tractor

trang (trahng) *adj* narrow; *c* desire; craving; urge

transaktion (trahns-ahg-*s*Yoan) *c* deal, transaction

transatlantisk (trahns-ahd-*lahn*-disg) *adj* transatlantic

transformator (trahns-fo-*maa*-to) *c* transformer

translatør (trahns-lah-*turr*) *c* translator

transmission (trahns-mi-*s*Yoan) *c* transmission

transpiration (trahn-sbi-rah-*s*Yoan) *c* perspiration

transpirere (trahn-sbi-*ræ*-o) *v* perspire

transport (trahns-*pawd*) *c* transport, transportation

transportabel (trahns-bo-*tah*-berl) *adj* portable, transportable

transportere (trahns-bo-*tay*-o) *v* transport

trappe (*trah*-ber) *c* staircase, stairs *pl*

trappegelænder (*trah*-ber-gay-lehn-o) *nt* banisters *pl*

travl (troul) *adj* busy; active

tre (træ) *num* three

tredive (*trædh*-ver) *num* thirty

tredivte (*trædhf*-der) *num* thirtieth

tredje (*trædh*-Yer) *num* third

trefjerdedels (træ-f*Y*ai-o-dayls) *adj* three-quarter

trekant (*træ*-kahnd) *c* triangle

trekantet (*træ*-kahn-derdh) *adj* triangular

trekløver (træ-klur°°-o) *c* shamrock; trefoil

tremme (*træ*-mer) *c* bar

tremmekasse (*træ*-mer-kah-ser) *c* crate

tres (træss) *num* sixty

tretten (*trah*-dern) *num* thirteen

trettende (*trah*-der-ner) *num* thirteenth

tribune (tri-*bew*-ner) *c* stand

trikotage (tri-goa-*taa*-s*Y*er) *c* hosiery

trillebør (*tri*-ler-burr) *c* wheelbarrow

trin (trin) *nt* (pl ~) step

trisse (*tri*-ser) *c* pulley

trist (trisd) *adj* sad; dull

triumf (tri-*omf*) *c* triumph

triumfere (tri-om-*fay*-o) *v* triumph; **triumferende** triumphant

tro (troa) *c* faith, belief; *v* *think, believe; *adj* true, faithful, loyal

trods (tross) *prep* despite, in spite of; **på ~ af** in spite of

trofast (*troa*-fahsd) *adj* faithful, true

trolddomskunst (*trol*-doms-konsd) *c* magic

trolleybus (*trol*-Yer-booss) *c* (pl ~ser) trolley-bus

tromme (*tro*-mer) *c* drum

trommehinde (*tro*-mer-hay-ner) *c* eardrum

trompet (trom-*payd*) *c* trumpet

trone (*trōā*-ner) *c* throne

troperne (*trōā*-bo-ner) *pl* tropics *pl*

tropisk (*troa*-bisg) *adj* tropical

tropper (*tro*-bo) *pl* troops *pl*

troværdig (troa-*vær*-di) *adj* credible

true (*trōō*-oo) *v* threaten; **truende** threatening

trussel (*troo*-serl) *c* (pl -sler) threat

trusser (*troo*-so) *pl* panties *pl*

tryk (trurg) *nt* (pl ~) pressure; accent; print

trykke (*trur*-ger) *v* press; print; ~ **på** press

trykkende (*trur*-ger-ner) *adj* stuffy

trykknap (*trurg*-knahb) *c* (pl ~per)
push-button

trykkoger (*trurg*-kaw-go) *c* pressure-cooker

tryksag (*trurg*-sah) *c* printed matter

tryllekunstner (*trew*-ler-konsd-no) *c*
magician

træ (træ) *nt* tree; wood; træ- wooden

*****træde** (*trææ*-dher) *v* step; thread

*****træffe** (*træ*-fer) *v* encounter, *meet;
*hit

træg (træg) *adj* slack

træhammer (*træ*-hah-mo) *c* (pl -hamre) mallet

træk (træg) *nt* (pl ~) trait, feature;
move; *c* draught

*****trække** (*træ*-ger) *v* *draw, pull; extract; ~ **fra** subtract, deduct; ~
op *wind; uncork; ~ **tilbage**
*withdraw; ~ **ud** *take a long
time, extract

trækpapir (*træg*-pah-peer) *nt* blotting
paper

trækul (*træ*-kol) *nt* (pl ~) charcoal

trækvogn (*træg*-voᵒᵒn) *c* cart, barrow

træne (*trææ*-ner) *v* train; drill

træner (*trææ*-no) *c* coach

trænge ind (*træng*-er) trespass

trænge til (*træng*-er) need

træning (*trææ*-nayng) *c* training

træsko (*træ*-sgoa) *c* (pl ~) wooden
shoe

træskærerarbejde (*træ*-sgeh-o-aabigh-der) *nt* wood-carving

træt (træd) *adj* tired; weary; ~ **af**
tired of

trætte (*træ*-der) *v* tire; **trættende** tiring

trættes (*træ*-derss) *v* *get tired; argue

trævle (*træoo*-ler) *v* fray

trøje (*troi*-er) *c* jacket; cardigan

trøst (trursd) *c* comfort, consolation

trøste (*trurss*-der) *v* comfort, console

trøstepræmie (*trurss*-der-præm-ᵛer) *c*
consolation prize

tråd (trodh) *c* thread; wire

tube (*tōō*-ber) *c* tube

tuberkulose (too-bær-goo-*lōā*-ser) *c*
tuberculosis

tud (toodh) *c* nozzle

tude (*tōō*-dher) *v* hoot; toot *vAm,
honk *vAm

tudehorn (*tōō*-dher-hoarn) *nt* (pl ~)
hooter

tudse (*too*-ser) *c* toad

tue (*too*-er) *c* mound

tulipan (too-li-*pahn*) *c* tulip

tumult (too-*moold*) *c* riot

tuneser (too-*nay*-so) *c* Tunisian

Tunesien (too-nay-sᵛern) Tunisia

tunesisk (too-*nay*-sisg) *adj* Tunisian

tunfisk (*tōō*-n-faysg) *c* (pl ~) tuna

tung (tong) *adj* heavy

tunge (*to*-nger) *c* tongue

tungnem (*tong*-nehm) *adj* slow

tungsind (*tong*-sayn) *nt* melancholy

tungtvejende (*tongd*-vigh-er-ner) *adj*
capital, weighty

tunika (*too*-ni-kah) *c* tunic

tunnel (*ton*-erl) *c* tunnel

tur (toor) *c* trip; ride; turn

turbine (toor-*bee*-ner) *c* turbine

*****turde** (*tōō*-o) *v* dare

turisme (too-*riss*-mer) *c* tourism

turist (too-*risd*) *c* tourist

turistbureau (too-*risd*-bew-roa) *nt*
tourist office

turistklasse (too-*risd*-klah-ser) *c* tourist class

turnering (toor-*nayr*-ayng) *c* tournament

tur-retur (*toor*-ræ-toor) round trip
*Am

tusind (*too*-sern) *num* thousand

tusmørke (*tooss*-murr-ger) *nt* twilight

tvangfri (*tvahng*-fri) *adj* informal,
casual

tvangstanke (*tvahngs*-tahng-ger) *c* obsession

tvetydig (*tvay*-tewdh-i) *adj* ambiguous

tvillinger (*tvi*-layng-o) *pl* twins *pl*

***tvinge** (*tvayng*-er) *v* force; compel

tvist (tvaysd) *c* dispute

tvivl (tvee°°l) *c* (pl ∼) doubt; **uden ∼** without doubt

tvivle (*tvee°°*-ler) *v* doubt; **∼ på** query

tvivlsom (*tvee°°l*-som) *adj* doubtful

tværtimod (*tværd*-i-moadh) *adv* on the contrary

tydelig (*tēw*-dher-li) *adj* plain, clear, distinct; explicit

***tydeliggøre** (*tēw*-dher-li-gur-o) *v* clarify, elucidate

tyfus (*tēw*-fooss) *c* typhoid

tygge (tew-ger) *v* chew

tyggegummi (*tew*-ger-go-mi) *nt* chewing-gum

tyk (tewg) *adj* big, thick; fat; bulky

tykkelse (*tew*-gerl-ser) *c* thickness

tynd (turn) *adj* thin; sheer; weak

tyngdekraft (*turng*-der-krahfd) *c* gravity

tynge (*turng*-er) *v* weigh on; oppress

type (*tēw*-ber) *c* type

typisk (*tew*-bisg) *adj* typical

tyr (tewr) *c* bull

tyran (tew-*rahn*) *c* (pl ∼ner) tyrant

tyrefægtning (*tēw*-o-fehgd-nayng) *c* bullfight

tyrefægtningsarena (*tēw*-o-fehgd-nayngs-ah-*ræœ*-nah) *c* bullring

tyrker (*tewr*-go) *c* Turk

Tyrkiet (tewr-*ki*-erdh) Turkey

tyrkisk (*tewr*-gisg) *adj* Turkish; **∼ bad** Turkish bath

tysk (tewsg) *adj* German

tysker (*tewss*-go) *c* German

Tyskland (*tewsg*-lahn) Germany

tyv (tew°°) *c* thief

tyve (*tēw*-ver) *num* twenty

tyvende (*tēw*-ver-ner) *num* twentieth

tyveri (tew-vo-*ri*) *nt* theft; robbery

***tælle** (*teh*-ler) *v* count; **∼ sammen** count

tæller (*teh*-lo) *c* meter

tæmme (*teh*-mer) *v* tame

tænde (*teh*-ner) *v* *light; **∼ for** turn on, switch on

tænding (*teh*-nayng) *c* ignition

tændrør (*tehn*-rurr) *nt* (pl ∼) sparking-plug

tændspole (*tehn*-sbōā-ler) *c* ignition coil

tændstik (*tehn*-sdayg) *c* (pl ∼ker) match

tændstikæske (*tehn*-sdayg-ehss-ger) *c* match-box

tænke (*tehng*-ger) *v* *think; guess; **∼ over** *think over; **∼ på** *think of; **∼ sig** imagine; fancy

tænker (*tehng*-go) *c* thinker

tænksom (*tehngg*-som) *adj* thoughtful

tæppe (*teh*-ber) *nt* rug, carpet; blanket; curtain

tærskel (*tær*-sgerl) *c* (pl -kler) threshold

tæt (tehd) *adj* dense; thick

tæve (*tai*-ver) *c* bitch; *v* *beat up

tø (tur) *v* thaw; **∼ op** thaw

tøffel (*tur*-ferl) *c* (pl tøfler) slipper

tøj (toi) *pl* clothes *pl*

tøjle (*toi*-ler) *v* curb; restrain; bridle; *c* rein

tømme (*tur*-mer) *v* empty; *c* rein

tømmer (*turm*-o) *nt* timber

tømmerflåde (*tur*-mo-flaw-dher) *c* raft

tømmermænd (*tur*-mo-mehn) *pl* hangover

tømning (*turm*-nayng) *c* emptying; collection

tømrer (*turm*-ro) *c* carpenter

tønde (*tur*-ner) *c* barrel; cask; **lille ∼**

keg
tør (turr) *adj* dry; arid, neat
tørke (turr-ger) *c* drought
tørre (turr-o) *v* dry; **~ af** wipe
tørretumbler (tūr-o-tomb-lo) *c* dryer
tørst (turrsd) *c* thirst
tørstig (turr-sdi) *adj* thirsty
tøve (tūr-ver) *v* hesitate
tøvejr (tur-vær) *nt* thaw
tå (to) *c* (pl tær) toe
tåbelig (taw-ber-li) *adj* foolish
tåge (taw-ger) *c* fog
tågedis (taw-ger-dis) *c* mist
tågelygte (taw-ger-lurg-der) *c* foglamp
tåget (taw-gerdh) *adj* foggy
tåle (taw-ler) *v* *bear; sustain
tålmodig (tol-moa-dhi) *adj* patient
tålmodighed (tol-moa-dhi-haydh) *c* patience
tåre (taw-o) *c* tear
tåreperser (taw-o-pær-so) *c* tearjerker
tårn (ton) *nt* tower

U

uafbrudt (oo-ou-brood) *adj* continuous
uafhængig (oo-ou-hehng-i) *adj* independent
uafhængighed (oo-ou-hehng-i-haydh) *c* independence
ualmindelig (oo-ahl-mayn-li) *adj* unusual; uncommon
uanselig (oo-ahn-say-li) *adj* insignificant; inconspicuous
uanstændig (oo-ahn-sdehn-di) *adj* indecent
uantagelig (oo-ahn-tah-ah-li) *adj* unacceptable
uartig (oo-ah-di) *adj* naughty
uautoriseret (oo-ou-toa-ri-say-odh) *adj* unauthorized

ubeboelig (oo-bay-boa-oa-li) *adj* uninhabitable
ubeboet (oo-bay-boa-erdh) *adj* uninhabited; desert
ubegribelig (oo-bay-gri-ber-li) *adj* puzzling
ubegrænset (oo-bay-græn-serdh) *adj* unlimited
ubehagelig (oo-bay-hah-ah-li) *adj* disagreeable, unpleasant; nasty
ubekvem (oo-bay-kvehm) *adj* uncomfortable
ubekymret (oo-bay-kurm-rodh) *adj* carefree, unconcerned
ubelejlig (oo-bay-ligh-li) *adj* inconvenient
ubesindig (oo-bay-sayn-di) *adj* rash
ubeskadiget (oo-bay-sgah-dhi-erdh) *adj* whole, intact
ubeskeden (oo-bay-sgay-dhern) *adj* immodest
ubeskyttet (oo-bay-sgur-derdh) *adj* unprotected
ubestemt (oo-bay-sdehmd) *adj* indefinite; uncertain
ubesvaret (oo-bay-svah-ahdh) *adj* unanswered
ubetydelig (oo-bay-tew-dher-li) *adj* insignificant; slight; petty
ubodelig (oo-boa-dher-li) *adj* irreparable
ud (oodh) *adv* out; **~ over** beyond
udad (oodh-ahdh) *adv* outwards
udbene (oodh-bay-ner) *v* bone
udbetaling (oodh-bay-tah-layng) *c* down payment
udblæsning (oodh-blehs-nayng) *c* exhaust
udblæsningsrør (oodh-blehs-nayngs-rurr) *nt* (pl ~) exhaust pipe
udbløde (oodh-blur-dher) *v* soak
udbrede (oodh-bræ-dher) *v* *spread out, *put about

*udbringe (*oodh*-bræ-nger) v deliver

udbringning (*oodh*-bræng-nayng) c delivery

udbrud (*oodh*-broodh) nt (pl ~) exclamation; outbreak

*udbryde (*oodh*-brew-dher) v exclaim

udbud (*oodh*-boodh) nt (pl ~) supply

udbytte (*oodh*-bew-der) nt benefit; profit; v exploit

uddanne (*oodh*-dahn-er) v educate

uddannelse (*oodh*-dahn-erl-ser) c education; background

uddele (*oodh*-day-ler) v distribute; administer; issue

uddrag (*oodh*-drou) nt (pl ~) extract; excerpt

uddybe (*oodh*-dew-ber) v deepen; elaborate

ude (*ōō*-dher) adv out

*udelade (*ōō*-dher-lah-dher) v *leave out; omit

udelukke (*ōō*-dher-lo-ger) v exclude

udelukkende (*oo*-dher-lo-ger-ner) adv exclusively; solely

uden (*ōō*-dhern) prep without; ~ for outside, out of

udenad (*ōō*-dhern-ahdh) adv by heart

udendørs (*ōō*-dhern-durrs) adv outdoors

udenfor (*ōō*-dhern-fo) adv outside

udenlands (*ōō*-dhern-lahns) adv abroad

udenlandsk (*ōō*-dhern-lahnsg) adj foreign; alien

udfald (*oodh*-fahl) nt (pl ~) result; issue; sally, attack; uheldigt ~ failure

udflugt (*oodh*-flogd) c trip; excursion, outing, picnic

udfolde (*oodh*-fol-er) v unfold, *spread; expand

udfordre (*oodh*-fo-dro) v challenge; dare

udfordring (*oodh*-fo-dræng) c challenge

udforske (*oodh*-faw-sger) v explore

udfylde (*oodh*-fewl-er) v fill in; fill out Am

udføre (*oodh*-fur-o) v export; execute; perform

udførlig (oodh-*furr*-li) adj detailed

udførsel (*oodh*-furr-serl) c (pl -sler) export, exportation

udgang (*oodh*-gahng) c exit, way out

udgangspunkt (*oodh*-gahngs-pongd) nt starting-point

udgave (*oodh*-gaa-ver) c edition

udgift (*oodh*-gifd) c expense, expenditure; udgifter expenditure, expenses pl

*udgive (*oodh*-gi-ver) v publish

udgrave (*oodh*-grah-ver) v *dig out; excavate

udgravning (*oodh*-grou-nayng) c excavation

*udgyde (*oodh*-gew-dher) v *shed

*udholde (*oodh*-hol-er) v *bear, endure

udholdelig (oodh-*hol*-er-li) adj tolerable

udholdenhed (*oodh*-hol-ern-haydh) c stamina

udjævne (*oodh*-Yeh⁰⁰-ner) v level

udkant (*oodh*-kahnd) c outskirts pl

udkast (*oodh*-kahsd) nt (pl ~) design

udkaste (*oodh*-kahss-der) v design

udkørsel (*oodh*-kurr-serl) c (pl -sler) exit

udlede (*oodh*-lay-dher) v deduce

udleje (*oodh*-ligh-er) v *let; lease

udlevere (*oodh*-lay-vay-o) v deliver, hand over; extradite

udligne (*oodh*-li-ner) v equalize

udlosse (*oodh*-lo-ser) v unload

udlufte (*oodh*-lof-der) v ventilate

udluftning (*oodh*-lofd-nayng) c ventilation

udlænding (*oodh*-lehn-ayng) c foreigner; alien

udløb (*oodh*-lurb) *nt* (pl ~) expiry

*****udløbe** (*oodh*-lur-ber) *v* expire; **udløbet** expired

udmatte (*oodh*-mah-der) *v* exhaust; **udmattet** tired

udmærke sig (*oodh*-mær-ger) excel, distinguish oneself

udmærket (*oodh*-mær-gerdh) *adj* fine, excellent

udnytte (*oodh*-nur-der) *v* exploit; apply; utilize

udnævne (*oodh*-neh°°-ner) *v* appoint

udnævnelse (*oodh*-neh°°-nerl-ser) *c* appointment; nomination

udrede (*oodh*-ræ-dher) *v* clear up, unravel, elucidate

udregne (*oodh*-righ-ner) *v* calculate

udrette (*oodh*-ræ-der) *v* perform, accomplish, achieve

udruste (*oodh*-ross-der) *v* equip

udrustning (*oodh*-rost-nayng) *c* equipment

udsalg (*oodh*-sahl) *nt* (pl ~) clearance sale; sales

udseende (*oodh*-say-ay-ner) *nt* look; appearance

udsende (*oodh*-sehn-er) *v* transmit, *broadcast

udsendelse (*oodh*-sehn-erl-ser) *c* broadcast

udsending (*oodh*-sehn-ayng) *c* emissary, envoy

udsigt (*oodh*-saygd) *c* outlook, view; prospect

udskejelse (*oodh*-sgigh-erl-ser) *c* excess

*****udskyde** (*oodh*-sgew-dher) *v* *put off, postpone

udslidt (*oodh*-slid) *adj* worn-out

udslæt (*oodh*-slehd) *nt* (pl ~) rash

udsmykning (*oodh*-smurg-nayng) *c* decoration

udsolgt (*oodh*-sold) *adj* sold out; full

udspekuleret (*oodh*-sbay-goo-lay-odh) *adj* clever, cunning, sly

udsprede (*oodh*-sbræ-dher) *v* *shed

udspring (*oodh*-sbræng) *nt* (pl ~) source

udstedelse (*oodh*-sdehdh-erl-ser) *c* issue

udstille (*oodh*-sdayl-er) *v* exhibit, *show

udstilling (*oodh*-sdayl-ayng) *c* exhibition, exposition, show; display

udstillingslokale (*oodh*-sdayl-ayngs-loa-kaa-ler) *nt* showroom

udstillingsvindue (*oodh*-sdayl-ayngs-vayn-dōō-oo) *nt* shop-window

udstrakt (*oodh*-sdrahgd) *adj* broad

udstyr (*oodh*-sdewr) *nt* (pl ~) gear, outfit; kit

udstyre (*oodh*-sdew-o) *v* equip

udstødningsgas (*oodh*-sdurdh-nayngs-gahss) *c* exhaust gases

udsuge (*oodh*-soo-oo) *v* suck out; *bleed

*****udsætte** (*oodh*-seh-der) *v* postpone, delay, adjourn

udsættelse (*oodh*-seh-derl-ser) *c* delay, postponement

udsøgt (*oodh*-surgd) *adj* select; exquisite, fine

udtale (*oodh*-taa-ler) *c* pronunciation; *v* pronounce

udtalt (*oodh*-tahld) *adj* express

udtryk (*oodh*-trurg) *nt* (pl ~) expression; term; *give ~ for express

udtrykke (*oodh*-trur-ger) *v* express

udtrykkelig (*oo-trur*-ger-li) *adj* explicit

udtænke (*oodh*-tehng-ger) *v* conceive, devise

uduelig (*oo-doo*-oo-li) *adj* incapable, incompetent

udvalg (*oodh*-vahl) *nt* (pl ~) selection, choice; variety, assortment; committee

udvalgt (*oodh*-vahld) *adj* select

udvej (*oodh*-vigh) *c* way out; expedient

udveksle (*oodh*-vehg-sler) *v* exchange

udvendig (*oodh*-vehn-di) *adj* external; outward

udvide (*oodh*-vi-dher) *v* enlarge, extend; widen, expand

udvidelse (*oodh*-vi-dherl-ser) *c* extension, expansion, enlargement

udvikle (*oodh*-vayg-ler) *v* develop

udvikling (*oodh*-vayg-layng) *c* development

udvise (*oodh*-vi-ser) *v* expel, send out; display

****udvælge** (*oodh*-vehl-Yer) *v* select

udvælgelse (*oodh*-vehl-Yerl-ser) *c* selection

udyrket (*oo*-dewr-gerdh) *adj* waste

udøve (*oodh*-ur-ver) *v* exercise

udånde (*oodh*-on-er) *v* expire, exhale

uegnet (*oo*-igh-nerdh) *adj* unfit, unqualified

uendelig (*oo*-*ehn*-er-li) *adj* infinite, endless

****være uenig** (*vai*-o oo-*ay*-ni) disagree

uerfaren (*oo*-ær-fah-ahn) *adj* inexperienced

ufaglært (*oo*-fou-lærd) *adj* unskilled

uforklarlig (*oo*-fo-*klah*-li) *adj* unaccountable, inexplicable

uformel (*oo*-fo-mehl) *adj* informal

uforskammet (*oo*-fo-sgahm-erdh) *adj* insolent; impertinent, rude, impudent

uforskammethed (*oo*-fo-sgahm-erdh-haydh) *c* insolence

uforsætlig (*oo*-fo-sehd-li) *adj* unintentional

ufortjent (*oo*-fo-tYehnd) *adj* undeserved

ufremkommelig (*oo*-fræm-*kom*-er-li) *adj* impassable

ufuldkommen (*oo*-fool-kom-ern) *adj* imperfect

ufuldstændig (*oo*-fool-sdehn-di) *adj* incomplete

uge (*ōō*-oo) *c* week

ugentlig (*ōō*-oon-li) *adj* weekly

ugerevy (*ōō*-oo-ræ-vew) *c* newsreel

ugift (*oo*-gifd) *adj* single

ugle (*ōō*-ler) *c* owl

ugunstig (*oo*-gon-sdi) *adj* unfavourable

ugyldig (oo-*gewl*-di) *adj* void, invalid

uhelbredelig (oo-hehl-*bræ*-dher-li) *adj* incurable

uheld (*oo*-hehl) *nt* (pl ~) accident; misfortune, bad luck

uheldig (oo-*hehl*-di) *adj* unlucky; unfortunate

uheldsvanger (*oo*-hehl-svahng-o) *adj* sinister

uhyggelig (*oo*-hewg-li) *adj* creepy, horrifying; cheerless

uhyre (*oo*-hew-o) *adj* huge

uhøflig (*oo*-hurf-li) *adj* impolite, rude

uigenkaldelig (oo-i-gehn-*kahl*-er-li) *adj* irrevocable

ujævn (*oo*-Yehᵒᵒn) *adj* uneven; bumpy, rough

ukendt (*oo*-kehnd) *adj* unfamiliar, unknown; ~ **person** stranger

uklar (*oo*-klah) *adj* obscure, dim

uklog (*oo*-kloᵒᵒ) *adj* unwise

ukrudt (*oo*-krood) *nt* weed

ukvalificeret (*oo*-kvah-li-fi-say-odh) *adj* unqualified

ulastelig (oo-*lah*-sder-li) *adj* faultless, immaculate

uld (ool) *c* wool

ulden (*oo*-lern) *adj* woollen

ulejlige (oo-*ligh*-lee-i) *v* trouble

ulejlighed (oo-*ligh*-li-haydh) *c* trouble

ulempe (*oo*-lehm-ber) *c* inconvenience; disadvantage

ulige (*oo*-lee-i) *adj* odd; unequal, uneven

ulovlig (oo-*lo*ᵒᵒ-li) *adj* illegal; unlawful; illicit

ultraviolet (*ool*-trah-vi-oa-lehd) *adj* ultraviolet

ulv (oolv) *c* wolf

ulydig (oo-*lew*-dhi) *adj* disobedient

ulykke (oo-*lur*-ger) *c* accident, disaster; misfortune, calamity

ulykkelig (oo-*lurg*-li) *adj* unhappy, miserable; unfortunate

ulæselig (oo-*leh*-ser-li) *adj* illegible; unreadable

umage (oo-*maa*-ah) *c* trouble, pains; **gøre sig ~* bother

umiddelbar (oo-mi-*dherl*-bah) *adj* immediate, direct

umulig (oo-*moo*-li) *adj* impossible

umøbleret (oo-*murb*-lay-odh) *adj* unfurnished

umådelig (oo-*mo*-dher-li) *adj* vast, immense

under (*on*-o) *prep* beneath, under, below; during; *nt* wonder

underbenklæder (*o*-no-*bāynk*lai-dho) *pl* knickers *pl*; briefs *pl*; underpants *plAm*

underbukser (*o*-no-*bog*-so) *pl* drawers, briefs *pl*; pants *pl*; shorts *plAm*

underernæring (*o*-no-ær-*nær*-ayng) *c* malnutrition

undergang (*o*-no-*gahng*) *c* ruin, fall

undergrundsbane (*o*-no-*grons*-baa-ner) *c* underground; subway *nAm*

underholdende (*o*-no-*hol*-er-ner) entertaining

*underholde (*o*-no-*hol*-er) *v* amuse, entertain

underholdning (*o*-no-*hol*-nayng) *c* entertainment

underholdsbidrag (*o*-no-*hols*-bi-drou) *nt* (pl ~) alimony

underjordisk (*o*-no-ᵞ*oar*-disg) *adj* underground

underkaste (*o*-no-*kahss*-der) *v* sub-

ject; *~ sig* submit

underkjole (*o*-no-k ᵞ*oa*-ler) *c* slip

underkop (*o*-no-*kob*) *c* (pl ~per) saucer

underlegen (*o*-no-*lay*-ern) *adj* inferior

underlig (*o*-no-*li*) *adj* queer, strange; curious; odd, peculiar

underliv (*o*-no-*lee*ᵒᵒ) *nt* lower abdomen

underneden (*o*-no-*nāy*-dhern) *adv* underneath

underordnet (*o*-no-*od*-nerdh) *adj* subordinate, secondary; minor; additional

underretning (*on*-o-*ræd*-nayng) *c* information; notice

underrette (*on*-o-*ræ*-der) *v* notify, inform

underskrift (*o*-no-*sgræfd*) *c* signature

*underskrive (*o*-no-*sgri*-ver) *v* sign

underskud (*o*-no-*sgoodh*) *nt* (pl ~) deficit

understrege (*o*-no-*sdrigh*-er) *c* underline; emphasize

understrøm (*o*-no-*sdrurm*) *c* (pl ~me) undercurrent

understøtte (*o*-no-*sdur*-der) *v* support, assist, aid

understøttelse (*o*-no-*sdur*-derl-ser) *c* assistance

undersøge (*o*-no-*sur*-ur) *v* examine; enquire

undersøgelse (*o*-no-*sur*-url-ser) *c* examination, investigation; inquiry; enquiry; check-up

undersøisk (*o*-no-*sur*-isg) *adj* underwater

undertegne (*o*-no-*tigh*-ner) *v* sign

undertegnede (*o*-no-*tigh*-ner-dher) *c* (pl ~) undersigned

undertitel (*o*-no-ti-*derl*) *c* (pl -tler) subtitle

undertrykke (*o*-no-*trur*-ger) *v* suppress; oppress

undertrøje (*o-no-troi-er*) *c* vest, undershirt

undertøj (*o-no-toi*) *pl* underwear

undervise (*o-no-vi-ser*) *v* *teach; instruct

undervisning (*o-no-vis-nayng*) *c* instruction; tuition; instruction, lesson; education

undervurdere (*o-no-voor-day-o*) *v* underestimate

undfangelse (*on-fahng-erl-ser*) *c* conception

***undgå** (*on-go*) *v* avoid, escape

***undlade** (*on-lah-dher*) *v* fail, omit

undre sig (*on-dro*) marvel, wonder

undskyld! sorry!

undskylde (*on-sgewl-er*) *v* excuse

undskyldning (*on-sgewl-nayng*) *c* apology, excuse; ***bede om ~** apologize

***undslippe** (*on-slay-ber*) *v* escape

undtagelse (*on-tah-ahl-ser*) *c* exception; **med ~ af** except

undtagen (*on-tah-ahn*) *prep* but, except

undvære (*on-veh-o*) *v* spare

ung (*ong*) *adj* young

ungarer (*ong-gah-ah*) *c* Hungarian

Ungarn (*ong-gahn*) Hungary

ungarsk (*ong-gahsg*) *adj* Hungarian

ungdom (*ong-dom*) *c* youth; **ungdoms-** juvenile

unge (*o-nger*) *c* kid

ungkarl (*ong-kahl*) *c* bachelor

uniform (*oo-ni-fom*) *c* uniform

unik (*oo-nig*) *adj* unique

union (*oon-Yoan*) *c* union

univers (*oo-ni-værs*) *nt* universe

universel (*oo-ni-vær-sehl*) *adj* universal

universitet (*oo-ni-vær-si-tayd*) *nt* university

unormal (*oo-no-mahl*) *adj* abnormal

unyttig (*oo-nur-di*) *adj* useless; idle

unødvendig (*oo-nurdh-vehn-di*) *adj* unnecessary

unøjagtig (*oo-noi-ahg-di*) *adj* inaccurate

uofficiel (*oo-o-fi-si^yehl*) *adj* unofficial

uopdyrket (*oo-ob-dewr-gerdh*) *adj* uncultivated

uophørlig (*oo-ob-hurr-li*) *adj* continual; **uophørligt** continually

uopmærksom (*oo-ob-mærg-som*) *adj* inattentive

uorden (*oo-o-dern*) *c* disorder; **i ~** out of order, broken

uordentlig (*oo-o-dern-li*) *adj* untidy

uoverkommelig (*oo-o⁰⁰-o-kom-er-li*) *adj* impossible; prohibitive

uovertruffen (*oo-o⁰⁰-o-tro-fern*) *adj* unsurpassed

upartisk (*oo-pah-tisg*) *adj* impartial

upassende (*oo-pah-ser-ner*) *adj* improper, unsuitable

upersonlig (*oo-pær-soan-li*) *adj* impersonal

upopulær (*oo-poa-boo-lær*) *adj* unpopular

upålidelig (*oo-po-li-dher-li*) *adj* untrustworthy, unreliable

ur (*oor*) *nt* clock; watch

uregelmæssig (*oo-ræ-erl-meh-si*) *adj* irregular

uren (*oo-ræn*) *adj* unclean

uret (*oo-ræd*) *c* wrong, injustice; *adj* wrong; ***gøre ~** wrong; ***have ~** *be wrong

uretfærdig (*oo-ræd-fær-di*) *adj* unjust, unfair

urigtig (*oo-ræg-di*) *adj* incorrect

urimelig (*oo-ri-mer-li*) *adj* unreasonable; absurd

urin (*oo-rin*) *c* urine

urmager (*oor-mah-o*) *c* watch-maker

uro (*oo-roa*) *c* unrest; excitement, alarm

urolig (*oo-roa-li*) *adj* restless

urrem (*oor*-ræm) *c* (pl ~me) watchstrap

urskov (*oor*-sgo⁰⁰) *c* jungle

urt (oord) *c* herb

Uruguay (*oo*-roo-goo-igh) Uruguay

uruguayaner (oo-roo-goo-ah-*ʸah*-no) *c* Uruguay

uruguayansk (oo-roo-goo-ah-*ʸahnsg*) *adj* Uruguayan

usand (*oo*-sahn) *adj* false, untrue

usandsynlig (oo-sahn-*sewn*-li) *adj* unlikely, improbable

uselvisk (*oo*-sehl-visg) *adj* unselfish

usikker (*oo*-say-go) *adj* unsafe; uneasy

uskadelig (oo-*sgah*-dher-li) *adj* harmless

uskadt (*oo*-sgahd) *adj* unhurt, uninjured, safe

uskolet (oo-sgo̅a̅-lerdh) *adj* untrained; uneducated

uskyldig (oo-*sgewl*-di) *adj* innocent

uskyldighed (oo-*sgewl*-di-haydh) *c* innocence

usoigneret (oo-soa-*ʸay*-odh) *adj* untidy; slovenly

uspiselig (oo-*sbi*-ser-li) *adj* inedible

ustabil (*oo*-sdah-bil) *adj* unstable, unsteady

usund (*oo*-son) *adj* unhealthy; unsound

usympatisk (oo-sewm-pah-disg) *adj* unpleasant; nasty

usynlig (oo-*sewn*-li) *adj* invisible

usædvanlig (oo-seh-*vahn*-li) *adj* exceptional, unusual; uncommon

utaknemmelig (oo-tahg-*nehm*-li) *adj* ungrateful

utilfreds (*oo*-tay-fræss) *adj* dissatisfied, discontented

utilfredsstillende (oo-tay-*fræss*-sdayler-ner) *adj* unsatisfactory

utilgængelig (oo-tay-*gehng*-er-li) *adj* inaccessible

utilpas (*oo*-tay-pahss) *adj* unwell

utilstrækkelig (oo-tay-*sdræ*-ger-li) *adj* insufficient; inadequate

utilstrækkelighed (oo-tay-*sdræ*-ger-li-haydh) *c* shortcoming, insufficiency, inadequacy

utiltalende (*oo*-tayl-tah-ler-ner) *adj* unpleasant, repulsive

utro (*oo*-troa) *adj* unfaithful; disloyal

utrolig (oo-*troa*-li) *adj* incredible

utvivlsomt (oo-*tvee⁰⁰l*-somd) *adv* undoubtedly

utvungenhed (*oo*-tvong-ern-haydh) *c* ease

utydelig (oo-*tew*-dher-li) *adj* dim, indistinct

utænkelig (oo-*tehng*-ger-li) *adj* unthinkable; inconceivable

utålelig (oo-*to*-ler-li) *adj* intolerable, unbearable

utålmodig (oo-tol-*moa*-dhi) *adj* impatient; eager

uudholdelig (oo-oodh-*hol*-er-li) *adj* intolerable, unendurable

uundgåelig (oo-on-*go*-o-li) *adj* inevitable; unavoidable

uundværlig (oo-on-*vær*-li) *adj* indispensable

uvant (*oo*-vahnd) *adj* unaccustomed

uvedkommende (*oo*-vaydh-kom-erner) *c* (pl ~) trespasser

uvejr (*oo*-vær) *nt* (pl ~) tempest, storm

uvenlig (*oo*-vehn-li) *adj* unkind; unfriendly

uventet (*oo*-vehn-derdh) *adj* unexpected

uvidende (*oo*-vi-dher-ner) *adj* ignorant; unaware

uvigtig (*oo*-vayg-di) *adj* unimportant

uvillig (*oo*-vil-i) *adj* unwilling; averse

uvirkelig (*oo*-veerg-li) *adj* unreal

uvirksom (*oo*-veerg-som) *adj* idle

uvis (*oo*-vayss) *adj* doubtful, uncer-

tain
uvurderlig (oo-voor-*dayr*-li) adj priceless, invaluable
uvæsentlig (*oo*-veh-sern-li) adj insignificant, unessential
uægte (*oo*-ehg-der) adj false, artificial
uærlig (oo-ær-li) adj dishonest; crooked
uønsket (*oo*-urn-sgerdh) adj unwanted, undesirable

V

vable (*vaa*-berl) c blister
vaccination (vahg-si-nah-sYoan) c vaccination; inoculation
vaccinere (vahg-si-*nay*-o) v vaccinate; inoculate
vade (*vaa*-dher) v wade
vadested (*vaa*-dher-sdehdh) nt ford
vadsæk (*vahdh*-sehg) c (pl ~ke) haversack
vaffel (*vah*-ferl) c (pl vafler) wafer; waffle
vag (vahg) adj faint, vague
vagabond (vah-gah-*bond*) c tramp
vagabondere (vah-gah-bon-*day*-o) v tramp
vagabondering (vah-gah-bon-*dayr*-ayng) c vagrancy
vagt (vahgd) c guard
vagtel (*vahg*-derl) c (pl -tler) quail
vagthavende (*vahgd*-hou-er-ner) c (pl ~) warden
vakance (vah-*kahng*-ser) c vacancy
vakle (*vahg*-ler) v falter; **vaklende** shaky
vaklevorn (*vah*-gerl-von) adj unsteady
vaks (vahgs) adj smart
vakuum (*vah*-kom) nt vacuum
valen (*vaa*-lern) adj numb

valg (vahl) nt (pl ~) choice; pick; election; option
valgfri (*vahl*-fri) adj optional
valgkreds (*vahl*-kræs) c constituency
valgret (*vahl*-ræd) c suffrage
valmue (*vahl*-mōō-oo) c poppy
valnød (*vahl*-nurdh) c (pl ~der) walnut
vals (vahls) c waltz
valuta (vah-*loo*-tah) c currency; **udenlandsk** ~ foreign currency
valutakurs (vah-*loo*-tah-koors) c rate of exchange
vand (vahn) nt water; **rindende** ~ running water
vandfald (*vahn*-fahl) nt (pl ~) waterfall
vandfarve (*vahn*-faa-ver) c water-colour
vandhane (*vahn*-haa-ner) c tap; faucet nAm
vandløb (*vahn*-lurb) nt (pl ~) stream
vandmand (*vahn*-mahn) c (pl -mænd) jelly-fish
vandmelon (*vahn*-may-loan) c watermelon
vandpumpe (*vahn*-pom-ber) c water pump
vandre (*vahn*-dro) v wander, roam, stroll; hike; ~ **om** wander
vandrer (*vahn*-dro) c wanderer; walker
vandrerhjem (*vahn*-dro-Yehm) nt (pl ~) youth hostel
vandret (*vahn*-ræd) adj horizontal
vandski (*vahn*-sgi) c (pl ~) water ski
vandtæt (*vahn*-tehd) adj waterproof
vandvej (*vahn*-vigh) c waterway
vane (*vaa*-ner) c habit
vanemæssig (*vaa*-ner-meh-si) adj habitual
vanfør (*vahn*-furr) adj invalid
vanille (vah-*nil*-Yer) c vanilla
vankelmodig (*vahng*-gerl-moa-dhi) adj

unsteady
vanlig (*vaan*-li) *adj* customary; usual
vanskabt (*vahn*-sgahbd) *adj* deformed
vanskelig (*vahn*-sger-li) *adj* hard, difficult
vanskelighed (*vahn*-sger-li-haydh) *c* difficulty
vant (vahnd) *adj* accustomed; *være ~ til *be used to
vanter (*vahn*-do) *pl* mittens *pl*
vanvid (*vahn*-vidh) *nt* madness
vanvittig (*vahn*-vi-di) *adj* crazy, mad
vare (*vaa*-ah) *v* last, endure, *take
varehus (*vaa*-ah-hoos) *nt* department store
varemærke (*vaa*-ah-mær-ger) *nt* trademark
vareprøve (*vaa*-ah-prūr-ver) *c* sample
varer (*vaa*-ah) *pl* goods *pl;* merchandise, wares *pl*
varevogn (*vaa*-ah-vo°°n) *c* pick-up van, van, delivery van
variabel (vah-i-*ah*-berl) *adj* variable
variere (vah-i-*ay*-o) *v* vary; **varieret** varied
varietéforestilling (vah-i-er-*tay*-faw-o-sdayl-ayng) *c* variety show
varietéteater (vah-i-er-*tay*-tay-ah-do) *nt* (pl -teatre) variety theatre
varig (*vaa*-i) *adj* permanent, lasting
varighed (*vaa*-i-haydh) *c* duration
varm (vahm) *adj* hot, warm
varme (*vaa*-mer) *c* heat; warmth; *v* warm, heat
varmedunk (*vaa*-mer-dongg) *c* hot-water bottle
varmeovn (*vaa*-mer-o°°n) *c* heater
varmepude (*vaa*-mer-pōō-dher) *c* heating pad
vase (*vaa*-ser) *c* vase
vask (vahsg) *c* washing; sink
vaskbar (*vahsg*-bah) *adj* washable
vaske (*vahss*-ger) *v* wash; ~ **op** *do the dishes, wash up

vaskekumme (*vahss*-ger-ko-mer) *c* wash-stand
vaskemaskine (*vahss*-ger-mah-sgee-ner) *c* washing-machine
vaskepulver (*vahss*-ger-pol-vo) *nt* washing-powder
vaskeri (vahss-go-*ri*) *nt* laundry
vasketøj (*vahss*-ger-toi) *pl* washing, laundry
vaskeægte (*vahss*-ger-ehg-der) *adj* fast-dyed
vat (vahd) *nt* cotton-wool
vaterpas (*vah*-do-pahss) *nt* (pl ~) level
vattæppe (*vahd*-teh-ber) *nt* quilt
ved (vaydh) *prep* by, on
vedbend (*vaydh*-bayn) *c* (pl ~) ivy
vederlag (*vāy*-dho-lah) *nt* (pl ~) compensation, consideration
vedføje (*vaydh*-foi-er) *v* attach, add, affix
vedligeholdelse (vay-*lee*-i-hol-erl-ser) *c* maintenance; upkeep
***vedlægge** (*vaydh*-leh-ger) *v* enclose
vedrøre (*vaydh*-rur-o) *v* concern; **vedrørende** concerning; about
***vedtage** (*vaydh*-tah-ah) *v* agree to; carry, pass, adopt
vedvare (*vaydh*-vah-ah) *v* continue, last
vedvarende (*vaydh*-vah-ah-ner) *adj* continuous; permanent
vegetarianer (vay-ger-tah-i-*ah*-no) *c* vegetarian
vegetation (vay-ger-tah-sʸ*oan*) *c* vegetation
vej (vigh) *c* road, drive; way; **af vejen** out of the way; **blind ~** cul-de-sac; **på ~ til** bound for; **vise ~** guide
vejafgift (*vigh*-ou-gift) *c* toll
vejarbejde (*vigh*-aa-bigh-der) *nt* road-making; road up
veje (*vigh*-er) *v* weigh
vejgaffel (*vigh*-gah-ferl) *c* (pl -gafler)

fork
vejkant (*vigh*-kahnd) *c* roadside; wayside

vejkort (*vigh*-kawd) *nt* (pl ~) road map

vejkryds (*vigh*-krewss) *nt* (pl ~) intersection, junction

vejlede (*vigh*-lay-dher) *v* direct, guide, instruct

vejnet (*vigh*-nehd) *nt* (pl ~) road system

vejr (vær) *nt* weather; breath

vejrmølle (*vær*-mur-ler) *c* windmill

vejrtrækning (*vær*-træg-nayng) *c* respiration, breathing

vejrudsigt (*vær*-oodh-saygd) *c* weather forecast

vejviser (*vigh*-vi-so) *c* signpost; milepost

veksel (*vehg*-serl) *c* (pl -sler) bill; draft

vekselkontor (*vehg*-serl-koan-toar) *nt* money exchange, exchange office

vekselkurs (*vehg*-serl-koors) *c* exchange rate

vekselstrøm (*vehg*-serl-sdrurm) *c* alternating current

vekselvis (*vehg*-sler-ner) *adv* alternately

veksle (*vehg*-sler) *v* change, exchange

velbefindende (*vehl*-bay-fayn-er-ner) *nt* ease

velbegrundet (*vehl*-bay-gron-erdh) *adj* well-founded

velfærd (*vehl*-fær) *c* prosperity, welfare

velgørenhed (*vehl*-gurr-ern-haydh) *c* charity

velhavende (*vehl*-hah-ver-ner) *adj* well-to-do, prosperous

velkendt (*vehl*-kehnd) *adj* familiar

velkommen (*vehl*-kom-ern) *adj* welcome; *byde ~ welcome

velkomst (*vehl*-komsd) *c* welcome

vellykket (*vehl*-lur-gerdh) *adj* successful

velsigne (vehl-*si*-ner) *v* bless

velsignelse (vehl-*si*-nerl-ser) *c* blessing

velsmagende (*vehl*-smah-ah-ner) *adj* savoury, tasty

velstand (*vehl*-sdahn) *c* prosperity

velvilje (*vehl*-vil-ᵞer) *c* goodwill

velvære (*vehl*-vai-o) *nt* well-being, comfort

vemodig (vay-*moa*-dhi) *adj* sad

ven (vehn) *c* (pl ~ner) friend

vende (*veh*-ner) *v* turn, turn round; ~ **bort** avert; ~ **om** turn back; turn over; invert; ~ **sig om** turn round; ~ **tilbage** *go back, return

vendepunkt (*veh*-ner-pongd) *nt* turning-point

vending (*veh*-nayng) *c* turn; phrase

Venezuela (vay-ner-soo-*āy*-lah) Venezuela

venezuelaner (vay-ner-soo-ay-*lah*-no) *c* Venezuelan

venezuelansk (vay-ner-soo-ay-*lahnsg*) *adj* Venezuelan

veninde (vehn-*ay*-ner) *c* friend

venlig (*vehn*-li) *adj* kind, friendly; **venligst** please

venskab (*vehn*-sgahb) *nt* friendship

venskabelig (vehn-*sgah*-ber-li) *adj* friendly, amicable

venstre (*vehn*-sdro) *adj* left-hand, left

vente (*vehn*-der) *v* wait; expect; ~ **på** await

venteliste (*vehn*-der-layss-der) *c* waiting-list

venten (*vehn*-dern) *c* waiting

venteværelse (*vehn*-der-vai-ol-ser) *nt* waiting-room

ventil (vehn-*til*) *c* valve

ventilation (vehn-ti-lah-sᵞoan) *c* ventilation

ventilator (vehn-ti-*laa*-to) *c* fan, ventilator

ventilatorrem (vehn-ti-*laa*-to-ræm) c (pl ~me) fan belt

ventilere (vehn-ti-*lay*-o) v ventilate

veranda (vay-*rahn*-dah) c veranda

verbum (*vær*-bom) nt (pl -ber) verb

verden (*vær*-dern) c world

verdensberømt (*vær*-derns-bay-rurmd) adj world-famous

verdensdel (*vær*-derns-dayl) c continent

verdensomspændende (*vær*-derns-om-sbehn-er-ner) adj world-wide

verdensrum (*vær*-derns-rom) nt space

verificere (vær-i-fi-*say*-o) v verify

vers (værs) nt (pl ~) verse, stanza

version (vær-sᵞoan) c version

vest (vehsd) west; c waistcoat, vest nAm

vestibule (veh-sdi-*bēw*-ler) c lobby, hall

vestlig (*vehsd*-li) adj western; westerly

veterinær (vay-tær-i-*nær*) c veterinary surgeon

vi (vi) pron we

via (*vee*-ah) prep via

vibration (vi-brah-sᵞoan) c vibration

vibrere (vi-*bræ*-o) v vibrate

vicevært (*vee*-ser-værd) c janitor, caretaker

vid (vidh) adj wide, broad

***vide** (*vee*-dher) v *know

videokamera (*vi*-day-oa *kah*-mo-rah) nt video camera

videokassette (*vi*-day-oa kah-*serd*-der) c video cassette

videooptager (*vi*-day-oa *ob*-tah-ah) c video recorder

videbegærlig (*vee*-dher-bay-gær-li) adj curious

videnskab (*vee*-dhern-sgahb) c science

videnskabelig (vee-dhern-*sgahb*-li) adj scientific

videnskabsmand (*vee*-dhern-sgahbs-mahn) c (pl ~mænd) scientist

videreforhandler (*vidh*-ro-fo-*hahn*-lo) c retailer

vidne (*vidh*-ner) nt witness; v testify

vidtstrakt (*vid*-sdrahgd) adj vast

vidunder (*vidh*-on-o) nt marvel, wonder

vidunderlig (vidh-*on*-o-li) adj wonderful, marvellous

vielsesring (*vi*-erl-serss-ræng) c wedding-ring

vifte (*vayf*-der) c fan

vig (vi) c creek, inlet, cove

vigtig (*vayg*-di) adj important; proud

vigtighed (*vayg*-di-haydh) c importance

viis (vis) adj (pl vise) wise

vikariat (vi-kah-i-*ahd*) nt replacement

vikariere (vi-kah-i-*ay*-o) v substitute

vikle (*vayg*-ler) v wrap, twist; *wind

viktualieforretning (vig-too-*ahl*-ᵞer-fo-ræd-nayng) c delicatessen

vild (vil) adj wild; savage, fierce

vildfarelse (*vil*-fah-ahl-ser) c error

vildt (vild) nt game

vildthandler (*vild*-hahn-lo) c poulterer

vildtreservat (*vild*-ræ-sær-vahd) nt game reserve

vilje (*vil*-ᵞer) c will; **med ~** intentionally, on purpose

viljestyrke (*vil*-ᵞer-sdewr-ger) c willpower

vilkår (*vil*-ko) nt (pl ~) term, condition

vilkårlig (vil-*ko*-li) adj arbitrary

villa (*vi*-lah) c villa

***ville** (*vi*-ler) v *will, want

villig (*vi*-li) adj willing; inclined; **villigt** willingly

vin (vin) c wine

vind (vayn) c wind

***vinde** (*vay*-ner) v *win; **vindende** winning; **~ over** defeat vindebro (*vay*-ner-broa) c drawbridge

vinder (*vay*-no) c winner

vindmølle (*vayn*-mur-ler) c windmill

vindruer (vin-*drōō*-o) pl grapes pl

vindspejl (*vayn*-sbighl) nt windscreen; windshield nAm

vindstød (*vayn*-sdurdh) nt (pl ~) blow; gust

vindue (*vayn*-*dōō*-oo) nt window

vindueskarm (*vayn*-dooss-kahm) c window-sill

vinduesvisker (*vayn*-dooss-vayss-go) c windscreen wiper; windshield wiper Am

vinge (*vayng*-er) c wing

vinhandler (*veen*-hahn-lo) c wine-merchant

vinhøst (*veen*-hursd) c vintage

vink (vayngg) nt (pl ~) sign

vinke (*vayng*-ger) v wave

vinkel (*vayng*-gerl) c (pl -kler) angle

vinkort (*veen*-kawd) nt (pl ~) wine-list

vinkælder (*veen*-keh-lo) c (pl -dre) wine-cellar

vinmark (*veen*-maag) c vineyard

vinplante (*veen*-plahn-der) c vine

vinter (*vayn*-do) c (pl -tre) winter

vintersport (*vayn*-do-sbawd) c winter sports

vintjener (*veen*-t*Y*ai-no) c wine-waiter

viol (vi-*oal*) c violet

violet (vi-oa-*lehd*) adj violet

violin (vi-oa-*lin*) c violin

vippe (*vay*-ber) c seesaw

virke (*veer*-ger) v work; operate

virkelig (*veer*-ger-li) adj very, true, real; actual, substantial; virkeligt really

*virkeliggøre (*veer*-ger-li-gur-o) v realize

virkelighed (*veer*-ger-li-haydh) c reality; i virkeligheden in fact

virkemåde (*veer*-ger-maw-dher) c mode of operation

virkning (*veerg*-nayng) c effect

virkningsfuld (*veerg*-nayngs-fool) adj efficient

virkningsløs (*veerg*-naynygs-lurs) adj inefficient

virksom (*veerg*-som) adj effective

virksomhed (*veerg*-som-haydh) c business

virvar (*veer*-vah) nt muddle

vis (vayss) adj certain; visse some

visdom (*veess*-dom) c wisdom

vise (*vee*-ser) c song; ballad, tune; v point out, *show; display; ~ sig appear; prove

visit (vi-*sid*) c (pl ~ter) call, visit

visitere (vi-si-*tay*-o) v search

visitkort (vi-*sid*-kawd) nt (pl ~) visiting-card

viskelæder (*vayss*-ger-lehdh-o) nt eraser, rubber

viskestykke (*vayss*-ger-sdur-ger) nt dish towel, tea-cloth

visne (*vayss*-ner) v wither

visum (*vee*-som) nt (pl visa) visa

vitamin (vi-tah-*min*) nt vitamin

vittig (*vi*-di) adj witty

vogn (vo°n) c carriage

vogte sig (*vog*-der) v beware

vokal (voa-*kahl*) c vowel; adj vocal

voks (vogs) nt wax

vokse (*vog*-ser) v *grow

voksen[1] (*vog*-sern) c (pl -sne) adult, grown-up

voksen[2] (*vog*-sern) adj adult, grown-up

vokskabinet (*vogs*-kah-bi-nehd) nt (pl ~ter) waxworks pl

voksmannequin (*vogs*-mah-ner-kehng) c mannequin

vold (vol) c force, violence; embankment, rampart

voldgrav (*vol*-grahoo) c moat

voldshandling (*vols*-hahn-layng) c outrage

voldsom (*vol*-som) *adj* violent

*****voldtage** (*vol*-tah) *v* rape; assault

volt (vold) *c* (pl ~) volt

volumen (voa-*loo*-mern) *nt* volume

vor (vo) *pron* (nt vort, pl vore) our

vove (*vaw*-ver) *v* dare; venture; **vovet** risky

vovestykke (*voo*-er-sdur-ger) *nt* venture, hazard

vrag (vrahoo) *nt* (pl ~) wreck

vranten (*vrahn*-dern) *adj* cross

vred (vrædh) *adj* angry

vrede (*vrææ*-dher) *c* anger; temper

*****vride** (*vree*-dher) *v* twist; *****wring

vridning (*vridh*-nayng) *c* twist

vræl (vræl) *nt* (pl ~) cry

vrøvl (vrur°°l) *nt* nonsense; rubbish

vrøvle (*vrur*°°-ler) *v* talk rubbish

vugge (*vo*-ger) *c* cradle; *v* rock

vuggestue (*vo*-ger-sdōōoo) *c* nursery

vulgær (vool-*gær*) *adj* vulgar

vulkan (vool-*kahn*) *c* volcano

vurdere (voor-*day*-o) *v* estimate, value; evaluate

vurdering (voor-*dayr*-ayng) *c* appreciation, evaluation

vædde (*vai*-dher) *v* *****bet

væddeløb (*vai*-dher-lurb) *nt* (pl ~) race

væddeløbsbane (*vai*-dher-lurbs-baa-ner) *c* race-track; race-course

væddeløbshest (*vai*-dher-lurbs-hehsd) *c* race-horse

væddemål (*vai*-dher-mol) *nt* (pl ~) bet

væg (vehg) *c* (pl ~ge) wall

væggetøj (*veh*-ger-toi) *pl* bug, bed-bugs *pl*

vægt (vehgd) *c* weight; scales *pl*; weighing-machine

vægtæppe (*vaig*-teh-ber) *nt* tapestry

væk (vehg) *adv* away, off

vække (*veh*-ger) *v* *****awake, *****wake

vækkeur (*veh*-ger-oor) *nt* alarm-clock

vækst (vehgsd) *c* growth

væksthus (*vehgsd*-hoos) *nt* greenhouse

vældig (*vehl*-di) *adj* huge

*****vælge** (*vehl*-Yer) *v* *****choose; elect; pick

væmmelig (*vehm*-li) *adj* nasty

vænne (*veh*-ner) *v* accustom

værdi (vær-*di*) *c* worth, value

værdifuld (vær-*di*-fool) *adj* valuable; important

værdig (*vær*-di) *adj* dignified, worthy; ~ til worthy of

værdigenstande (*vær*-di-gehn-sdah-ner) *pl* valuables *pl*

værdiløs (*vær*-di-lurs) *adj* worthless

værdipapirer (*vær*-di-pah-pi-o) *pl* stocks and shares

*****værdsætte** (*vær*-seh-der) *v* appreciate

værdsættelse (*vær*-seh-derl-ser) *c* appreciation

*****være** (*vai*-o) *v* *****be; ~ værd *****be worth

værelse (*vai*-ol-ser) *nt* room; ~ med morgenmad bed and breakfast

værelsesbetjening (*vai*-ol-serss-bay-tᵞeh-nayng) *c* room service

værge (*vær*-ger) *c* guardian

værkfører (*værg*-fūr-o) *c* foreman

værksted (*værg*-stehdh) *nt* workshop

værktøj (*værg*-toi) *nt* tool; implement

værktøjssæt (*værg*-toiss-sehd) *nt* (pl ~) tool kit

værn (værn) *nt* (pl ~) defence

værnepligtig (*vær*-ner-playg-di) *c* conscript, draftee

værre (*vær*-o) *adj* worse; **værst** worst

værsgo (*værs*-goa) here you are

vært (værd) *c* host

værtinde (*værd*-ay-ner) *c* hostess; landlady

værtshus (*værds*-hoos) *nt* pub, public

house
væsen (*veh*-sern) *nt* (pl væsner) being; essence, manner
væsentlig (*veh*-sern-li) *adj* essential
væske (*vehss*-ger) *c* fluid
væv (vehoo) *nt* (pl ~) tissue
væve (*vai*-ver) *v* *weave
væver (*vai*-vo) *c* weaver
våben (*vo*-bern) *nt* (pl ~) arm; weapon
våbenstilstand (*vo*-bern-sdayl-sdahn) *c* armistice
våd (vodh) *adj* wet; moist
vågen (*vaw*-gern) *adj* awake
vågne (*vo*ᵒᵒ-ner) *v* wake up; ~ **op** wake up

ynke (*urng*-ger) *v* pity
ytre (*ewd*-ro) *v* express; utter

Z

zebra (*say*-brah) *c* zebra
zenit (*say*-nid) *nt* zenith
zink (sayngg) *c* zinc
zone (*soa*-ner) *c* zone
zoo (*soa*-oa) *c* zoo
zoologi (soa-oa-loa-*gi*) *c* zoology
zoomlinse (*soom*-layn-ser) *c* zoom lens

Y

yacht (ʸahgd) *c* yacht
yde (*ew*-dher) *v* offer; grant; extend
yderligere (*ewdh*-o-li-aw-o) *adj* additional, further
yderlighed (*ew*-dho-li-haydh) *c* extreme
ydermere (*ew*-dho-*may*-o) *adv* furthermore
yderside (*ewdh*-o-see-dher) *c* exterior, outside
yderst (*ewdh*-osd) *adj* extreme; utmost
ydmyg (*ewdh*-mew) *adj* humble
ydre (*ewdh*-ro) *nt* appearance; outside; *adj* exterior
ynde (*ur*-ner) *c* grace
yndefuld (*ur*-ner-fool) *adj* graceful
yndig (*urn*-di) *adj* lovely
yndigheder (*urn*-di-haydh-o) *pl* charm
yndling (*urng*-layng) *c* favourite; **yndlings-** favourite; pet

Æ

æble (*aib*-ler) *nt* apple
ædel (*eh*-dherl) *adj* noble
ædelsten (*eh*-dherl-sdayn) *c* (pl ~) stone, gem
ædru (*ai*-droo) *adj* sober
æg¹ (ehg) *nt* (pl ~) egg
æg² (ehg) *c* (pl ~ge) edge
æggeblomme (*eh*-ger-blo-mer) *c* egg-yolk, yolk
æggebæger (*eh*-ger-bai-o) *nt* (pl -gre) egg-cup
ægte (*ehg*-der) *adj* true, genuine, authentic; *v* marry
ægtefælle (*ehg*-der-fehl-er) *c* spouse
ægtemand (*ehg*-der-mahn) *c* husband
ægtepar (*ehg*-der-pah) *nt* (pl ~) married couple
ægteskab (*ehg*-der-sgahb) *nt* marriage; matrimony
ægteskabelig (ehg-deh-*sgah*-ber-li) *adj* matrimonial

ækel (*eh*-gerl) *adj* revolting, disgusting

ækvator (eh-*kvaa*-to) *c* equator

ældre (*ehl*-dro) *adj* elder; aged, elderly

ældst (ehlsd) *adj* elder, eldest

ændre (*ehn*-dro) *v* alter, change

ændring (*ehn*-dræng) *c* alteration, change

ængstelig (*ehng*-sder-li) *adj* afraid

ængstelse (*ehng*-sderl-ser) *c* anxiety

ærbødig (*ær*-bur-dhi) *adj* respectful

ærbødighed (*ær*-bur-dhi-haydh) *c* respect

ære (*ai*-o) *c* honour, glory; *v* honour

ærefrygt (*ai*-o-frurgd) *c* respect

ærefuld (*ai*-o-fool) *adj* honourable

æresfølelse (*ai*-oss-fūr-lerl-ser) *c* sense of honour

ærgerlig (*ær*-go-li) *adj* annoying

ærgerrig (*ær*-gær-i) *adj* ambitious

ærgre (*ærg*-ro) *v* annoy

ærgrelse (*ærg*-rol-ser) *c* annoyance; bother

ærinde (*ai*-o-ner) *nt* errand

ærkebiskop (*ær*-ger-biss-gob) *c* (pl ~per) archbishop

ærlig (*ær*-li) *adj* honest; straight

ærlighed (*ær*-li-haydh) *c* honesty

ærme (*ær*-mer) *nt* sleeve

ært (ærd) *c* pea

ærværdig (*ær*-vær-di) *adj* venerable

æsel (*eh*-serl) *nt* (pl æsler) donkey, ass

æske (*ehss*-ger) *c* box

æter (*eh*-do) *c* ether

Ø

ø (ur) *c* island

øde (*ūr*-dher) *adj* desert

*ødelægge (*ūr*-dher-leh-ger) *v* destroy; wreck; *spoil

ødelæggelse (*ūr*-dher-leh-gerl-ser) *c* destruction; ruin

ødsel (*ur*-serl) *adj* wasteful; extravagant; lavish

øhav (*ur*-hou) *nt* archipelago

øje (*oi*-er) *nt* (pl øjne) eye; ***holde ~ med** *keep an eye on

øjeblik (*oi*-er-blayg) *nt* (pl ~ke) instant, moment, second; **for øjeblikket** now

øjeblikkelig (oi-er-*blay*-ger-li) *adj* immediate, present; momentary; prompt; **øjeblikkeligt** *adv* immediately, instantly

øjebliksbillede (*oi*-er-blaygs-bay-ler-dher) *nt* snapshot

øjenbryn (*oi*-ern-brewn) *nt* (pl ~) eyebrow

øjenbrynsstift (*oi*-ern-brewns-sdayfd) *c* eye-pencil

øjenlæge (*oi*-ern-lai-eh) *c* oculist

øjenlåg (*oi*-ern-log) *nt* (pl ~) eyelid

øjenskygge (*oi*-ern-sgew-ger) *c* eye-shadow

øjensynligt (oi-ern-*sewn*-lid) *adv* apparently

øjenvidne (*oi*-ern-vidh-ner) *nt* eye-witness

øjenvippe (*oi*-ern-vay-ber) *c* eyelash

økologi (ur-koa-loa-*gi*) *c* ecology

økologisk (ur-koa-*loa*-isg) *adj* ecological

økomenisk (ur-koo-*may*-nisg) *adj* oecumenical

økonom (ur-koa-*noam*) *c* economist

økonomi (ur-koa-noa-*mi*) *c* economy

økonomisk (ur-koa-*noa*-misg) *adj* economic; economical

økse (*urg*-ser) *c* axe

øl (url) *nt* beer, ale

øm (urm) *adj* sore; tender

ømhed (*urm*-haydh) *c* tenderness

ønske (*urns*-ger) *nt* wish, desire; *v*

want, desire, wish
ønskelig (*urn*-sger-li) desirable
øre (*ūr*-o) *nt* ear
ørenring (*ūr*-on-ræng) *c* earring
ørepine (*ūr*-o-pee-ner) *c* earache
ørken (*urr*-gern) *c* desert
ørn (*urrn*) *c* eagle
ørred (*ūr*-odh) *c* trout
øsregn (*ūrss*-righn) *c* downpour
øst (ursd) east
østers (*urss*-doss) *c* (pl ~) oyster
østlig (*ursd*-li) *adj* eastern; easterly
østre (*urss*-dro) *adj* eastern
Østrig (*urss*-dri) Austria
østriger (*urss*-dri-o) *c* Austrian
østrigsk (*urss*-drisg) *adj* Austrian
øve (*ūr*-ver) *v* exercise; ~ **sig** practise
øvelse (*ūr*-verl-ser) *c* exercise
øverst (*ur*-vosd) *adj* top
øvet (*ūr*-verdh) *adj* skilled
øvre (*ur^{oo}*-ro) *adj* upper
øvrighed (*ur^{oo}*-ri-haydh) *c* authorities
  pl
for øvrigt (*ur^{oo}*-rid) moreover

Å

å (o) *c* brook
åben (*aw*-bern) *adj* open
åbenbar (*aw*-bern-bah) *adj* apparent;
  åbenbart apparently
åbenbare (o-bern-*bah*-ah) *v* reveal,
  disclose
åbenbarelse (o-bern-*bah*-ahl-ser) *c* apparition
åbenhjertig (o-bern-*Yær*-di) *adj* open,
  frank, candid
åbne (*awb*-ner) *v* open
åbning (*awb*-nayng) *c* opening; gap
åbningstider (*awb*-nayngs-tee-dho) *pl*
  business hours
åg (og) *nt* (pl ~) yoke
ål (ol) *c* (pl ~) eel
ånd (on) *c* ghost, spirit
ånde (o-ner) *v* breathe
åndedrag (o-ner-drah) *nt* (pl ~)
  breath
åndedræt (o-ner-dræd) *nt* breathing
åndelig (o-ner-li) *adj* spiritual
år (o) *nt* (pl ~) year
årbog (*aw*-bo^{oo}) *c* (pl -bøger) annual
åre (*aw*-o) *c* vein; oar
åreknude (*aw*-o-knōō-dher) *c* varicose
  vein
årgang (*aw*-gahng) *c* volume; vintage
århundrede (o-*hoon*-ro-dher) *nt* century
årlig (*aw*-li) *adj* annual, yearly; **årligt**
  per annum
årsag (*aw*-sah) *c* reason, cause
årsdag (*os*-dah) *c* anniversary
årstid (*awss*-tidh) *c* season
årvågen (*aw*-vo-gern) *adj* alert,
  watchful; vigilant

Food

aborre perch
abrikos apricot
aftensmad dinner
agerhøne partridge
agurk cucumber
agurkesalat sliced cucumber in vinegar dressing
ananas pineapple
and duck
ansjos 1) marinated sprat 2) anchovy
appelsin orange
artiskok artichoke
asie kind of large cucumber, seeded and pickled
asparges asparagus
bagt kartoffel baked potato
banan banana
bankekød beef stew
benløse fugle thin slices of veal or beef wrapped around a stuffing of bacon, parsley and chopped onions
betjening iberegnet service included
biksemad diced meat fried with potatoes and onions
blodpølse black pudding (US blood sausage)
blomkål cauliflower
blomme plum
blødkogt æg soft-boiled egg
blåbær bilberry (US blueberry)

bolle 1) bun 2) meat or fish ball
bondepige med slør dessert made from stewed apples, rye-bread crumbs toasted in butter and sugar, topped with whipped cream
brasede kartofler sliced, sautéed potatoes
brisler sweetbreads
brombær blackberry
brun kage brown, spicy biscuit (US cookie)
brunede kartofler boiled, caramelized potatoes
brunet smør browned butter sauce
brød bread
budding pudding
bøf (beef) steak
  ~ **sandwich** hamburger
  ~ **tatar** steak tartare; finely chopped raw beef, served on rye bread with egg-yolk, onion, horse-radish and capers
bønne bean
børnemenu children's menu
chalotteløg shallot
champignon mushroom
citron lemon
  ~ **fromage** lemon blancmange, mousse (pudding)
daddelblomme persimmon
dadler dates

dagens middag set menu

dagens ret day's special

dampet steamed

Danablue Danish blue cheese

Danbo mild, firm cheese, sometimes flavoured with caraway seed

dild dill

diætmad diet food

due pigeon (US squab)

dyrekølle haunch of venison

dyresteg roast venison

eddike white vinegar

Elbo cheese with mild flavour

engelsk bøf steak and onions

Esrom mild, slightly aromatic cheese

fasan pheasant

fersken peach

fisk fish

fiskefilet fillet of fish (usually plaice)

fiskefrikadelle fried fishball, served hot, or cold on *smørrebrød*

fjerkræ fowl

flamberet flamed

flute kind of French bread

flæskesteg roast pork with crackling

flæskeæggekage thick omelet with fried bacon, tomatoes and chives, served with rye bread

fløde cream

~ **kage** pastry topped with whipped cream

~ **ost** cream cheese

~ **skum** whipped cream

forloren hare type of meatloaf of pork and veal, served with apple halves filled with redcurrant jelly, together with potatoes and red cabbage

forret first course, starter

forårsrulle (Chinese) spring roll, egg roll

franskbrød white bread

frikadelle meatball of minced pork and veal

frisk fresh

friturekogt, -stegt deep fried

frokost lunch

~ **bord** buffet of cold and hot specialities to make your own *smørrebrød*

~ **platte** hot and cold specialities to make your own *smørrebrød*, served on a tray

fromage blancmange, mousse (pudding)

frugt fruit

frølår frogs' legs

fyld stuffing

fyldt stuffed

~ **hvidkål** cabbage stuffed with minced pork and veal

Fynbo mild, rich cheese similar to *Samsø*

fårekød mutton

gedde pike

gennemstegt well-done

grapefrugt grapefruit

gratin baked casserole

gravad laks, gravlaks salt and dill-cured salmon, served with a creamy mustard sauce

grillstegt grilled

gryderet stew of meat and vegetables

grydestegt braised

grøn bønne French bean (US green bean)

grøn salat lettuce

grønlangkål creamed kale

grøn(t)sager vegetables

grønært green pea

grønærtesuppe pea soup

gule ærter med flæsk split-pea

soup served with boiled, salt pork and sausages

gulerødder carrots

gås goose

gåselever(postej) goose liver (paté)

gåsesteg roast goose

~ **med æbler og svesker** stuffed with apples and prunes

hakkebøf med løg hamburger steak served with fried onions

hakket chopped, minced

halv, halvdel half

hamburgerryg slightly smoked loin of pork

haresteg roast hare

hasselnød hazelnut

Havarti semi-hard cheese with a piquant flavour

havregrød oatmeal

helleflynder halibut

helstegt roasted whole

hindbær raspberry

hjemmelavet home-made

hjerte heart

hjerter i flødesovs hearts, usually of pork, served in a cream sauce

honning honey

hornfisk garfish

hovedret main dish

hummer lobster

hvidkål cabbage

hvidløg garlic

hytteost cottage cheese

høne hen

hønsebryst chicken breast

hønsekødsuppe chicken broth

hårdkogt æg hard-boiled egg

ingefær ginger

~ **brød** gingerbread

is ice-cream, ice

italiensk salat mayonnaise mixed with peas, chopped carrots and

asparagus, served with ham on *smørrebrød*

jomfruhummer Norway lobster

jordbær strawberry

~ **grød** kind of strawberry purée, served with cream

julesalat chicory (US endive)

kage cake

kalkun turkey

kalvebrisler sweetbreads

kalvekød veal

kantarel chanterelle mushroom

kapers capers

karamelrand caramel custard

karbonade breaded minced steak of pork or veal

karpe carp

karry curry

karse cress

kartoffel potato

~ **mos** mashed potatoes

~ **salat** potato salad (hot or cold)

kastanie chestnut

kaviar caviar

kiks biscuit (US cookie)

kirsebær cherry

klar suppe consommé, clear soup

~ **med boller og grønsager** consommé with meat balls and vegetables

klipfisk dried salt cod

kogt boiled

~ **torsk (med sennepssovs)** steamed cod (with mustard sauce)

kold cold

koldt bord a wide variety of open sandwiches, small warm dishes, salads and cheeses

kotelet cutlet, chop

krabbe crab

kransekage pyramid of almond macaroons

krebs freshwater crayfish

kringle variety of Danish pastry

krydder toasted bun

krydderi spice

kryddersild pickled herring

kryddersmør herb butter

kræmmerhus med flødeskum pastry cone filled with whipped cream and topped with jam

kuvertbrød (French) roll

kvæde quince

kylling chicken

kærnemælkskoldskål chilled buttermilk soup, served with rusks (US zwieback)

kød meat

~ **bolle** meatball

~ **fars** forcemeat, stuffing

kørvelsuppe chervil soup

kål cabbage

labskovs lobscouse; casserole of potatoes, meat and vegetables

lagkage layer cake, usually filled with whipped cream, jam, fruit purée or custard

laks salmon

lammebov shoulder of lamb

lammebryst breast of lamb

lammekød lamb

lammekølle leg of lamb

legeret suppe cream soup

lever liver

~ **postej** liver pâté

linse 1) lentil 2) custard pastry

løg onion

majs maize (US corn)

~ **kolbe** corn on the cob

makrel mackerel

makron macaroon

mandel almond

Maribo soft, mild cheese

marineret marinated

~ **sild** marinated herring

medisterpølse pork sausage

melbolle dumpling

mellemstegt medium (done)

millionbøf minced meat in cream sauce

Molbo a yellow, pressed cheese similar to Edam

morgencomplet continental breakfast

morgenmad breakfast

musling mussel

Mycella cheese similar to Danish blue, but milder

mørbrad fillet of meat (US tenderloin)

~ **bøf** small round pork fillet

~ **steg** porterhouse steak

måltid meal

nye kartofler new potatoes

nyre kidney

nød nut

oksebryst brisket of beef

oksefilet fillet of beef (US tenderloin)

oksehalesuppe oxtail soup

oksekød beef

~ **suppe** broth, consommé

oksemørbrad fillet of beef

oksesteg roast beef

olie oil

oliven olive

omelet med kyllingelever chicken liver omelet

ost cheese

osteanretning cheese board

Othellokage layer cake filled with custard, topped with chocolate sauce and whipped cream

ovnbagt baked

ovnstegt roasted

pandekage pancake

paneret breaded

pariserbøf hamburger on toast with egg-yolk, chopped onions and capers

parisertoast toasted ham-and-cheese sandwich

pattegris suck(l)ing pig

peber black pepper

~ **bøf** (beef)steak with peppercorns

~ **frugt** pimiento

~ **rod** horse-radish

persille parsley

pighvar turbot

pillede rejer shelled shrimps

pocheret poached

pommes frites chips (US French fries)

porre leek

purløg chive

pære pear

pølse sausage

pålæg cold meat, sausage, salad, fish or cheese as a garnish for *smørrebrød*

rabarber rhubarb

radise radish

regning bill (US check)

reje shrimp

remoulade mayonnaise flavoured with finely chopped pickles, capers, onions and mustard

ribbensteg rib-roast of pork with crackling, often served with red cabbage

~ **med æbler og svesker** rib-roast of pork stuffed with apples and prunes

ribs currant (red or white)

~ **gelé** redcurrant jelly

ris rice

~ **à l'amande** rice pudding with grated almonds, served with hot cherry sauce

risengrød rice boiled in milk, served with cinnamon and butter

rosenkål brussels sprouts

rosin raisin

roulade 1) meat roll 2) Swiss roll

rugbrød rye bread

rullepølse kind of sausage made of rolled veal and pork, sliced and served on *smørrebrød*

rundstykke poppy-seed roll

rødbede beetroot

rødgrød kind of thickened red fruit juice, served with cream

rødkål red cabbage

rødspætte plaice

~ **filet** fillet of plaice

rødstegt underdone (US rare)

røget smoked

~ **sild** smoked herring on rye bread garnished with chopped hardboiled eggs, onions, radishes and chives

rørt smør creamed butter

røræg scrambled eggs

rå raw

~ **kost** uncooked vegetables or fruit

salat 1) salad 2) lettuce

saltet salted, cured

sammenkogt ret stew of meat and vegetables

Samsø mild, firm cheese with a sweet flavour

selleri celery

sennep mustard

sigtebrød bread made of rye and wheat flour

sild herring

sildesalat herring and beetroot salad

skaldyr shellfish

skinke ham

~ **med spejlæg** ham and eggs

skipperlabskovs lobscouse; thick stew of beef, carrots and onions

skive slice

skrubbe flounder
slankekost low calorie food
smeltet smør melted butter
smør butter
smørrebrød slices of buttered rye (or wheat) bread with any of a variety of garnishes, such as shrimps, herring, ham, roast beef, cheese and salads
småkage biscuit (US cookie)
snittebønne sliced French bean
solbær blackcurrant
sovs sauce
spegepølse kind of raw sausage, salami
spejlæg fried egg
spinat spinach
spisekort menu, bill of fare
steg joint of meat, roast
stegt fried, roasted
stikkelsbær gooseberry
stuvet creamed
sukker sugar
suppe soup
surkål sauerkraut
sursød sweet-and-sour
sveske prune
svinekam med svesker roast loin of pork stuffed with prunes
svinekød pork
svinemørbrad fillet of pork (US tenderloin)
sylte brawn (US head cheese)
syltede agurker gherkins (US pickles)
syltetøj jam
sød sweet
søtunge sole
tatar see *bøftatar*

tebirkes type of bun with poppy seeds
timian thyme
tomatsuppe tomato soup
torsk cod
torskerogn cod roe
tranebær cranberry
tunfisk tunny (US tuna)
tunge tongue
tykmælk kind of junket, thin yoghurt
tyttebær mountain cranberry, red whortleberry
tærte cake, tart
vaffel wafer, waffle
vagtel quail
valnød walnut
vandmelon watermelon
varm warm
vildand wild duck
vildt game
vindrue grape
vinkort wine list
wienerbrød Danish pastry
ymer kind of sour milk
æble apple
  ~ flæsk fried apples and bacon
  ~ grød stewed apples
  ~ kage kind of apple charlotte
  ~ mos apple sauce
  ~ skive kind of fritter, served with jam
æg egg(s)
æggeblomme egg-yolk
ært pea
ørred trout
østers oyster
ål eel
  ~ i gelé jellied

akvavit aquavit, spirits distilled from potatoes or grain, often flavoured with aromatic seeds and spices
alkoholfri non-alcoholic
appelsinjuice orange juice
appelsinvand orangeade
bordvin table wine
Carlsberg a renowned Danish brewery
Cherry Heering see *Peter Heering*
chokolade hot chocolate (drink)
citronvand lemonade
danskvand soda water
dessertvin dessert wine
elefantøl also known as *exportøl* or *luksusøl:* beer with a high alcoholic content
fadøl draught (US draft) beer
fløde cream
frugtjuice fruit juice
gløgg mulled wine (Christmas speciality)
hedvin fortified wine
husets vin open wine
hvidvin white wine
irsk kaffe Irish coffee
kaffe coffee
~ **med fløde** with cream
~ **med mælk** with milk
kærnemælk buttermilk
lagerøl dark lager
letmælk partially skimmed milk

likør liqueur, cordial
lyst øl light beer
mineralvand mineral water
mousserende vin sparkling wine
mælk milk
mørkt øl dark beer
Peter Heering a renowned Danish cherry liqueur
pilsner lager; light beer
porter stout
portvin port (wine)
påskebryg beer with a high alcoholic content, brewed at Easter
rom rum
rødvin red wine
saft juice
saftevand squash (US fruit drink)
skummetmælk skim milk
snaps see *akvavit*
sodavand fruit-flavoured soda water
sødmælk full milk
te tea
~ **med citron** with lemon
~ **med mælk** with milk
Tuborg a renowned Danish brewery
vand water
varm mælk hot milk
vin wine
æblemost apple juice
øl beer

Mini-Grammar

Noun and articles

All nouns in Danish are either common or neuter in gender. (Most nouns are of common gender, but because many very frequent nouns are of neuter gender, it's best to learn each together with its article.)

1. Indefinite article (a/an)

A/an is expressed by *en* with common nouns and by *et* with neuter nouns.

Indefinite plurals are formed by adding **-e** or **-er** to the singular.

	singular		plural	
common gender	*en* bil	*a* car	bil*er*	cars
neuter gender	*et* hus	*a* house	hus*e*	houses

Some nouns remain unchanged in the plural.

singular: *et* **rum**   a room   plural: **rum**   rooms

2. Definite article (the)

Where we in English say "the car", the Danes say the equivalent of "car-the", i.e. they tag the definite article onto the end of the noun.

In the singular, common nouns take an **-en** ending, neuter nouns an **-et** ending. In the plural, both take an **-(e)ne** or **-(er)ne** ending.

	singular		plural	
common gender	**bil***en*	the car	**bil***erne*	the cars
neuter gender	**tog***et*	the train	**tog***ene*	the trains

3. Possessives

The possessive form is shown by adding **-s**.

katten*s* **hale**   the cat's tail
Jørgen*s* **bror**   George's brother

Adjectives

1. Adjectives usually precede the noun.
2. In certain circumstances, the adjective takes an ending.

Indefinite form:

| singular | { common nouns: adjective remains unchanged; |
| plural | { with both common and neuter nouns, the adjective takes an **-e** ending |

	singular		plural	
common	**en stor bil**	a big car	**stor***e* **bil***er*	big cars
neuter	**et stort hus**	a big house	**stor***e* **hus***e*	big houses

Definite form:

The adjective takes an **-e** ending everywhere, with both common and neuter nouns, in both singular and plural. However, in this definite usage, **den** must be placed in front of the adjective in the case of common nouns in the singular, **det** in the case of singular neuter nouns and **de** with any plural.

	singular		plural	
common	*den* **store bil**	the big car	*de* **store bil**er	the big cars
neuter	*det* **store hus**	the big house	*de* **store huse**	the big houses

Demonstrative adjectives

	common	neuter	plural
this/these	**denne**	**dette**	**disse**
that/those	**den**	**det**	**de**
denne **bil**	this car	*dette* **hus**	this house

Possessive adjectives

	common	neuter	plural
my	**min**	**mit**	**mine**
your (familiar; see page 327)	**din**	**dit**	**dine**
our*	**vor**	**vort**	**vore**
his		**hans**	
hers		**hendes**	
its		**dens/dets****	
their		**deres**	
your (familiar; see page 327)		**jeres**	
your (formal; see page 327)		**Deres**	

Personal pronouns

	subject	object
I	**jeg**	**mig**
you (familiar; see page 327)	**du**	**dig**
he	**han**	**ham**
she	**hun**	**hende**

---

* You will also hear **vores** used in place of each of these more formally correct terms.
** Use **dens** if "it" is of common gender, and **dets** if "it" is neuter.

it	den/det*	*den/det
we	vi	os
you (familiar; see note below)	I	jer
you (formal; see note below)	De	Dem
they	de	dem

Note: Like many other languages, Danish has two forms for "you" and "your". The personal pronoun **du** (plural **I**) and its corresponding possessive adjectives **din**, **dit**, **dine** (plural **jeres**) are used when talking to relatives, close friends and children and between young people. The personal pronoun **De** (plural **Dem**) and its corresponding possessive adjective **Deres** in used in all other cases.

Adverbs

Adverbs are generally formed by adding **-t** to the corresponding adjective.

Hun går hurtigt.	She walks quickly.

Negatives

Negatives are formed by inserting the word **ikke** after the verb:

Jeg taler dansk.	I speak Danish.
Jeg taler *ikke* dansk.	I do not speak Danish.

Questions

Questions are formed by reversing the order of the subject and verb:

Du ser bilen.	You see the car.
Ser du bilen?	Do you see the car?

There is/there are

Der er is employed for both "there is" and "there are".

Der *are* mange turister.	There are many tourists.

It is

Der er varmt i dag.	It is warm today.

---

*Use **den** if "it" is of common gender, and **det** if "it" is neuter.

Irregular Verbs

The following list contains the most common irregular verbs. Only one form of the verb is shown as it is conjugated in the same manner for all persons in any given tense. If a compound verb or a verb with a prefix (*af-, an-, be-, efter-, for-, fra-, frem-, ind-, med-, ned-, om-, op-, over-, på-, til-, ud-, und-, under-, ved-*, etc.) is not listed, its forms may be found by looking up the simple verb.

Infinitive	Present tense	Preterite	Past participle	
bede	beder	bad	bedt	*ask, pray*
betyde	betyder	betød	betydet	*mean*
bide	bider	bed	bidt	*bite*
binde	binder	bandt	bundet	*tie, bind*
blive	bliver	blev	blevet	*become; remain*
bringe	bringer	bragte	bragt	*bring*
bryde	bryder	brød	brudt	*break*
burde	bør	burde	burdet	*ought to*
byde	byder	bød	budt	*offer; command*
bære	bærer	bar	båret	*carry*
drage	drager	drog	draget	*pull, draw*
drikke	drikker	drak	drukket	*drink*
drive	driver	drev	drevet	*drive*
dø	dør	døde	død	*die*
dølge	dølger	dulgte	dulgt	*conceal*
falde	falder	faldt	faldet	*fall*
fare	farer	for	faret	*rush*
finde	finder	fandt	fundet	*find*
flyde	flyder	flød	flydt	*float, flow*
flyve	flyver	fløj	fløjet	*fly*
fnyse	fnyser	fnøs/fnyste	fnyst	*snort*
fortryde	fortryder	fortrød	fortrudt	*regret*
fryse	fryser	frøs	frosset	*freeze*
fyge	fyger	føg	føget	*drift*
følge	følger	fulgte	fulgt	*follow*
få	får	fik	fået	*get*
gide	gider	gad	gidet	*trouble to*
give	giver	gav	givet	*give*
glide	glider	gled	gledet	*glide; slip*
gnide	gnider	gned	gnedet	*rub*
gribe	griber	greb	grebet	*seize, catch*
græde	græder	græd	grædt	*cry, weep*
gyde	gyder	gød	gydt	*shed*
gyse	gyser	gøs/gyste	gyst	*shudder*
gælde	gælder	gjaldt	(gældt)	*be valid; apply*
gøre	gør	gjorde	gjort	*do*
gå	går	gik	gået	*go, walk*
have	har	havde	haft	*have*

hedde	hedder	hed	heddet	*be called*
hive	hiver	hev	hevet	*heave*
hjælpe	hjælper	hjalp	hjulpet	*help*
holde	holder	holdt	holdt	*hold, keep*
hænge	hænger	hang *(intrans.)*/ hængte *(trans.)*	hængt	*hang*
jage	jager	jog/jagede	jaget	*hunt*
klinge	klinger	klang/ klingede	klinget	*sound, ring*
knibe	kniber	kneb	knebet	*pinch*
komme	kommer	kom	kommet	*come*
krybe	kryber	krøb	krøbet	*creep*
kunne	kan	kunne	kunnet	*can, may*
kvæle	kvæler	kvalte	kvalt	*strangle*
lade	lader	lod	ladet/ladt	*let*
le	ler	lo	let	*laugh*
lide	lider	led	lidt	*suffer*
ligge	ligger	lå	ligget	*lie*
lyde	lyder	lød	lydt	*sound*
lyve	lyver	løj	løjet	*tell a lie*
lægge	lægger	lagde	lagt	*lay, put*
løbe	løber	løb	løbet	*run*
måtte	må	måtte	måttet	*may, must*
nyde	nyder	nød	nydt	*enjoy*
nyse	nyser	nøs/nyste	nyst	*sneeze*
pibe	piber	peb	pebet	*pipe, chirp*
ride	rider	red	redet	*ride*
rive	river	rev	revet	*tear; grate; rake*
ryge	ryger	røg	røget	*smoke*
række	rækker	rakte	rakt	*pass, hand*
se	ser	så	set	*see*
sidde	sidder	sad	siddet	*sit*
sige	siger	sagde	sagt	*say*
skride	skrider	skred	skredet	*slip; stalk*
skrige	skriger	skreg	skreget	*scream*
skrive	skriver	skrev	skrevet	*write*
skulle	skal	skulle	skullet	*shall*
skyde	skyder	skød	skudt	*shoot*
skære	skærer	skar	skåret	*cut*
slibe	sliber	sleb	slebet	*sharpen*
slide	slider	sled	slidt	*wear out*
slippe	slipper	slap	sluppet	*slip, escape*
slå	slår	slog	slået	*strike, beat*
smide	smider	smed	smidt	*cast, fling*
smøre	smører	smurte	smurt	*smear, grease*
snige	sniger	sneg	sneget	*sneak*
snyde	snyder	snød	snydt	*cheat*
sove	sover	sov	sovet	*sleep*
spinde	spinder	spandt	spundet	*spin*

springe	springer	sprang	sprunget	*jump*
sprække	sprækker	sprak/	sprukket/	*crack*
		sprækkede	sprækket	
spørge	spørger	spurgte	spurgt	*ask*
stige	stiger	steg	steget	*rise, climb*
stikke	stikker	stak	stukket	*sting*
stinke	stinker	stank	stinket	*stink*
stjæle	stjæler	stjal	stjålet	*steal*
stride	strider	stred	stridt	*fight*
stryge	stryger	strøg	strøget	*stroke; iron*
strække	strækker	strakte	strakt	*stretch*
stå	står	stod	stået	*stand*
svide	svider	sved	svedet	*singe*
svinde	svinder	svandt	svundet	*decrease, vanish*
svinge	svinger	svang/	svunget/	*swing*
		svingede	svinget	
sværge	sværger	svor	svoret	*swear*
synes	synes	syntes	syntes	*seem, appear*
synge	synger	sang	sunget	*sing*
synke	synker	sank	sunket	*sink; swallow*
sælge	sælger	solgte	solgt	*sell*
sætte	sætter	satte	sat	*set, place*
tage	tager	tog	taget	*take*
tie	tier	tav	tiet	*be silent*
træde	træder	trådte	trådt	*step; thread*
træffe	træffer	traf	truffet	*meet; hit*
trække	trækker	trak	trukket	*pull*
turde	tør	turde	turdet	*dare*
tvinge	tvinger	tvang	tvunget	*force*
tælle	tæller	talte	talt	*count*
vide	ved	vidste	vidst	*know*
vige	viger	veg	veget	*yield*
ville	vil	ville	villet	*will*
vinde	vinder	vandt	vundet	*win*
vride	vrider	vred	vredet	*wring, twist*
vælge	vælger	valgte	valgt	*choose, elect*
være	er	var	været	*be*
æde	æder	åd	ædt	*eat (of animals)*

Danish Abbreviations

adr.	*adresse*	address
afg.	*afgang*	departure
afs.	*afsender*	sender
alm.	*almindelig*	general, usual
ang.	*angående*	concerning
ank.	*ankomst*	arrival
A/S, A.S.	*aktieselskab*	Ltd., Inc.
bem.	*bemærk*	note
bibl.	*bibliotek*	library
bl.a.	*blandt andet*	among other things
ca.	*cirka*	approximately
dagl.	*daglig*	daily
DFDS	*Det Forenede Dampskibs-Selskab*	United Steamship Company
DK	*Danmark*	Denmark
do	*ditto*	ditto
ds.	*dennes*	inst., of this month
DSB	*Danske Statsbaner*	Danish State Railways
dvs.	*det vil sige*	i.e.
EF	*Europæiske Fællesskaber*	Common Market
eftf.	*efterfølger*	successors (of a firm)
e.Kr.	*efter Kristus*	A.D.
ekskl.	*eksklusive*	excluding
FDM	*Forenede Danske Motorejere*	Danish Automobile Association
f.eks.	*for eksempel*	e.g.
fhv.	*forhenværende*	former, ex-
f.Kr.	*før Kristus*	B.C.
fmk	*finske mark*	Finnish marks
FN	*Forenede Nationer*	UN
frk.	*frøken*	Miss
f.t.	*for tiden*	at present
hk	*hestekræfter*	horsepower
hr.	*herre*	Mr.
HT	*Hovedstadsområdets Trafikselskab*	Copenhagen transport authority
i alm.	*i almindelighed*	in general, generally
incl./inkl.	*inklusive*	including
i.st.f.	*i stedet for*	instead of
jf./jvf.	*jævnfor*	see, compare
kap.	*kapitel*	chapter
Kbh.	*København*	Copenhagen

K.F.U.K.	*Kristelig Forening for Unge Kvinder*	Young Women's Christian Association
K.F.U.M.	*Kristelig Forening for Unge Mænd*	Young Men's Christian Association
km/t.	*kilometer i timen*	kilometres per hour
kr.	*kroner*	crowns (currency)
maks.	*maksimum*	maximum
min.	*minimum; minut*	minimum; minute
m.m.	*med mere*	etc.
moms	*merværdiomsætningsafgift*	VAT, value added tax
N	*nord*	north
Ndr./Nr.	*Nordre/Nørre*	north (in place names)
nkr.	*norske kroner*	Norwegian crowns
o./omkr.	*omkring*	about
osv.	*og så videre*	etc., and so on
pga./p.g.a.	*på grund af*	because of
S	*syd*	south
s.	*side*	page
Sdr.	*Sønder/Søndre*	south (in place names)
skr.	*svenske kroner*	Swedish crowns
skt.	*sankt*	saint
sml.	*sammenlign*	compare
s.u.	*svar udbedes*	please reply
t.h./th.	*til højre*	on the right
tlf.	*telefon*	telephone
tr.	*træffes*	consultation hours, can be reached
t.v./tv.	*til venstre*	on the left
udg.	*udgave*	edition
V	*vest*	west
V.	*Vester*	west (in place names)
Ø	*øst*	east
Ø.	*Øster*	east (in place names)
årg.	*årgang*	vintage
årh.	*århundrede*	century

Numerals

Cardinal numbers		Ordinal numbers	
0	nul	1.	første
1	en	2.	anden
2	to	3.	tredje
3	tre	4.	fjerde
4	fire	5.	femte
5	fem	6.	sjette
6	seks	7.	syvende
7	syv	8.	ottende
8	otte	9.	niende
9	ni	10.	tiende
10	ti	11.	ellevte
11	elleve	12.	tolvte
12	tolv	13.	trettende
13	tretten	14.	fjortende
14	fjorten	15.	femtende
15	femten	16.	sekstende
16	seksten	17.	syttende
17	sytten	18.	attende
18	atten	19.	nittende
19	nitten	20.	tyvende
20	tyve	21.	enogtyvende
21	enogtyve	22.	toogtyvende
30	tredive	23.	treogtyvende
31	enogtredive	24.	fireogtyvende
40	fyrre	25.	femogtyvende
41	enogfyrre	26.	seksogtyvende
50	halvtreds	27.	syvogtyvende
51	enoghalvtreds	28.	otteogtyvende
60	tres	29.	niogtyvende
61	enogtres	30.	tredivte
70	halvfjerds	31.	enogtredivte
75	femoghalvfjerds	40.	fyrretyvende
80	firs	50.	halvtredsindstyvende
90	halvfems	60.	tresindstyvende
100	hundrede	70.	halvfjerdsindstyvende
101	hundrede og et	75.	femoghalvfjerdsinds- tyvende
200	to hundrede		
1000	tusind	80.	firsindstyvende
2000	to tusind	90.	halvfemsindstyvende
1.000.000	en million	99.	nioghalvfemsindstyvende

Time

Although official time in Denmark is based on the 24-hour clock, the 12-hour system is used in conversation.

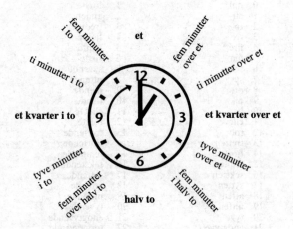

If you wish to specify a.m. or p.m., add *om morgenen, om formiddagen, om eftermiddagen, om aftenen* or *om natten*.

Thus:

klokken otte om morgenen	8 a.m.
klokken elleve om formiddagen	11 a.m.
klokken to om eftermiddagen	2 p.m.
klokken otte om aftenen	8 p.m.
klokken to om natten	2 a.m.

Days of the Week

søndag	Sunday	*torsdag*	Thursday
mandag	Monday	*fredag*	Friday
tirsdag	Tuesday	*lørdag*	Saturday
onsdag	Wednesday		